北京市社会科学基金规划项目

图说北京交通史

（下册）

主编　颜吾佴

北京交通大学出版社
·北京·

目　　录

下　　册

第三编

近代北京交通

交通，是人类生产和生活的实践成果之一，与人类相伴而生……

一、城市交通

1840 年以后清朝后期的北京城格局没有大的调整，即使在遭到 1860 年英法联军和 1900 年八国联军的侵占后，也基本上维持了原貌。直到民国时期，为了适应交通发展的需要，才对街道进行了一些必要的改建，但总的格局仍承袭着明清时期北京城的样子。近代北京城门、街道示意图如图 3-1 所示。

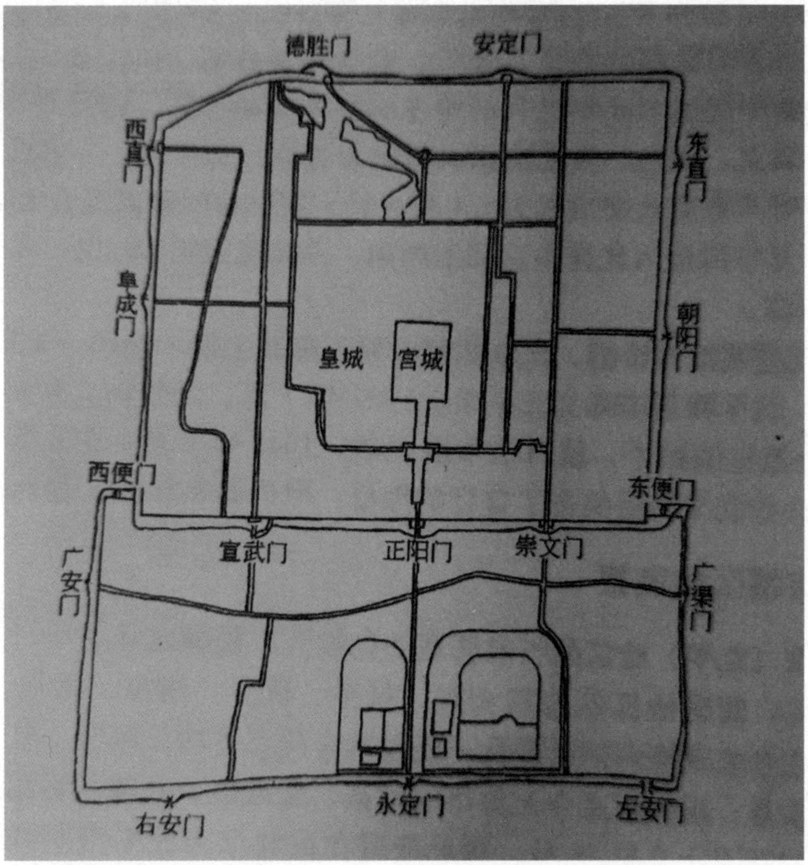

图 3-1　近代北京城门、街道示意图

（一）道路交通

民国对北京城的交通做了一些开创性的工作，如一些以前属于皇家禁地的街道被打通，以及新辟城门等。这些工作方便了市民的出行。

民国时期，北京城内交通最值得一提的工作是长安街的打通。明清时期的天安门广场、西长安街、东长安街如图 3-2 所示。

明清时期，长安街天安门前有两座门——长安左门和长安右门。天安门前是禁止市民通行的。

1912 年，北洋政府将长安左门和长安右门打通，使长安街成为一条名副其实的贯通东西的干道。

1913 年，北洋政府又开通了两条南北干道，即紫禁城东西两边的南池子和南长街。南池子街门——开辟在天安门东侧皇城墙上的街口如图 3-3 所示。

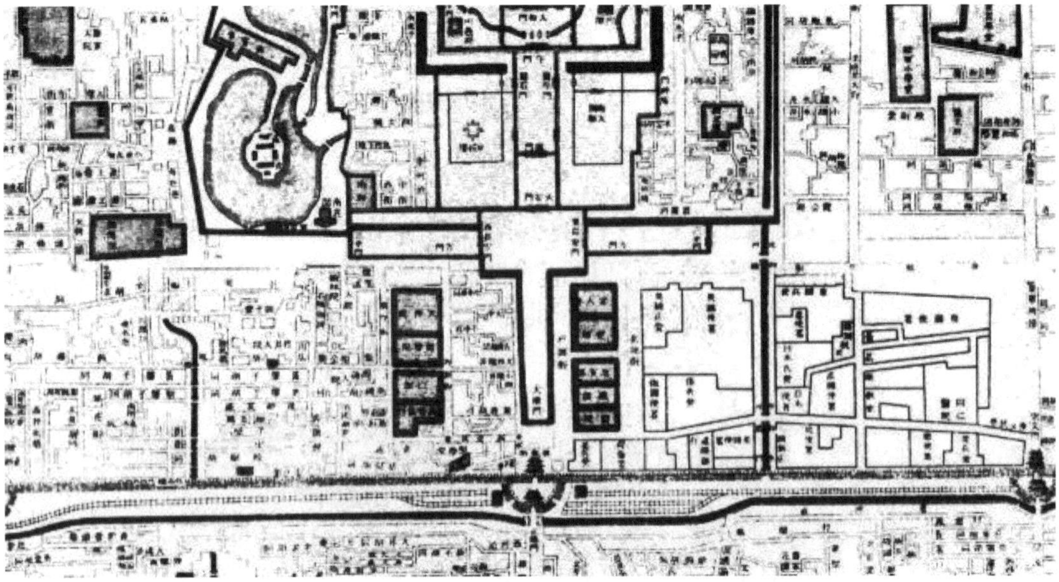

图 3-2　明清时期的天安门广场、西长安街、东长安街（《详细帝京舆图》局部，1908 年出版）

图 3-3　南池子街门——开辟在天安门东侧皇城墙上的街口

1914 年至 1916 年，北洋政府责成内务、交通两部对正阳门及其周边地区进行建筑改造和交通治理。当时的正阳门，因京奉、京汉铁路起讫于此，加之附近集市云集，人气很旺。正阳门大街如图 3-4 所示。

图 3-4　正阳门大街

正阳门改造的具体做法是：将东、西月墙拆除，并在月墙与城墙交接处，东西各新辟 1 个门——东门直通户部街，西门直通西皮市。同时，在原东、西月墙基址处铺建了新马路。原来的瓮城成为一片广场，城楼和箭楼成了独立的建筑。1915 年，正阳门改造，新开城楼东侧双券洞施工中的场景如图 3-5 所示。1915 年，正阳门改造，东月墙拆除情形如图 3-6 所示。1916 年，改造后的正阳门城楼南面如图 3-7 所示，改建后正阳门左右各辟两门洞。东门洞通户部街，西门洞通刑部街。路上可见人力车、畜力车。

图 3-5　1915 年，正阳门改造，新开城楼东侧双券洞施工中的场景

图 3-6　1915 年，正阳门改造，东月墙拆除情形

图 3-7　1916 年，改造后的正阳门城楼南面（摄于 1916 年后不久）

民国初期的正阳门大街、牌楼、箭楼如图 3-8 所示。

图 3-8 民国初期的正阳门大街、牌楼、箭楼

正阳门的改建，对缓解这一地区拥挤阻塞的交通状况起到了积极的作用。

1931 年以后，京城的主要街道大多改成了沥青路面，但土路仍占绝大多数，仍未摆脱“无风三尺土，有雨一街泥”的状况。至于街道的总长，据 1948 年 6 月的《北平市政统计》记载，北平城区街道总计 404.68 公里。

民国时期，北京的主要街道与清朝北京城基本一样。内城西有宣武门至新街口、东有崇文门至北新桥两条南北干道；外城亦西有宣武门经菜市口至广安门、东有崇文门经花市至广渠门两条东西干道。几条主要干道又纵横交错地连接着其他大街小巷，四通八达，并通向各个城门，进而与通往外地的公路相衔接。民国时期的宣武门箭楼及宣武门外大街如图 3-9 所示。

图 3-9 民国时期的宣武门箭楼及宣武门外大街

民国时期的崇文门内大街如图 3-10 所示。

图 3-10　民国时期的崇文门内大街（摄于 20 世纪 30 年代）

民国时期的广渠门城楼及广渠门内大街如图 3-11 所示。

图 3-11　民国时期的广渠门城楼及广渠门内大街

20 世纪 30 年代初的广安门箭楼门洞内的行人、车辆及广安门城楼（外侧西面）如图 3-12 所示。

图 3-12　20 世纪 30 年代初的广安门箭楼门洞内的行人、车辆及广安门城楼（外侧西面）

清朝末年，京津铁路铺至正阳门，于是将外城墙凿穿以便火车通过。另外，为了方便住在东交民巷的外国使节出行，在正阳门与崇文门之间的御河出口也开凿出一门。此外，还在西安门及翠花胡同附近的皇城城墙开凿了豁口。这样，一条由西四丁字街至东四的通道便把东富西贵的两个城区——东城区和西城区，连接了起来。同时，这条路也成了贯通阜成门至朝阳门的东西干道。

民国时期，除了继续将内城的 9 座城门，即崇文门、正阳门、宣武门、阜成门、西直门、德胜门、安定门、东直门、朝阳门，作为出入城区的重要通道外，为了改善进出北京城的交通状况，又新辟了几座城门。

先是 1916 年至 1918 年，北洋政府分别在枣林豁子、菖蒲河、北箭亭等几处城墙上开辟豁口。1925 年，驻防北京的国民军冯玉祥部又在正阳门和宣武门之间的城墙上，开凿了一座双洞城门，初名兴华门，1927 年改称和平门。兴华门的开辟，将南、北新华街贯通，并直达长安街，然后经府右街北至德胜门。这样，北京又多了一条贯穿南北的道路。建成后的和平门如图 3–13 所示。

图 3–13　建成后的和平门

日本侵略军占领北平期间，日伪当局在东、西长安街延长线方向与城墙交会处，即朝阳门南开凿了启明门（1945 年改称建国门），在阜成门南开凿了长安门（1945 年改称复兴门）。1945 年的北京城门图如图 3–14 所示。

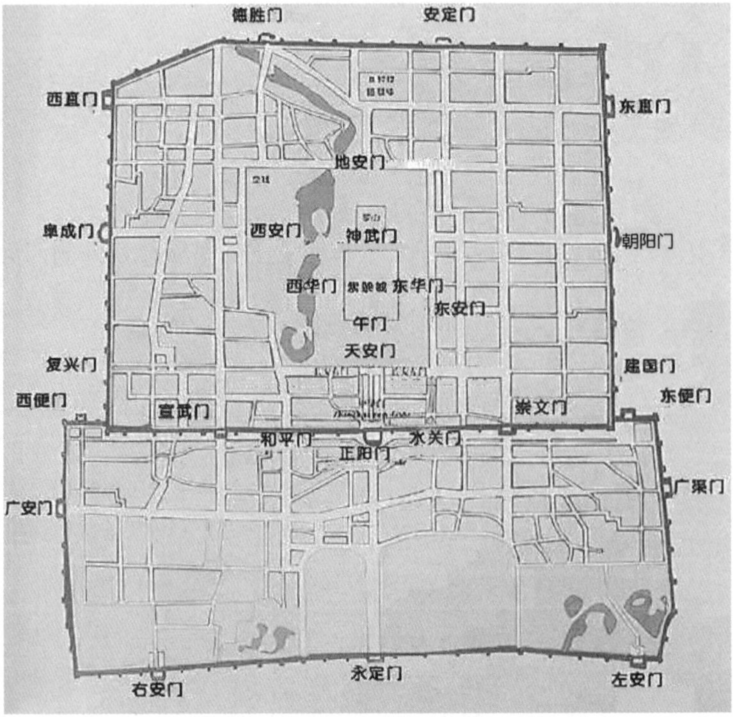

图 3–14　1945 年的北京城门图

启明门（1945 年改称为建国门）如图 3–15 所示。

图 3–15　启明门（1945 年改称为建国门）

建国门位于今建国门内大街东口，古观象台东北处。1939 年日本侵略者在北京西郊筹建用于商业和住宅的“西街市”，并在东郊筹建用作工业区的“东街市”。为沟通两新街市与城内交通，在东西两面城垣各辟一新城门，东称“启明门”即建国门，西称“长安门”即复兴门，启明门仅有豁口而未增加城门，设门扇、门洞。1945 年日本投降后国民政府将“启明门”改名为建国门。

1937 年 7 月 29 日北平沦陷，日本侵略者占领北平之后为了便利东西方向运输，于 1939 年把复兴门内的邱祖胡同和卧佛寺街西口附近的北京内城西城墙扒开一道豁口取名为“长安门”。老北京人习惯称之为“西豁口”。1945 年抗日战争胜利后国民政府接管北平，11 月 9 日“长安门”改名“复兴门”——取国家复兴之意。之后不久将豁口改为中辟券门的城台。长安门（1945 年改称为复兴门）如图 3–16 所示。

图 3–16　长安门（1945 年改称为复兴门）

（二）公共交通

近代北京（北平）的公共交通是从民国时期开始的，包括有轨电车和公共汽车两个部分。它们是北京交通进入近现代化的一个标志，但由于战乱、政治动荡，北京（北平）的公共交通到 1949 年时已基本处于瘫痪状态。

1. 有轨电车

1）北京电车公司的历史沿革

北京第一次出现有轨电车交通，是在1899年。当时，清政府从德国西子公司引进了数辆有轨电车，并修建了一条由马家堡至永定门外的线网和轨道，但好景不长，第二年，即1900年，这条与洋人有瓜葛的轨道及车辆，就被义和团给毁了。北京城的第一辆有轨电车如图3–17所示。有轨电车在马家堡附近的情形如图3–18所示。

图3–17　北京城的第一辆有轨电车

图3–18　有轨电车在马家堡附近的情形

1921年6月30日，北京电车股份有限公司（电车公司）正式成立，如图3–19所示，其租用东城区西总布胡同十一号房屋为办公地点。

图3–19　北京电车股份有限公司（电车公司）正式成立

有轨电车如图 3–20 所示。

图 3–20　有轨电车

电车公司成立后，前后做了近四年的通车筹备。1924 年 12 月 17 日，电车公司在前门举行了隆重的开车典礼。北京从此有了现代城市公共交通，有轨电车成为北京的第一代现代公共交通工具。行驶中的有轨电车如图 3–21 所示。

图 3–21　行驶中的有轨电车

1925 年底，有轨电车营业线路发展到 4 条，营业线路里程 31.213 公里，内城四条主要街道都有了营业线路。

1935 年，为了解决地区交通局限和满足大站郊区旅游需求，弥补有轨电车运力不足，北平市政府从美国购买 T110 型道奇牌客车（见图 3–22）30 辆，组建北平公共汽车管理处。

图 3–22　T110 型道奇牌客车

公共汽车新车通车典礼如图 3–23 所示。

有轨电车新车通车典礼如图 3–24 所示，1946 年 1 月 1 日，电车公司自造新车“和平”“建国”“胜利”“复兴”4 辆，举行新车通车典礼。

图 3–23　公共汽车新车通车典礼

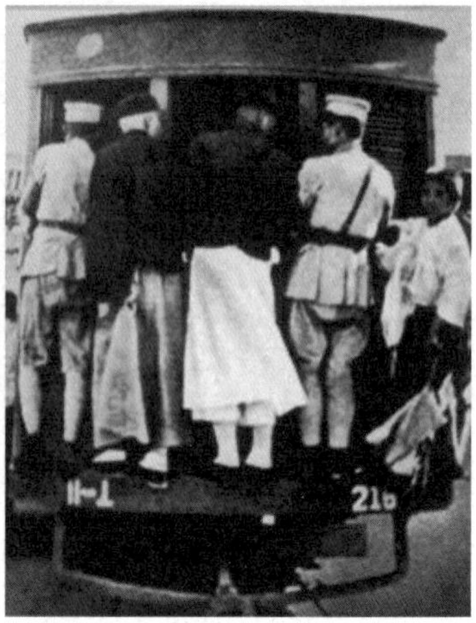

图 3–24　有轨电车新车通车典礼

如图 3–25 所示，1948 年底，多数公共汽车已呈瘫痪状态，平均每日出车仅有 20～30 辆，有时甚至仅出车 1～2 辆。由于出车量少，客运能力不足，常有人攀附在车尾或侧立于车门处，人称“挂票”。

图 3–25　1948 年底，多数公共汽车已呈瘫痪状态

1949 年 3 月，当时全市仅有 5 条有轨电车营业线路；公共汽车原有 6 条线路全部停驶。北平的公共交通处于瘫痪状态。公共交通作为城市基础设施和动脉，它的发展一直与城市建设息息相关。北京公共电、汽车职工面对当时的交通现状，以空前的热情整修废旧车辆，开展了闻名全市的“修复百辆车”运动。

2）有轨电车车票变迁

北京的有轨电车票制在 1924 年至 1948 年间几经改变，但基本是单一与分段票制交替使用。其间，随着物价的波动和币制的转换，票价也多次相应调整，24 年间票价共调整了 37 次。

北京的有轨电车从 1924 年开始通车，当时电车公司尚无运营经验，于是仿照了上海租界的电车票制，将车上座位分为头等、二等，按等级售票，每等票又分 14 种，共计 28 种。1924 年 12 月 18 日有轨电车通车时首次使用的普通车票票样如图 3–26 所示。

1925 年 4 月 1 日电车公司首次发行了普通月票、二等月票、普通季票、二等季票。电车公司首次发行的二等月票、二等季票票样如图 3–27 所示。

图 3-26 1924 年 12 月 18 日有轨电车通车时首次使用的普通车票票样

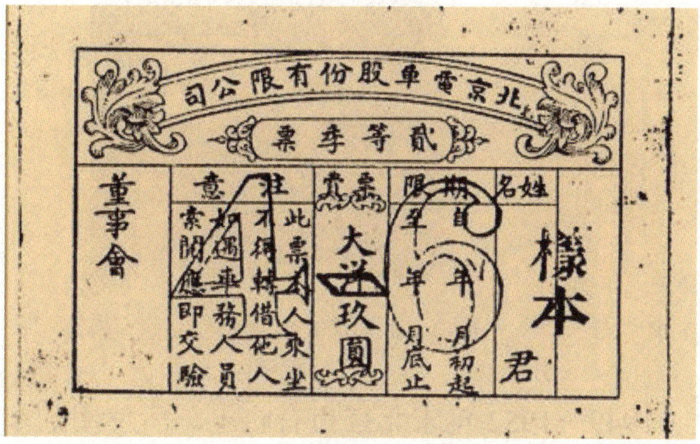

图 3-27 电车公司首次发行的二等月票、二等季票票样

1928 年至 1929 年使用的电车普通月票、普通季票票样如图 3-28 所示。

1937 年 6 月，由于铜元行情变化，售票员在车上找零出现困难，便开始使用了这种“回数乘车票”，回数乘车票每本 10 张，有 3 角/本和 6 角/本两个价位。持票乘车时，每次取用 1 张，由售票员收回剪孔。回数乘车票如图 3-29 所示。1938 年北京公共汽车车票如图 3-30 所示。

1939 年 5 月 1 日，公交车上开始出售有料（即有价）换车票，持有料换车票可换乘其他路车 1 次或 2 次，有效时间为 1 小时，如遇车辆故障还可适当延长有效时间。有料（即有价）换车票如图 3-31 所示。

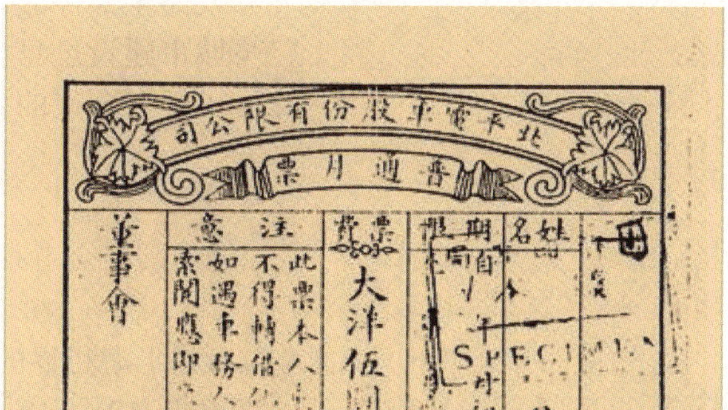

图 3-28 1928 年至 1929 年使用的电车普通月票、普通季票票样

图 3-29 回数乘车票

图 3-30　1938 年北京公共汽车车票

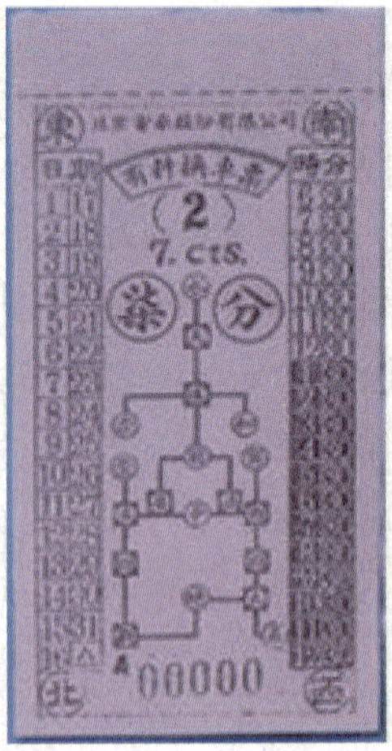

图 3-31　有料（即有价）换车票

1949—1952 年末北京市有轨电车所使用的车票，上方印有公司名“北京市电车公司”，中间印着有轨电车线路图。票面上没有印制票价，而是分别以“甲种”“乙种”“丙种”等字样来表示乘坐一段、两段或是三段。1940 年、1941 年北京电车公司车票如图 3-32 所示。1946 年 2 月至 1947 年 10 月电车公司兼营的公共汽车车票如图 3-33 所示。1947 年电车车票（这一时期票价连续上涨，价格高昂）如图 3-34 所示。1949—1952 年末北京市有轨电车所使用的车票如图 3-35 所示。

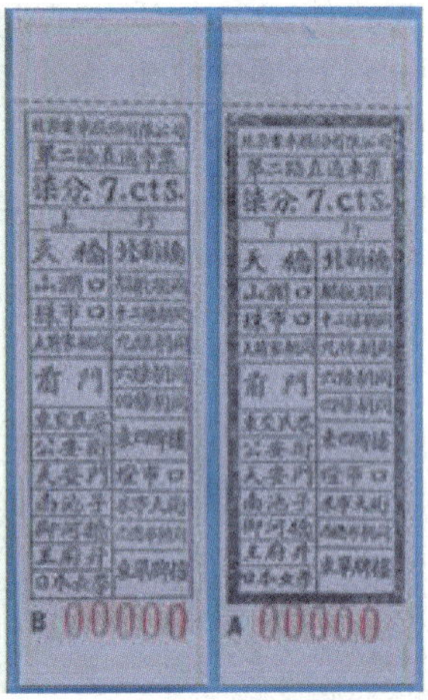

图 3-32　1940 年、1941 年北京电车公司车票

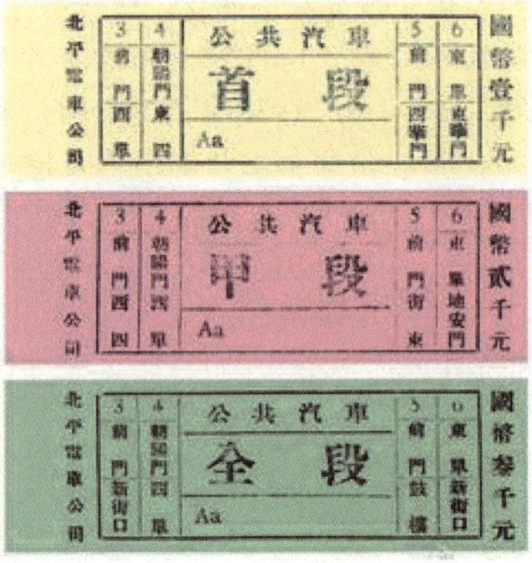

图 3-33　1946 年 2 月至 1947 年 10 月电车公司兼营的公共汽车车票

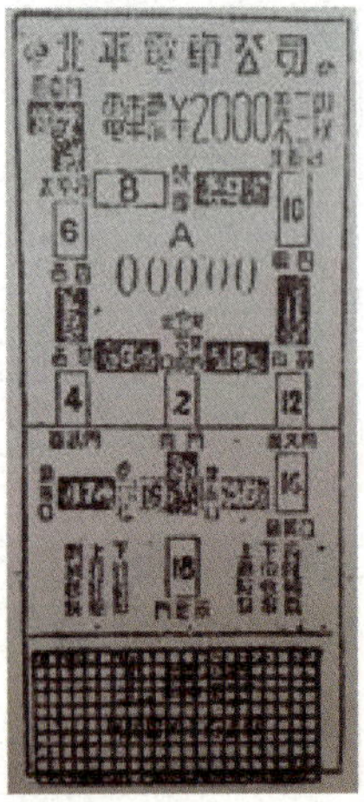

图 3-34　1947 年电车车票（这一时期票价连续上涨，价格高昂）

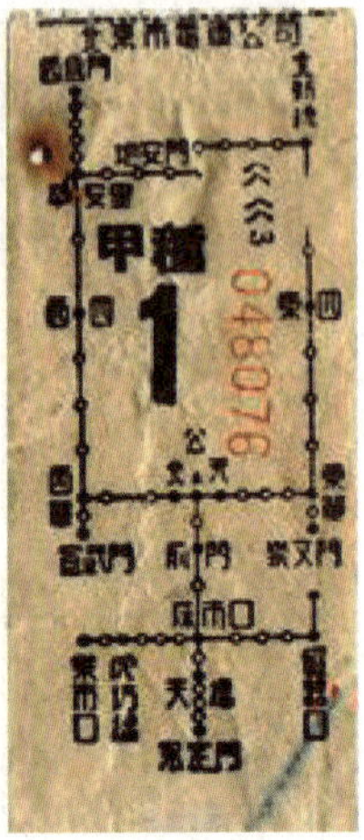

图 3-35　1949—1952 年末北京市有轨电车所使用的车票

2. 公共汽车

北京的公共汽车交通肇始于 1935 年，比有轨电车交通晚了 11 年。这一年，北平被南京国民政府列为文化旅游区，尽管当时城里已有几十辆有轨电车和大量的人力车，但市民若想去郊外办事或游玩，还是颇感不便，因为那里不通电车，雇一辆人力车速度慢又费钱。鉴于此，时任北平市长的袁良提议创办公共汽车事业，如此既可以促进郊区旅游的发展，同时也能弥补有轨电车的运力不足。市政府委派专员朱孟珍等 9 人，组成北平公共汽车筹备委员会（公共汽车管理处的前身，办公地点初在东华门外旧营房），并向公懋汽车洋行订购了 30 辆美国产“道奇”牌大客车。

1934 年出产的道奇 T110 客车，车身为铁木混合结构，车长 5 米，可载客 35 人，装有 65 马力 6 缸汽油发动机，驾驶席在右侧。

1935 年 8 月，北平的第一条公共汽车线路开通。此后，市区、郊区公共汽车线路陆续开通运营。日军占领北平后，公共汽车全部停运。直到 1937 年 12 月，伪市政府汽车处接管并恢复了市区公共汽车运营。1935 年底北平市公共汽车运营线路示意图如图 3-36 所示。

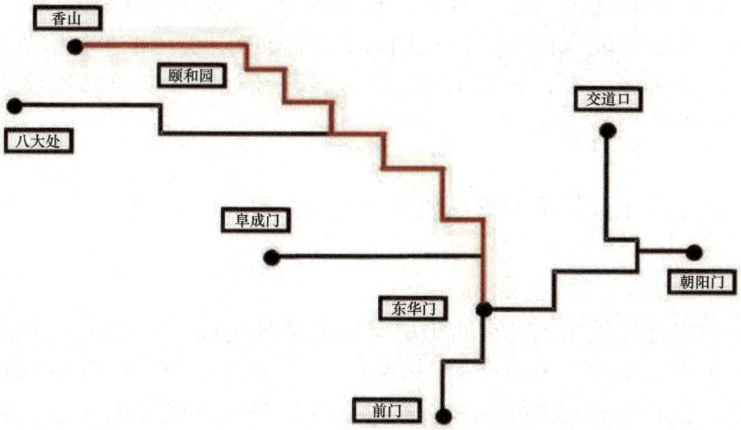

图 3-36　1935 年底北平市公共汽车运营线路示意图

1938 年，北平市带有女导游的公共汽车如图 3-37 所示。

图 3-37　1938 年，北平市带有女导游的公共汽车

日本投降后，1946 年 1 月，北平市政府再次关注公共汽车事业，委派专员郑独步负责组建“北平公共汽车筹备处”，办公处暂设在公用局，并由国民政府交通部战时运输管理总局拨给汽车 100 辆（卡车 72 辆，客车 28 辆）及筹备经费 9 870 万元。同年 3 月，电车公司也成立了公共汽车处，董事会派王鸿宾负责经办公共汽车业务。同年 5 月，北平公共汽车筹备处改为北平公共汽车管理处。这样，北平市就出现了两个公共汽车的运营部门。

为了避免重复和争端，市政府委托公用局负责两部门路线、配车和营业的协调和安排。公用局最后决定，北平市区开辟 10 条公共汽车运营线路，其中 1 路、2 路、7 路、8 路、9 路由市营公共汽车管理处经营，3 路、4 路、5 路、6 路由电车公司汽车处经营，10 路则为两处共同配车经营。1947 年 11 月，按照北平市政府的指令，将两个汽车处合并作为官股，允许商股加入，成立了北平市公共汽车股份有限公司。该公司由北平市公用局局长张鸿渐兼任董事长，王养斋任公司经理，高在田为副经理，办公地点设在东华门外北河沿。在册车辆为 133 辆，每日运营车辆 30～40 辆，营业路线为 1～5 路和环路共 6 条，总里程为 34.3 公里。

1948 年 8 月，由于亏损已累计 1 963 亿元，北平市公共汽车股份有限公司被迫于当月 12 日（一说 11 日）停业。北平的公共汽车客运行业，历经 13 年惨淡经营，最终还是没能逃脱停运破产的命运。

（三）交通工具

近代的北京城内外，近现代化的交通工具除了有轨电车、公共汽车以外，还有清末即已从国外进口的小汽车，另外卡车也已行驶在北京街头，但它们只占极小的比例。此时，出现在北京街头的交通工具绝大多数都是比较原始落后的人力车、畜力车等，有的甚至还是沿用两千多年前的。它们直观地体现了中国整体经济发展水平的落后。

1. 人力交通工具

近代北京的人力交通工具主要是手推车（独轮车）、排子车（两轮车）、三轮车、自行车、人力车，以及轿子等。

1）手推车

手推车是一种古老的交通运输工具，它的历史可以追溯到汉代。在北京，手推车也叫小车、独轮车。从清末到民国，这种单轮手推车仍为木质结构，车轴多为耐磨的枣木，车身为一木架，车轮位于正中，载重部分位于车轮两侧，重心较低，车的后部有两条车把，下边有两根木支腿，车停放时呈三角形，支撑较为稳固。车把上拴有绊带，推车时车夫在车后，把绊带挎在肩颈上，双手掌把，全身弓张，双腿叉开，腰与腿配合用力以保持平衡，用力向前推行。民国初期运水的手推车如图 3-38 所示。

图 3-38　民国初期运水的手推车（何大齐绘）

民国时期北京街头卖货的手推车如图 3–39 所示。

2）排子车

排子车，又称地扒车、地车，与马车有些相似，是由手推车衍生而来的。与手推车相同的是，排子车仍靠人力驱动，不同的是车轮由 1 个增加到 2 个，车是人拉着而不是推着行驶，同时其运载能力大幅提高。排子车问世后，由于它集货物的搬、倒、抬、扛、运于一身，良好的适应性使其成为一种被广泛使用的运输工具。1933 年北京街头推排子车卖夜宵的商贩如图 3–40 所示，拉重载排子车（有驾辕的，有拉套的）如图 3–41 所示。

图 3–39　民国时期北京街头卖货的手推车

图 3–40　1933 年北京街头推排子车卖夜宵的商贩

图 3–41　拉重载排子车（有驾辕的，有拉套的）

3）三轮车

据《老北京的出行》所述，“三轮车大约出现在 20 世纪 20 年代，北京的第一辆三轮车是日本人赠送给当时北洋政府的大官僚江朝宗的，直到 1937 年，北京的街头才出现了营业性三轮车”，而且那时“许多人力车大多改蹬三轮车了”“到了 1940 年，北京城租赁三轮车的厂子就达到了 200 余家，三轮车总数达到了 1 万辆左右，而人力车（洋车）的数量迅速减少，到了解放前夕，街上跑的大部分是三轮车了，而人力车却已寥寥无几了”。1940 年，北京东四牌楼前的三轮车如图 3–42 所示。

图 3-42　1940 年，北京东四牌楼前的三轮车

4）自行车

自行车，又称脚踏车。自行车大约在清光绪年间由国外传入北京，当时有一首竹枝词唱道：“臂高肩耸目无斜，大似鞠躬敬有如。嘎巴一声人急避，后边来了自行车。”末代皇后婉容骑自行车如图 3-43 所示。

图 3-43　末代皇后婉容骑自行车

5）人力车

人力车，又称洋车、黄包车、东洋车，是清朝末年由日本传入的一种人力载客车。人力车最早传入中国大约是在 1874 年，是由一个日本人进献给慈禧太后的，这辆御用车也成了北京的第一辆人力车。20 世纪初北京的人力车如图 3-44 所示。20 世纪 30 年代，北京一家车厂里的洋车和车夫如图 3-45 所示。

图 3-44　20 世纪初北京的人力车

图 3-45　20 世纪 30 年代，北京一家车厂里的洋车和车夫

2. 畜力交通工具

1）大车

大车，又称敞车，在货运汽车大兴之前，它是北京地区主要的货物运输工具。

大车的样式分两种，一种叫平板大车，主要载运货物；另一种是两侧带木栏的大车，既可载货也可载人。

民国时期，北京的大车在传统外形的基础上略有改进，车轮仍是木制，直径一般为 3 尺，辐条为 18 根且多为榆木制成，车轴由木制改成了铁制，车轮的外沿挂了一圈铁瓦。这种大车的载重量一般为 750～1 000 公斤。

民国初期正阳门箭楼前的大车如图 3-46 所示。

图 3-46　民国初期正阳门箭楼前的大车

2）轿车

轿车，又叫“马拉轿车”（也有用骡子拉车的），其实就是一种马车与轿子的结合体。早年间，轿车多为高官显要乘坐，到了清朝末年才开始应用于民间。装载执事家当的马车如图 3–47 所示。

图 3–47　装载执事家当的马车

1930 年北京的马车（马拉轿车）如图 3–48 所示。

图 3–48　1930 年北京的马车（马拉轿车）

马拉轿车流行于民间不久，西洋式马车，简称洋马车（见图 3–49），就由英、法等西方国家传入中国，开始时数量并不太多，1900 年八国联军侵占北京后，洋马车开始多了起来。洋马车快捷、豪华、舒适、时髦，很快就取代中国的马拉轿车，成为深受达官贵人、富绅商贾喜欢的交通工具。在汽车普及之前，它是当时住北京的外国商人和使节的主要代步工具。到了民国初年，洋马车在北京的发展进入鼎盛时期。营业性的洋马车也开始出现在北京的街头，这意味着洋马车再也不是富人的专利，成为一种可为百姓乘用的公共交通工具。

图 3-49　洋马车

3）骆驼

骆驼是近代北京常见的运输工具。民国初年，据不完全统计，每年平均有上千峰骆驼往返于北京的山区和平原之间，运输山里的煤炭、石灰、水果和木材，以及平原的粮食、百货和食盐等。满载货物的骆驼队进入北京城门如图 3-50 所示，19 世纪 70 年代，北京城运送货物的骆驼队如图 3-51 所示，20 世纪初，北京大宅门门前的骆驼队如图 3-52 所示。

图 3-50　满载货物的骆驼队进入北京城门

图 3-51　19 世纪 70 年代，北京城运送货物的骆驼队

图 3-52　20 世纪初，北京大宅门门前的骆驼队

4）*走驴*

“走驴”专门用于载客，北京俗称“雇驴脚”，一般是自家喂养的。赶驴载客的人称为“赶脚”。清末的走驴如图 3-53 所示。

图 3-53　清末的走驴

专门用于货运的毛驴叫“驮驴”。这种驴通常都备有鞍子，载货的盛器主要有口袋和驮子筐，驮子筐用柳条或荆条编成，两个筐用木棍相连，把驮子筐架在驴背上，一边一个筐以保持平衡。驮驴的载重量一般为 200～400 公斤。民国年间，京西的门头沟、房山一带盛产煤炭，驮驴是向北京城运送煤炭的主要运输工具之一。这种状况甚至维持到 20 世纪 60 年代。民国初期北京店铺前的“驮驴”如图 3–54 所示。

图 3–54　民国初期北京店铺前的“驮驴”

3. 小汽车

北京的第一辆汽车是西方人赠送给慈禧太后的。北京的第一辆汽车如图 3–55 所示，北京的第一辆汽车资料图片如图 3–56 所示。

图 3–55　北京的第一辆汽车

图 3-56　北京的第一辆汽车资料图片

进入民国时期，北京的汽车数量有所增加，但还远未成为主要的交通工具。北京民国时期的出租汽车行如图 3-57 所示。

图 3-57　北京民国时期的出租汽车行

二、铁路交通

1865 年，英国人杜兰德在北京的宣武门外，修建了一条 500 多米长的窄轨铁路，使用 1 台小型蒸汽机车牵引着 3 节车厢在轨道上来回行驶。这个冒烟会叫的怪物，令男人头上还拖着辫子的中国百姓惶恐万分。辜鸿铭在《清代野史》记为："诧所未闻，骇为妖物，举国若狂，几致大变。"这段只用于广告宣传而非交通运输的铁路，被清政府勒令拆除。尽管短寿，但宣武门外的这段铁路，毕竟是北京有史以来最早出现的铁路。

（一）铁路干线

近代的北京铁路主要干线只有京奉铁路、京汉铁路、京张铁路、京承铁路 4 条。

1. 京奉铁路

京奉铁路，又称“平奉铁路”“北宁铁路”“关内外铁路”等。它是由唐胥铁路（唐山至胥各庄）向东西两面逐段展筑而形成的。由于京奉全线为逐段修建，故次第出现多个路名。

京奉铁路是中国于清朝末年修建的一条铁路。起自北京市天安门广场东南侧的京奉铁路正阳门东站，终至奉天省的奉天城站（竣工后更名为辽宁总站，今沈阳北站），全长约 862 km，是今京哈铁路的重要组成部分。京奉铁路建成后线路示意图如图 3-58 所示，京奉铁路正阳门东车站如图 3-59 所示。

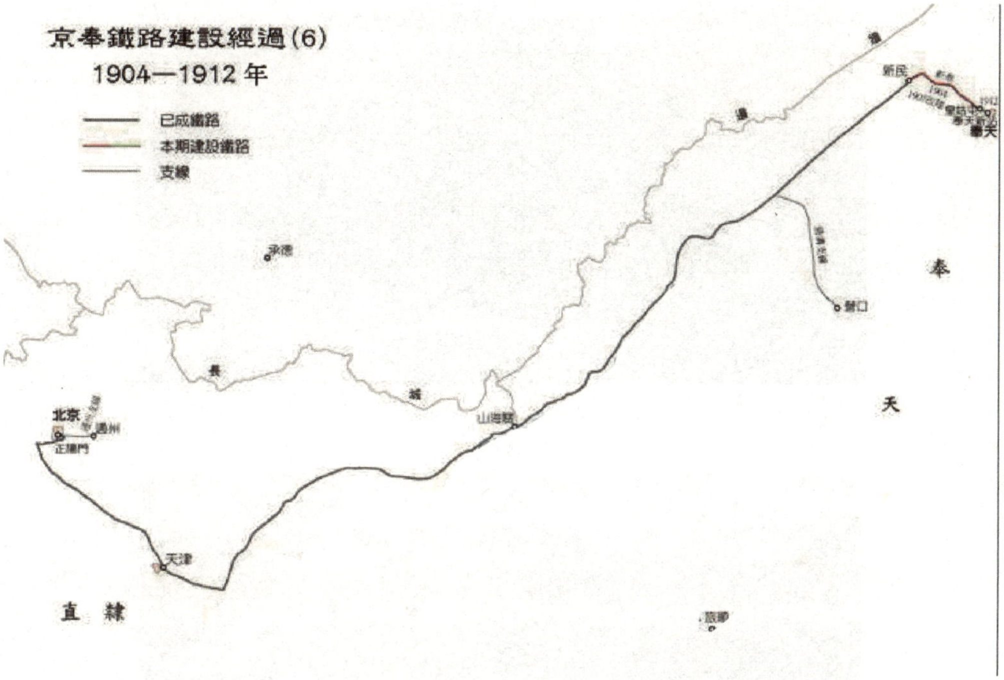

图 3-58 京奉铁路建成后线路示意图

图 3-59 京奉铁路正阳门东车站

2. 京汉铁路

京汉铁路，又称平汉铁路，是北京通往南方的第一条铁路。

京汉铁路初称卢汉铁路，卢汉铁路的修建是由张之洞最先提出来的，因为汉口是交通重镇，并具有较好的工业基础。

1896 年 10 月，直隶总督王文韶、湖广总督张之洞奏请朝廷设立铁路总公司，以天津关道盛宣怀为督办大臣，统筹卢汉铁路的修建。为了修筑铁路，清政府向比利时公司借款 450 万英镑。1897 年卢汉铁路开工建设。1901 年，法国趁入侵北京之际，将卢汉铁路延伸至正阳门西侧，并建设了正阳门西站。这之后卢汉铁路改名为京汉铁路。1906 年 4 月 1 日，京汉铁路全线竣工通车，全长 1 214 公里。京汉铁路如图 3-60 所示，1903 年张之洞视察京汉铁路如图 3-61 所示。

图 3-60　京汉铁路

图 3-61　1903 年张之洞视察京汉铁路

京汉铁路正阳门西站如图 3-62 所示。

图 3-62　京汉铁路正阳门西站

3. 京张铁路

京张铁路，从北京至张家口，是北京通往西北的第一条铁路，也是首次完全由中国人投资、设计、施工的铁路。京张铁路是清政府不顾英国、俄国等殖民主义者的阻挠，委派詹天佑为京张铁路局总工程师（后兼任京张铁路局总办）修建的，于 1905 年 9 月 4 日正式开工修建，1909 年 9 月建成通车。工期为 4 年，比原计划提前 2 年。

清政府决定修建京张铁路给詹天佑的札文如图 3–63 所示。

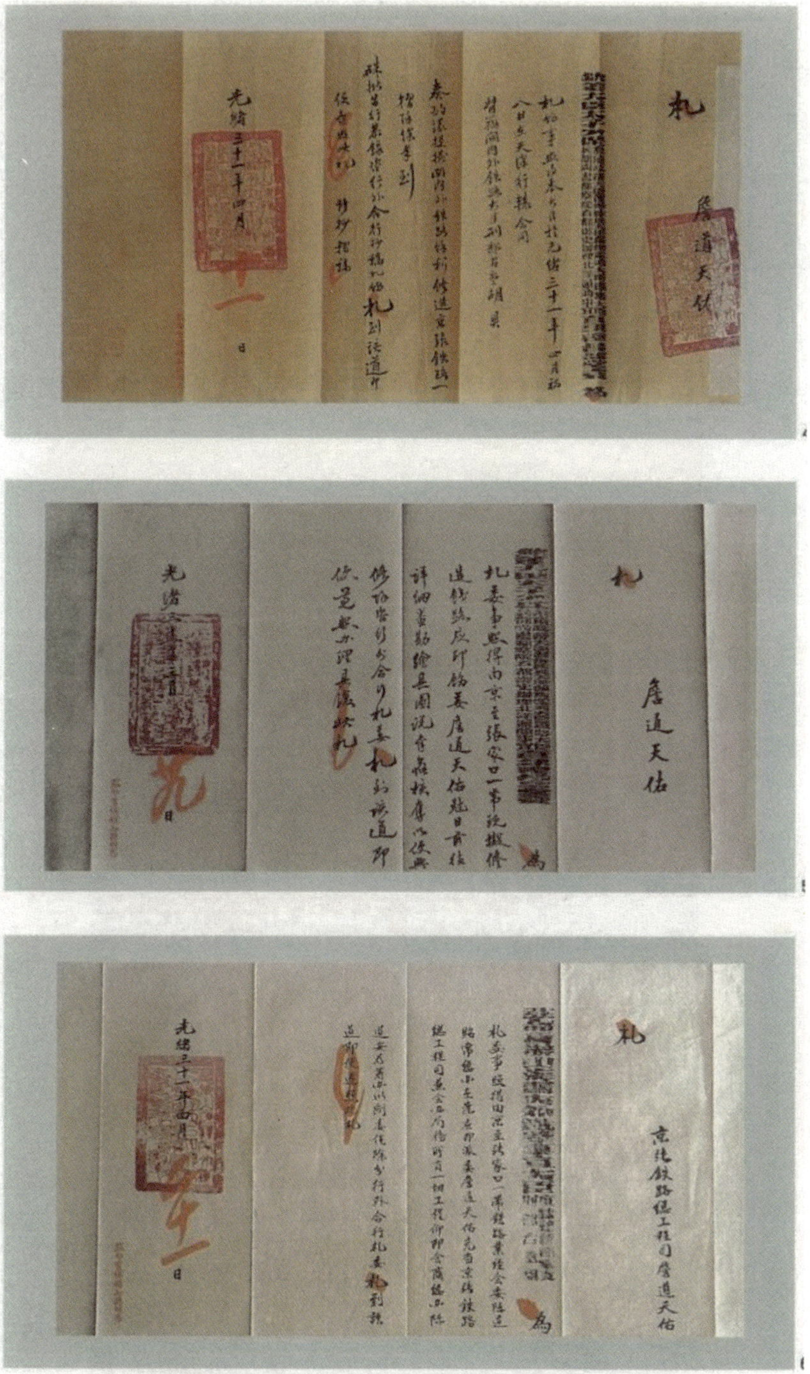

图 3–63　清政府决定修建京张铁路给詹天佑的札文

京张铁路起自北京丰台柳村，经由西直门、南口、青龙桥、康庄、八达岭、宣化至张家口，全长为 201.2 公里，其中北京段 80.2 公里。

京张铁路线路图如图 3-64 所示。

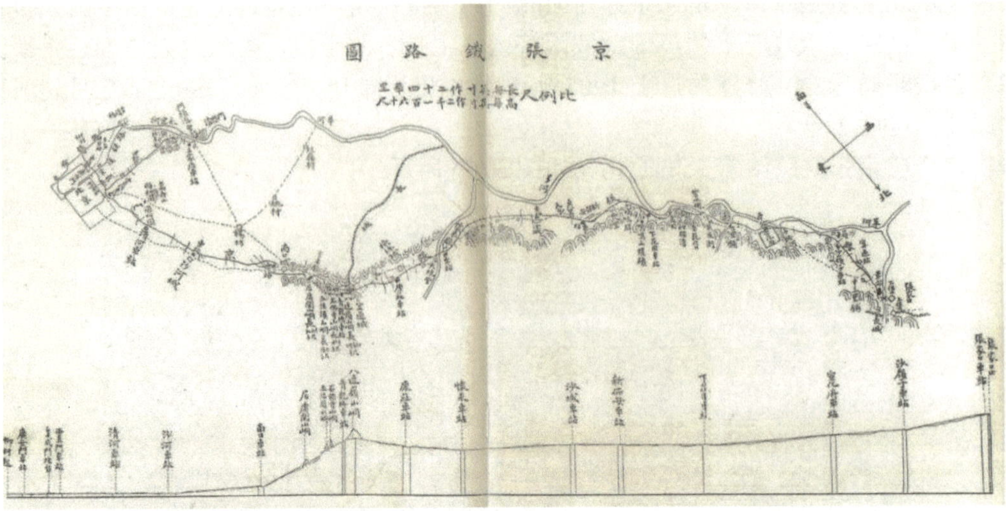

图 3-64　京张铁路线路图（张俊扫描）

1908 年，八达岭隧道完工合影如图 3-65 所示，京张铁路修成时，詹天佑和同事的合影如图 3-66 所示，1909 年，京张铁路建成典礼如图 3-67 所示。

图 3-65　1908 年，八达岭隧道完工合影

图 3-66　京张铁路修成时，詹天佑和同事的合影

图 3-67　1909 年，京张铁路建成典礼

4. 京承铁路

京承铁路是日本侵占中国期间修筑的铁路。1937 年 9 月动工修筑，次年 4 月 1 日竣工通车。该线起自通县双桥站，经顺义、怀柔、密云、古北口终至承德，由京古及承古两段构成，全长约 248.5 公里，在承德与锦承铁路（锦州至承德）相连接。它是继京奉铁路之后由北京通往东北的第二条铁路干线。

（二）主要车站

1. 马家堡站

1895 年 12 月，清政府批准修建津卢铁路（天津至卢沟桥）。次年，该路延至丰台。1897 年，再延展至马家堡，同时建成马家堡火车站。当时为了方便北京城里人乘坐火车，英国人还专门建了一条由永定门到马家堡的有轨电车线路。这条线路不仅把京城与铁路连接了起来，它还成了北京历史上第一条有轨电车线路。

初始的马家堡站（见图 3-68）为英国人监造，所以有着典型的英式风格，车站有三层楼高，气势恢宏，为当地地标式建筑。

图 3-68　初始的马家堡站

1900 年被义和团烧毁的马家堡站如图 3-69 所示。

图 3-69　1900 年被义和团烧毁的马家堡站

2. 前门站

前门站，全称京奉铁路正阳门东车站，也称正阳门东站、北京站、北平站、北平东站。

前门站的历史可追溯至 1900 年。当时，八国联军中的英军擅自将津卢铁路由马家堡站展筑至正阳门箭楼东侧，并设车站即正阳门东站。该站于 1906 年正式建成并启用。站舍为欧式建筑，站房设在到发线尽头端，候车室面积约 1 500 平方米。

从清末到新中国成立，前门站一直是北京最大的火车站。民国时期的前门站如图 3-70 所示。

图 3-70　民国时期的前门站

1901 年 12 月 10 日第一台机车试运行，驶抵尚无站舍的正阳门东站如图 3-71 所示。

图 3-71　1901 年 12 月 10 日第一台机车试运行，驶抵尚无站舍的正阳门东站

3. 西直门站

西直门站（今北京北站）始建于 1906 年。1909 年京张铁路通车时，它只是一个中间站。

西直门站位于内城西北角外西侧，站场为南北向布置，南端至西直门外大街，北端至高梁河南岸。1907 年，京门支线在该站南端接轨。1916 年，环城支线（环城铁路）在该站北端反向接轨。到了 1937 年，西直门站已成为北京西北部地区铁路客货运输的中心，并承担小运转编解作业，为此，站场增加了股道并添建旅客用的天桥 1 座。20 世纪初的西直门老站房如图 3−72 所示，京张铁路西直门停车场如图 3−73 所示。

图 3−72　20 世纪初的西直门老站房

图 3−73　京张铁路西直门停车场

4. 丰台站

如果按年代论，丰台站应该是北京地区修建最早的火车站。

1895 年 12 月，津卢铁路动工兴建，次年底，天津至丰台干线及丰台至卢沟桥支线建成通车。丰台火车站就诞生于该时期。

值得一提的是，在清末及民国时期，丰台站是连接京奉、京汉、京张（京绥）3 条铁路干线的交会站。

丰台站铁路桥如图 3–74 所示，丰台车站建成初期的中英文站牌，后方为站舍如图 3–75 所示，1907 年丰台站的匾额如图 3–76 所示。

图 3–74　丰台站铁路桥

图 3–75　丰台车站建成初期的中英文站牌，后方为站舍

图 3–76　1907 年丰台站的匾额

5. 西便门站

西便门站是 1901 年卢汉铁路自卢沟桥展筑至正阳门西站时兴建的一个小站。它位于会城门路南端，莲花池东北侧。1919 年，西便门站至广安门站的联络线建成。日军占领北平期间，西便门站以货运为主。

6. 广安门站

1906 年 9 月 30 日，京张铁路丰台至南口段通车，广安门站作为其间一个小站初步建成。1915 年 12 月，环城铁路建成后，京张铁路的旅客列车改由前门东站始发，广安门站客运业务暂停。民国时期的广安门站站台如图 3–77 所示。

图 3–77　民国时期的广安门站站台

7. 永定门站

永定门站（今北京南站）位于永外大街西侧护城河以南，是 1901 年津卢铁路由马家堡延伸至正阳门时修建的一个小站，后逐渐扩建为一个办理客货运业务的中间站。日军占领北平期间，曾将南苑支线改成标准轨距后在永定门站接轨，并在车站北侧修建了货场，使其成为当时北京城南的铁路客货运中心。

（三）机车车辆

1. 机车

清末民初，随着京奉、京汉、京张（京绥）铁路的筑成，各铁路局陆续从欧美购置蒸汽机车用于客货运输和调车。

2-4-4-2 型马莱机车行驶在丰台—南口段如图 3-78 所示。

图 3-78　2-4-4-2 型马莱机车行驶在丰台—南口段

2-6-0 型摩哥尔机车如图 3-79 所示。

图 3-79　2-6-0 型摩哥尔机车

在丰台至张家口间干线竣工前的 1908 年，京张铁路局向华夏大地上的首家机车车辆工厂——唐山机厂，订购了 9 台 2-6-0 型摩哥尔机车，作为丰台至南口间、康庄至张家口间的干线客运、货运机车。

摩哥尔机车一度被更名为モガシ型（摩格 4 型）机车，新中国成立后被定型为ㄇㄍ 1 型（MG1 型）机车，编号区段 46～50 号，其中 46 号机车曾配属北京铁路局，该型号机车于 1990 年被铁道部除籍。

齿轮传动 SHAY 式机车如图 3–80 所示。

图 3–80　齿轮传动 SHAY 式机车（张俊扫描）

立缸齿轮式（Shay 式，谐音“佘”）机车是一种尤为独特的蒸汽机车，其垂直放置的活塞汽缸及轴齿式传动形式使其在低速状态下具有较为强劲的牵引力。立缸齿轮式机车出色的爬坡能力及灵活性让它一度成为美国各个伐木铁路最为广泛运用的机车。京张铁路局于 1909 年，自美国利马机车工厂购入 3 台立缸齿轮式机车，编号 28～30 号，并将其命名为佘齿轮机车。

该型机车交付后，与英制马力机车一并成为关沟段早期之爬坡专用机车。1912 年，京张铁路再次购入 3 台相同型号的佘齿轮机车，编号 25～27 号，但由于该型机车机械复杂、难以维护，在引进 2–8–8–2 型机车后，佘齿轮机车即逐渐被淘汰并废弃。

1922 年京绥铁路购进大马力马雷型机车（见图 3–81），运行于关沟段。

图 3–81　大马力马雷型机车

北英机车如图 3–82 所示。

图 3–82　北英机车

美国罗格斯工厂生产的 0–6–0 型（Six–Coupled 型）机车原本为京汉铁路（北京至汉口）工程用机车。1900 年初，义和团放火破坏京汉铁路丰台机车房时，1 台该型机车被焚毁，其余 3 台机车后被转配予京张铁路使用。

0–6–0 型机车转至京张铁路后被命名为“调车机车”，编号 14～16 号，曾担当下花园站、鸡鸣驿站附近的调车及小运转作业。

2. 客车

晚清及民国时期，京奉、京汉、京张（京绥）等铁路所使用的客运车辆（简称客车），多从英、法、美、德、日等国购进，只有少部分为唐山机（车）厂（开平矿务局的胥各庄修车厂）制造。

平绥线旅客列车如图 3–83 所示。

图 3–83　平绥线旅客列车

平汉线旅客列车三等车厢如图 3–84 所示。

图 3–84　平汉线旅客列车三等车厢

3. 货车

1909 年 9 月，京张铁路通车之时，该路拥有铁路货运车辆（简称货车）352 辆，其中棚车 40 辆，敞车 312 辆，均购自唐山机厂。棚车包括铁棚车、邮政车、行李车和水柜车；敞车包括石砟车、高边车、平车、马车和猪车。据 1935 年统计，平汉铁路、北宁铁路和平绥铁路拥有的货车数量分别为 1 636 辆、2 603 辆和 640 辆。日军占领期间，华北交通株式会社有货车 13 323 辆。

铁棚车如图 3-85 所示。

图 3-85　铁棚车

包车如图 3-86 所示。

图 3-86　包车

石跰车如图 3-87 所示。

图 3-87　石跰车

货车如图 3–88 所示。

图 3–88　货车

煤车如图 3–89 所示。

图 3–89　煤车

守车如图 3–90 所示。

图 3–90　守车

猪车如图 3-91 所示。

图 3-91　猪车

平车如图 3-92 所示。

图 3-92　平车

三、民航交通

近代北京的民用航空运输始于民国时期，应该说起步是比较早的，但由于政局的激烈动荡，在新中国成立前发展缓慢。

（一）民航飞机

中国筹办民用航空运输始于 1918 年 3 月，当时北洋政府交通部成立筹办航空事宜处。1919 年 2 月 24 日，北洋政府交通部委派丁士源与英国亨德利·佩治公司签订合同，从交通事业盈余款项中拨款购买“亨德利·佩治”商用飞机（见图 3-93）6 架、阿弗罗-504K 教练机（见图 3-94）6 架以及一批补充零备件和修理机械，并聘请英国飞行员和机械工程师各 2 名。1919 年 3 月，交通部筹办航空事宜处正式成立，丁士源担任该处处长，负责与外国公司签订购机合同，拟订航空条例草案、全国航空线计划以及处理外国飞机飞航区域事宜等。

图 3-93 “亨德利·佩治”商用飞机

图 3-94 阿弗罗-504K 教练机

（二）民航机场

民国时期，北京只有两个机场。最早修建的是南苑机场。西苑机场修建于日军占领北平时期。

1. 南苑机场

南苑机场，位于北京市南郊丰台区境内。1904 年，南苑校阅场进行首次飞机起降；1910 年 8 月，南苑机场建成通航；1920 年 5 月 7 日，南苑机场开通民航邮件业务；1937 年 7 月，南苑机场被日军占领；1945 年 8 月，南苑机场光复，国民党空军进驻；1948 年 12 月 17 日，南苑机场被中国人民解放军接收；1984 年，南苑机场转为军民合用机场，民用部分定名“北京南苑机场”。南苑机场如图 3-95 所示，1913 年，法国飞行教练（前排右边第三位）和机械师（前排左边两位）与一架高德隆 G3 型飞机在南苑机场合影如图 3-96 所示。

图 3-95 南苑机场

图 3-96 法国飞行教练（前排右边第三位）和机械师（前排左边两位）与一架高德隆 G3 型飞机在南苑机场合影

一架高德隆 G3 双翼飞机从故宫方向飞往南苑机场如图 3–97 所示。

2. 西苑机场

西苑机场（今西郊机场），位于北京市西郊海淀区界内。日军占领北平后，于 1938 年春修建了西郊机场，1945 年抗日战争结束后，被国民党接收。1949 年 1 月，北平和平解放，中国人民解放军华北航空处正式接管西郊机场，成立了由原国民党飞行员组成的华北空运大队。1937 年，日机轰炸北平城外的机场如图 3–98 所示。

图 3–97　一架高德隆 G3 双翼飞机从故宫方向飞往南苑机场（摄于 1920 年）

图 3–98　1937 年，日机轰炸北平城外的机场

第四编

现代北京交通

交通，是人类生产和生活的实践成果之一，与人类相伴而生……

一、道路运输

（一）城区主干道、重要道路、护城河

1949 年 10 月新中国成立以来，北京市的行政区域作了多次重大的调整，辖区不断扩大。在新中国成立初期的 20 世纪 50 年代，相继将河北省的昌平、宛平、通县、顺义、大兴、良乡、房山、平谷、密云、怀柔、延庆等地划归北京市管辖，初步形成了现在北京市的规模。

临近解放时期，由于多年政局不稳，城市交通问题无人顾及，北京市城市道路十分落后，偌大的北京，沥青路只有十几条。1949 年 2 月，市区道路总长度仅为 215 公里，道路面积为 140 万平方米，绝大多数为胡同土路。沥青路大多集中在东单到西单一带，由于长期失修，沥青路面大多已损坏。其余道路及纵横交错的小胡同，都是碎石路或者土路。不仅如此，旧北京的城区街道大多是南北向和东西向的，呈方格式棋盘状，且干道少，胡同多。东西向干道有 3 条，路面质量低劣，而南北向没有直通出城的干道。全城出入不仅要通过 15 个城门，而且大部分需要绕穿瓮城，不能直接从门洞中穿过。城墙外面有环城铁路，铁路外面环绕一圈护城河，围绕市区有桥梁 115 座，公路桥梁 24 座，大部分为临时性或半永久性以木结构为主的桥梁，因此出入城区的道路十分不畅，交通很不方便。为了修建长安街林荫大道，根据北京市人民代表会议的决议，拆除了位于长安街上的“三座门”。20 世纪 50 年代初改建天安门广场时的长安左门如图 4-1 所示。

图 4-1　20 世纪 50 年代初改建天安门广场时的长安左门

新中国成立以来，北京城区及近郊的道路建设以改革开放为界，主要经历了两个发展阶段：第一个阶段是北京解放到 1977 年，这是恢复、发展和初步定型阶段；第二个阶段是 1978 年以后，这是全面发展和高速发展阶段。

20 世纪 50 年代的宣武门内大街如图 4-2 所示。

图 4-2　20 世纪 50 年代的宣武门内大街

新中国成立以后，北京市对原有落后的城市道路系统不断进行改造，到改革开放前，经过几十年的不懈努力，城市道路交通面貌有了明显改观，以东西长安街、南北中轴线，以及二环路为骨架，初步形成了棋盘形的路网格局。1954 年的天安门如图 4-3 所示，20 世纪 50 年代在鼓楼南望地安门商业街区如图 4-4 所示。

图 4-3　1954 年的天安门

图 4-4　20 世纪 50 年代在鼓楼南望地安门商业街区

1949 年至 1952 年，北京市政府本着“在普及的基础上提高”“少花钱、多办事”的原则，对旧路进行了重点恢复、整修和改建。同时配合近郊的建设，新建和改建了一部分道路。3 年内共修建道路 200 多公里。[①] 城区改建的主要干道有：长安街林荫大道、崇文门外大街、宣武门外大街、广渠门内大街、广安门内大街、朝阳门内大街、安定门内大街等。这些道路除少数铺筑混凝土路面外，大部分为沥青路面。1955 年俯瞰鼓楼以南地区如图 4-5 所示，1955 年俯瞰鼓楼以北地区如图 4-6 所示，1955 年俯瞰鼓楼以东地区如图 4-7 所示，1955 年俯瞰鼓楼以西地区如图 4-8 所示。

图 4-5　1955 年俯瞰鼓楼以南地区

新中国成立的头三年，百废待兴，而国家财政十分困难，政府组织各主管部门、驻京部队利用“以工代赈”等方式动员民工，克服重重困难，初步恢复和改善了市区交通条件。在此期间，用于道路建设的投资占了全部基建投资的 2.2%。[②]

图 4-6　1955 年俯瞰鼓楼以北地区

新中国成立初期几年，在城区，重点解决东西向交通不畅的问题。1953—1966 年间，北京城区不仅道路建设得多，而且道路的质量和结构也有较大的提高。干道的车行道宽度从 7～9 米提高到 14～21 米，路面结构从级配砂石改为沥青和混凝土；路灯开始采用新光源，白炽灯逐渐被高压汞灯、高压钠灯所代替；道路与道路的立体交叉开始建设。在道路横断面上，多数采用“一块板”[③]形式，朝阳路改建时，采用了“两块板”[④]形式。考虑到北京自行车多，以及为缓解快慢车混行的矛盾，1957 年北京还建成了第

① 北京建设史书编辑委员会. 建国以来的北京城市建设（内部资料）. 第 260 页。

② 北京建设史书编辑委员会. 建国以来的北京城市建设（内部资料）. 第 260 页。

③ 一块板道路又称单幅路，车行道完全不设分隔带，用交通标线分隔对向车流，或者不画标线，机动车在中间行驶，非机动车靠右边行驶的道路。

④ 两块板道路又称两幅路，即以分隔带将道路分为两块，分隔对向车流，机动车在中间行驶，非机动车靠右边行驶的道路。

一条“三块板”[①]形式的三里河路。

图 4-7　1955 年俯瞰鼓楼以东地区

图 4-8　1955 年俯瞰鼓楼以西地区

1953 年的府右街南口（与西长安街衔接处）如图 4-9 所示，图中展示了正在指挥交通的交警（着旧式警服）、岗楼、自行车、人力三轮车、平板车、吉普车。

图 4-9　1953 年的府右街南口（与西长安街衔接处）

① 三块板道路又称三幅路，是用两条分隔带分离上、下行机动车与非机动车车流，将车行道一分为三的道路。中间部分为机动车双向行驶车道，两侧为非机动车车道。分隔带可采用绿化带、隔离墩、安全护栏等。

1953 年的西单路口如图 4–10 所示，图中展示了有轨电车（似为从西直门到天桥的 1 路）、正在指挥交通的交警（着旧式警服）、岗楼。

图 4–10　1953 年的西单路口

1953 年在西长安街路北车站正在等待乘坐公共交通工具的人们如图 4–11 所示。

图 4–11　1953 年在西长安街路北车站正在等待乘坐公共交通工具的人们

20 世纪 50 年代末的东直门外大街如图 4–12 所示。

图 4–12　20 世纪 50 年代末的东直门外大街

1954 年的西直门内如图 4-13 所示。

图 4-13　1954 年的西直门内

20 世纪 50 年代初，修建的东郊建国门至西大望路的建国门外大街如图 4-14 所示。

图 4-14　20 世纪 50 年代初，修建的东郊建国门至西大望路的建国门外大街

1954 年的复兴门如图 4-15 所示。

图 4-15　1954 年的复兴门

20 世纪 60 年代初的广渠门内大街如图 4-16 所示。

图 4-16　20 世纪 60 年代初的广渠门内大街

20 世纪 50 年代的南长街如图 4-17 所示。

图 4-17　20 世纪 50 年代的南长街

1965 年南长街更名为南池子如图 4-18 所示。

图 4-18　1965 年南长街更名为南池子

20 世纪 50 年代中期至 20 世纪 60 年代，城区内（今二环内）主要街道初具规模，主要道路基本实现了沥青与混凝土路面改造。一些现代化的交通工具逐步得到发展。20 世纪 50 年代西单北大街、有轨电车如图 4–19 所示。

图 4–19　20 世纪 50 年代西单北大街、有轨电车

在城区，重点解决东西向交通不畅的问题：改建、扩建了东西长安街；打通、改建了朝阳门至阜成门干线道路——朝阜路；新建了北河沿大街、陶然亭路、天坛北路、体育馆路、白纸坊东西街及太平街等市区干线道路。20 世纪 50 年代长安街远眺如图 4–20 所示，1954 年的前门内大街如图 4–21 所示，1954 年的西单路口东如图 4–22 所示，1955 年的崇文门内大街如图 4–23 所示，1955 年的西长安街如图 4–24 所示。

图 4–20　20 世纪 50 年代长安街远眺

图 4–21　1954 年的前门内大街

图 4–22　1954 年的西单路口东

图 4–23　1955 年的崇文门内大街

图 4–24　1955 年的西长安街

1956 年的和平门如图 4–25 所示，1957 年的建国门如图 4–26 所示，1956 年的沙滩路口如图 4–27 所示。

图 4–25　1956 年的和平门

图 4–26　1957 年的建国门

图 4–27　1956 年的沙滩路口

1957 年在景山北望中轴线如图 4-28 所示，1958 年的磁器口如图 4-29 所示，1958 年的西单北大街鸟瞰如图 4-30 所示。

图 4-28　1957 年在景山北望中轴线

图 4-29　1958 年的磁器口

图 4-30　1958 年的西单北大街鸟瞰

1958 年的西单路口北如图 4-31 所示，1958 年的西单路口东北如图 4-32 所示，1958 年的西单路口西北如图 4-33 所示。

图 4-31　1958 年的西单路口北

图 4-32　1958 年的西单路口东北

图 4-33　1958 年的西单路口西北

1958 年的朝阳门内大街如图 4–34 所示，1958 年国庆时的天安门前条石铺成的长安街如图 4–35 所示。

图 4–34　1958 年的朝阳门内大街

图 4–35　1958 年国庆时的天安门前条石铺成的长安街
（国庆杂技表演，张富强提供）

同时，相关部门还拆除了东、西长安街上的有轨电车轨道，将全部架空线路转入地下。1959 年扩建天安门广场后，东、西长安街拓宽，成为宽阔的十里长街，街道平坦宽阔，为国家庆典游行阅兵场所。1958 年的西长安街如图 4–36 所示，1958 年的长安街如图 4–37 所示。

图 4–36　1958 年的西长安街

图 4–37　1958 年的长安街

人行道与主路的隔离设计增加了安全性，同时也能带来更美观、更舒适的交通出行感受，1958 年的北京街道如图 4–38 所示，1959 年的东直门内大街如图 4–39 所示，1959 年的永定门内大街如图 4–40 所示。

图 4–38　1958 年的北京街道

图 4–39　1959 年的东直门内大街

图 4–40　1959 年的永定门内大街

20 世纪 60 年代，柏油路在城区普及，同时辅道以砖石路和硬化土路为主。1961 年的磁器口如图 4–41 所示，1961 年的隆福寺街东口如图 4–42 所示，1961 年的护国寺街西口如图 4–43 所示。

图 4–41　1961 年的磁器口

图 4–42　1961 年的隆福寺街东口

图 4–43　1961 年的护国寺街西口

1961 年的西四路口如图 4–44 所示，1961 年的东四三条西口如图 4–45 所示，1961 年的东四五条西口如图 4–46 所示。

图 4–44　1961 年的西四路口

图 4-45　1961 年的东四三条西口

图 4-46　1961 年的东四五条西口

1961 年的东四六条西口如图 4-47 所示，1961 年的东四八条西口如图 4-48 所示，1961 年的崇文门内大街如图 4-49 所示。

图 4-47　1961 年的东四六条西口

图 4-48　1961 年的东四八条西口

图 4-49　1961 年的崇文门内大街

20 世纪 60 年代初的广安门外大街如图 4-50 所示，1961 年的阜内大街（地质部向西）如图 4-51 所示。

图 4-50　20 世纪 60 年代初的广安门外大街

图 4-51　1961 年的阜内大街（地质部向西）

1961 年的景山后街如图 4–52 所示，1961 年的景山西街如图 4–53 所示。

图 4–52　1961 年的景山后街

图 4–53　1961 年的景山西街

1961 年正在通过火车的西直门外大街如图 4–54 所示。

图 4–54　1961 年正在通过火车的西直门外大街

1961 年的新街口路口如图 4-55 所示。

图 4-55　1961 年的新街口路口

1961 年的南长街街门如图 4-56 所示，天安门西侧皇城墙开辟了街口。

图 4-56　1961 年的南长街街门

1962 年的西直门外大街如图 4-57 所示。

图 4-57　1962 年的西直门外大街

1961 年正阳门北望天安门广场如图 4–58 所示。

图 4–58　1961 年正阳门北望天安门广场

1961 年俯瞰宣武门以北地区如图 4–59 所示。

图 4–59　1961 年俯瞰宣武门以北地区

20 世纪 50 年代到 60 年代，相关部门对护城河进行了一系列改造，形成了目前的水系体系。1961 年的宫城北护城河如图 4–60 所示。

图 4–60　1961 年的宫城北护城河

1964 年的阜成门护城河如图 4–61 所示，1964 年的宣武门东段护城河如图 4–62 所示，1964 年东直门前的护城河如图 4–63 所示。

图 4–61　1964 年的阜成门护城河

图 4–62　1964 年的宣武门东段护城河

图 4–63　1964 年东直门前的护城河

1964 年的广渠门护城河如图 4-64 所示，1964 年内城北护城河德胜门以西河段如图 4-65 所示，1964 年崇文门前的护城河如图 4-66 所示。

图 4-64　1964 年的广渠门护城河

图 4-65　1964 年内城北护城河德胜门以西河段

图 4-66　1964 年崇文门前的护城河

20 世纪 60 年代中期到 70 年代中期，由于政治动荡，在经历了 10 年左右的缓慢发展后，北京市的道路、桥梁、立交桥从 20 世纪 70 年代中期开始快速发展。城区和近郊新建的主要道路项目有结合地铁一期工程新建的从西便门至东便门的前三门大街、天坛东路、京密引水渠滨河路、京周公路、首都体育馆南路等；翻新扩建的项目有宣武门外大街、五棵松至丰台的道路等。

1966 年，北京开始修建立体交叉桥。首先在京密引水渠滨河路与西郊机场路、阜成路相交处，建立了 2 座半互通式立体交叉桥。1974 年至 1976 年又建成了复兴门、阜成门、建国门等立体交叉桥。复兴门立交桥是长安街与西二环路的交叉枢纽，是北京城区第一座立交桥。按照规划意图，在二环路与各放射路的相交路口，均建成立体交叉桥。复兴门为二环路与复兴门内外大街相交处，亦为地铁一、二期线路的交会处，因此必须首先修建复兴门道路立交桥，以配合地铁的施工速度，该立交桥建成于 1974 年 10 月。它的建成，标志着我国城市公路桥梁设计建设跨上了一个新台阶。

由于地方投资不足，市区道路只能结合京郊各公社的农田基本建设，以“民办公助”的形式修建了一批近郊区道路，如亮马河路、安立路、北四环路、南旱河路、丰台北路等。1973 年的阜外大街（给排水设计院向东）如图 4-67 所示，1975 年的朝阳门外大街如图 4-68 所示。

图 4-67　1973 年的阜外大街（给排水设计院向东）

图 4-68　1975 年的朝阳门外大街

二环路最初于 20 世纪 60 年代开始建设。首批建成的道路有前三门大街（旧二环路的南段）和北二环路，构成初步的“环行路”。二环路上最初建设的桥梁包括西直门桥、复兴门桥等立交桥。

1978 年的复兴门立交桥和西二环如图 4-69 所示，1979 年的西直门旧立交桥如图 4-70 所示，1974 年的西便门往北如图 4-71 所示。

图 4-69　1978 年的复兴门立交桥和西二环

图 4-70　1979 年的西直门旧立交桥

图 4-71　1974 年的西便门往北

1979 年的新街口北大街向北如图 4–72 所示。

图 4–72　1979 年的新街口北大街向北（张富强提供）

（二）城门

1949 年北平解放时的西直门如图 4–73 所示。

图 4–73　1949 年北平解放时的西直门（2015 年课题组翻拍于首都博物馆）

新中国成立后，北京进行了大规模的城市改扩建工程，许多被认为影响交通发展的古城门和城墙被拆除。1950 年的长安左门（1952 年拆除）如图 4–74 所示，1952 年的右安门（东面，1952 年拆除）与长安街如图 4–75 所示。

图 4–74　1950 年的长安左门（1952 年拆除）

图 4–75　1952 年的右安门（东面，1952 年拆除）与长安街

1952 年的崇文门如图 4–76 所示，从图中我们可以看到新中国成立初正在通过崇文门外的环城铁路的火车，以及瓮城残墙（1980 年被全部拆除），同时在西边城墙上新开辟一孔洞以便利交通。

图 4–76　1952 年的崇文门（摄于 1952 年，沈岩扫描）

1953 年以前的西直门城楼东侧如图 4-77 所示，20 世纪 50 年代的安定门城楼如图 4-78 所示。

图 4-77　1953 年以前的西直门城楼东侧

图 4-78　20 世纪 50 年代的安定门城楼

1915 年因修筑环城铁路将瓮城和闸楼拆除，1927 年将箭楼拆除，1965 年整个东直门城楼被拆除，20 世纪 50 年代的东直门城楼如图 4-79 所示。

图 4-79　20 世纪 50 年代的东直门城楼

20 世纪 50 年代的广渠门城楼西侧面如图 4–80 所示。

图 4–80　20 世纪 50 年代的广渠门城楼西侧面

20 世纪 50 年代后期用作无轨电车终点停车场的西直门瓮城（箭楼内侧—东面）如图 4–81 所示。

图 4–81　20 世纪 50 年代后期用作无轨电车终点停车场的西直门瓮城（箭楼内侧—东面）（沈岩扫描）

20 世纪 50 年代末的宣武门内大街如图 4–82 所示。

图 4–82　20 世纪 50 年代末的宣武门内大街（沈岩扫描）

20 世纪 50 年代的宣武门城楼南侧如图 4–83 所示。

图 4–83　20 世纪 50 年代的宣武门城楼南侧

20 世纪 50 年代中期阜成门城楼的西侧面如图 4–84 所示。

图 4–84　20 世纪 50 年代中期阜成门城楼的西侧面

1954 年的复兴门如图 4–85 所示。

图 4–85　1954 年的复兴门

1955 年的地安门如图 4–86 所示，1955 年的正阳门牌楼如图 4–87 所示，1954 年的宣武门及宣武门大街如图 4–88 所示。

图 4–86　1955 年的地安门

图 4–87　1955 年的正阳门牌楼

图 4–88　1954 年的宣武门及宣武门大街（沈岩扫描）

1956 年的朝阳门箭楼如图 4-89 所示，1955 年的复兴门城墙和豁口如图 4-90 所示，1956 年的和平门如图 4-91 所示。

图 4-89　1956 年的朝阳门箭楼

图 4-90　1955 年的复兴门城墙和豁口

图 4-91　1956 年的和平门

1956 年的永定门城楼、箭楼如图 4–92 所示，1956 年的永定门箭楼如图 4–93 所示，1958 年的永定门城楼如图 4–94 所示。

图 4–92　1956 年的永定门城楼、箭楼

图 4–93　1956 年的永定门箭楼

图 4–94　1958 年的永定门城楼

1956 年的右安门城楼如图 4-95 所示，1957 年的中华门南面如图 4-96 所示，20 世纪 60 年代的阜成门城楼西侧如图 4-97 所示。

图 4-95　1956 年的右安门城楼

图 4-96　1957 年的中华门南面

图 4-97　20 世纪 60 年代的阜成门城楼西侧

1965 年拆除前的东直门城楼如图 4-98 所示，1968 年正准备拆除的崇文门城楼如图 4-99 所示，20 世纪 80 年代的东华门如图 4-100 所示。

图 4-98　1965 年拆除前的东直门城楼

图 4-99　1968 年正准备拆除的崇文门城楼

图 4-100　20 世纪 80 年代的东华门

（三）桥梁

1954 年三家店水闸桥修路现场如图 4–101 所示，1954 年左右的北海大桥如图 4–102 所示，1958 年北京桥梁建设现场如图 4–103 所示。

图 4–101　1954 年三家店水闸桥修路现场（留存人：王书慧）

图 4–102　1954 年左右的北海大桥

图 4–103　1958 年北京桥梁建设现场

新中国成立初的北海大桥如图 4-104 所示，20 世纪 70 年代的复兴门立交桥如图 4-105 所示，1985 年的复兴门立交桥如图 4-106 所示。

图 4-104　新中国成立初的北海大桥（张富强提供）

图 4-105　20 世纪 70 年代的复兴门立交桥

图 4-106　1985 年的复兴门立交桥

20 世纪 70 年代的建国门立交桥如图 4-107 所示，20 世纪 90 年代的复兴门立交桥如图 4-108 所示，20 世纪 90 年代的建国门立交桥如图 4-109 所示。

图 4-107　20 世纪 70 年代的建国门立交桥

图 4-108　20 世纪 90 年代的复兴门立交桥

图 4-109　20 世纪 90 年代的建国门立交桥

1993 年俯瞰大北窑立交桥如图 4-110 所示。

图 4-110　1993 年俯瞰大北窑立交桥

20 世纪 90 年代西直门高梁桥如图 4-111 所示，20 世纪末改造、保护西直门高梁桥如图 4-112 所示。

图 4-111　20 世纪 90 年代西直门高梁桥

图 4-112　20 世纪末改造、保护西直门高梁桥

20 世纪 90 年代的卢沟桥侧面如图 4–113 所示，20 世纪 90 年代的卢沟桥桥面如图 4–114 所示，十三陵古桥—总神路七孔桥遗址与新七孔桥如图 4–115 所示。

图 4–113　20 世纪 90 年代的卢沟桥侧面

图 4–114　20 世纪 90 年代的卢沟桥桥面

图 4–115　十三陵古桥—总神路七孔桥遗址与新七孔桥

天安门金水桥（马车走过金水桥）如图 4-116 所示，天安门外金水桥（可见千步廊皇城墙）如图 4-117 所示。

图 4-116　天安门金水桥（马车走过金水桥）

图 4-117　天安门外金水桥（可见千步廊皇城墙）

天安门内金水桥如图 4–118 所示，琉璃河大桥的文物标识碑如图 4–119 所示。

图 4–118　天安门内金水桥

图 4–119　琉璃河大桥的文物标识碑

琉璃河石桥（见图 4–120），呈南北向，横跨在位于北京市房山区琉璃河镇北的京石公路上，建于明朝嘉靖年间，为 11 孔联拱石桥，中间三孔东西两侧拱券顶部各雕有一精美镇水兽头，桥体用巨大石块砌筑，桥面两侧条石用“铁锭”连接。桥面东西两侧有实心栏板和望柱，东侧有栏板 97 块、望柱 96 个，西侧有栏板 98 块、望柱 97 个。西侧南数第 34 根望柱西南棱角上刻有“石匠三千名”的记录。琉璃河石桥为“朝宗孔道”“京南要隘”，对南北交通起到了重要作用。

图 4–120　琉璃河石桥

琉璃河古桥如图 4–121 所示，现已另建新桥，此古桥已保护。

图 4–121　琉璃河古桥

后门桥（万宁桥）如图 4–122 所示。

图 4–122　后门桥（万宁桥）

后门桥位于北京的中轴线上，在地安门以北、鼓楼以南的位置。由于与前门南北相对，京城百姓俗称地安门为后门，因而此桥也叫后门桥。

通运桥如图 4–123 所示。

图 4–123　通运桥

通运桥位于北京市通州区张家湾镇。因横跨在萧太后河上，俗称萧太后桥，原为木桥，明神宗时建石桥，万历三十三年（1605）十月建成。

榆河桥如图 4-124 所示。

图 4-124　榆河桥

榆河桥位于北京市海淀区永丰乡西玉河村北约 500 米处的榆河河道上，又名水福桥。

西直门立交桥如图 4-125 所示。

图 4-125　西直门立交桥

朝宗桥——沙河北大桥如图 4-126 所示，该桥现已经被保护并另建设了新桥。

图 4-126　朝宗桥——沙河北大桥

（四）城内胡同

20 世纪 50 年代的大栅栏如图 4-127 所示。
1951 年的王府井大街如图 4-128 所示。

图 4-127　20 世纪 50 年代的大栅栏

图 4-128　1951 年的王府井大街

1961 年的西四砖塔胡同东口如图 4-129 所示。
1961 年的金鱼胡同东口如图 4-130 所示。

图 4-129　1961 年的西四砖塔胡同东口

图 4-130　1961 年的金鱼胡同东口

1961 年的丰盛胡同东口如图 4-131 所示。
20 世纪的北海夹道如图 4-132 所示。

图 4-131　1961 年的丰盛胡同东口

图 4-132　20 世纪的北海夹道（张富强提供）

1961 年的恭俭胡同向南如图 4–133 所示。

1961 年的北营房胡同如图 4–134 所示。

图 4–133　1961 年的恭俭胡同向南

图 4–134　1961 年的北营房胡同

1961 年的帽儿胡同如图 4–135 所示。

1961 年的东交民巷如图 4–136 所示。

图 4–135　1961 年的帽儿胡同

图 4–136　1961 年的东交民巷

东交民巷和西交民巷，是北京市东城区的一条胡同，旧时因这里是漕运地，所以原称江米巷。胡同西起天安门广场东路，东至崇文门内大街，全长近 3 公里，是老北京最长的一条胡同。

1975 年的扣钟庙胡同如图 4–137 所示。

图 4–137　1975 年的扣钟庙胡同

国子监成贤街—国子监街东西向，位于雍和宫大街与安定门内大街之间。形成于元朝初年，明时，国子监街无称，只叫“国子监孔庙”。清乾隆时称国子监，至今未变。虽然街两端的牌楼额坊题“成贤街”，却始终不能作为正式地名传播，大多数人都还不知道成贤街就是国子监街。

菊儿胡同如图 4–138 所示。

图 4–138　菊儿胡同

菊儿胡同位于东城区西北部，东起交道口南大街，西至南锣鼓巷。

琉璃厂位于原宣武区，距天安门广场 1 公里。琉璃厂西起南北柳巷、东至延寿寺街，全长 800 米。琉璃厂文化街如图 4–139 所示，台基厂头条如图 4–140 所示。

图 4–139　琉璃厂文化街

图 4–140　台基厂头条

钱市胡同——北京最窄的胡同如图 4–141 所示，一尺大街——北京最短的胡同如图 4–142 所示，粮食店街胡同（与大栅栏一街之隔）如图 4–143 所示。

图 4–141　钱市胡同——北京最窄的胡同

图 4–142　一尺大街——北京最短的胡同

图 4–143　粮食店街胡同（与大栅栏一街之隔）

牛街输入胡同如图 4-144 所示。

图 4-144　牛街输入胡同

南锣鼓巷如图 4-145 所示，南锣鼓巷中的商铺如图 4-146 所示。

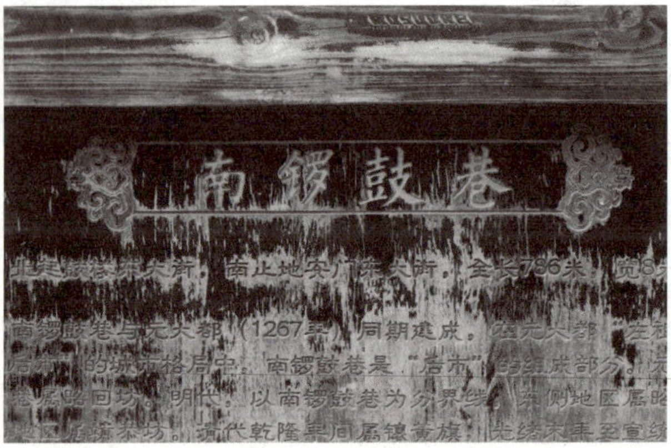

图 4-145　南锣鼓巷

图 4-146　南锣鼓巷中的商铺

南锣鼓巷是北京东城区的一条很古老的街道，南锣鼓巷街道不宽，仍保持着元大都街巷、胡同的规划。其南口在地安门东大街，北口在鼓楼大街。它始建于元朝，南北长约 1 000 米，东西各有 8 条对称的胡同，整齐地排列在两侧，从外形看犹如一条蜈蚣，所以又名“蜈蚣街”，是北京市重点保护的四合院街道。

秦老胡同如图 4–147 所示。

砖塔胡同（见图 4–148）被誉为北京胡同的“根”，是京味文化的“魂”。

图 4–147　秦老胡同

图 4–148　砖塔胡同

烟袋斜街如图 4–149、图 4–150、图 4–151 所示。

图 4–149　烟袋斜街（1）

图 4–150　烟袋斜街（2）

图 4-151　烟袋斜街（3）

烟袋斜街位于什刹海历史文化保护区的核心区内，东起地安门大街，西邻什刹海前海，全长近 300 米，被列为 2007 年重点建设的八条特色商业街之一。

烟袋斜街，是北京最古老的商业街，早在元代就存在，有 600 多年的历史，是国家历史文化名街。烟袋斜街位于地安门外大街鼓楼前，全长 232 米，是北京八条独具特色的商业步行街之一。街内设有大清邮政局，是 1896 年清光绪皇帝时创办的邮政局，也是中国最早的邮政局。北京什刹海烟袋斜街于 2010 年 11 月 10 日正式被文化和旅游部、国家文物局等单位授为“中国历史文化名街”，作为继 2009 年北京市东城区安定门国子监街被授为“中国历史文化名街”后北京市第二个被授为“中国历史文化名街”的项目，烟袋斜街已打造为京味文化和民俗文化突出的商业旅游特色街。

（五）交通工具

20 世纪 50 年代马车在昌平粮库过磅的情景如图 4-152 所示。

图 4-152　20 世纪 50 年代马车在昌平粮库过磅的情景

20 世纪 50 年代昌平社员们用马车积极交售公粮如图 4-153 所示。

图 4-153　20 世纪 50 年代昌平社员们用马车积极交售公粮

20 世纪 50 年代用自行车送书报下乡（昌平）如图 4-154 所示。

图 4-154　20 世纪 50 年代用自行车送书报下乡（昌平）

在有轨电车方面，电车公司在新中国成立前是一个由官僚资本经营的公共交通企业，新中国成立前夕已陷入瘫痪状态，人民政府接管时电车公司在册车数 141 辆，实际能行驶的有 49 辆，运营线路 5 条，线路总长度为 35.58 公里①。因此，要恢复有轨电车运营，首先必须大力修复有轨电车，而当时遇到的最大困难，一是缺车辆，二是缺保修基地。

20 世纪 50 年代行驶在宣武门内大街的有轨电车和公共汽车如图 4-155 所示，1961 年的三轮车如图 4-156 所示，其曾是北京重要的运输工具，20 世纪 60 年代北京街头的人力三轮车如图 4-157 所示。

图 4-155　20 世纪 50 年代行驶在宣武门内大街的有轨电车和公共汽车

① 北京市地方志编纂委员会. 北京志：市政卷：公共交通志. 北京：北京出版社，2002.

图 4–156　1961 年的三轮车

图 4–157　20 世纪 60 年代北京街头的人力三轮车

畜力车如图 4–158 所示，独轮车如图 4–159 所示。

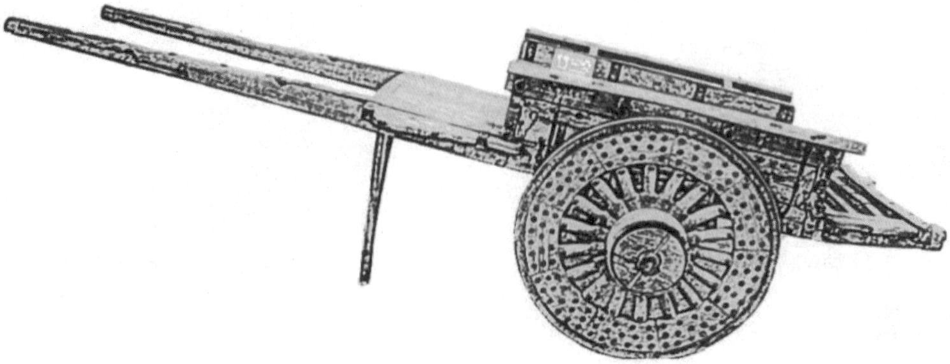

图 4–158　畜力车

图 4-159　独轮车（拍摄于密云县博物馆）

济南轻骑 15 摩托车如图 4-160 所示，德四摩托车如图 4-161 所示。

图 4-160　济南轻骑 15 摩托车（展出于北京汽车博物馆）

图 4-161　德四摩托车（展出于北京汽车博物馆）

老北京大车如图 4-162 所示，老北京轿车如图 4-163 所示。

图 4-162　老北京大车

图 4-163　老北京轿车

上海永久 105 轻骑如图 4–164 所示，长江 750 三轮摩托车如图 4–165 所示。

图 4–164　上海永久 105 轻骑（展出于北京汽车博物馆）

图 4–165　长江 750 三轮摩托车（展出于北京汽车博物馆）

20 世纪 50 年代西交民巷大街上的公共汽车如图 4–166 所示。

图 4–166　20 世纪 50 年代西交民巷大街上的公共汽车

新中国成立后，北京城市公共交通工具发展迅速，形式多种多样，在制造技术上，从仿制、改制，到独立研发，再后来引进国外先进工艺，不断提高现代化水平，并融入环境保护、人文人性等理念，形成了具有国际一流水平的自主品牌。

1954 年西四牌楼及有轨电车如图 4–167 所示，新中国成立初期北京的有轨电车如图 4–168 所示。

图 4–167　1954 年西四牌楼及有轨电车（张富强提供）

图 4–168　新中国成立初期北京的有轨电车

1951 年，电车公司修造厂仿制“100 型机车”和“200 型拖车”成功。

1952 年，修造厂技术人员对新中国成立前进口的两种型号的 8 轮车进行研究分析，取其所长，予以改进，设计成功“52 式”8 轮有轨电车。①

“52 式”8 轮有轨电车车长 12 米，宽 2.15 米，高 3.15 米，2 个转盘、4 轴 8 轮，前后装设 2 台 35 马力直流牵引电动机，气制动，司机员坐姿驾驶，标准定员 70 人。此型车行车平稳，震动小，其 6 个车门、一级踏步低的设计，方便乘客上下车。

1953 年，电车公司修造厂设计生产出“53 式”拖车。该车长 8.24 米，宽 2.1 米，高 3.112 米，标准定员 54 人。②

1957 年，有轨电车在册运营车数为 250 辆，其中 8 轮有轨电车机车 61 辆，4 轮机车 98 辆，拖车 91 辆，这是自北京有轨电车创办以来，拥有的最高车数。

1958 年 10 月，有轨电车部分停驶后，只保留了“52 式”8 轮有轨电车，其余车辆全部报废。1966 年 5 月 6 日，北京最后一条有轨电车线路停驶。“52 式”8 轮有轨电车技术状况尚好，调给长春等城市和矿山继续使用。③

1958 年北京生产的公共汽车如图 4–169 所示，1958 年北京夜间行驶的公共汽车如图 4–170 所示。

图 4–169　1958 年北京生产的公共汽车

图 4–170　1958 年北京夜间行驶的公共汽车

1962 年行驶在北礼士路的公交汽车如图 4–171 所示。

由于有轨电车需要铺设铁轨，占用了宝贵的城市道路。因此，北京市政府确定了积极发展无轨电车，逐步淘汰有轨电车的方针。1956 年初，北京市公用局将汽车修配总厂三分厂改建为无轨电车制配厂，当年 10 月试制了第一辆无轨电车，1957 年生产了 83 辆。至 1959 年，内城有轨电车全部停驶。1963 年底，7 路有轨电车停驶。1966 年 5 月，北京体育馆到永定门火车站的最后一条有轨电车停驶。从此，有轨电车告别了北京公共交通舞台。

20 世纪 60 年代使用的 BK540 型单机无轨电车如图 4–172 所示。

图 4–171　1962 年行驶在北礼士路的公交汽车

图 4–172　20 世纪 60 年代使用的 BK540 型单机无轨电车

① 因是 1952 年研制成功，故取型号名为“52 式”。

② 北京市地方志编纂委员会. 北京志：市政卷：公共交通志. 北京：北京出版社，2002.

③ 北京市地方志编纂委员会. 北京志：市政卷：公共交通志. 北京：北京出版社，2002.

BK540 型单机无轨电车于 1956 年研制成功，是北京第一代无轨电车。

BK540 型单机无轨电车的特点：① 选用了国产“解放”汽车 CA-10 型底盘，并做了改进，加大主传动比，由 CA-10 型的 7.63，加大到 9.82，启动性能更佳；采用了吉斯 155 弹簧钢板，增强了承载能力；加大了转向系统的传动比，减轻了转向沉重问题。② 在车身结构上，吸取了进口客车“斯柯达”“依卡路司”骨架大的优点，在国内第一次采用了全金属承载结构，使车身具有整体性好、强度高、寿命长等优点。③ 在电器设备上，主电机选用了复激式直流 60 kW 电动机，用继电器间接控制输入电流，操纵灵活，加速性能好，节约用电。该车满载时，从起动加速到 25 km/h，需 5.5 s，平均加速度为 1.2 m/s^2。该车长 9.42 m，载客达 70～80 人。

1957 年至 1963 年，北京公交共有 199 辆 BK540 型单机无轨电车投入运营。1968 年至 1970 年，北京公交将 43 辆 BK540 型单机无轨电车改装成铰接式无轨电车，以增加运力。

BK540 型单机无轨电车自 1976 年开始停驶报废，到 1989 年全部停驶报废。①

20 世纪 70 年代，曾是北京公交的主力车型的 BK640 型汽油公交车如图 4-173 所示。

1956 年，北京市公共汽车营业线路只有 27 条，1966 年增加到 65 条，1976 年达到 98 条。另外，近郊区线路网密度显著增加，远郊延伸到昌平、十三陵、黄村等地，大站快车和夜班车线路成网，实现了快慢结合、日夜衔接的交通运行体系。公共汽车运营车辆，1956 年为 431 辆，1966 年达到 1123 辆，1976 年又发展到 1954 辆。公共汽车营业线路长度，1956 年为 356.56 公里，1976 年增长到 1191.6 公里，增长了 2.34 倍。20 世纪 70 年代使用的 BK661 型公交车如图 4-174 所示。

图 4-173　20 世纪 70 年代，曾是北京公交的主力车型的 BK640 型汽油公交车

图 4-174　20 世纪 70 年代使用的 BK661 型公交车

1957 年，长春第一汽车制造厂生产的解放牌 CA-10 型货车首批 48 辆运抵北京。为投入客运使用，先由客车制配厂打制木制车厢，保留原驾驶室，造出简易客车。车厢长 3.5 米，可乘载 50 人，手扳折叠式单车门，装用 9.00-20 型轮胎。这是北京使用国产汽车投入公共交通客运的开始。②

1957 年 12 月，客车制配厂设计制造出金属车身，车长 8.5 米，出厂时额定载客 75 人，之后确定客位定员 80 人，命名为京一型，又称五七型，后定名为 BK640 型。驾驶席在左侧，双气动车门。1958 年起，BK640 型批量生产，陆续投入运营，到 1959 年底逐渐取代了进口的公共汽车和长途汽车。1960 年，客车制配厂使用解放牌发动机和底盘设计制造出 BK650 型铰接式公共汽车，车长 13.4 米，3 个气动车门，可乘载 146 人。

1969 年，公共汽车大修厂用解放牌发动机和底盘制造出 BG640 型单机车。1970 年汽车修理公司四厂用解放牌发动机和底盘制造出 BK640B 型单机车。这两种车外观相近，车长 8.5 米，视线良好，双气动车门，出厂时额定载客 75 人，之后确定客位定员 80 人。从 1970 年起，这两种车逐渐取代 BK640 型，在城市郊区许多主要线路上运营。用于长途线路上的 BK640B 型车载客定员 60 人。1971 年，汽车修理公司四厂在 BK640B 型基础上研制出 BK642 型单机车，车身长 8.7 米，出厂时额定载客 81 人，但这种

① 北京市地方志编纂委员会. 北京志：市政卷：公共交通志. 北京：北京出版社，2002.

② 北京市地方志编纂委员会. 北京志：市政卷：公共交通志. 北京：北京出版社，2002.

车型在使用中易损坏，报废里程短，未大量使用，用于长途线路上的这种车载客定员 60 人。1972 年，汽车修理公司四厂研制出 BK661 型铰接车，车长 13.8 米，3 个气动车门，出厂时额定载客量 140 人，之后公共汽车公司所属单位认定客位定员 146 人，电车公司及长途公司认定客位定员 149 人。1972 年以后，市区主要线路大多换上了这种车。

1975 年，公共汽车大修厂使用 CA-10 型旧解放牌发动机和底盘设计制造出 BG660 型铰接车，车身长 14.2 米，有 3 个气动车门，可载运 152 人，为车型小改大、增加运力开辟了一条新路。到 1975 年底，国产解放牌已成为北京城市客运的主要车型。①

以下介绍新中国成立后小汽车的发展情况。

1959 年，长春汽车制造厂试制成功 2 辆“红旗”牌（CA-770 型）八缸双排座、内部设施豪华、车体宽大的高级轿车，并交付首都汽车公司试用。同年 11 月，北京市民第一次坐上中国自己试制生产的北京第二汽车制造厂生产的“卫星”牌小轿车，但因其车速慢，车况差，使用不久就被淘汰。“红旗”牌（CA-770 型）轿车如图 4-175 所示，新中国成立以后生产的国产轿车如图 4-176 所示。

图 4-175 “红旗”牌（CA-770 型）轿车

图 4-176 新中国成立以后生产的国产轿车

1964 年国庆节期间，首汽开始使用国产“红旗”牌小轿车迎接外国贵宾。

20 世纪 70 年代，北京出租车行业中国产汽车比例逐渐升高。主要车型有新“上海”、新“红旗”等小轿车，“610”客货旅行两用车，“630”型旅行车，“解放”牌大客车，北京“212”吉普车等。

1977 年，北京市民用出租汽车大量使用国产车，其中小轿车国产化率达 50%，而中、大型车都是国产车。② 20 世纪 70 年代末至 80 年代初，娇小的“菲亚特”125P 型小轿车在北京出租车行业中盛行一时。

1958 年我国生产的小汽车如图 4-177 所示，1958 年的机关轿车如图 4-178 所示，1967 年北京最时髦的汽车如图 4-179 所示。

图 4-177 1958 年我国生产的小汽车

图 4-178 1958 年的机关轿车

① 北京市地方志编纂委员会. 北京志：市政卷：公共交通志. 北京：北京出版社，2002.

② 北京市地方志编纂委员会. 北京志：市政卷：公共交通志. 北京：北京出版社，2002.

CA-71 型东风牌小轿车如图 4-180 所示，北京 212 敞篷越野车如图 4-181 所示，北京 JEEP 切诺基第一代如图 4-182 所示，东方红轿车如图 4-183 所示。

图 4-179　1967 年北京最时髦的汽车

图 4-180　CA-71 型东风牌小轿车（仿制，展出于北京汽车博物馆）

图 4-181　北京 212 敞篷越野车（展出于北京汽车博物馆）

图 4-182　北京 JEEP 切诺基第一代（展出于北京汽车博物馆）

图 4-183　东方红轿车（仿制，展出于北京汽车博物馆）

伏尔加轿车第一代、第二代如图 4-184 所示，华沙（胜利）M20 轿车如图 4-185 所示。

图 4-184　伏尔加轿车第一代、第二代
（苏联生产，展出于北京汽车博物馆）

图 4-185　华沙（胜利）M20 轿车（波兰产，
展出于北京汽车博物馆）

皇冠轿车如图 4-186 所示，皇冠 MS122 轿车如图 4-187 所示，吉姆轿车如图 4-188 所示，红旗 CA-72 型轿车如图 4-189 所示。

图 4-186　皇冠轿车

图 4-187　皇冠 MS122 轿车

图 4-188　吉姆轿车（苏联产，展出于北京汽车博物馆）

图 4-189　红旗 CA-72 型轿车（前国家副主席王震用车，
展出于北京汽车博物馆）

红旗 CA-770 型轿车如图 4-190 所示，吉斯 110 轿车如图 4-191 所示，上海加长型轿车如图 4-192 所示。

图 4-190 红旗 CA-770 型轿车（展出于北京汽车博物馆）

图 4-191 吉斯 110 轿车（前国家主席刘少奇用车，展出于北京汽车博物馆）

上海轿车第一代如图 4-193 所示。

图 4-192 上海加长型轿车（展出于北京汽车博物馆）

图 4-193 上海轿车第一代（展出于北京汽车博物馆）

（六）交通管理

20 世纪 50 年代宣武门城楼南侧的交警如图 4-194 所示。

图 4-194 20 世纪 50 年代宣武门城楼南侧的交警

1952 年修建的小清河桥头岗亭如图 4-195 所示，1955 年新中国成立初北京市内设立的交通指挥高空岗（复内大街）如图 4-196 所示，1958 年北京市第一次出现女交通民警在天安门前站岗执勤如图 4-197 所示。

图 4-195　1952 年修建的小清河桥头岗亭

图 4-196　1955 年新中国成立初北京市内设立的交通指挥高空岗（复内大街）

图 4-197　1958 年北京市第一次出现女交通民警在天安门前站岗执勤

1961 年马市大街西—西四东拐弯处安装的球面镜如图 4-198 所示，1961 年西四南大街—西四大街向南高空岗如图 4-199 所示，1962 年交通民警在马路上手工画标线如图 4-200 所示。

图 4-198　1961 年马市大街西—西四东拐弯处安装的球面镜

图 4-199　1961 年西四南大街—西四大街向南高空岗

图 4-200　1962 年交通民警在马路上手工画标线

1973 年路口交通民警指挥的情景如图 4-201 所示，1978 年的信号灯杆位于闹市口南口如图 4-202 所示。

图 4-201　1973 年路口交通民警指挥的情景

图 4-202　1978 年的信号灯杆位于闹市口南口

20 世纪 70 年代北京先行改革人行横道线，将三角形人行横道线改为条纹式人行横道线，俗称“斑马线”，1978 年 5 月的“斑马线”如图 4-203 所示。

图 4-203　1978 年 5 月的“斑马线”

二、城市轨道交通

（一）建设历程

北京自 1965 年修建第一条地下铁道以来，在全国始终处于领先地位。1953 年编制的《关于改建与扩建北京市规划草案》如图 4-204 所示。

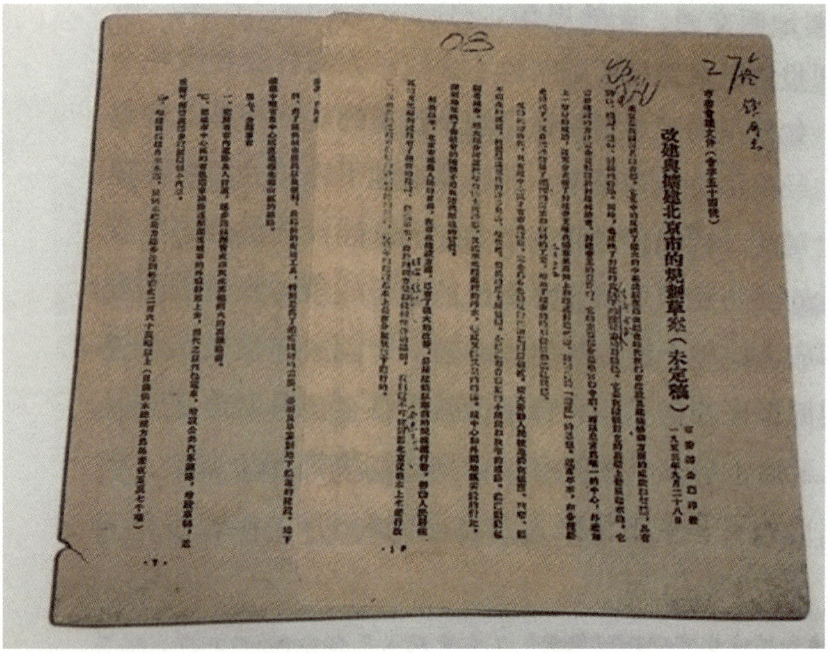
改建與擴建北京市的規劃草案（未定稿）

图 4-204　1953 年编制的《关于改建与扩建北京市规划草案》

该草案中关于修建地铁一事提出：请中央考虑可否制定专门机构并聘请苏联专家，着手勘探研究。3 年后，以莫斯科地下铁道设计局总工程师巴里舒尼可夫为组长的苏联地下铁道专家组来到北京。

1953 年，北京城市建设的第一个总体规划提出要及早筹划地下铁道的建设。1956 年 11 月初，苏联专家应邀来北京，就地铁建设问题与有关部门进行了研讨。我国相关部门也派人去苏联考察了地铁和人防工事，对北京地铁的建设提出了意见和建议。1958 年，北京地下铁道工程局成立，并在公主坟、木樨地两处打试井，进行一系列的试验工程，为以后的大规模建设做了施工上的准备。此后，由于国家经济困难时期的到来，地铁建设停滞不前。

1957 年苏联专家绘制的北京地下铁道路网规划图如图 4-205 所示，设计人员在研究设计方案如图 4-206 所示，1965 年北京地下铁道开工典礼如图 4-207 所示。

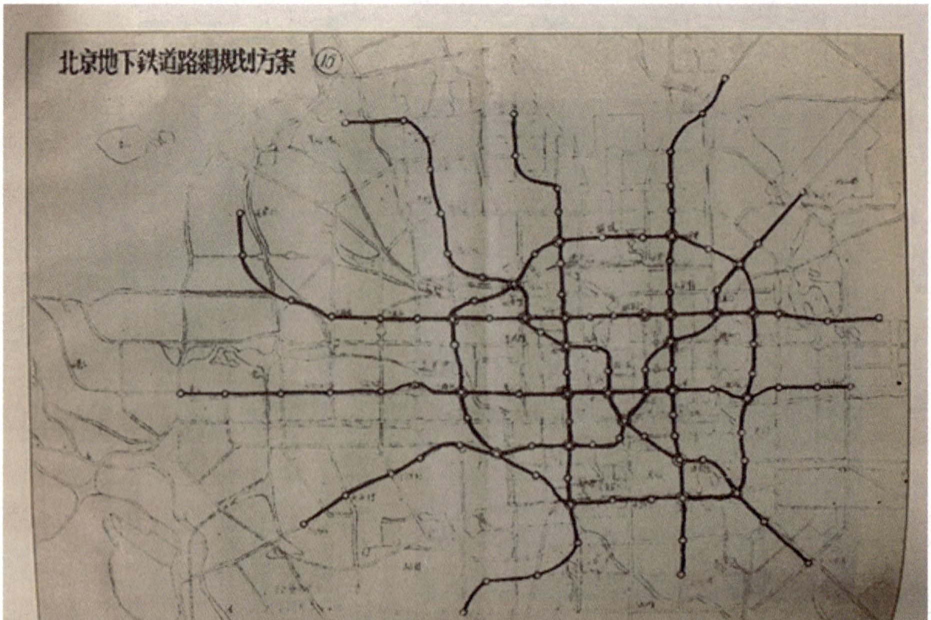

图 4-205　1957 年苏联专家绘制的北京地下铁道路网规划图

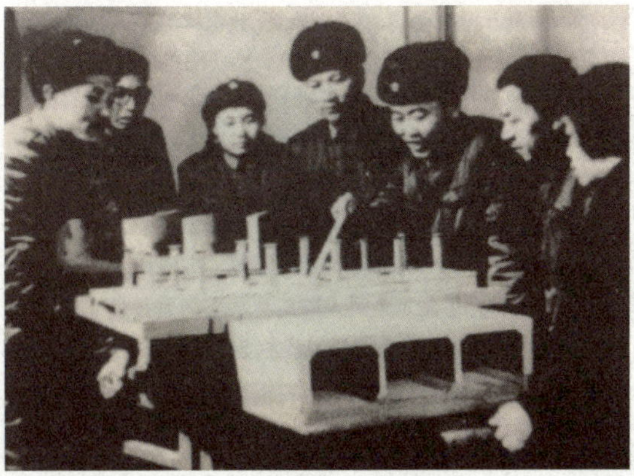

图 4-206　设计人员在研究设计方案

图 4-207　1965 年北京地下铁道开工典礼

1965 年，地铁建设方案被重新提上了议事日程。1965 年 2 月 4 日，中共中央主席毛泽东为修建北京地下铁道批示："精心设计、精心施工。在建设过程中，一定会有不少错误失败，随时注意改正。"在党中央、国务院的重视下，1965 年 7 月 1 日，北京地下铁道一期工程举行了开工典礼。

1965 年 2 月 4 日，毛泽东就北京地铁建设方案作出批示如图 4-208、图 4-209 所示。

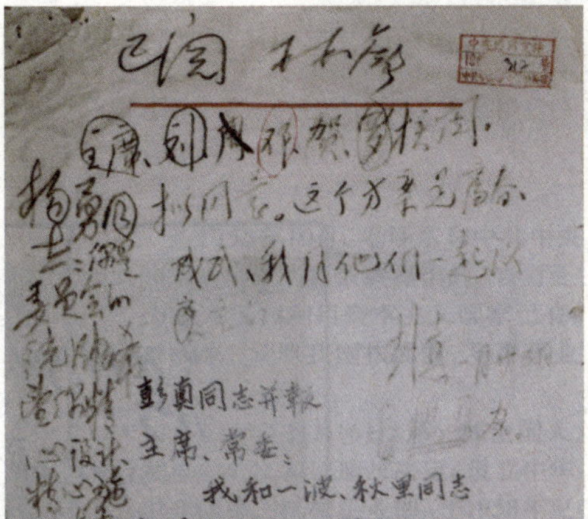

图 4-208　1965 年 2 月 4 日，毛泽东就北京地铁建设方案作出批示（1）

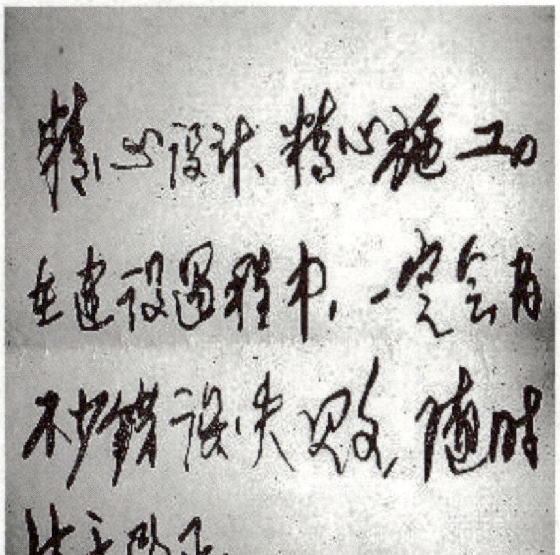

图 4-209　1965 年 2 月 4 日，毛泽东就北京地铁建设方案作出批示（2）

在北京站建设地铁的铁道兵如图 4–210 所示。

图 4–210　在北京站建设地铁的铁道兵

参与施工的队伍如图 4–211 所示，施工队伍正在铺设轨道如图 4–212 所示，施工队伍正在敷设电缆如图 4–213 所示。

图 4–211　参与施工的队伍

图 4–212　施工队伍正在铺设轨道

图 4–213　施工队伍正在敷设电缆

1971 年第一条地铁列车进站如图 4–214 所示，1971 年第一条地铁试运营的新闻报道如图 4–215 所示。

图 4–214　1971 年第一条地铁列车进站

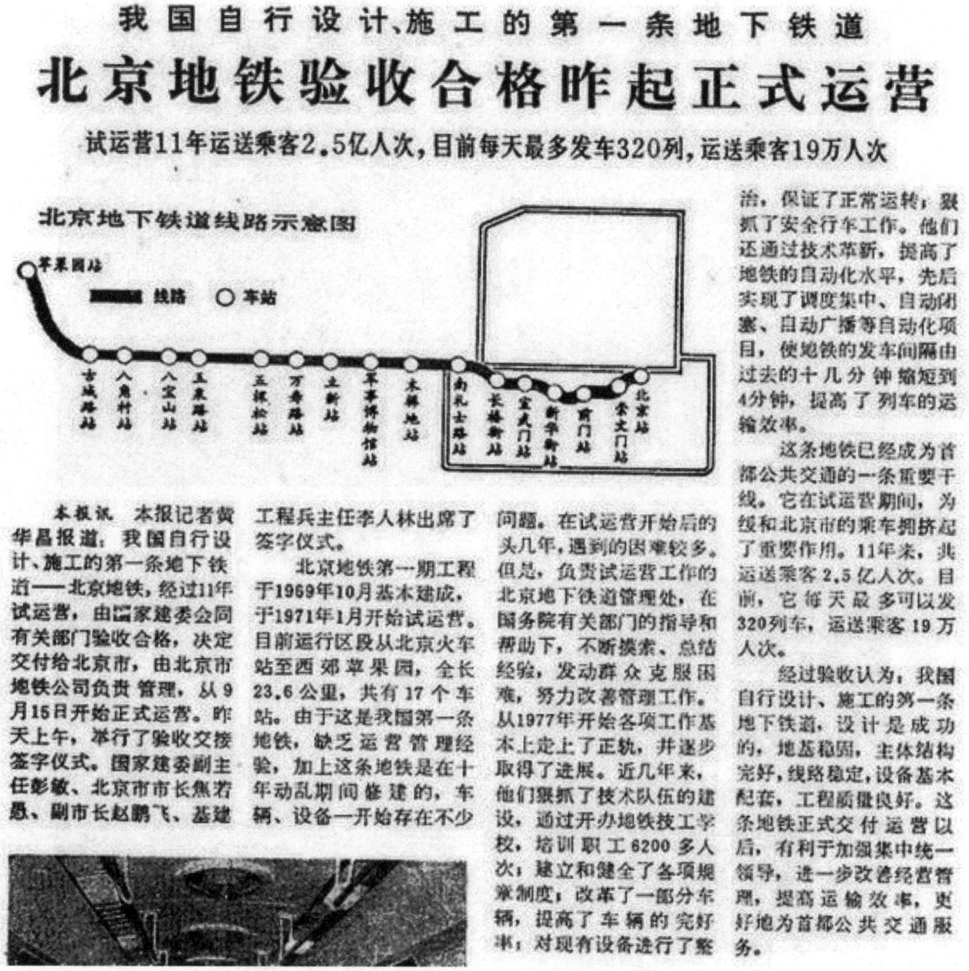

我国自行设计、施工的第一条地下铁道

北京地铁验收合格昨起正式运营

试运营11年运送乘客2.5亿人次，目前每天最多发车320列，运送乘客19万人次

北京地下铁道线路示意图

苹果园站
线路　车站
古城路站
八角村站
八宝山站
玉泉路站
五棵松站
万寿路站
立新站
军事博物馆站
木樨地站
南礼士路站
长椿街站
宣武门站
新华街站
前门站
崇文门站
北京站

本报讯　本报记者黄华昌报道：我国自行设计、施工的第一条地下铁道——北京地铁，经过11年试运营，由国家建委会同有关部门验收合格，决定交付给北京市，由北京市地铁公司负责管理，从9月15日开始正式运营。昨天上午，举行了验收交接签字仪式。国家建委副主任彭敏、北京市市长焦若愚、副市长赵鹏飞、基建工程兵主任李人林出席了签字仪式。

北京地铁第一期工程于1969年10月基本建成，于1971年1月开始试运营。目前运行区段从北京火车站至西郊苹果园，全长23.6公里，共有17个车站。由于这是我国第一条地铁，缺乏运营管理经验，加上这条地铁是在十年动乱期间修建的，车辆、设备一开始存在不少问题。在试运营开始后的头几年，遇到的困难较多。但是，负责试运营工作的北京地下铁道管理处，在国务院有关部门的指导和帮助下，不断摸索、总结经验，发动群众克服困难，努力改善管理工作。从1977年开始各项工作基本上走上了正轨，并逐步取得了进展。近几年来，他们狠抓了技术队伍的建设，通过开办地铁技工学校，培训职工6200多人次；建立和健全了各项规章制度；改革了一部分车辆，提高了车辆的完好率；对现有设备进行了整治，保证了正常运转；狠抓了安全行车工作。他们还通过技术革新，提高了地铁的自动化水平，先后实现了调度集中、自动闭塞、自动广播等自动化项目，使地铁的发车间隔由过去的十几分钟缩短到4分钟，提高了列车的运输效率。

这条地铁已经成为首都公共交通的一条重要干线。它在试运营期间，为缓和北京市的乘车拥挤起了重要作用。11年来，共运送乘客2.5亿人次。目前，它每天最多可以发320列车，运送乘客19万人次。

经过验收认为：我国自行设计、施工的第一条地下铁道，设计是成功的，地基稳固，主体结构完好，线路稳定，设备基本配套，工程质量良好。这条地铁正式交付运营以后，有利于加强集中统一领导，进一步改善经营管理，提高运输效率，更好地为首都公共交通服务。

图 4–215　1971 年第一条地铁试运营的新闻报道

20 世纪 70 年代建设中的北京地铁二期工程——“复兴门折返线”如图 4–216 所示，建设中的北京地铁“复八线”如图 4–217 所示，由 DK2 型列车改装的 DK11 型斩波调阻列车（西单站开通时）如图 4–218 所示。

图 4–216　20 世纪 70 年代建设中的北京地铁二期工程——“复兴门折返线”

图 4–217　建设中的北京地铁“复八线”

图 4–218　由 DK2 型列车改装的 DK11 型斩波调阻列车（西单站开通时）

（二）地铁列车车型

北京地铁列车的客车最初主要采用由长春客车厂制造的 DK 型系列地铁电动客车，后来也开始采用北京地铁车辆厂、青岛四方机车车辆制造厂等厂家的产品。长春客车厂制造的 DK 型系列地铁电动客车主要有 DK2 型、DK3 型、DK8 型、DKl6 型、DK20 型等。DK1 型地铁电动客车设计图如图 4–219 所示，DK2 型地铁电动客车如图 4–220 所示。

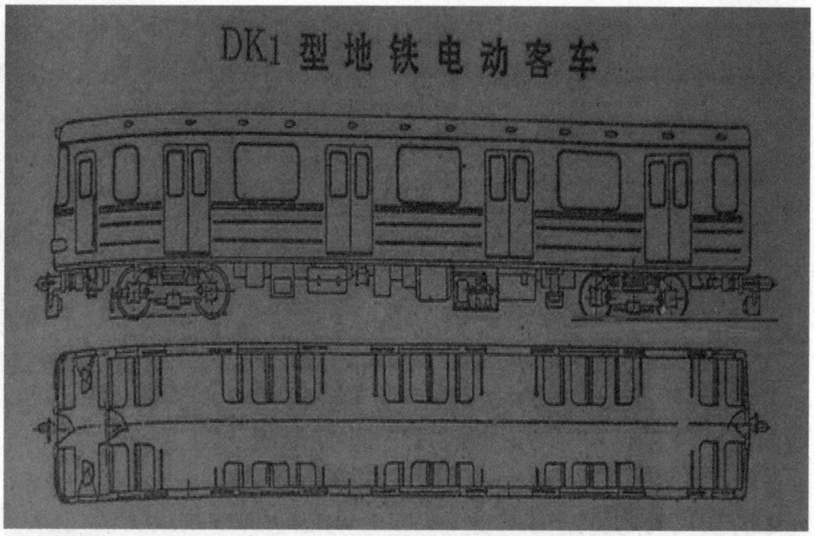

图 4–219　DK1 型地铁电动客车设计图

图 4–220　DK2 型地铁电动客车

DK2 型地铁电动客车是长春客车厂于 1969 年至 1970 年生产的车型，车组号为 2 字头。[①] 在 DK2 型地铁电动客车之前，长春客车厂和机械部湘潭电机厂于 1967 年为北京地铁一期工程制造了供试验用的 DK1 型地铁电动客车，共制造 2 辆，未投入运营。DK2 型地铁电动客车是参考苏联凸轮变阻车设计的。

① 北京市地方志编纂委员会. 北京志：市政卷：公共交通志. 北京：北京出版社，2002.

车体车架采用带有中央加强杆件的无中梁薄壁焊接结构。车厢内木地板宽为2.65米，设有60个横向座席，定员180人，两侧设计为对开度为1.2米的侧门。车顶部设有两行自然通风器。每辆车设有司机室，室内有司机台和广播台。转向架为铸钢构架，鞍形橡胶支撑轴箱定位，摇枕弹簧为自由膜式空气弹簧。主保护采用铜熔片，极限分断故障电流1 100安培。每车牵引电动机4台，小时功率为76千瓦，电压为375伏。制动装置有变阻制动、电空制动及链条式手制动。每个转向架上有2个制动缸，采用单侧闸瓦制动，材质为合成塑料，GLI型三通阀制动机。空压机为DK1–0.5/8型三缸活塞式空压机，每分钟排气量为0.5立方米，压力为0.8兆帕。风动门为五通阀控制的双气路钢丝绳拉门结构。车上设有列车自动广播、机车信号，部分车上还装有列车自动驾驶试验装置。

DK3型地铁电动客车是长春客车厂于1971年至1973年生产的车型，车组号为3字头。① 该车型是在DK2型电动客车的基础上改造而成的，其自重为34吨，长为19米、宽为2.65米、高为3.509米，定员180人。DK3型地铁电动客车在DK2型电动客车的基础上作了如下的修改：采用由直流开关和快速主熔断器组成的主保护装置，提高了分断能力，基本上满足了运行安全的要求；增大了起、制动电阻容量，基本上解决了在使用过程中频繁烧损的问题；高压电线全部布置在地板下部，高低压电线分开布设，提高了安全可靠性；车上木质件进行了耐燃处理，提高了防火性能；有可能发生电弧的电器、电阻器等均加装了二级绝缘；牵引电动机降低噪声22dB（A），提高了绝缘性能，空压机的结构和性能也有改进；采用了11台轴流风扇，使客室的通风量提高到12 000m^3/h，基本上解决了客室的通风问题；司机控制器作了较大改进，不但体积小，重量轻，而且性能提高了，还便于维修；增大了司机室活动空间，采用了新型司机台仪表，司机侧门采用手摇式下开窗，增设了司机室通风机，加装了车辆之间的隔离开关；风动门的控制由五通阀改为电磁阀，提高了运用可靠性；增大了辅助发电机的容量，满足了强迫通风等的用电要求；空压机采用了滑片式空压机，每分钟排气量为0.8立方米，虽增大了风量，但由于结构上存在着较大问题，最后不得不换型，这是这种车型最大的问题；研制了环氧玻璃布板制的主隔断开关熔断器箱，采用了密封式快速辅助熔断器，提高了防火和保护性能；客室内部结构的设计提高了舒适美观度。另外，DK3型车体改用中梁焊接结构，车顶设轴流通风系统；转向架构架加厚，改用水平钢弹簧轴箱定位。

DK16型地铁电动客车（见图4–221）是长春客车厂于1986年至1988年生产的车型，车组号为4字头。②1988年至1989年长春客车厂又生产了DK16A型地铁电动客车，车组号为4字头。③ DK20型地铁电动客车（见图4–222）是长春客车厂于1994年开始生产的车型，车长为19米、宽为2.8米、高为3.7米。

图4–221　DK16型地铁电动客车

① 北京市地方志编纂委员会. 北京志：市政卷：公共交通志. 北京：北京出版社，2002.

② 北京市地方志编纂委员会. 北京志：市政卷：公共交通志. 北京：北京出版社，2002.

③ 北京市地方志编纂委员会. 北京志：市政卷：公共交通志. 北京：北京出版社，2002.

图 4-222　DK20 型地铁电动客车

地铁直流列车退役如图 4-223 所示，北京地铁早年间使用的车型如图 4-224 所示。

图 4-223　地铁直流列车退役

图 4-224　北京地铁早年间使用的车型

（三）票制票价

1969 年 10 月 1 日，北京地下铁道一期工程建成通车试运行。中国人民解放军铁道兵成立了北京地下铁道运营管理处负责地下铁道的运营管理。1971 年 1 月，北京地铁一期工程开始售票试运营，试运营区段由北京站至立新站（公主坟），同年延长到玉泉路站和古城路站，1973 年又延长到苹果园站。试运营第一年地铁客运量达到 828 万人次，占当年全市公共交通年客运量的 0.8%，日均开行列车 69 列，日均客运量为 2.8 万人次。1971 年北京地铁一期线路试运营之初的地铁票（内部售票）如图 4–225 所示。

1984 年 9 月 20 日，北京地铁二期工程建成通车运营，往返于复兴门车站至建国门车站之间。北京地下铁道参观券如图 4–226 所示。

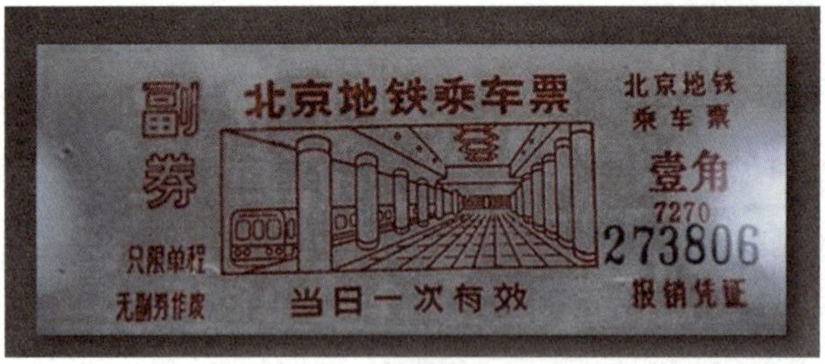

图 4–225　1971 年北京地铁一期线路试运营之初的地铁票（内部售票）

图 4–226　北京地下铁道参观券

1987 年 12 月 24 日，北京人民盼望已久的北京地铁复兴门折返线，胜利建成通车。二号线全线通车后，已通车的两条地铁票价均为 0.2 元，连续乘坐两条线路的票价为 0.3 元。1987 年 12 月 28 日启用的单程车票如图 4–227、图 4–228 所示，1987 年 12 月 28 日启用的连续乘坐两条线路的车票如图 4–229 所示。1991 年 1 月 1 日起，为降低运行成本，北京地铁正式进入“0.5 元时代”。据北京地铁公司工作人员介绍，票价调整后地铁年平均客流量下降了 1 000 万人次。1991 年 1 月 1 日起，北京地铁票价改为 0.5 元如图 4–230 所示。

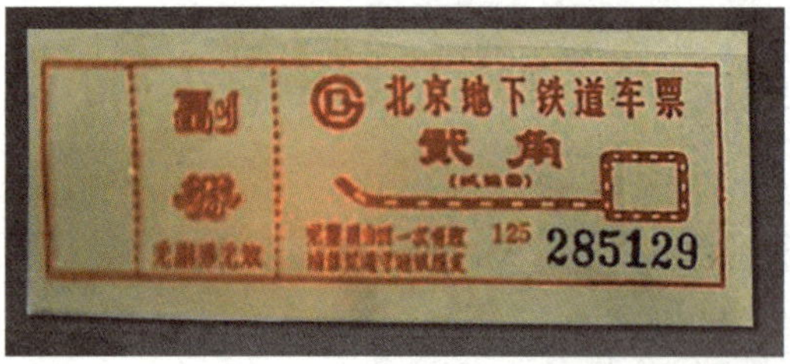

图 4–227　1987 年 12 月 28 日启用的单程车票（1）

图 4–228　1987 年 12 月 28 日启用的单程车票（2）

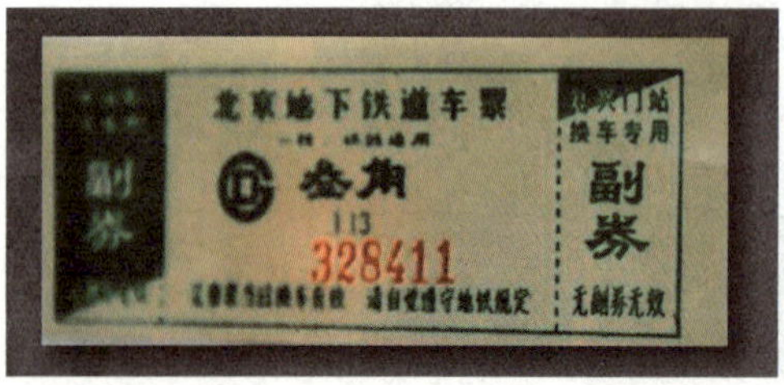

图 4–229　1987 年 12 月 28 日启用的连续乘坐两条线路的车票

图 4–230　1991 年 1 月 1 日起，北京地铁票价改为 0.5 元

1996 年元旦，北京地铁票价从 0.5 元涨到 2 元，涨幅达 300%。这是北京第一次针对地铁运用“价格杠杆”进行调控。调价后，地铁客流量从 1995 年的 5.58 亿人次的历史高峰，下降至 1996 年的 4.44 亿人次。1996 年元旦，北京地铁的 2 元车票如图 4–231 所示。

1999 年 9 月 28 日启用的地铁票（票价仍为 2 元）如图 4–232 所示，1999 年 12 月 10 日启用的地铁票（票价涨到 3 元）如图 4–233 所示。

图 4–231　1996 年元旦，北京地铁的 2 元车票

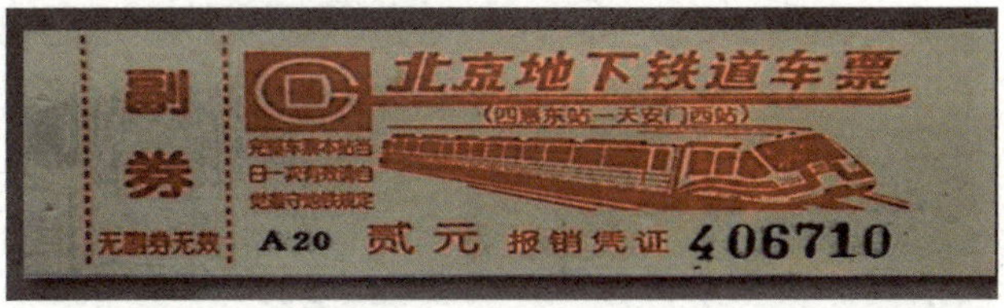

图 4–232　1999 年 9 月 28 日启用的地铁票（票价仍为 2 元）

1999 年 12 月 10 日，北京地铁“复八线”与一号线相连并贯通试运营，地铁票价涨至 3 元。1999 年之后涨到 3 元的地铁票如图 4–234、图 4–235 所示。

图 4–233　1999 年 12 月 10 日启用的地铁票（票价涨到 3 元）

图 4–234　1999 年之后涨到 3 元的地铁票（1）

2002 年底北京地铁车票实行色标管理。其中地铁 2 号线车票为湖蓝色，2002 年调整为湖蓝色的 2 号线地铁票（单程票价 3 元）如图 4–236 所示。

图 4–235　1999 年之后涨到 3 元的地铁票（2）

图 4–236　2002 年调整为湖蓝色的 2 号线地铁票（单程票价 3 元）

2002 年底换乘单程票价调整为 5 元如图 4–237 所示，2003 年 1 月 9 日，八通线正式贯通试运营后，换乘单程票价调整为 4 元如图 4–238 所示，2003 年 1 月 9 日，八通线正式贯通试运营，单程票价 2 元如图 4–239 所示。

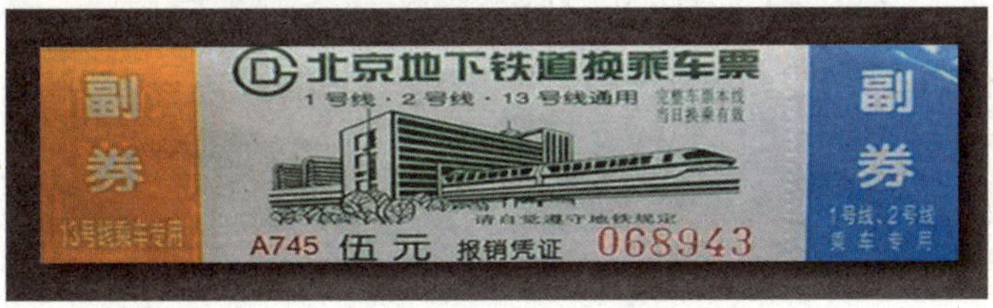

图 4–237　2002 年底换乘单程票价调整为 5 元

图 4–238　2003 年 1 月 9 日，八通线正式贯通试运营后，换乘单程票价调整为 4 元

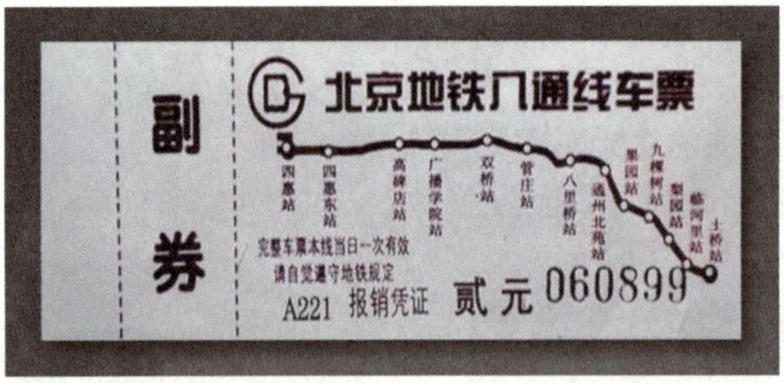

图 4-239　2003 年 1 月 9 日，八通线正式贯通试运营，单程票价 2 元

2007 年 10 月 7 日，为提倡公共交通出行，减少交通拥堵和环境污染，地铁票价降为 2 元，并采用一票制，换乘票价也统一为 2 元。2007 年 10 月 7 日降为 2 元的地铁车票如图 4-240、图 4-241 所示。

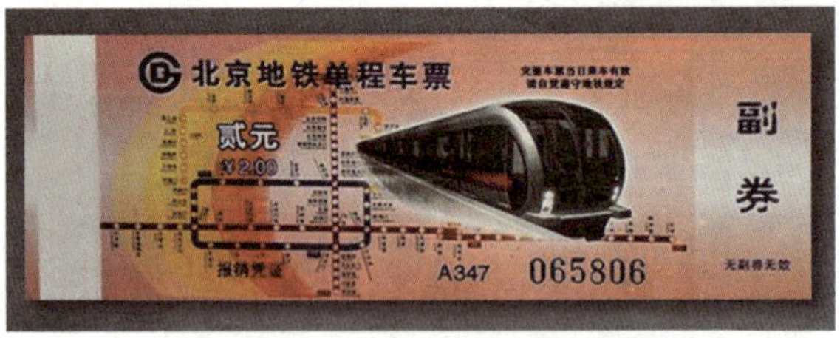

图 4-240　2007 年 10 月 7 日降为 2 元的地铁车票（1）

图 4-241　2007 年 10 月 7 日降为 2 元的地铁车票（2）

北京地铁发行的十二生肖纪念车票如图 4-242 所示。

图 4-242　北京地铁发行的十二生肖纪念车票

1988 年 12 月 1 日后发行的北京市电、汽车、地下铁道联合月票（票价为 10 元）如图 4–243、图 4–244 所示，1994 年 8 月北京市电、汽车、地下铁道联合月票（票价为 18 元）如图 4–245 所示，2000 年 5 月北京地铁专用月票（票价为 50 元）如图 4–246 所示，2000 年 1 月北京市电、汽车、地下铁道联合月票（票价为 80 元）如图 4–247 所示。

图 4–243　1988 年 12 月 1 日后发行的北京市电、汽车、地下铁道联合月票（票价为 10 元）（1）

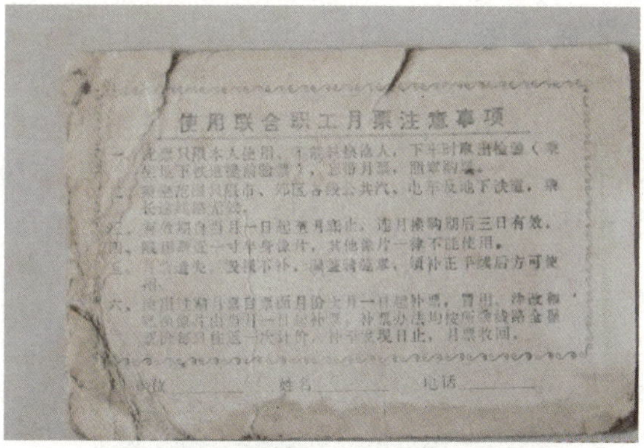

图 4–244　1988 年 12 月 1 日后发行的北京市电、汽车、地下铁道联合月票（票价为 10 元）（2）

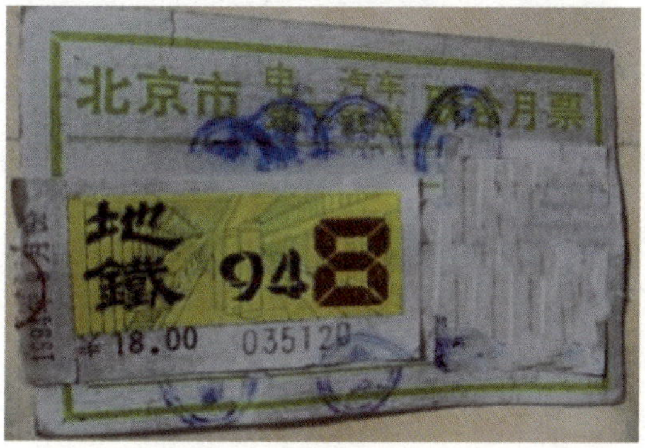

图 4–245　1994 年 8 月北京市电、汽车、地下铁道联合月票（票价为 18 元）

图 4–246　2000 年 5 月北京地铁专用月票（票价为 50 元）

2006 年 4 月 16 日北京地铁实行 IC 卡专用地铁月票和公交地铁联合月票如图 4–248 所示。

图 4–247　2000 年 1 月北京市电、汽车、地下铁道联合月票（票价为 80 元）

图 4–248　2006 年 4 月 16 日北京地铁实行 IC 卡专用地铁月票和公交地铁联合月票

2006 年 4 月 16 日北京地铁 1、2 号线停止使用纸质专用地铁月票和公交地铁联合月票，实行 IC 卡专用地铁月票和公交地铁联合月票，纸质地铁票从此退出历史舞台。

（四）运营管理

北京市地铁管理处出入证如图 4–249 所示。

1956 年，北京市成立地下铁道筹建组，并派人到苏联考察学习，1958 年 10 月，相关工作交由铁道部负责，同年 11 月国务院同意铁道部成立北京地下铁道工程局。1961 年 3 月，铁道部将直属第一、第二建筑工程处划归北京地下铁道工程局领导。1961 年 11 月，北京地下铁道工程局被铁道部撤销。铁道兵北京地下铁道出入证如图 4–250 所示。

图 4–249　北京市地铁管理处出入证

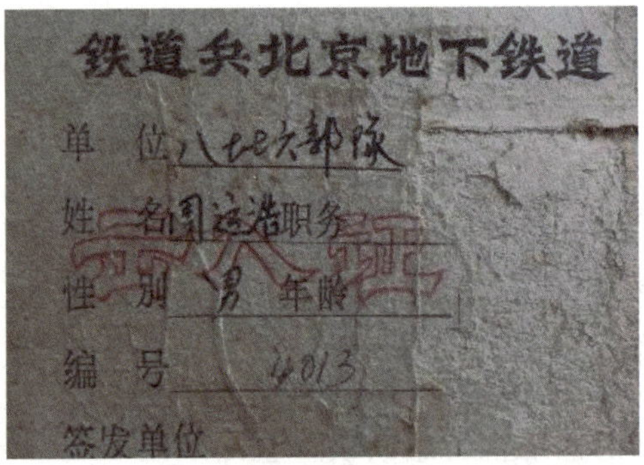

图 4–250　铁道兵北京地下铁道出入证

1965 年在北京地下铁道一期工程（地铁 1 号线）举行开工典礼前，铁道部又成立了北京地下铁道工程局。1970 年 2 月 6 日，国务院总理周恩来批示：地下铁道改归铁道兵管，并成立一个领导小组。1970 年 2 月 27 日，周恩来总理批示：对地铁局进行“工改兵”，组建为铁道兵 15 师。根据总理批示，1970 年 3 月，铁道部撤销北京地下铁道工程局，移交铁道兵统一领导，铁道兵地铁指挥部随后组建。铁道兵如图 4–251 所示，地铁列车驾驶室如图 4–252 所示。

图 4–251　铁道兵

图 4-252 地铁列车驾驶室

三、铁路运输

北京的铁路网是一个环形网络，多条干线辐射伸向各地。北京铁路枢纽是全国干线方向最多、路网密度最大、车站最多、规模最大的铁路枢纽。到 2004 年，北京铁路枢纽由 10 条干线、8 条新引入的客运专线（京沪高速铁路，京广、京哈客运专线，京津城际轨道交通及京石、京秦、京承、京张等客运专线）、“四主两辅”的 6 个客运站（北京站、北京西站、北京北站、北京南站为主要客运站。北京站东站、丰台站为辅助客运站）、“一主四辅”的 5 个编组站（主要编组站为丰台西站。4 个辅助编组站为三河、双桥、石景山南、三家店站）和枢纽货运系统组成。另外，北京铁路还有支线、环线、联络线 47 条，若干条专用线。

北京铁路枢纽示意图如图 4-253 所示。

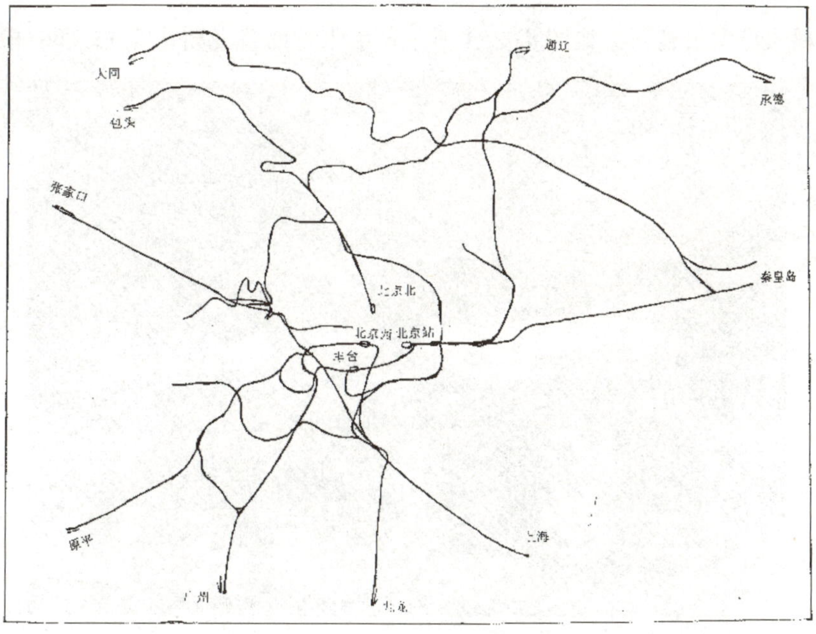

图 4-253 北京铁路枢纽示意图

北京铁路发展到今天的规模，有着不寻常的历程。从 1897 年英帝国主义修建的京山铁路通车，到 1949 年初北京解放，在这漫长的半个多世纪中，北京仅有通到山海关的京山线、通到汉口的京汉线及通到包头的京包线 3 条单线铁路，以及通往郊区门头沟、通县（今通州区）、大兴、怀柔、南苑和周口店等 7 条支线铁路和环城铁路。解放初北京铁路的状况是：线路支离破碎，年久失修；机车破烂不堪，事故频繁；通信信号陈旧寡陋，故障迭生。随着 1949 年 10 月 1 日中华人民共和国的成立，中国进入经济恢复时期。为了适应经济大规模恢复和发展的需要，中共中央要求在很短的时间内，迅速将包括北京在内的各地铁路设备恢复正常。在中国人民解放军铁道纵队和铁路职工的艰苦努力下，京山铁路、京汉铁路和京包铁路等相继修复通车。

新中国成立后，国家对北京铁路枢纽进行了大规模的新建和改造。

1952 年 10 月，从丰台至沙城的丰沙铁路破土动工，并于 1955 年 11 月通车。这条铁路是新中国成立后最早新建的 3 条铁路干线之一。1955 年 9 月，从北京东便门至承德的京承铁路之鹰手营子（位于河北省承德市境内）至上板城（位于河北省承德市境内）段新建工程开工。次年 7 月，怀柔至鹰手营子段工程也开工。这两项工程分别于 1958 年 5 月和 1959 年 11 月铺轨通车，1960 年 11 月开始正式运营。1965 年 11 月，从北京通至原平（位于山西省中北部的忻代盆地内）的京原铁路之石景山南至灵丘（位于山西省大同市灵丘县境内）间的新建工程先期开工。1971 年 10 月京原铁路全线铺通，1973 年 1 月 1 日起投入运营。京原铁路是根据战备需要，作为连接北京市地下铁道的铁路线而修建的，后来经过两次技术改造，成为晋煤外运的重要通道。

1958 年东南环线（丰台西站至京承线双桥站）开工，1959 年通车。1960 年，东北环线（百子湾站至京包线清河站）开工，1968 年通车。西北环线（三家店至沙河）于 1971 年 11 月开工，1980 年 5 月通车。

1972 年 10 月，北京昌平至内蒙古通辽的京通铁路（又称“沙通线”）新建工程开工。1980 年 5 月交付运营，成为华北连接东北的第二条大动脉。“六五”期间，晋煤外运量剧增，京通线还承担部分出关煤炭运输。1973 年 1 月，通县（今通州区）至坨子头（位于河北省滦县境内）的通坨铁路（又称“通古线”）新建工程开工，1975 年 8 月完工，年末正式运营。通坨铁路是为缩短首都钢铁公司与迁安矿山基地的直通货流运程而修建的。

（一）车站

京张铁路青龙桥火车站（昔日）如图 4–254 所示，京张铁路青龙桥火车站（现今）如图 4–255 所示。

图 4–254　京张铁路青龙桥火车站（昔日）

图 4-255　京张铁路青龙桥火车站（现今）

修建于 1910 年的老清华园车站如图 4-256 所示。

图 4-256　修建于 1910 年的老清华园车站

新中国成立前，北京铁路枢纽内主要客运站是位于箭楼东侧的前门站和西直门站。1949 年新中国成立后，前门站成为主要客运站，改称北京站。随着客运量的增多，北京站又无扩建余地，于是 1953 年对其南面的永定门站进行了技术改造。1957 年，在陶然亭以南赶修了永定门简易客站，帮助分担北京站的慢车客流，以应急需。永定门客站建成后，原旧站址改为货场。为便于管理，1987 年起统称为北京南站。

1959 年，为了进一步提高北京的铁路客运能力，改善对外客运交通，迎接国庆 10 周年，一座大型现代化车站——新北京站建成。新北京站建成后，前门北京站不再称北京站。北京站主要担负国际列车、北京与各省间的快车以及与特大城市间的特快车的到发。从此，永定门站以接发慢车为主，西直门站则担负着京包线及京通线上的长途客车和市郊列车的到发。

西直门站在新中国成立后也进行了延长股道、增加设施等技术改造，使其成为北京铁路枢纽的地区性辅助编组站①，承担着部分客车始发终到及货运的业务。1966 年至 1967 年，西直门站临时承担了当时北京市绝大部分的旅客运输任务。1968 年至 1972 年，广安门至西直门、西直门至五路、东便门至西直门站间的线路被相继拆除，机务折返段迁至三家店站，于是西直门站成为京包线的尽头站，业务以客运为主兼办货运。1954 年，由于清华扩建校园，迁移新建后的清华园站如图 4-257 所示。

---

① 编组站：铁路上为进行货物列车编组和解编作业而设置的车站，一般设在铁路干线起讫、衔接、交叉点或有大量车流集散的地方。根据作业量的需要，其设有较多的车场及调车设备，有些编组站也办理客货运输业务。

图 4-257　1954 年，由于清华扩建校园，迁移新建后的清华园站

1959 年北京火车站建成，如图 4-258 所示。1954 年京奉铁路正阳门东车站（俗称前门老火车站）如图 4-259 所示。

图 4-258　1959 年北京火车站建成

图 4-259　1954 年京奉铁路正阳门东车站（俗称前门老火车站）

前门老火车站（现中国铁路博物馆）如图 4–260 所示，保留至今的京奉铁路东便门信号所如图 4–261 所示，平绥铁路西直门车站（北京北站在 1927 年到 1949 年使用的名字）如图 4–262 所示。

图 4–260　前门老火车站（现中国铁路博物馆）

图 4–261　保留至今的京奉铁路东便门信号所

图 4–262　平绥铁路西直门车站（北京北站在 1927 年到 1949 年使用的名字）

1988 年西直门火车站改名北京北站，如图 4–263 所示。1981 年永定门火车站中停留的列车及上车旅客如图 4–264 所示。1988 年永定门站正式更名为北京南站，如图 4–265 所示。

图 4–263　1988 年西直门火车站改名北京北站

图 4–264　1981 年永定门火车站中停留的列车及上车旅客

图 4–265　1988 年永定门站正式更名为北京南站

2006 年老北京南站的进站口如图 4-266 所示，老北京南站的候车大厅如图 4-267 所示，2006 年停用前的老北京南站站台如图 4-268 所示。

图 4-266　2006 年老北京南站的进站口

图 4-267　老北京南站的候车大厅

图 4-268　2006 年停用前的老北京南站站台

2006 年 5 月 10 日，北京南站正式开始封站改造，如图 4–269 所示。北京西站旧貌如图 4–270 所示。2010 年，丰台火车站正式宣布停办一切客运业务，如图 4–271 所示。

图 4–269　2006 年 5 月 10 日，北京南站正式开始封站改造

图 4–270　北京西站旧貌

图 4–271　2010 年，丰台火车站正式宣布停办一切客运业务

2010 年 6 月 20 日，丰台火车站由于改扩建需要，正式宣布停办一切客运业务，115 年的运营自此宣告暂停。

丰台火车站改造前的站台如图 4–272 所示。

图 4–272　丰台火车站改造前的站台

（二）铁路建设

北京主要火车站修建轴线图如图 4–273 所示，1951 年从东向西拍摄的东直门城楼和铁路道口如图 4–274 所示。

图 4–273　北京主要火车站修建轴线图

图 4–274　1951 年从东向西拍摄的东直门城楼和铁路道口

1954 年从东南向西北方向拍摄的东直门城楼的一部分和铁路道口如图 4-275 所示。

图 4-275　1954 年从东南向西北方向拍摄的东直门城楼的一部分和铁路道口

新中国成立以后，北京铁路在建设新线的同时，还拆除了 6 条旧线路。首先被拆除的是前门西站到西便门站间的京汉线，于 1958 年拆除。1959 年北京站移址后，环城铁路的一部分——东便门至朝阳门站间线路被拆除。1968 年为解决京张线柳村至西直门站间部分区段线（即柳北线[①]）影响市内交通的问题，广安门至西直门站间的京包线被拆除。1971 年，为配合换乘地铁建设，环城铁路朝阳门至西直门站（北京北站）间线路被拆除。至此，环城铁路被全部拆除。1972 年，西直门站至五路间的京门支线被拆除。1959 年建设中的北京站与辛勤的前辈建设者如图 4-276 所示。

图 4-276　1959 年建设中的北京站与辛勤的前辈建设者

① 柳北线为初建的京张铁路之一段，自柳村起跨越京汉线（白云路与莲花池东路交会处），经阜成门外到北京北站（西直门站）。

1959 年北京站落成典礼如图 4-277 所示。

图 4-277　1959 年北京站落成典礼

20 世纪 90 年代建设中的北京西站如图 4-278 所示。

图 4-278　20 世纪 90 年代建设中的北京西站

2006 年 1 月 28 日新北京南站主站房工程破土动工如图 4–279 所示。

图 4–279　2006 年 1 月 28 日新北京南站主站房工程破土动工

2008 年完工的新北京南站（从空中看像一只大螃蟹）如图 4–280 所示。

图 4–280　2008 年完工的新北京南站（从空中看像一只大螃蟹）

北京北站正在如火如荼地建设中（2006 年 4 月 1 日）如图 4–281 所示。

图 4–281　北京北站正在如火如荼地建设中（2006 年 4 月 1 日）

北京北站西 1、西 2 道拆除，修建无柱雨棚地基（2007 年底）如图 4–282 所示。

图 4–282　北京北站西 1、西 2 道拆除，修建无柱雨棚地基（2007 年底）

雨棚修筑完毕，北京北站新站房启用（2009 年）如图 4–283 所示。

图 4–283　雨棚修筑完毕，北京北站新站房启用（2009 年）

北京北站老站房在经历百年后作为文物保留。

施工中的连接北京西站与北京站的直径线（2009 年）如图 4-284 所示。

图 4-284　施工中的连接北京西站与北京站的直径线（2009 年）

2016 年京沈客运专线北京段开工，北京市范围内线路上设星火（北京朝阳）、顺义西、怀柔南、密云车站 4 个站点，如图 4-285 所示。

图 4-285　京沈客运专线北京段站点分布示意图

（三）铁路管理

1909 年建成的京张铁路（现为京包铁路的一部分）青龙桥站的人字形铁路（见图 4–286）是为克服南口和八达岭段高度差而修建的一段线路。

图 4–286　人字形铁路

手帕口铁路平交道口“退役”前的最后时刻如图 4–287 所示。

图 4–287　手帕口铁路平交道口“退役”前的最后时刻

2006 年，为解决平交道口过往行人及车辆的安全问题，北京铁路局决定取消手帕口铁路平交道口，将其改造为手帕口立交。在马路两旁，专程赶来的摄像爱好者和火车迷们举起相机，用镜头记录着手帕口铁路平交道口“退役”前的最后时刻。

2016 年面临拆除的双清路道口如图 4–288 所示。

图 4–288　2016 年面临拆除的双清路道口

2016 年 11 月 1 日位于海淀区的铁路平交道口“五道口”（见图 4–289）将被拆除，部分市民前来留影纪念。

图 4–289　铁路平交道口“五道口”

北京市西城区手帕口的铁道路口改为封闭式管理如图 4–290 所示。

图 4–290　北京市西城区手帕口的铁道路口改为封闭式管理

2017 年 12 月 20 日，北京市西城区手帕口的铁路道口是市区仅存的一处铁道路口，为了安全和提速，在它的西侧建设了地下通道，供行人和车辆通过，铁路道口改为封闭式管理。

（四）车票

1996 年年初，上海、北京等铁路局开始试点发售计算机软纸车票，图 4–291 为试点期间发售的北京铁路局标准版软纸车票。

1996 年年末，当时的铁道部确立了软纸客票统一样式标准，正式开始在全国推广使用软纸车票。图 4–292 为软纸车票。

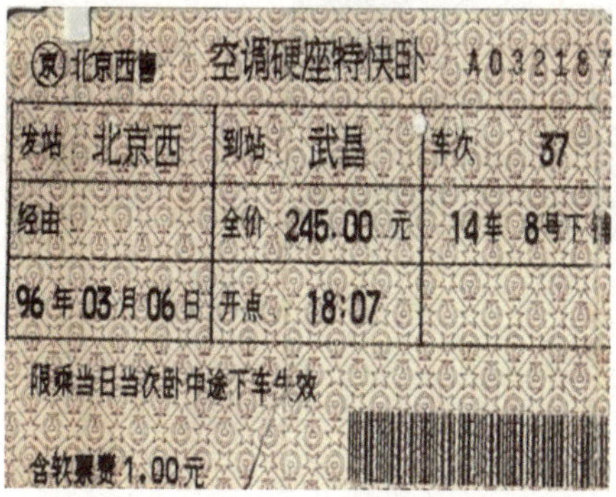

图 4–291　试点期间发售的北京铁路局标准版软纸车票

图 4–292　软纸车票

北京火车站站台票正面如图 4–293 所示。

图 4–293　北京火车站站台票正面

北京火车站站台票背面如图 4–294 所示。

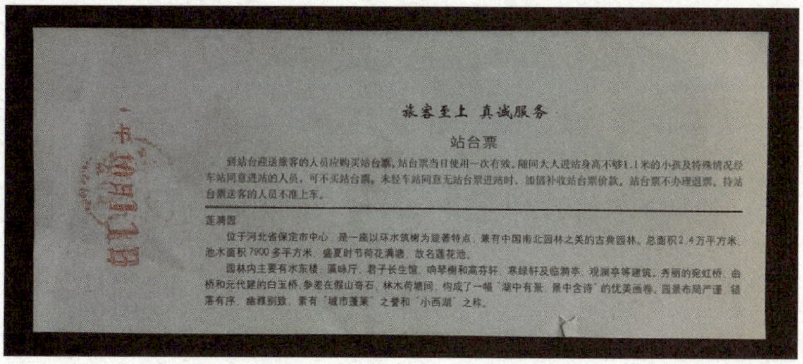

图 4–294　北京火车站站台票背面

不同时期天津—北京间的火车票如图 4-295 所示。

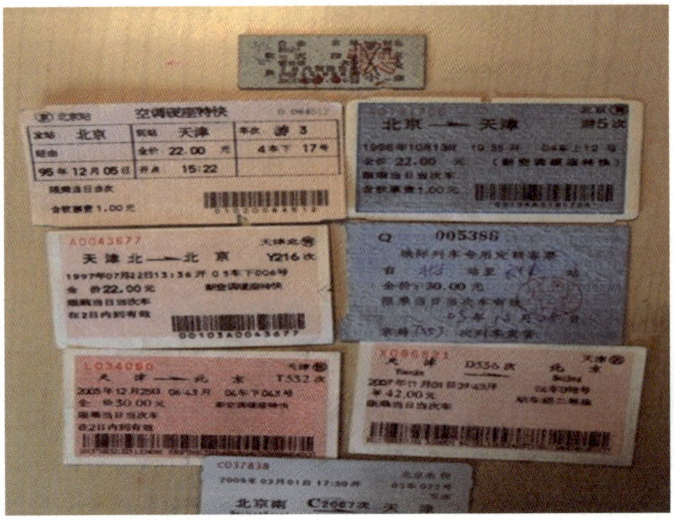

图 4-295　不同时期天津—北京间的火车票

北京西至三亚火车票（中国“最贵”火车票）如图 4-296 所示。

图 4-296　北京西至三亚火车票（中国“最贵”火车票）

硬板票、粉色软纸票、蓝色磁制车票如图 4-297 所示。

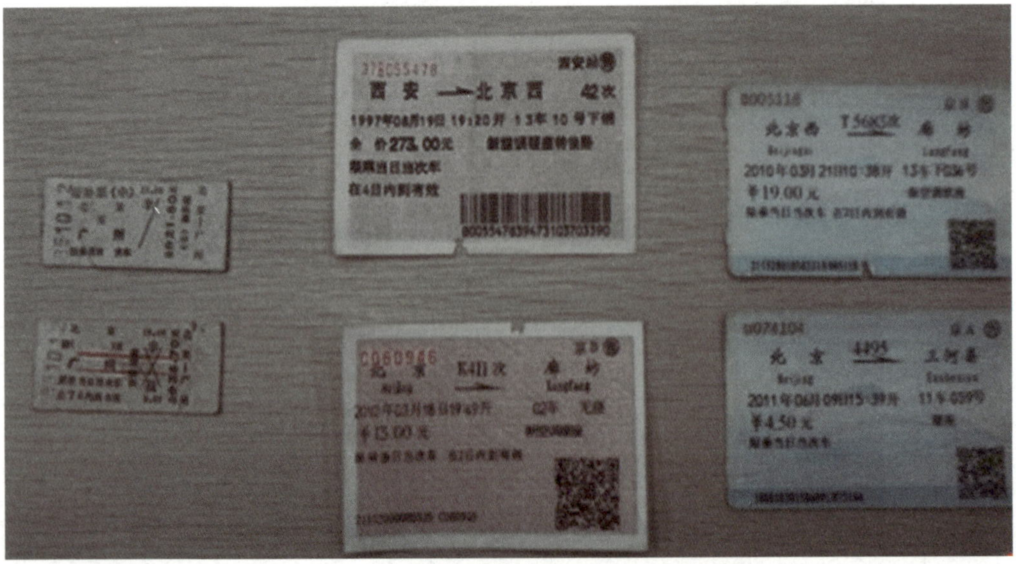

图 4-297　硬板票、粉色软纸票、蓝色磁制车票

（五）机车

1946 年 10 月“毛泽东号”命名仪式大会如图 4-298 所示。

图 4-298　1946 年 10 月“毛泽东号”命名仪式大会

我国第一台 2000 马力“卫星型”液力传动内燃机车于 1959 年在四方工厂试制成功。图 4-299 为我国第一台 2000 马力“卫星型”液力传动内燃机车运行在北京站的情景。

图 4-299　我国第一台 2000 马力“卫星型”液力传动内燃机车运行在北京站的情景

1981 年，北京永定门火车站，蒸汽机车的司机正在聊天如图 4-300 所示。

图 4-300　1981 年，北京永定门火车站，蒸汽机车的司机正在聊天

“北京型”2003 号机车如图 4-301 所示。

图 4-301　“北京型”2003 号机车

“北京型”2001 号内燃机车如图 4-302 所示。

图 4-302　“北京型”2001 号内燃机车

1996 年 1 月 21 日，“毛泽东号”机车牵引着“特 1 次”列车缓缓驶出北京西站如图 4-303 所示。

图 4-303　1996 年 1 月 21 日，“毛泽东号”机车牵引着“特 1 次”列车缓缓驶出北京西站

1996 年从北京发出的京九列车如图 4–304 所示。

图 4–304　1996 年从北京发出的京九列车

2005 年停在北京北站西场 1 道的怀北机务段的东风 40560 机车如图 4–305 所示。

图 4–305　2005 年停在北京北站西场 1 道的怀北机务段的东风 40560 机车

2006 年驶出老北京南站的绿皮火车如图 4–306 所示。

图 4–306　2006 年驶出老北京南站的绿皮火车

从北京西开往西安北的 D131 次列车如图 4-307 所示。

图 4-307　从北京西开往西安北的 D131 次列车

2015 年利用京哈线开行的京蓟城际快速列车“盘山号”如图 4-308 所示。

图 4-308　2015 年利用京哈线开行的京蓟城际快速列车“盘山号”

2018 年 3 月 10 日，京包线 1456 次列车离开青龙桥车站如图 4-309 所示。

图 4-309　2018 年 3 月 10 日，京包线 1456 次列车离开青龙桥车站

四、航　空

1950年3月，中苏两国政府签订了创办“中苏民用航空股份公司”的协定，并于当年7月在北京正式成立了两国合营的公司。该公司以北京西郊机场为基地，经营北京到赤塔、北京到阿拉木图、北京到伊尔库茨克的3条中苏间的航空运输线。

（一）机场

1958年3月1日，北京首都机场建成并投入使用，是当时中国最大的民航专用机场。图4-310为完工的首都机场调度指挥大楼。

图4-310　完工的首都机场调度指挥大楼

1958年3月启用的北京首都机场第一座航站楼如图4-311所示。

图4-311　1958年3月启用的北京首都机场第一座航站楼

1980 年改扩建后的首都机场是中国第一个双跑道机场。图 4-312 为扩建后的首都机场。

图 4-312 扩建后的首都机场

1990 年扩建的 1 号航站楼（T1）是北京首都国际机场的第二座航站楼，如图 4-313 所示。

图 4-313 1990 年扩建的 1 号航站楼（T1）是北京首都国际机场的第二座航站楼

1999 年 11 月 1 日启用的 2 号航站楼是北京首都国际机场的第三座航站楼，如图 4-314 所示。

图 4-314 1999 年 11 月 1 日启用的 2 号航站楼

2008 年 2 月 29 日启用的 3 号航站楼是北京首都国际机场的第四座航站楼，如图 4–315 所示。

图 4–315　北京首都国际机场 3 号航站楼

西郊机场，即民国时期的西苑机场，位于北京市西郊海淀区内，距天安门 13 公里。西郊机场是离钓鱼台国宾馆最近的机场。

南苑机场，位于北京南部，距天安门 13 公里。南苑机场建于 1910 年，是中国历史上第一个机场。

通县机场位于现在通州区南方偏东的张家湾。1976 年 1 月 15 日撒周恩来总理骨灰的飞机就是从这里起飞的。

（二）机场建设

1955 年 6 月 10 日，经国务院批准新建的北京首都机场工程破土动工。图 4–316 为北京首都机场候机楼建筑工地。

图 4–316　北京首都机场候机楼建筑工地

1956 年，北京首都机场工程全面展开，驻场施工单位和人员高峰时达 18 万人。图 4-317 为场道建筑工地现场。

图 4-317　场道建筑工地现场

1956 年冬，北京首都机场建设工人敷设电缆线如图 4-318 所示。

图 4-318　1956 年冬，北京首都机场建设工人敷设电缆线

1957 年首都机场竣工纪念邮票（航站楼）如图 4-319 所示。
1957 年首都机场竣工纪念邮票（伊尔-14 飞机）如图 4-320 所示。

图 4-319　1957 年首都机场竣工纪念邮票（航站楼）

图 4-320　1957 年首都机场竣工纪念邮票（伊尔-14 飞机）

首都机场新建候机楼竣工庆祝大会会场如图 4–321 所示。

图 4–321　首都机场新建候机楼竣工庆祝大会会场

1980 年 1 月 1 日，首都机场新建候机楼正式启用。该工程于 1974 年 8 月开工，1979 年 9 月竣工试运行。

2004 年 3 月 28 日，北京首都国际机场以 3 号航站楼为核心的第三次大规模扩建工程正式开工。3 号航站楼是北京首都国际机场修建的第四座航站楼。北京首都国际机场第三次大规模扩建工程开工奠基仪式如图 4–322 所示。

图 4–322　北京首都国际机场第三次大规模扩建工程开工奠基仪式

2017 年 2 月 23 日，中共中央总书记、国家主席、中央军委主席习近平考察了北京新机场（大兴机场）建设。

2018 年 4 月 28 日，工作人员在北京新机场（大兴机场）航站楼前高架桥上施工如图 4–323 所示。

图 4–323　2018 年 4 月 28 日，工作人员在北京新机场（大兴机场）航站楼前高架桥上施工

（三）航线

1957 年中国民用航空局航线图如图 4–324 所示。

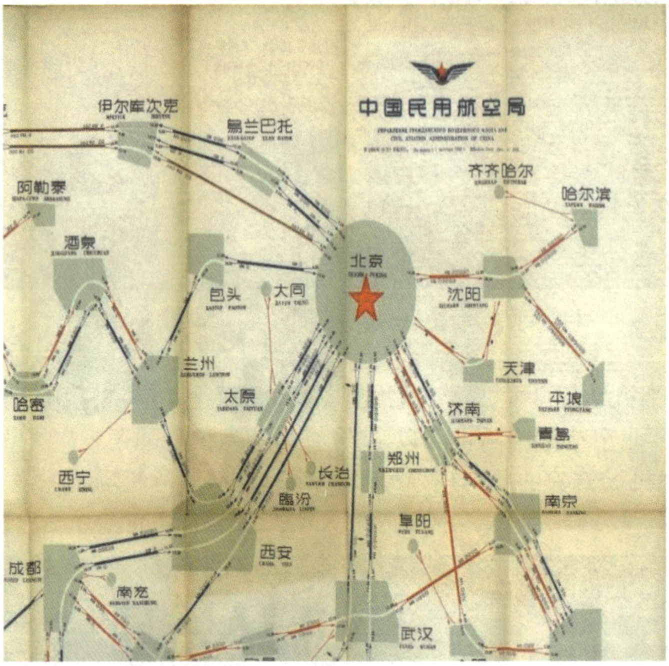

图 4–324　1957 年中国民用航空局航线图

1957 年中国民用航空局航班时刻表如图 4–325 所示。

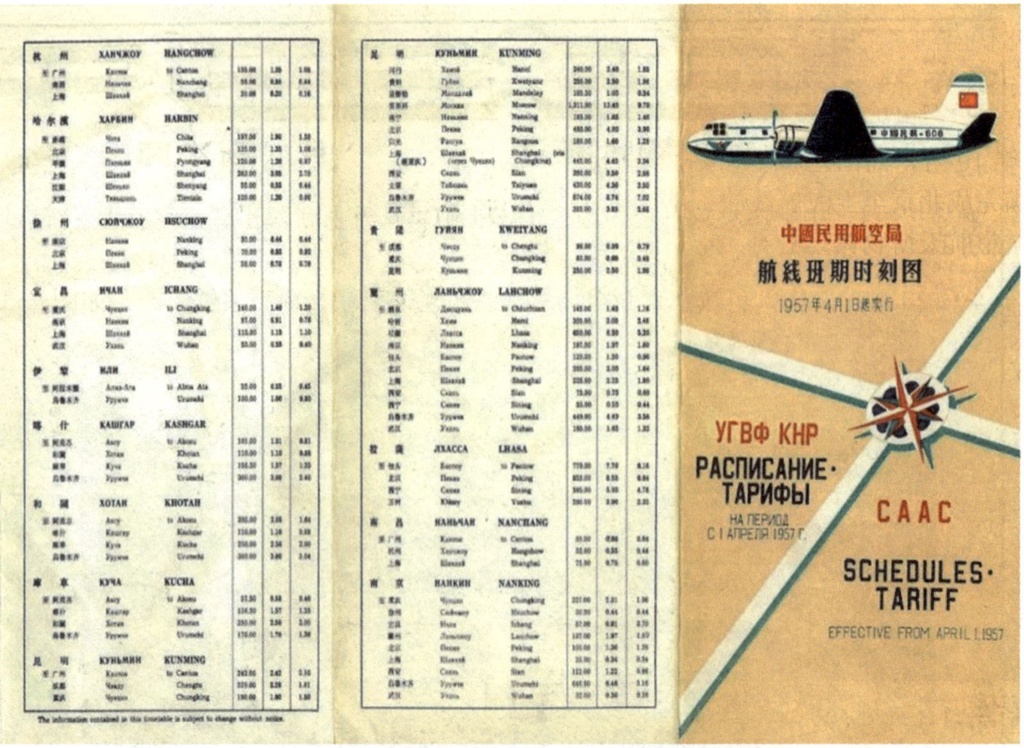

图 4–325　1957 年中国民用航空局航班时刻表

1957 年机票票价如图 4-326 所示。

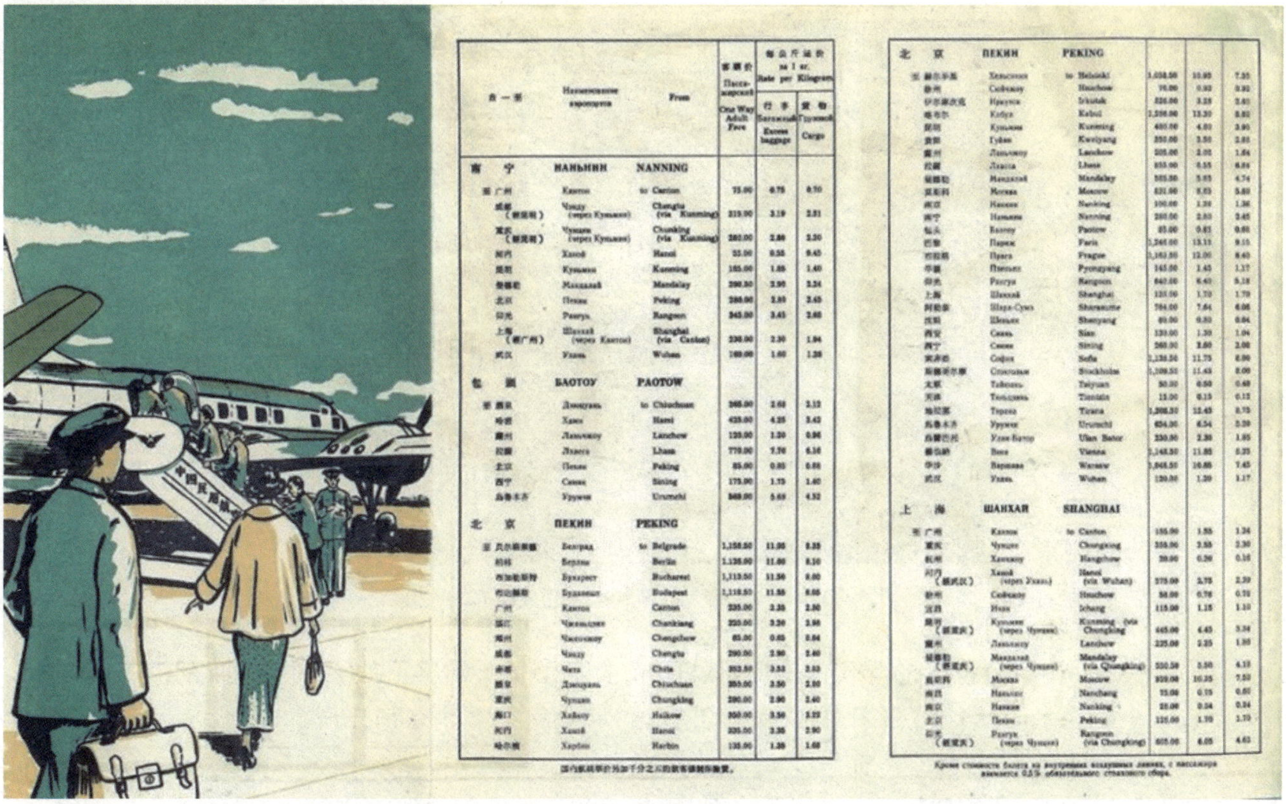

图 4-326　1957 年机票票价

1957 年，北京已成为重要航空枢纽。那时首都机场正在建设之中，国内航线主流机型是伊尔-14。

（四）机型

“北京一号”如图 4-327 所示。

1958 年 10 月，潘国定和王来泉驾驶“北京一号”，历时 5 天，途经济南、徐州、南京，往返 2 500 千米，圆满完成北京至上海航线的试飞任务。

北京航空航天博物馆里的“北京一号”真机如图 4-328 所示。

图 4-327　“北京一号”

图 4-328　北京航空航天博物馆里的“北京一号”真机

如图 4–329 所示，1959 年的首都机场航站楼前停靠了多架飞机，近景较大的飞机是图–104 客机。中间一前一后 2 架是伊尔–14 客机。远景离航站楼较近的那架是里–2 客机。

图 4–329　1959 年首都机场航站楼及停靠的飞机

如图 4–330 所示，20 世纪 50 年代首都机场候机楼前的停机坪上，旅客正在登乘中国民航的伊尔–14 客机。

图 4–330　伊尔–14 客机

20 世纪 50 年代 XT–610 号飞机在北京西郊机场，旅客正在登机如图 4–331 所示。

图 4–331　20 世纪 50 年代 XT–610 号飞机在北京西郊机场，旅客正在登机

1969 年年末，中国决定从巴基斯坦引进 4 架二手“三叉戟”作为专机，“三叉戟”是当时世界上最先进的客机之一，也是中国拥有的第一批喷气客机。“三叉戟”如图 4–332 所示。

图 4–332 “三叉戟”

毛泽东乘坐的里–2 型飞机如图 4–333 所示。

图 4–333 毛泽东乘坐的里–2 型飞机

伊尔–62 飞机（见图 4–334）是中国最早引进的大型喷气式客机，从 1971 年起陆续引进了 5 架，编号为 2020、2022、2024、2026、2028。

图 4–334 伊尔–62 飞机

1979 年中美两国建交以后，邓小平副总理应邀于当年 1 月 28 日访美，中国民航的波音 707 客机（见图 4–335）首次成为中国领导人的出访专机。

图 4–335　波音 707 客机

2018 年 9 月 19 日，一架编号为 B–1248 的空客 A320neo 新飞机（见图 4–336），从德国汉堡飞抵北京首都国际机场。随着这架空客飞机的加盟，北京首都航空公司机队规模达到 80 架。

图 4–336　编号为 B–1248 的空客 A320neo 新飞机

2018 年 4 月 23 日，2019 年中国北京世界园艺博览会倒计时一周年之际，第一架北京世园会“多彩世园号”彩绘客机主题航班首飞成功，标志着北京世园会倒计时一周年系列活动拉开序幕。图 4–337 为“多彩世园号”彩绘客机。

图 4–337　“多彩世园号”彩绘客机

第五编

当代北京交通

交通，是人类生产和生活的实践成果之一，与人类相伴而生……

交通是兴国之要、强国之基。北京作为我国的首都和超大城市的代表，交通发展不仅要立足于交通出行的需求，还要服务于国家战略和重大活动。

新中国刚成立时，北京的道路呈棋盘式分布，缺乏贯城干道，整个城市交通处于淤结状态。经过数十年的大规模道路建设，长安街“展翅”，环路一圈一圈从城里向城外延伸，乡村公路不断提级改造，高速公路如放射线一般四通八达……如今的北京，通衢如网，为便捷出行、乡村振兴和京津冀协同发展提供了强有力的交通保障。

2022 年发布的《北京交通发展报告（2022)》（以下简称《报告》）对北京交通发展现状进行了综合性汇总描述：北京交通呈现几大特点，如平安交通助力京津冀交通一体化高质量发展，绿色交通推动首都空气质量持续改善，科技交通支撑市民更高效便利出行。本章节重点回顾新中国成立以来北京交通的改革发展历程。

一、市内重要道路

（一）横贯城区的大道

1. 长安街

长安街位于北京市区中南部。它是北京市东西向主要交通干线，同时也是北京市的一条东西轴线。从 1950 年拓宽中南海至东单的道路开始，直到 1959 年新中国成立 10 周年大庆前后，长安街才形成了现在的基本状况。长安街鸟瞰如图 5-1 所示。

图 5-1　长安街鸟瞰（张俊供图）

天安门前的长安街如图 5-2 所示。

图 5-2　天安门前的长安街（颜吾芟摄）

2. 平安大道

平安大道是贯穿北京市全城东西的又一条主干道，被誉为“第二条长安街”，全长 6 898.13 米，平均路宽 30 米，其改造工程于 1998 年开工，1999 年完成。它西起车公庄立交桥，向东经平安里西大街、地安门西大街、地安门东大街、张自忠路、东四十条，到东四十条立交桥。两边的延长线，直通东西五环路。

平安大街如图 5-3 所示。

图 5-3　平安大街（张俊供图）

平安大街鸟瞰如图 5-4 所示。

图 5-4　平安大街鸟瞰（张俊供图）

3. 两广路

两广路横贯南城，从广渠门西至广安门，自东向西依次由广渠门内大街、珠市口东大街、珠市口西大街、骡马市大街、广安门内大街连接，宽 70 米。两广路拓宽工程于 2005 年开工，2007 年完工。

两广路如图 5-5 所示。

图 5-5　两广路

4. 中轴路

从钟楼到永定门，全长 7.8 公里的中轴线是古都北京的中心标志，也是世界上现存最长的城市中轴线。如今，在北京新的规划蓝图中，这一令世人赞叹的城市景观再次向南北两侧延伸，连接北起奥林匹克公园，南至南五环外的广阔地区，成为集中体现古都保护和城市发展的一条新轴线。

（二）国道

北京通往外地的干线公路共有 11 条，分别是 101 国道至 111 国道。它们可大致分为南北两个大方向。

1. 通往北京以北地区的国道

1）101 国道

101 国道，又称“京沈公路”，是北京通往东北的一条干线公路。它起自东直门，经孙河、顺义区、怀柔区、密云区、古北口，通往河北省承德市，再往北通辽宁省沈阳市，全长 879 公里，在北京市境内约 123 公里。

101 国道京冀交界处出京方向如图 5-6 所示。

图 5-6　101 国道京冀交界处出京方向（王超摄）

2）102 国道

102 国道，又称“京哈公路”，是北京通往东北的一条干线公路。它起自朝阳门，经通州白庙通往河北省山海关，出关后，再经辽宁省沈阳市、吉林省长春市，通达黑龙江省哈尔滨市，全长 1 311 公里，在北京市境内约 32 公里。

102 国道的美丽瞬间如图 5-7 所示。

图 5-7　102 国道的美丽瞬间

3）109 国道

109 国道，又称“京拉公路”，是北京通往西北的一条干线公路，也是中国最长的国道之一。它起自阜成门，经门头沟区三家店、进入河北省涿鹿县后，又经山西省大同市、内蒙古自治区鄂尔多斯市、宁夏回族自治区银川市，通往甘肃省兰州市，再向西通往青海省西宁市，最后通达西藏自治区拉萨市，全长 3 855 公里，在北京市境内约 119 公里。

109 国道北京路段门头沟黄土台段如图 5–8 所示。

图 5–8　109 国道北京路段门头沟黄土台段（王书慧摄于 2005 年 6 月 10 日）

4）110 国道

110 国道，又称“京银公路”，是北京通往西北的一条干线公路。它起自德胜门，经昌平区沙河、延庆区张山营，通往河北省张家口市，再经内蒙古自治区呼和浩特市，往西北直通宁夏回族自治区银川市，全长 1 135 公里，在北京市境内约 99 公里。

110 国道北京路段昌平西关桥段出京方向如图 5–9 所示。

图 5–9　110 国道北京路段昌平西关桥段出京方向（颜吾芟摄）

5）111 国道

111 国道，又称“京加公路”，是北京直通北面的一条干线公路。它起自东直门，从东直门到怀柔区一段与 101 国道重合，过怀柔区后进入河北省丰宁县，再经内蒙古自治区赤峰市、乌兰浩特市，最后到达黑龙江省大兴安岭地区加格达奇区，全长 1 965 公里，在北京市境内约 167 公里。111 国道开放环岛入口处如图 5-10 所示。

图 5-10　111 国道开放环岛入口处

2. 通往北京以南地区的国道

1）103 国道

103 国道，又称“京津公路”，是北京通往东南的一条干线公路，也是中国最短的国道。它起自朝阳门，经通州区折向东南通往天津市，全长 149 公里，在北京市境内约 54 公里。103 国道如图 5-11 所示。

图 5-11　103 国道

2）104 国道

104 国道，又称“京福公路”，是北京通往东南的一条干线公路。它起自永定门，经河北省廊坊市、天津市、河北省沧州市、山东省济南市、江苏省南京市、浙江省杭州市，到达福建省福州市，全长 2 387 公里，在北京市境内约 47 公里。104 国道如图 5–12 所示。

图 5–12　104 国道

3）105 国道

105 国道，又称“京澳公路”，是北京直通南方的一条干线公路。它和 104 国道在北京市境内是重合的，自永定门，经南苑、凤河营，进入河北省廊坊市，然后再经山东省德州市、河南省商丘市、安徽省六安市、江西省南昌市、广东省广州市，到达澳门，全长 2 653 公里，在北京市境内约 47 公里。漂亮宽阔的 105 国道如图 5–13 所示。

图 5–13　漂亮宽阔的 105 国道

4）106 国道

106 国道，又称“京广公路”，是北京直通南方的一条干线公路。它起自玉泉营，经南苑、黄村、庞各庄、榆垡，进入河北省廊坊市固安县，通往河南省开封市，再往南直通广州，全长 2 505 公里，在北京市境内约 45 公里。106 国道北京路段大兴区京冀交界处北京方向如图 5-14 所示。

图 5-14　106 国道北京路段大兴区京冀交界处北京方向（颜吾芟摄）

5）107 国道

107 国道，又称“京深公路”，是北京直通南方的一条干线公路。它起自广安门，经卢沟桥、良乡、窦店、琉璃河、进入河北省涿州市，然后通往河北省保定市，再往南经河北省石家庄市、河南省郑州市、湖北省武汉市、湖南省长沙市，直通广东省深圳市，全长 2509 公里，在北京市境内约 48 公里。107 国道北京路段房山区周口店段进京方向如图 5-15 所示。

图 5-15　107 国道北京路段房山区周口店段进京方向（王巍摄）

6）108 国道

108 国道，又称“京昆公路”，是北京通往西南的一条干线公路。它起自复兴门，经石景山区、门头沟区、房山区霞云岭，进入河北省涞源县，然后通往山西省原平市，再往西南经山西省太原市、陕西省西安市、四川省成都市，最后通达云南省昆明市，全长 3 356 公里，在北京市境内约 139 公里。108 国道北京路段衙门口桥段出京方向如图 5-16 所示。

图 5-16　108 国道北京路段衙门口桥段出京方向

（三）高速公路

1. 北京境内高速公路

1）机场高速公路

机场高速公路动工于 1992 年 4 月，建成于 1993 年 9 月，全长 18.735 公里，宽 34.5 米。该高速公路是全国第一条全线采用改性沥青路面技术的高速公路。机场高速公路（1、2 号航站楼方向）如图 5-17 所示。

图 5-17　机场高速公路（1、2 号航站楼方向）（林立文摄）

2）首都机场北线高速公路

首都机场北线高速公路西起京承高速公路鲁疃立交桥，向东跨越温榆河、京密路，再向南经顺平路与首都机场北门相接，沿线经昌平、顺义两区，全长约 11.2 公里，宽 28 米。首都机场北线高速公路如图 5-18 所示。

图 5-18　首都机场北线高速公路

3）机场第二高速公路

机场第二高速公路原名为首都机场第二通道，从姚家园路向北与机场南线接驳，路线全长 11.5 公里，辅路 6.2 公里。机场第二高速公路（S51）管头桥段如图 5-19 所示。

图 5-19　机场第二高速公路（S51）管头桥段（林立文摄）

4）京平高速公路（S32）

京平高速公路是连接北京城区到平谷区的唯一一条高速公路，西起机场南线六环路立交桥，与津蓟高速延长线相接。路线全长 52.83 公里，项目总投资 41.3 亿元，于 2008 年 6 月 21 日竣工通车。京平高速公路与东六环路交会的李天桥俯瞰如图 5-20 所示。

图 5-20　京平高速公路与东六环路交会的李天桥俯瞰（张俊供图）

2. 进出北京的高速公路

1）京哈高速公路（G1）

京哈高速公路始建于 1988 年，原来规划的终点是哈尔滨。它起自北京市通州区北关环岛，1990 年建成至京冀交界的燕郊，全长 15.7 公里。1999 年京沈高速公路建成后，京哈高速公路在燕郊转为去中国东北地区的 102 国道。京沈高速公路与东六环路交会的施园桥段如图 5-21 所示。

图 5-21　京沈高速公路与东六环路交会的施园桥段

2）京沪高速公路（G2）

京沪高速公路是“八五计划”中“八纵七横”和“两纵两横”规划的重要路段中的一条，同时也是国家高速规划（7918 网）中一条纵向主干线，起点在北京市，途经河北省、天津市、山东省、江苏省，终点为上海市。京沪高速公路（G2）如图 5-22 所示。

图 5-22　京沪高速公路（G2）

3）京港澳高速公路（G4）

北京至香港、澳门高速公路简称京港澳高速公路（代号：G4），大体为原京珠、京石高速公路，是一条放射型国家高速公路，是连接北京和广州、珠海、香港、澳门等南部重要城市的高速公路，为中国的南北交通大动脉，全长约 2 285 公里。京港澳高速公路（G4）与六环路交会的梨园桥（位于房山区）鸟瞰如图 5-23 所示。

图 5-23　京港澳高速公路（G4）与六环路交会的梨园桥（位于房山区）鸟瞰（张俊供图）

4）京藏高速公路（G6）

京藏高速公路（G6）北京段原称“八达岭高速公路”，起自二环路马甸桥，经过昌平区、八达岭地区至延庆区，全长 69.98 公里。该高速路始建于 1994 年 8 月，分三期，于 2001 年 9 月完工通车，总投资约 48.85 亿元。京藏高速公路（G6）北京路段康庄桥（位于延庆区境内）俯瞰如图 5–24 所示。

图 5–24　京藏高速公路（G6）北京路段康庄桥（位于延庆区境内）俯瞰（张俊供图）

5）京承高速公路（S11）

京承高速公路是“国家高速公路网规划”中大广线（大庆—广州）的重要组成部分，全长 209.1 公里，其中北京段长 132.4 公里。北京段起自三环路，终于京冀交界的司马台。京承高速公路（S11）北京路段中的山区段如图 5–25 所示。

图 5–25　京承高速公路（S11）北京路段中的山区段（张俊供图）

6）京开高速公路（G45）

京开高速公路，即北京—开封高速公路，是大广高速的组成部分。京开高速公路北起北京南三环西路玉泉营立交桥，南至开封，全长约 670 公里。2010 年 12 月 26 日随着大广高速豫冀界至南乐段正式竣工通车，大广高速河南段、河北段和北京段全线贯通，标志着京开高速公路全线贯通，从开封至北京，只需 5 个多小时。京开高速公路北京段与南四环路交会的马家楼桥俯瞰如图 5-26 所示。

图 5-26　京开高速公路北京段与南四环路交会的马家楼桥俯瞰（张俊供图）

7）京津高速公路（S15、S30）

京津高速公路，起点为北京朝阳区五环路化工桥（西直河），终点位于天津市滨海新区东疆港，全长 147 公里，由北京和天津两市共同建设，是交通运输部规划的国家重点工程，也是奥运会的重点工程，主干道设计为双向八车道，在城际高速公路中非常少见。京津高速公路（S30）与东五环路交会的徐庄桥鸟瞰如图 5-27 所示。

图 5-27　京津高速公路（S30）与东五环路交会的徐庄桥鸟瞰（张俊供图）

（四）其他公路及桥梁、隧道

1. 其他公路

1）京周公路

京周公路是北京市区通往房山、燕山石化、周口店猿人遗址等地的一条市级公路，起点位于广安门，终点在周口店猿人遗址大门。它既是房山区诸多干线公路的交会点及连接枢纽，也是房山区通往市区最重要的交通干线，连接房山、良乡两个卫星城。房山区京周公路如图 5–28 所示。

图 5–28　房山区京周公路（颜吾芟摄）

2）南雁公路

南雁公路位于北京市西北部，北起昌平区南口镇，西南至门头沟区雁翅镇，全长 52.9 公里。在北京境内路段长 32.79 公里，属三级市道，平原里程为 11 公里，山区里程为 21.79 公里，路基宽 7.5 米至 8.5 米，路面宽 5.5 米至 6 米，为次高级沥青路面及砾石路面。南雁公路门头沟路段如图 5–29 所示。

图 5–29　南雁公路门头沟路段

2. 主要桥梁——永定河大桥

永定河大桥位于丰台区卢沟桥镇西侧，在卢沟桥下游约 600 米处。该桥总长 1 120 米，桥面宽 25.5 米，中间设有 0.55 米的隔离带，桥两侧设 0.75 米的安全带。其荷载能力居北京地区特大型桥梁首位。永定河大桥工程始于 1986 年 6 月，1987 年 9 月竣工。该桥建成后，卢沟古桥停止使用，专供游人参观游览。北京永定河大桥如图 5-30 所示。

图 5-30　北京永定河大桥

3. 主要隧道

1）古北口隧道

古北口隧道位于京承公路古北口镇南，是通往河北省承德地区的咽喉要道，于 1956 年建成，是北京市第一条隧道。该隧道净宽 5 米，高 5 米，全长 159 米。1972 年扩建后，隧道长 150 米，高 5.7 米，宽 8.25 米。其中车行道宽 7 米，设有人行道和安全带。古北口隧道如图 5-31 所示。

图 5-31　古北口隧道

2）东方红隧道

东方红隧道位于京兰公路上，在安家庄与黄土台之间。由于它横穿长安岭，故也称“长安岭隧道”。该隧道全长 526.55 米，净宽 8 米，车行道 7 米，净高 5.9 米。东方红隧道于 1965 年开工，1966 年竣工，是当时北京最长的公路隧道。隧道洞内安装高压水银灯，其是当时唯一具有照明设备的隧道。东方红隧道如图 5-32 所示。

图 5-32　东方红隧道

3）八达岭潭峪沟隧道

八达岭潭峪沟隧道全长 3 456 米，净宽 13.1 米，净高 7.3 米，设单向三车道，是八达岭高速公路折返北京的必经之路，于 1998 年 6 月建成。该隧道为亚洲长度在 3 000 米以上跨度最大的公路隧道，名列世界第五位，也是八达岭高速公路 10 座隧道中最艰险的工程。公路与桥梁相结合的八达岭高速公路潭峪沟隧道如图 5-33 所示。

图 5-33　公路与桥梁相结合的八达岭高速公路潭峪沟隧道

（五）公路交通工具

1. 电车

1）BD562 型铰接式无轨电车

BD562 型铰接式无轨电车于 1979 年研制成功，是北京第二代无轨电车。

该型车车身长 14.75 米，宽 2.45 米，高 2.95 米，客容量 132 人，其中座席 42 位，立席 90 位。1979 年，BD562 型铰接式无轨电车陆续投入运营，至 1995 年共投入运营 525 辆，替代 8TR 型、BK540 型和 BK560 型无轨电车。BD562 型铰接式无轨电车如图 5-34 所示。

图 5-34　BD562 型铰接式无轨电车

2）BJD-D90C 型铰接式无轨电车

BJD-D90C 型铰接式无轨电车于 1989 年 10 月试制成功，是北京第三代无轨电车。此型车，于 1989 年 11 月 27 日送北京展览馆参加“八十年代北京重大科技成果展”，获 1991 年北京市科技进步三等奖。BJD-D90C 型铰接式无轨电车如图 5-35 所示。

图 5-35　BJD-D90C 型铰接式无轨电车

3）BJD-WG120 系列无轨电车

BJD-WG120 系列无轨电车（见图 5-36）于 1998 年研制成功。

图 5-36　BJD-WG120 系列无轨电车

BJD-WG120 系列无轨电车应用新型 TGC-IIA 型斩波调速机组，具有起动平稳、安全系数高、电制动性能可靠、网压变化适应能力强、对线网干扰低、元器件保护可靠等优点。经清华大学、北方交通大学、铁道科学院、北京理工大学的专家鉴定，被评审为具有国内先进水平的机组。其使用的逆变器，可将线网 600 V 直流电转换成 24 V 低压电，既使低压电供应充足、稳定，又可使斩波调速系统工作可靠，安全性强。

BJD-WG120DK 型无轨电车如图 5-37 所示。

图 5-37　BJD-WG120DK 型无轨电车

4）BJD–WG160 型无轨电车

BJD–WG160 型无轨电车（见图 5–38）于 2004 年 7 月生产下线。

图 5–38　BJD–WG160 型无轨电车

该车型为车长 16 米级铰接式双源无轨电车，最大载客量可达 160 人。BJD–WG160 型无轨电车车窗全部采用淡绿色的全景夹层安全玻璃，座椅采用钢骨架全塑座，车内装有投币机、移动电视、排风装置等。该型车与燃料汽车相比，在节能环保、优质低耗、乘坐舒适等诸方面存在着明显优势，因此，被称为公共汽车中的“绿色之星”。

2. 公共汽车

近几十年来，北京的公共汽车走了一条从完全进口到自主研发、自创品牌的道路。

1）汽油车

1980 年，客车装配公司四厂采用 CA–10C 型发动机试制成功 BK663 型铰接车，车长 13.98 米，3 个气动车门，出厂时额定载客 143 人，后来市郊区公共汽车客位定员为 146 人，长途汽车客位定员为 108 人。这种车型大量投产后，迅速取代了 BK661 型和 BG660 型，成为公共交通客运的主要车型。最后一辆 BK663 型公共汽车于 2006 年在 370 路退役。BK663 型铰接车如图 5–39 所示。

图 5–39　BK663 型铰接车

1981 年，客车装配公司四厂采用 110 马力的 CA–10B 型发动机试制成功 BK645 型单机车，车长 8.7 米，气动双车门，客位定员 80 人。这种车型大量投产后，迅速取代了 BK640B 型，成为公共交通客运的主要单机车。

1989 年，客车装配公司四厂研制出 BK6920 型单机车，装用 CA6102 型 140 马力 6 缸汽油发动机，车长 9.28 米，出厂额定载客量 61 人，之后认定客位定员为 80 人。同年，客车装配公司四厂又研制生产出 BK6140 型和 BK6141 型铰接车，装用 CA6102 型 140 马力 6 缸汽油发动机，车长 14.08 米，均为 3 个气动车门，出厂时额定载客量 143 人，之后客位定员为 146 人。

BK6141 型铰接车如图 5-40 所示。

图 5-40 BK6141 型铰接车

BK6920、BK6140、BK6141 等型号都冠以“京华牌”，在郊区主要线路上陆续投入运营。

进入 20 世纪 90 年代，为了增强在省际客运市场上的竞争力，长途汽车公司购入 J6970W 卧铺客车。这种车装用东风 99 马力 6 缸发动机，车长 9.69 米，客位定员 25 人。此外，还有 LN662 型和 BJ90C10 型两种装用东风 99 马力 6 缸发动机的车型，LN662 型车长 8.93 米，BJ90C10 型车长 9.18 米，这两种车型客位定员都是 45 人。

2）柴油车

1982 年，客车装配公司四厂针对 BK651 型车存在的问题作了技术改进，生产出 BK652 型“黄河”单机车。该车装用杭州发动机厂的升级换代产品 X6130 型排烟量小的 160 马力 6 缸柴油发动机，车长 10.5 米，出厂时额定载客量 100 人，以后确定的客位定员为 95 人，2 个气动车门。这种车型大量生产后，陆续替换下 BK651 型车。

经国家有关部门鉴定，BK652 型单机车和 BK670 型铰接车两个车型符合我国城市公共交通客运条件。从 1982 年起，这两种车型大量投入运营。

1982 年，“黄海”车也投入了北京的客运。“黄海”车装用的也是杭州发动机厂生产的 6130 系列发动机，北京生产的有 BJK6100、BJK6970、BK6980 等型号，丹东生产的有 DD6112HQ、DD6111CT 等型号。长途客运也引进了“黄海”车，之后几年数量不断增加，使用的是丹东生产的 DD680、DD689G、DD6112HQ 等型号。BJK6970 型柴油车如图 5-41 所示。

图 5-41 BJK6970 型柴油车

南京金陵客车制造厂使用 6130 型黄河发动机制造出双层客车，车长 11.8 米，上下层共可载运 110 人，2 个气动车门。从 1993 年开始，这种车用于北京新开辟的特字头线路。

截至 2006 年，北京公交各线路中使用的主要是 BK 京华、DD 黄海、BJK 京通、CJ 长江、DHZ 东风、金龙 XMQ、青年 JNP 等系列车型。其中 BJD-WG120、BK6180C、DD6123S08、CJ6800G1QH、XMQ6118G、DHZ6111CF、JNP6120G-1 等为主要车型。DD6123S08 型柴油车如图 5-42 所示。

图 5-42　DD6123S08 型柴油车

DHZ6111CF 型柴油车如图 5-43 所示。

图 5-43　DHZ6111CF 型柴油车

CJ6800G1QH 型双燃料环保车如图 5-44 所示。

图 5-44　CJ6800G1QH 型双燃料环保车

XMQ6118G 型车如图 5-45 所示。

图 5-45　XMQ6118G 型车

另外，北京市京华客车有限责任公司生产的京华牌 BK6820E1 型电控客车，京华牌 BK6111D2 型大客车、京华牌 BK6111D2K 型大客车，京华牌 BK6111CNG 型绿色公共汽车，京华牌 BK6100E 型电喷客车，京华牌 BK6100CNG 型客车，京华牌 BK6171 型铰接大客车等，也是各条线路上使用较多的公共汽车。

3. 出租车

北京的出租汽车，尤其是出租小轿车，最初全部采用进口车型，直到 20 世纪 50 年代末才开始出现国产小轿车。但由于质量及产量等问题，国产小轿车最初在北京出租车行业中所占的比例始终不是很大。

日本车在北京出租车行业的大规模使用开始于 20 世纪 80 年代。1981 年 1 月，北京市出租汽车公司与日本日产汽车公司签订合同，租赁日方“达特桑”小轿车 100 辆投入运营，成为北京市第一家以租赁形式经营出租汽车业务的企业。同年 5 月，首都汽车公司进口带有冷暖空调设备和计价器的 200 辆“丰田”（TOYOTAMS-112L）豪华型小轿车。此后，日本车大量进入北京出租车市场，常见的品牌有“尼桑”“丰田”“日野”“三菱”“巴宁”“马自达”“五十铃”等。车型有小轿车、旅行车、中型客车、大客车、客货两用车等。1989 年的统计数据显示，这一年北京出租车行业中日本生产的汽车达 8 620 辆，占出租车总数的 66.7%。

同时期，北京出租车市场的高级轿车还有美国的“卡迪拉克”、瑞典的“沃尔沃”、法国的“白茹”、德国的“奔驰”等品牌。另外，还有东欧和苏联生产的“波罗乃兹”“菲亚特”“华沙”等。国产的则是“上海”、“解放”、“610”型旅行车、“630”型旅行车等。

1983 年 9 月，北京市出租汽车公司淘汰了全部的三轮摩托车。

1989 年，在北京市 12 915 辆出租汽车中，国产汽车只有 1 593 辆，占出租汽车总数的 12.3%。20 世纪 80 年代末 90 年代初北京的“面的”出租车如图 5-46 所示。

图 5-46　20 世纪 80 年代末 90 年代初北京的“面的”出租车

1988 年，友联出租汽车公司购进 100 辆“柳州”110G 微型旅行车（“面的”），带动出租汽车行业中小企业争购低档国产车。1989 年，新开业的中小出租汽车企业把国产“夏利”7100 型小轿车和各种厂牌型号的微型旅行车当作首选车型。微型旅行车的厂牌有广西柳州“五菱”、江西景德镇“昌河”、陕西西安“长安”、天津“大发”。此后，北京出租汽车（“的士”）进入一个低档车时代。北京出租汽车（天津大发微型面包车）如图 5-47 所示。

图 5-47 北京出租汽车（天津大发微型面包车）（展出于北京汽车博物馆）

20 世纪 90 年代至 21 世纪初北京西四路口的出租车如图 5-48 所示，车型以天津夏利为主。

图 5-48 20 世纪 90 年代至 21 世纪初北京西四路口的出租车

从 1993 年到 1998 年，“面的”在北京几乎一统天下，鼎盛时期差不多有 10 万辆。不过“面的”由于底盘过轻、容易侧翻的天生劣势，难以适应北京经济发展的形势。尤其随着北京市对汽车尾气排放标准的提高，“面的”已不再适合北京的出租车市场。1998 年，为加强对“小面”的尾气排放治理力度，北京市发动了大规模的“扫黄”运动，以“砸面”回收的方式，完成了北京市出租车的第一次更新。1999 年，所有 2.2 万辆“面的”于 10 月 1 日前全部被淘汰，黄“面的”时代彻底宣告结束，代替“小面”的是红色夏利。

夏利车是 1987 年天津市汽车工业公司最先生产的。“面的”时代结束后，夏利车独霸“天下”，成为北京市出租车行业中的主力车型。但该车车型小、车况不佳的弱点使之也逐渐显现出了颓势。实际上从 1999 年开始，北京市相继引入“富康”“捷达”等中档车型，以及少量的“红旗”“奥迪”等高档车型。富康 988 出租车如图 5-49 所示，富康牌小轿车如图 5-50 所示。

图 5-49 富康 988 出租车

图 5-50 富康牌小轿车

到2003年3月，随着北京现代汽车的600辆“索纳塔”投入出租车行列，新一轮的出租车更换工作拉开帷幕。到2006年底，北京市最后一批夏利出租车退出运营，形成了以“索纳塔”、“伊兰特”、三厢“富康”为主要车型的出租车市场。

2000年的爱丽舍型出租车如图5-51所示，2000年的红旗型出租车如图5-52所示。

图5-51　2000年的爱丽舍型出租车

图5-52　2000年的红旗型出租车

2010年前后的捷达型出租车如图5-53所示，2010年前后的桑塔纳3000型出租车如图5-54所示。

图5-53　2010年前后的捷达型出租车

图5-54　2010年前后的桑塔纳3000型出租车

2003年的索纳塔型出租车如图5-55所示，2006年的伊兰特型出租车如图5-56所示。

图5-55　2003年的索纳塔型出租车

图5-56　2006年的伊兰特型出租车

2011 年投入运营的延庆区电动出租车如图 5-57 所示。

图 5-57　2011 年投入运营的延庆区电动出租车（王超摄）

二、城市轨道交通

（一）地铁

北京地铁（Beijing Subway）是服务于北京市的城市轨道交通系统。其规划始于 1953 年，工程始建于 1965 年，最早的线路竣工于 1969 年，1971 年开始运营，是中国的第一个地铁系统。

北京地铁线路简图如图 5-58 所示。

图 5-58　北京地铁线路简图

1. 1号线

北京地铁1号线八角游乐园站如图5–59所示。

图5–59　北京地铁1号线八角游乐园站

2. 2号线

北京地铁2号线，是北京的一条环线地铁，也是中国第一条环形地铁线路，沿原北京城池内城而建，于1984年9月20日开通运营。全线东段、北段、西段的走向与北京二环路重叠，线路南段沿长椿街—前门—建国门行驶。该线全长23.1千米，设18座车站和1座车辆段。

北京地铁2号线列车如图5–60所示。

图5–60　北京地铁2号线列车

3. 3号线

北京地铁3号线是已经开始建设的横贯北京东西的地铁大动脉。受北京地铁6号线多次调整走向的影响，北京地铁3号线原有规划被搁置。

北京地铁3号线西起海淀区田村站，东至朝阳区东坝北站。沿线连接田村、八里庄、甘家口、展览路、金融街、中心城、东风、东坝等城市重点居住及功能区。线路全长35.1公里。其中，首先开工建设的3号线一期工程西起东四十条站，东至东坝北站，线路全长约22公里，已于2016年1月正式开工，届时，在新线行驶的将是设计最高时速80公里、最大载客量达3 560人的A型车，同时将采用全自动驾驶技术。

4. 4号线

北京地铁4号线，南起大兴区天宫院站，北至海淀区安河桥北站，与北京地铁大兴线贯通运营。线路全长 50 千米，设 35 座车站、2 座车辆段和 1 座停车场。

4 号线于 2004 年 8 月正式开工建设，工程于 2009 年 9 月 28 日全线开通，大兴线区段（公益西桥站至天宫院站）于 2010 年 12 月 30 日开通，与 4 号线原有区段贯通运营。4 号线是当时国内一次建成地下线长度最长的城市轨道交通项目。

北京地铁 4 号线候车大厅和人行通道如图 5-61 所示。

图 5-61　北京地铁 4 号线候车大厅和人行通道

5. 5 号线

北京地铁 5 号线，是北京的一条城市地铁线路，途经天坛、地坛等著名景区，以及东单等商业区。该线南起丰台区宋家庄站，北至昌平区天通苑北站，全长 27.6 千米。设 23 座车站、1 座车辆段和 1 座停车场。

5 号线是 2008 年北京奥运会的重点工程之一，是北京市规划的轨道交通线网中一条重要的南北干线，工程于 2000 年 12 月动工修建，于 2007 年 10 月 7 日全线开通。

北京地铁 5 号线列车进站如图 5-62 所示。

图 5-62　北京地铁 5 号线列车进站

6. 6 号线

北京地铁 6 号线，是横贯北京市区的一条东西向地铁线路，连接东部通州新城运河商务区、定福庄边缘集团、常营、定福庄等居住区和 CBD、金融街，以及内城商业区和旅游区。截至 2017 年 6 月，运营里程达 42.8 千米，设 26 座车站（换乘车站 9 座）和 2 座车辆基地。

北京地铁 6 号线一期新车亮相如图 5-63 所示。

图 5-63　北京地铁 6 号线一期新车亮相

7. 7 号线

北京地铁 7 号线，是北京中心城区的一条东西向地铁线路，主要布置于两广路地下，贯穿北京外城（原宣武区、崇文区辖区），并连接东部劲松等地以及垡头边缘集团。截至 2017 年 6 月，运营里程 23.7 千米，共开放 19 座车站（其中换乘车站 4 座），拥有车辆基地 1 座（焦化厂车辆段）。

北京地铁 7 号线列车运营维护如图 5-64 所示。

图 5-64　北京地铁 7 号线列车运营维护

8. 8 号线

北京地铁 8 号线位于北京市域中北部，南起东城区南锣鼓巷站，北至昌平区朱辛庄站。截至 2017 年 6 月，运营里程 45.6 千米，设 35 座车站（换乘车站 6 座）、1 座车辆基地。

北京地铁 8 号线北土城站如图 5-65 所示。

图 5-65　北京地铁 8 号线北土城站

9. 9 号线

北京地铁 9 号线，南起丰台区郭公庄站，北至海淀区国家图书馆站。其建设对于改善城市西部交通状况、缓解北京西站交通压力、改善丰台区出行条件、提升城市品位、改善投资环境等都具有重要意义。9 号线线路全长 16.5 千米，设 13 座车站（换乘车站 7 座）和 1 座车辆段。

北京地铁 9 号线南段丰台南路站如图 5-66 所示。

图 5-66　北京地铁 9 号线南段丰台南路站

10. 10 号线

北京地铁 10 号线，是北京的第二条环线地铁，为北京地铁线网中非常重要的一条线路，其一部分路段与北京三环重叠，也是目前北京地铁系统中最繁忙的线路。北京地铁 10 号线是全世界最长的全地下环形交通运营线路。该线全长 57.1 千米，设 45 座车站（换乘车站 16 座）、1 座车辆段和 2 座停车场。

北京地铁 10 号线大红门站如图 5-67 所示。

图 5-67　北京地铁 10 号线大红门站

11. 11 号线

北京地铁 11 号线定位于东西向加密线，主要经过地铁 14 号线及地铁 10 号线南段中间的大片地铁空白区。

12. 12 号线

北京地铁 12 号线于 2015 年 12 月开工建设，将于 2024 年年内开通运营。北京地铁 12 号线又称北三环线，是介于两条环线之间的北部加密线。

13. 13 号线

北京地铁 13 号线，原称“北京城铁线”，或称“北京轻轨”，是北京第一条全地面的城市轨道交通路线。该线西起西直门站，东至东直门站。线路运营里程 40.9 千米，设 16 座车站和 1 座车辆段。

13 号线，西段于 2002 年 9 月 28 日开通，东段于 2003 年 1 月 28 日开通。北京地铁 13 号线列车如图 5-68 所示。

图 5-68　北京地铁 13 号线列车

14. 14 号线

北京地铁 14 号线，是北京市第 16 条建成运营的地铁线路，于 2013 年 5 月 5 日开通。2021 年 12 月北京地铁官网显示，北京地铁 14 号线呈反“L”形走向，途经丰台区、东城区、朝阳区；线路西起张郭庄站，北至善各庄站。截至 2021 年 12 月，北京地铁 14 号线全长 50.8 千米，共设 35 座车站（其中 2 座暂缓开通），其中地下站 33 座、高架站 2 座。

15. 15 号线

北京地铁 15 号线，是北京市区北部的一条东西向地铁线路，服务于学院路、奥林匹克公园、望京等地，并连接东北部的顺义新城。线路运营里程 41.4 千米，共开放 19 座车站（其中换乘车站 4 座），拥有车辆基地 2 座。15 号线望京西站至后沙峪站于 2010 年 12 月 30 日开通，后沙峪站至俸伯站于 2011 年 12 月 31 日开通，清华东路西口站至望京西站于 2014 年 12 月 28 日开通。

北京地铁 15 号线（顺义线）如图 5–69 所示。

图 5–69　北京地铁 15 号线（顺义线）

16. 16 号线

北京地铁 16 号线，南起丰台区宛平城站，北至海淀区北安河，途经丰台、西城、海淀 3 个行政区。线路规划运营里程 49.8 千米，全部为地下线，设 29 座车站和 2 座车辆基地。

北京地铁 16 号线如图 5–70 所示。

图 5–70　北京地铁 16 号线

（二）城郊铁路

1. 八通线

北京地铁八通线，西起四惠站，东至土桥站，是一条连接北京中心城区及东部通州新城的地铁线路。八通线运营里程为 18.964 千米，设 13 座车站和 1 座车辆段。

北京地铁八通线正式开通如图 5–71 所示。

图 5–71　北京地铁八通线正式开通

2. 房山线

北京地铁房山线，是连接北京市区与房山长阳、良乡的一条郊区地铁线路。截至 2017 年 6 月，该线运营区段为郭公庄站至苏庄站，途经丰台区和房山区，运营里程 24.8 千米，共开放 11 座车站（其中换乘车站 1 座），拥有车辆基地 1 座。

房山线如图 5–72 所示。

图 5–72　房山线

3. 昌平线

北京地铁昌平线，是连接北京市区与北部昌平新城的地铁线路。截至 2017 年 6 月，该线运营区段为西二旗站至昌平西山口站，途经海淀区和昌平区，运营里程 31.9 千米，共开放 12 座车站（其中换乘车站 2 座），拥有车辆基地 2 座。

昌平线列车如图 5–73 所示。

图 5–73　昌平线列车

4. 机场线

北京地铁机场线，又称北京地铁第一机场线，连接北京市区与北京首都国际机场，也是北京奥运会的重要配套设施之一。该线全长 28.1 千米，共设 4 座车站和 1 座车厂，线路标识色为银灰色，机场线于 2008 年 7 月 19 日全线开通。

机场线如图 5–74 所示。

图 5–74　机场线

5. 亦庄线

北京地铁亦庄线，是北京地铁 5 号线向南的延长线，是连接北京市区与北京经济技术开发区的地铁线。截至 2017 年 6 月，该线运营区段为宋家庄站至次渠站，途经丰台区、朝阳区、大兴区和通州区，运营里程 23.3 千米，共开放 13 座车站（其中换乘站 1 座），拥有车辆基地 2 座。

亦庄线如图 5-75 所示。

图 5-75　亦庄线

三、铁路交通

（一）铁路干线

北京铁路共有 10 条干线，它们是京山线、京广线、京包线、丰沙线、京承线、京原线、京通线、京秦线、大秦线、京九线。其中，京广线、京九线两线纵贯南北，京山线、京通线、京承（锦承）线为沟通东北的三大通道，丰沙线、京原线、京秦线、大秦线是四大晋煤外运通道。

1. 京山铁路

京山铁路（线）是中国最早由政府主持修建的营业性铁路，由唐胥铁路向两端逐段展筑而成。西起北京站（前门东站），经丰台、黄村、廊坊、杨村、天津、唐山、秦皇岛至山海关，与沈山线相接，在北京市境内线路营业长度为 55.7 公里。

四纬路上跨京山铁路如图 5-76 所示。

图 5-76　四纬路上跨京山铁路

2. 京广铁路

京广铁路（线）起自北京市，途经河北、河南、湖北、湖南、广东 5 省。跨越海河、黄河、淮河、长江、珠江五大水系，连接京山、石太、石德、邯长、新焦、陇海、汉丹、湘赣、湘桂、广九等干线，最终至广东省广州市，全长 2 324 公里，为中国南北重要通道。京广铁路如图 5–77 所示。

图 5–77　京广铁路

3. 京包铁路

京包铁路（线）现起点为北京北站 11.794 公里处，经北京市昌平南口镇、河北省怀来县沙城、河北省张家口市、山西省阳高县、山西省大同市，内蒙古自治区乌兰察布市集宁区、内蒙古自治区呼和浩特市，终至包头站。全长 817.9 公里。初建时终点为张家口站，称京张铁路，全长 201 公里。京张铁路原自丰台站东端外柳村起，转北经广安门外跨越京汉线（现今白云路与莲花池东路交会处），继续向北经阜成门外至西直门站，再由西直门站经南口、关沟段到张家口。

京包铁路如图 5–78 所示。

图 5–78　京包铁路

4. 京承铁路

京承铁路自北京站起，经北京市的通州西、顺义、怀柔、密云，河北省的兴隆、洞庙河、上板城至承德市，全长 256 公里。京承铁路在上板城站与锦承线接轨，在承德站与承隆（承德站至京通线的隆化站）联络线相连，在怀柔站与怀范（怀柔站至京通线范各庄站）联络线相连，在高各庄站与茶高（高各庄站至大秦线茶坞站）联络线相连，同时还分别与锦承线（锦州至承德）、京通线（北京至通辽）、大秦线（大同至秦皇岛）衔接，形成关内外铁路运输主要通道。

5. 丰沙铁路

丰沙铁路位于北京西部，起自北京铁路枢纽丰台西道口，经北京市的三家店、落坡岭、沿河城，河北省的幽州、官厅至沙城。丰沙线在丰台西道口与京广铁路接轨，在沙城与京包铁路相连，全长 106 公里，沿线分别有大台支线、门头沟支线和东北环线引入。丰沙线由于沿永定河而行，具有坡度小、运能大的优点。

丰沙线北京河北交界处如图 5-79、图 5-80 所示。

图 5-79　丰沙线北京河北交界处（1）（颜吾芟摄）

图 5-80　丰沙线北京河北交界处（2）（颜吾芟摄）

6. 京原铁路

京原铁路起自石景山南站，向西南经北京市的十渡，河北省的白涧、紫荆关、涞源，山西省的灵丘、平型关、薛孤镇至原平站，全长 419 公里，是一条北京直通山西的铁路干线。

京原铁路如图 5-81 所示。

图 5-81 京原铁路

7. 京通铁路

京通铁路经北京市昌平、顺义、怀柔、密云，河北省隆化县，内蒙古自治区赤峰市，至内蒙古自治区通辽市。京通线在昌平站引入北京铁路枢纽范围，在范各庄站与怀范联络线（怀柔—范各庄）相连，并分别与京承线、锦承线衔接，是沟通关内外的第二条铁路干线，全长 805.77 公里，全部为单线。

京通铁路如图 5-82 所示。

图 5-82 京通铁路

8. 京秦铁路

京秦铁路西起北京双桥站，经河北省三河、玉田、丰润、狼窝铺、抚宁到达秦皇岛市。京秦线不仅是晋煤外运的重要通道，同时也是中国铁路首次部分利用外资修建的双线电气化铁路干线。该线引进了自耦变压器等先进技术设备。

京秦铁路如图 5-83 所示。

图 5-83　京秦铁路

9. 大秦铁路

大秦铁路西起大同铁路枢纽的韩家岭站，经河北省宣化、怀来与京张铁路相交，进入北京市的延庆、昌平后，在怀柔又与京承铁路相接，然后再经平谷、天津市、河北省遵化市，至秦皇岛柳村站。全长 653.02 公里，是以运煤为主，开行重载单元列车的双线电气化铁路。

大秦铁路货车经过原延庆站如图 5-84 所示。

图 5-84　大秦铁路货车经过原延庆站（王超 2013 年 2 月 26 日拍摄于延庆区）

大秦铁路双车头牵引货车经过原延庆站如图 5-85 所示。

图 5-85　大秦铁路双车头牵引货车经过原延庆站（王超 2013 年 2 月 26 日拍摄于延庆区）

10. 京九铁路

京九铁路经京、津、冀、鲁、豫、皖、鄂、赣、粤 9 省市，达深圳，与香港九龙相连，正线长 2 381 公里，加上天津至霸州和麻城至武汉联络线，共计 2 536 公里，总投资约 400 亿元，是我国当时工程规模最大、投资最多、一次建成里程最长的干线铁路。

京九铁路如图 5-86 所示。

图 5-86　京九铁路

（二）铁路客运站

1. 北京火车站

北京火车站是中国铁路最重要的车站，素有“首都迎宾门”之称。该站地处北京市东城区，二环路内，建国门与东便门以西，崇文门与东便门之间，原北京内城城墙以北，东长安街以南。隶属北京铁路局管辖，为直属特等站。北京站如图 5-87 所示。

图 5-87　北京站（颜吾芟摄）

北京站内如图 5-88 所示。

图 5-88　北京站内（颜吾芟摄）

北京站月台如图 5-89 所示。

图 5-89　北京站月台（颜吾芟摄）

2. 北京西站

北京西站是京九铁路的“龙头”，是国家“八五”重点建设项目。

这座大型铁路客运站，坐落在北京西南，位于丰台、海淀、西城 3 区交界处的金代中都莲花池畔，距市中心 6.7 公里，主站房正对羊坊店路，与中央电视台、军事博物馆遥相对应，总建筑面积 46.63 万平方米，为铁路客运特等站，担负京广、京九、陇海、京秦、丰沙线旅客列车终到和始发任务，并有开往香港的联运旅客列车。

北京西站站前广场如图 5-90 所示。

图 5-90　北京西站站前广场

3. 北京南站

北京南站，即原永定门站，地处北京市东城、西城、丰台三区交界处，是进出北京的铁路四大门户之一。

北京南站鸟瞰效果图如图 5-91 所示。

图 5-91　北京南站鸟瞰效果图

4. 北京北站

北京北站原为西直门站，位于北京内城西北角，站场南北布置，于 1906 年建站。1909 年京张铁路通车时，西直门站只是一个中间站，同时也是京门支线与京张铁路的接轨点。1979 年，北京铁路局提出西直门站扩建工程初步设计，站型为尽头式，规模为日到发客车 28 对，设站前广场于西直门立交桥西北角，原货场迁至清华园站。后经铁道部批复改为在原站场、站房不动的基础上进行扩建。1980 年 8 月，扩建工程开工，后由于对设计方案意见不一并与市政建设发生矛盾，完成部分工程后停工。1985 年，西直门站更名为北京北站。北京北站如图 5-92 所示。

图 5-92　北京北站

如图 5-92 所示，北京北站交通枢纽左侧为西直门嘉茂中心，中间左侧连廊为地铁 13 号线通道，中间右侧为地铁 4 号和 2 号线通道。

北京北站站台（后景为地铁 13 号线）如图 5-93 所示。

图 5-93　北京北站站台（后景为地铁 13 号线）（王超摄于 2013 年 3 月 2 日）

（三）机车车辆

1. 铁路交通工具

1）内燃机车

（1）NY 型内燃机车。NY6 型内燃（柴油）机车是中华人民共和国铁道部于 20 世纪 70 年代向联邦德国（西德）亨舍尔公司订购的第二批液力传动柴油机车，共计 10 台，配属北京铁路局北京内燃机务段、铁道部专运处使用。NY6、NY7 型机车均为同一系列车型，两者除了装用的柴油机和相关配件不同外，其他部分均完全相同。

NY7 型液力传动内燃机车如图 5-94 所示。

图 5-94　NY7 型液力传动内燃机车

（2）北京型内燃机车。北京型内燃机车是中国铁路使用的柴油机车车型之一，也是中国铁路史上最成功的液力传动内燃机车车型之一。20 世纪 70 年代至 80 年代期间北京型客运机车曾经是华北、华中地区的主力客运机车，其踪迹遍及京广、京沪、陇海、京包、京山、京原铁路等众多铁路干线。至 1990 年停产时，各种北京型机车累计生产了 374 台。

北京型内燃机车如图 5-95 所示。

图 5-95　北京型内燃机车

（3）东风型内燃机车。东风（ND）型内燃（柴油）机车，原称巨龙型柴油机车，是中国铁路使用的柴油机车之一，也是中国第一代电传动柴油机车的代表车型。东风型柴油机车曾经是中国铁路内燃牵引动力的主力之一，被广泛运用于西北戈壁荒漠、东北大兴安岭等干旱缺水地区，以及线路坡度大、长隧道较多的西南地区。从 20 世纪 70 年代至 80 年代，东风型机车还担当京山铁路丰台西至南仓间的货物列车牵引任务。

东风型内燃机车如图 5-96 所示。

图 5-96　东风型内燃机车

2）电力机车

1985 年丰沙大电气化铁路开通，配备给丰台西电力机务段国产韶山 1 型货运电力机车 10 台。自此，北京铁路局开始使用电力机车。

图 5–97 所示为和谐型电力机车。

图 5–97　和谐型电力机车

3）动车组

动车组是城际和市郊铁路实现小编组、大密度运营的高效运输工具。1903 年，最先出现在德国。北京铁路局于 2007 年 4 月开行动车组，型号为“和谐号”CRH2 型。“和谐号”CRH2 型动车组，由南车四方机车车辆股份有限公司制造，时速不低于 200 公里。

停靠在北京站内的“和谐号”动车组如图 5–98 所示。

图 5–98　停靠在北京站内的“和谐号”动车组（颜吾芟摄）

2. 地铁交通工具

北京地铁列车的客车最初主要是由长春客车厂制造的 DK 型系列地铁电动客车，后来北京地铁车辆厂、青岛四方机车车辆制造厂等厂家也参与了地铁列车制造。

DK16 型地铁列车如图 5-99 所示。

图 5-99　DK16 型地铁列车

DK20 型地铁列车如图 5-100 所示。

图 5-100　DK20 型地铁列车

2002 年长春客车厂改制、重组为长春轨道客车股份有限公司，后生产出 DKZ6 型二动二拖列车。

北京地铁车辆厂制造的地铁电动客车主要车型是 DK11 型、BD1 型、BD2 型等。

1984 年，北京从日本东急车辆制造株式会社引进二相不重斩波调压车 3 辆，车型为 M 车。1984 年至 1985 年，经北京地铁车辆厂厂修后改为 DK11 型，车组号为 6 字头。该车型车长 1.9 米、宽 2.65 米、高 3.51 米，定员 180 人。1992 年又改造为 DK11 改型。

DK11-G206 型地铁列车如图 5-101 所示。

图 5-101　DK11-G206 型地铁列车

截至 2006 年，在 1 号线上使用的车型主要有 DK11 型、DK20G 型（DK20 型的翻新车，北京地铁车辆厂翻新）、BD2 型、BD2G 型（BD2 型的翻新车，北京地铁车辆厂翻新）、DKZ4 型等；2 号线上使用的车型主要有 DK16 型、DK16G 型（DK16 型的翻新车，北京地铁车辆厂翻新）、BD1 型、300 型（由 DK16 型改装而成，长春客车制造，北京地铁车辆厂改造）等；在 13 号线上使用的车型主要有 DKZ5 型、DKZ6 型、DKZ10 型等；在八通线上使用的车型主要有 SFX01 型和 SFX02 型等。

DKZ5 型列车如图 5–102 所示，SFX01 型列车如图 5–103 所示。

图 5–102　DKZ5 型列车

图 5–103　SFX01 型列车

四、航空交通

（一）机场

1. 北京南苑机场

1986 年，中国联航成立，并一直以南苑机场作为基地机场。2008 年，北京南苑机场经历了一个非同寻常的增长时期。总服务旅客数增长了 80.1%，达到 1 357 038 人次；货物装卸量达到 13 243 吨，相比上一年增长 65.6%。交通量也有显著增长，达到 72.2%，为 12 245 架次。2015 年，北京南苑机场完成运输起降 4.2 万架次，同比 2014 年减少 1.2%；旅客吞吐量 527 万人次，同比 2014 年增长 6.8%，居中国第

40 位；货邮吞吐量 3.7 万吨，同比 2014 年减少 1.7%，居中国第 38 位。

北京南苑机场如图 5-104 所示。

图 5-104　北京南苑机场

2. 北京首都国际机场

1980 年 1 月 1 日，面积为 6 万平方米的 1 号航站楼及停机坪、楼前停车场等配套工程建成并正式投入使用。重新规划的建筑面积达 33.6 万平方米，装备先进技术设备的 2 号航站楼于 1999 年 11 月 1 日正式投入使用。

位于 1 号航站楼和 2 号航站楼东边的 3 号航站楼和第三条跑道已于 2008 年 2 月 29 日建成并投入使用，能承载空中客车 A380 等新型超大型客机。2009 年 11 月 30 日，北京首都国际机场迎来了本年度第 6 000 万名旅客，使得该机场成为世界第四大机场。2015 年 9 月 4 日，国际民航权威认证机构 Skytrax 发布了“2015 年世界前百位主要机场排名”，北京首都国际机场居第 10 位。2016 年，北京首都国际机场年旅客吞吐量正式突破 9 000 万人次大关。

北京首都国际机场如图 5-105 所示。

图 5-105　北京首都国际机场

（二）航空交通主要交通工具

1. 大型宽体飞机

改革开放至今，北京各航空公司所使用的大型宽体飞机主要包含以下八种。

（1）波音 747，载客数在 350～400 人（747、74E 均为波音 747 的不同型号）。

波音 747-400C 如图 5-106 所示。

图 5-106　波音 747-400C

（2）波音 777，载客在 350 人左右。

波音 777 如图 5-107 所示。

图 5-107　波音 777

（3）波音 767，载客在 280 人左右。

波音 767-300 如图 5-108 所示。

图 5-108　波音 767-300

（4）麦道 11，载客 340 人左右。
麦道 11 如图 5-109 所示。

图 5-109　麦道 11

（5）空中客车 340，载客 350 人左右。
空中客车 340 如图 5-110 所示。

图 5-110　空中客车 340

（6）空中客车 300，载客 280 人左右。
空中客车 300 如图 5-111 所示。

图 5-111　空中客车 300

（7）空中客车 A310，载客 250 人左右。
空中客车 A310 如图 5-112 所示。

图 5-112　空中客车 A310

（8）伊尔-86，苏联飞机，载客 300 人左右。

伊尔-86 如图 5-113 所示。

图 5-113　伊尔-86

2. 中型飞机

改革开放至今，北京各航空公司所使用的中型飞机主要包含以下六种。

（1）麦道 82、麦道 90，载客 150 人左右。

（2）波音 737 系列，载客在 130～160 人。

（3）空中客车 320，载客 180 人左右。

（4）苏联 TU5，载客 150 人左右。

（5）英国 BAE-146，载客 108 人。

（6）苏联雅克-42，载客 110 人左右。

雅克-42 如图 5-114 所示。

图 5-114　雅克-42

3. 小型飞机

改革开放至今，北京各航空公司所使用的小型飞机主要包含以下四种。

（1）国产 YN7，载客 50 人左右。

（2）苏联 AN4，载客 50 人左右。

（3）SF3 萨伯 100，载客 30 人左右。

（4）ATR 雅泰 72A，载客 70 人左右。

下册图索引

第三编　近代北京交通

第四编　现代北京交通

第五编　当代北京交通

后　　记

图说北京交通史之一、图说北京交通史之二是北京市哲学社会科学规划办公室的两个课题，后者是对前者的继续，总历时 9 年，终于完成。几年来，包括在疫情缓和期间，为了获得第一手的图片资料，课题组成员跑遍北京各区，还多次专程，或利用出差、探亲、讲学、旅游、专家座谈、参加学术会议等机会，远赴京外各地考察、调研博物馆、文化馆、档案馆、交通局、交通公司等单位，并随时随地拍下相关照片。据粗算，课题组成员集体或单人外出考察行程相加达四五万公里，有些地方还去过多次，直到得到满意的结果。行程最远西达新疆，北达黑龙江，南达湖南、江西，东南达浙江，西南达云南、四川等地，河北、河南、山西、山东、陕西、辽宁则去过多次。采集到的图片，包括来自相关单位、个人的赠送的，据粗略估计，达十数万张。这些海量的图片，经过严格筛查，最终选用了 1 090 余幅。

课题组成员主要来自北京交通大学，另外还有来自北京师范大学、首都师范大学、北京建筑大学的同仁。共召开大小研究、讨论会议四十多次。

课题在研究过程中得到新华社、北京市社会科学界联合会、北京市哲学社会科学规划办公室、北京市交通委员会、北京市文物局、中国人民大学、北京市城市建设档案馆、首都博物馆、西周燕都遗址博物馆、景山公园，以及北京市各区县文物所，还有内蒙古交通厅、山东省济宁市人民政府、山西省大同市公安局、山东省曲阜市旅游局、河北省易县人民政府、河南省新郑市文物局、内蒙古赤峰市敖汉旗高家窝铺乡等单位的领导与专家的大力支持与指导，在此一并感谢！

《图说北京交通史》课题组（编委会）

图书在版编目（CIP）数据
图说北京交通史 / 颜吾佴主编. -- 北京 ： 北京交通大学出版社，2024.11. -- ISBN 978-7-5121-5323-3
Ⅰ. F512.9-64
中国国家版本馆 CIP 数据核字第 2024V12Q74 号

北京市社会科学理论著作出版基金重点资助项目

图说北京交通史
TUSHUO BEIJING JIAOTONGSHI

责任编辑：刘　辉
出版发行：北京交通大学出版社　　电话：010-51686414　　http://www.bjtup.com.cn
地　　址：北京市海淀区高梁桥斜街 44 号　　邮编：100044
印 刷 者：北京虎彩文化传播有限公司
经　　销：全国新华书店
开　　本：203 mm×280 mm　　印张：29.75　　字数：988 千字
版 印 次：2024 年 11 月第 1 版　　2024 年 11 月第 1 次印刷
定　　价：298.00 元

本书如有质量问题，请向北京交通大学出版社质监组反映。对您的意见和批评，我们表示欢迎和感谢。
投诉电话：010-51686043，51686008；传真：010-62225406；E-mail：press@bjtu.edu.cn。

北京市社会科学基金规划项目

图说北京交通史

（上册）

主编　颜吾佴

北京交通大学出版社
·北京·

编 委 会

成果提要

本成果收图共 1 090 余幅，分为 5 个部分（篇）：史前（远古与传说时代）、古代、近代、现代、当代。各部分界限的划分，参考通行的中国历史时代的划分，1840 年为古代和近代的分界，1949 年为近代与现代的分界，1978 年为现代与当代的分界，同时本成果不拘泥于此，因为交通史的发展具有自己的特色，譬如为保证时间上具有相对连贯性，京杭大运河划入古代部分，近代部分不再提及。

本成果总的原则是以图为主，辅以文字，文字力求简单、精练，但史前（远古与传说时代）、古代部分由于“图”少，文字量适当大些，以说清“史”。

为了突出历史感，本成果采取“厚古薄今”原则，史前（远古与传说时代）、古代部分内容量与后几部分的总内容量相当，因而以上、下册形式分成两大部分。上、下册体例也各异：上册，史前（远古与传说时代）、古代部分，采取按时间、朝代顺序编排的形式；下册，近代、现代、当代部分，则采取按交通方式，如道路、铁路等进行编排的形式。

上册，史前（远古与传说时代）、古代部分，由于要反映北京从偏居一隅，到地区交通枢纽，再到全国交通中心的过程，以及交通线路具有空间上的连贯性等特殊性，如果视野仅止于北京域内，既不科学，也很难反映北京交通的特点和其在全国乃至更广阔地域内的地位等，因此这部分内容采取视野不拘泥在北京以内，适当放宽到周边甚至更远地区的原则，不仅将视野从北京扩展至紧邻的河北省，而且扩展到与河北省相接的省市自治区，如天津市、辽宁省、内蒙古自治区、山西省、陕西省、河南省、安徽省、江苏省、山东省等，甚至更远，如吉林省、黑龙江省、甘肃省、新疆维吾尔自治区、浙江省等。而丘处机、马可·波罗、利玛窦等人的活动，奴儿干都司的设置等，使得这部分的视野还会扩展到中华人民共和国之外。下册，近代、现代、当代部分，除非必要，则以“不出京”为原则。

本成果史前（远古与传说时代）、古代部分由颜吾芟负责，分为 4 个核心单元：史前及传说时代的北京交通、先秦时期的北京交通、秦汉至隋唐五代时期的北京交通、辽宋金元明清时期的北京交通。

史前部分是北京交通史的起源，先秦时期是北京从建都于中原王朝的北部边疆之地向地区交通中心、交通枢纽转化时期，秦汉至隋唐五代时期是北京上升为北方重镇及地区交通中心、交通枢纽时期，辽宋金元明清时期是北京从都城之一上升为首都并成为全国交通中心时期。

本成果将远古石器时代的原始交通纳入北京交通史研究范畴，将北京交通史的起源向前推进了 70 万年甚至更远，是本成果的突出研究亮点之一。史前部分不仅探究出“北京人”揭开北京交通史“第一页”的史实，而且还提出以原始人居住洞穴或居住地为中心的“居住区域交通”概念，具有新意。

远古人类的交通状况由于没有文字记载，即使进入文明时代以后很长时间虽然有了文字，但古籍中对交通的记载或言辞简略，或语焉不详，或根本不述，因此对北京史前以及进入文明时代以后很长一段时间的交通研究，本成果主要借助考古学研究成果，通过考察北京各考古遗址出土文物的文化联系，以及与其他地区考古遗址出土文物的文化联系，勾勒出早期北京交通的状况。此为本成果第二个研究亮点。

交通作为与人类相伴而生的生产和生活的实践成果之一，其与生俱来便具有浓郁的人文性，即使是横亘在原野上久已荒废的各种交通遗迹，其人文内涵也不会随着时间的推移而彻底飘散，只是在许多时候这种人文内涵是需要史学家去唤醒的。为此，史前（远古与传说时代）、古代部分确立了通过人物的活动，如交往、迁徙、巡游、出使、嫁娶、商贸、战争等，来勾勒不同时期北京交通状况的原则，这样既可填补北京交通史研究的一些空白，也增强了北京交通史的人文内涵，这是本成果第三个研究亮点。

史前（远古与传说时代）、古代部分图片编排的基本形式为：用交通人物、交通设施、交通线路等图片展示各历史时期的不同交通主题。其他内容，如交通工具等，独立编排。

需要说明的是，由于年代久远、地理改变、时代变迁、后人活动等诸多因素影响，史前（远古与传说时代）、古代的许多交通遗存已无迹可寻，即使在古代一个相对短的时期内，自然灾害、战争等因素也会使交通线路发生很大改变，这导致对史前（远古与传说时代）及古代交通路线难以做出精准的判断，因此本部分交通线路图均称“示意图”，另外也均未标明经纬。为了便于读者确定史前（远古与传说时代）、古代交通线路的今日方位，本部分在文字表述地点时使用的是“某省某市某县”，而未用通行的“某省某县”格式。

本成果近代部分由孔德立负责。北京交通的近代化是伴随着外国资本主义的侵入而展开的。随着清朝的国门被迫打开，西方工业革命带来的钢铁交通工具与设施，如火车、汽车等进入北京地区。与之而来的还有近代交通的管理制度与城市交通模式的变革。由于近代摄影技术的出现，近代部分与古代部分相比，增添了照片资料，为呈现近代北京城市与交通的变化提供了难得的影像。对于北京的近代交通，本书分为三个部分来展现：第一部分，通过北京城的城门与城市道路的图片资料，展现近代北京处于传统与近代的变革之中；第二部分，通过中国第一条自主设计建造的京张铁路，以及平绥铁路等展现北京近代交通新事物、新成就，通过青龙桥站、居庸关站等老车站的照片展现京张铁路的百年沧桑，此部分是本书的重点之一；第三部分是机车车辆部分，与铁路交通相匹配，机车与车辆作为交通运输的载体，是交通能力与交通文化的表现形式。

本成果现代部分由王超负责。北京的现代交通是在过去落后、破乱的交通基础上发展起来的，新中国成立后，北京交通发展首先以利旧和改造为主，城市道路以整平和硬化工作为基础，打通各个交通节点的联络，拆掉部分城门以及环线铁路来促进城市的发展；在铁路和城市轨道交通方面建设更多的对外联络线路和地铁 1 号线；在交通工具方面先以引进国外机车车辆为主，随后开始使用国产机车车辆；在交通管理领域学习西方先进的管理经验和措施，寻找适合北京自己的交通管理模式。改革开放之前，交通线路总长度、各种运输工具数量方面都有很大增长，交通主干道不断向四周伸展，运网不断扩大，运输能力逐步提高，客、货运输总量的增长相当迅速。但从总体上看，北京交通运输业在此期间仍是经济发展中一个较为突出的薄弱环节，无法适应城市发展需求和人们出行的需求，为了适应社会经济及交通发展的需要，北京逐步把交通运输业作为经济建设的重点工作领域，尤其在 20 世纪 70 年代，开建并运营了全国第一条地铁，开启了新中国成立后轨道交通的快速发展之路。

本成果当代部分由沈岩负责。当代交通部分重点展现改革开放以来，特别是党的十八大以来，北京交通在党和国家的领导下，发展前行的总体风貌。改革开放后的 40 多年，是北京交通事业砥砺奋进、跨越发展的时期。面对新常态下加快推进结构性改革的新要求，北京全面提升交通综合治理能力，坚持精治、共治、法治并举。从破解“出行难”“乘车难”“运货难”，到加快构建安全、便捷、高效、绿色、经济的现代化综合交通体系；从“平面交通”到“立体交通”；从“高速度增长”转向“高质量发展”，再到全面建设支撑大国首都、国际一流和谐宜居之都的首善交通，北京交通的体制机制、市场体系、监管模式、治理能力等发生了广泛而深刻的变革。该部分以工具、设施、载体等方面为索引，梳理展示了北京轨道、公路、航天等大交通视域下的变革，尽可能全面勾勒出 40 多年来北京交通的前行步伐。应该说，这部分内容既是客观的呈现，就当代北京交通的总体展现而言，又具有一定的工具资料价值。

前　言

本书是北京市社会科学界联合会、北京市哲学社会科学规划办公室联合委托的课题——“图说北京交通史”的结项成果。该课题于2012年底启动，至2023年上半年完成，历时10年左右，主要由北京交通大学承担，由北京交通大学党委副书记、教授、博士生导师颜吾佴主持。

关于“交通”，《中国大百科全书》（交通卷）定义为：“交通包括运输和邮电两个方面。运输的任务是运送旅客和货物。目前主要有五种运输方式：铁路运输、公路运输、水路运输、航空运输、管道运输。邮电是邮政和电信的合称，邮政的任务是传递信件和包裹，电信的任务是传送语言、符号和图像。”但本书中的“交通”主要指“运输”之意，虽然包括古代的邮驿，但不包含近现代“邮电”之事。

“图说北京交通史”，顾名思义，即主要以图片的形式展示北京交通发展演变的历史。本书一共收录1 090余幅图片，是迄今为止相关成果中收录图片最多的著作。不仅如此，由于本书的阐述起点是目前已知的北京地区最早的古人类——距今几十万年前的“北京人”时代，因此是一部前所未有的通过图片全面展示北京各个历史时期交通发展状况的著作，这既是本书的突出特点之一，也是创新亮点之一。

交通是人类生产、生活的实践成果之一，与人类相伴而生。一般来说，一地的交通按照类别可以划分为两个部分，即本地区的内部交通和本地区与外界交往的对外交通。内部交通最初发生在原始人居住洞穴附近的区域内——本书称为“居住区域交通”，方圆一般不过数公里，之后随着生产力的提高，人们的活动范围不断扩大，最终在某个时期发展到全地区。对外交通有两种情况：一种为原始人自外地迁徙而来，另一种为本地原始人迁徙到外地。

北京的内部交通与对外交通都始于“北京人”时代。据考证，“北京人”是自其他地区迁徙到今北京地区的，他们从距今69万年前到距今23万年前在今北京市房山区周口店龙骨山一带生活、活动了三四十万年，后来又迁徙出今北京地区。他们揭开了北京交通史的“第一页”。

远古人类的交通状况由于没有文字记载，即使进入文明时代以后很长时间虽然有了文字，但古籍中对交通的记载或言辞简略，或语焉不详，或根本不述，因此对北京史前以及进入文明时代以后很长一段时间的交通研究主要只能借助考古学成果。我们的想法是，通过北京地区内部各考古遗址的文化联系，以及北京与北京以外地区考古遗址的文化联系，来勾勒出这一时期北京地区内部交通与对外交通的状况。为此，我们实地考察了北京各主要考古遗址（有些已经回填），还跑遍了北京周边数省与北京地区有文化联系的考古遗址，如河北省、辽宁省、山西省、山东省、河南省、内蒙古自治区等。

到北京以外地区考察北京的交通历史，是我们根据交通线路本身所具有的不可分割性以及为了更加全面、透彻地展示北京交通演变历史而确立的工作原则之一。我们认为，这样的立论与展示也是本书的创新亮点之一。当然，由于本书的立足点是北京交通历史，因此我们没有把目光无限地向外延伸，主要还是停留在了河北省和与河北省交界的几个省。

另外，因为年代久远、地理改变、时代变迁、后人活动等诸多因素，远古以及古代的许多交通遗迹已无迹可寻。为此，我们确立了通过人物的活动，如交往、迁徙、巡游、出使、战争等，来勾勒当时北京交通状况的原则。我们认为，这样既可填补北京交通史研究的一些空白，同时也可增强北京交通史的人文色彩。实际上交通作为与人类相伴而生的生产和生活的实践成果之一，其与生俱来便具有浓郁的人文性。即使是横亘在原野上久已荒废的古代道路遗迹，其人文内涵也不会随着时间的推移而彻底飘散——

当然在许多时候这种人文内涵是需要史学家去唤醒的。本书试图通过图片来唤醒和展示北京交通史中浓郁的人文内涵，我们认为这是本书的第三个创新亮点。

交通运输按照形式在史前（远古与传说时代）、古代可以分为陆路交通、水路交通（河道交通、海路交通）两类，是平面的交通运输；近代、现代及当代由于有了航空交通，因此是立体的交通运输。不过，对于北京而言，从近代以后水路交通便萎缩了。

交通运输按照内容可以划分为交通人物、交通工具、交通设施、交通道路、交通制度、交通机构等。本书用图片按时间顺序对这些方面进行了展示。

研究历史的目的，是温习过去，服务现实，展望未来。今天的一切就是明天的历史。本书不仅力求全面展示北京交通的过去，而且还以相当多的图片反映了今日的成就，但是，北京的交通发展实在是太快了！就在本课题进行的同时，北京市接连出台了许多有关交通的新举措，其中有些已经落实，有些正在落实，有些将要落实。相信用不了多少时间，北京的交通将会变得更畅通、更快捷、更便利、更环保，遗憾的是，本书必须出版了。

为遵守国务院《地图管理条例》的有关规定，本成果在正式出版时删去了 80 多幅交通线路示意图。

《图说北京交通史》的出版意义在于，其可以更加直观地展示有关内容，弥补单纯使用语言描述有时会产生歧义、误读的缺憾。尤其作为目前在北京交通史方面一部时间跨度最大、收图最多、研究领先的社会科学成果，它既填补了北京交通史领域的不少空白，也为北京的文化建设增添了浓重、多彩的一笔，更为后人的研究与超越奠定了良好的基础。

“图说北京交通史”课题组

《图说北京交通史》编委会

2023 年 9 月

目　　录

上　　册

第一编

史前北京交通

交通，是人类生产和生活的实践成果之一，与人类相伴而生……

一、北京的地理位置、地形地貌及自然陆路交通线路

北京地处中华人民共和国陆上疆域北方靠东的位置，位于华北平原西北部，也为华北平原之黄河以北的河北平原的西北部，东南及东部一段与天津市毗连，其余域界均与河北省相接。

北京有据可查的第一个名称为“燕”，殷商甲骨文中写作“晏”“郾”或“匽”等。殷商时期这里有一个被后世称为古燕国的小政权，西周时将燕国分封于此，即延续古燕国之“燕”名。西周燕国的统治中心最初在永定河以南今房山区，后来燕国灭亡了永定河以北同为西周分封的蓟国，将统治中心迁到永定河以北的今西城区西部的广安门一带，之后这里长期成为建都于黄河流域的历代封建政权的北方重镇和交通中心，十六国时前燕一度将都城自东北迁至于此。辽金时将今北京作为陪都，称燕京。金灭辽后，迁都于北京，称中都，这是北京正式成为一个强大政权的首都和其交通中心的开始。元朝实行两都制，北京称大都，突厥语称“汗八里”，意为“大汗之居处”，地位高于另一都城——位于今内蒙古自治区的上都。明朝先立都于南京，北京称北平，成祖朱棣即位后迁都于此，改称北京，这是“北京”之名的开始。清朝继续立都于此，仍称北京。民国初期，北洋政府首都继续设在北京，后国民党政府设都于南京，北京复称北平。中华人民共和国成立后，将首都定于此，改回北京之名，简称“京”，设为直辖市，并发展成为全国公路、铁路和航空的交通中心。

北京地形为西北高、东南低，西北为山地，中部、南部和东部为平原——北京小平原，亦称“北京湾”，为河北平原之一部，属华北平原。

北京的西面是太行山的余脉——西山，北面是燕山山脉的西南段，太行山山脉与燕山山脉之间呈环形连接的叫军都山——属燕山山脉。由于在崇山峻岭中有许多穿山峡谷形成的天然孔道，自远古时即成为进出北京的自然交通线路，如西山中的永定河峡谷（主要在门头沟区域内）、军都山中的关沟（位于延庆区与昌平区之间）、燕山山脉中的潮河—潮白河河谷（在密云区域内）等，因此西山、军都山、燕山并未阻碍北京地区与西、北外界的交通往来。倒是北京的平原地区由于在史前时代和古代一定时期内大小湖泊和沼泽星罗棋布，难以穿行，对交通造成不便，故而在很长一段时间里，从今北京地区东行须沿燕山南麓山前高地而走，南下只能顺西山东麓山前高地而行。

北京最主要的河流是永定河，其他主要河流还有潮白河、北运河、拒马河、泃河和温榆河等，虽然河流众多，但河道大多不深，且时常淤堵，不利于航行，因而北京的天然航运并不发达。

史前时代北京地区以古周口店为“中心”的5条自然形成的陆路交通之“远古线路”示意图如图1-1所示。史前时代生活在北京地区的最早的古人类定居在今房山区周口店龙骨山一带。根据考古发现及史

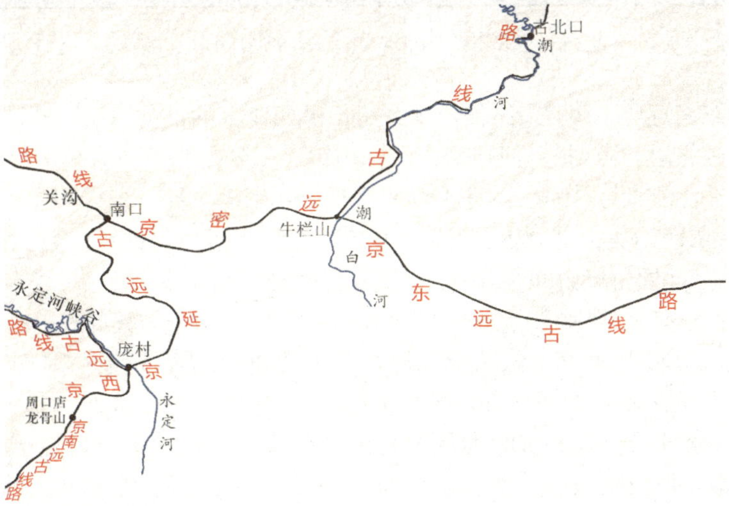

图1-1　史前时代北京地区以古周口店为“中心”的5条自然形成的陆路交通之“远古线路”示意图（黄鸣/绘）

学研究，这一时期的古人类历经几十万年，以古周口店为“中心”，将北京地区自然形成的 5 条主要陆路交通线路——沿山前高地而行的“远古线路”，全部摸索出来（除“京南远古线路”外的其他 4 条都有长短不一的重叠线段，但为保持图面整洁，重叠线段未在图中标示而在下面用文字说明）。

这 5 条线路如下。

“京南远古线路”，即从古周口店沿西山东麓山前高地南下，到位于今房山区南市界的线路。

“京西远古线路”，即从今周口店沿西山东麓山前高地北上，到位于今石景山区庞村的永定河出山口，再顺永定河峡谷而通到今门头沟区西北市界的线路。

“京延远古线路”，即在永定河庞村出山口跨过永定河继续沿西山东麓山前高地到今昌平区南口，然后穿关沟而通到今延庆区西南市界的线路。“周口店—庞村段”与“京西远古线路”重叠。根据常识，古人类涉过河流迁徙一般应在河流断流时，或应在春末夏初、秋末冬初河流水量减少时——至少上述可能性最大。

“京密远古线路”，即从今昌平区南口沿军都山山前高地继续东行，到今顺义区北牛栏山一带的潮白河出山口，再顺潮河—潮白河河谷北通到今密云区古北口镇市界的线路。“周口店—南口段”与“京西远古线路”“京延远古线路”重叠。

“京东远古线路”，即从潮白河河口继续沿燕山山脉南麓山前高地东通到今平谷区东市界的线路。“周口店—牛栏山段”与“京西远古线路”“京延远古线路”“京密远古线路”重叠。

后来，随着北京小平原上沼泽、湖淀等大面积消退，上述 5 条线路不再走山前高地，而是就近就便穿平原而过，并逐渐形成以永定河古渡口为枢纽的交通格局，于是北京交通史上的“远古线路”时代结束，进入新的历史时期——“古线路”时代。

远眺“京南远古线路”的南段（今北拒马河及西山东麓南端），如图 1–2 所示，其应为古人类迁徙跋涉所经之线路。

图 1–2　远眺“京南远古线路”的南段（今北拒马河及西山东麓南端）（张和平/摄）

西山地势由西北向东南逐级下降，最终被位于今房山区西南部的拒马河所阻断。图 1–2 中的河流为北京五大水系之一的拒马河之北拒马河（拒马河自房山区张坊镇以下分为北拒马河和南拒马河）。“京南远古线路”沿西山东麓山前高地南下，涉过拒马河后再行不远即可抵今北京南市界。

图 1–2 的拍摄者站立处为房山区 025 县道（X025）横跨北拒马河的镇江营大桥，为“京南古线路”出入南市界的重要枢纽。远处桥梁为京昆高速（G5）北拒马河桥。

“京南远古线路”的分支（或副线）——“拒马河谷线”十渡段今貌如图 1–3 所示。

拒马河谷北京段位于房山区西南，张坊镇以西，全长近 40 公里，为拒马河切穿西山南部而成。由于河水湍急，难以架桥，于是在峡谷东段约 20 公里范围内的 10 个河道转弯处曾有 10 个摆渡渡口，故这一带被称为“十渡”。枯水期时沿河谷自古即为从西南出入今北京地区的又一自然形成的重要孔道——“拒马河谷线”。现代张宝路（张坊镇—蒲洼乡宝水村）、大十路（十渡镇十渡村—大沙地村）即沿河谷而行，向西可通河北省保定市涞水县北。

图 1-3 “拒马河谷线”十渡段今貌（颜吾芟/摄）

图 1-3 中沿河公路为张宝路。

“京西远古线路”及“京西古线路”所穿永定河峡谷之门头沟段今貌如图 1-4 所示。

图 1-4 “京西远古线路”及“京西古线路”所穿永定河峡谷之门头沟段今貌（杨杨/摄）

永定河峡谷为永定河切穿西山而成，其北京段位于石景山区和门头沟区，蜿蜒八九十公里。图 1-4 中永定河河床已干涸裸露，古人类应该是在这种时节沿“京西远古线路”或“京西古线路”穿行峡谷的。

图 1-4 中沿峡谷而行的公路是位于今门头沟区西北的高沿路（斋堂镇高铺村—沿河城村）。

自远古即是从西面进出今北京地区的重要天然孔道——位于西山中的永定河峡谷如图 1–5 所示。

图 1–5　位于西山中的永定河峡谷（张和平/摄）

图 1–5 中穿行于高山深谷之中的铁路是今北京市丰台区到河北省怀来县沙城镇的丰沙线。

“京延远古线路”及“京延古线路”所经关沟之今貌如图 1–6 所示。

图 1–6　“京延远古线路”及“京延古线路”所经关沟之今貌（王超/摄）

关沟，亦称军都陉，位于昌平、延庆两区交界处，南起昌平区南口，北至延庆区八达岭，长约 18 公里，为西山与军都山的分界线。这里自远古起即是从西北进出今北京地区的交通要道。

现关沟内有京藏高速公路（G6）、京张铁路、216 省道（S216）3 条重要交通干线。

密云区古北口镇潮河入京处示意图如图 1–7 所示。

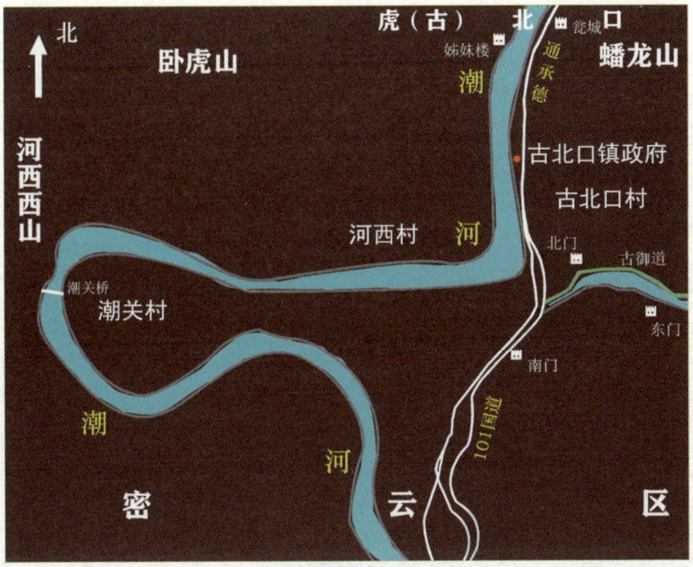

图 1–7　密云区古北口镇潮河入京处示意图（田甜/绘）

潮河（古称鲍秋水）发源自河北省承德市丰宁满族自治县，自北向南在古北口镇流入北京市密云区。古北口为潮河切割燕山山脉而成，这里属燕山余脉浅山丘陵地带，河东为蟠龙山，河西为卧虎山。“两山夹一河”构成这里独特的地理环境，因此古北口自远古时即是从北部进出今北京地区的咽喉要道。蟠龙山、卧虎山以北属河北省承德市滦平县巴克什营镇。

密云区古北口镇潮河入京处俯瞰如图 1–8 所示。

图 1–8　密云区古北口镇潮河入京处俯瞰（王超/摄）

图 1–8 为自南向北拍摄的照片，左上方为卧虎山，后世在山上修筑长城，一直向东延伸到蟠龙山，跨潮河处则建有水关长城。照片中的跨河桥为古下路（古北口镇—下甸子村）潮河大桥，水关长城在其北面 100 余米处。傍河而行的是 101 国道（或称国道 101 线、G101 线、京沈线）。沿 101 国道向东北行，即可抵达承德市区。

密云区古北口镇潮河俯瞰（1）如图 1–9 所示。

图 1–9　密云区古北口镇潮河俯瞰（1）（杜海玮/摄）

图 1–9 为自南向北拍摄的照片，拍摄者所站位置为古北口镇河西西山（山上有长城遗迹，与卧虎山长城相接），山脚下公路为古下路。图中部为潮关村，跨河桥为潮关桥。现代潮河发洪水时水面距离桥面 1 米左右，远古和古代时河水流量应更大，据说因汛期时水流湍急，其声如巨潮而得名潮河。

图 1–9 所示照片拍摄于 4 月初，此季节河谷裸露较多且干燥易行，应该是古人类经此迁徙的最佳时节之一。

密云区古北口镇潮河俯瞰（2）如图 1–10 所示。

图 1–10　密云区古北口镇潮河俯瞰（2）（杜海玮/摄）

图 1–10 所示照片自西向东拍摄，拍摄者所站位置为河西西山，山脚下即为枯水期的潮河河谷。左边是卧虎山，山脚下为古北口镇河西村，右边是潮关村。

密云区潮河、白河汇合处及潮白河如图 1–11 所示。

图 1–11　密云区潮河、白河汇合处及潮白河（颜吾芟/摄）

图 1–11 所示照片中右上方水道为潮河，左上方水道为白河，两河汇合后称潮白河。根据现代资料，潮河自古北口进入北京地界后，流经 50 余公里，然后与白河汇合而为潮白河。历史上潮河、白河汇合处可能还有其他地点。

潮河河谷及潮白河河谷自远古时即为古人类迁徙通行的交通线路，“京密远古线路”及“京密古线路”即沿河谷而行。

图 1–12 载于侯仁之著《地理小丛书——历史上的北京城》（中国青年出版社 1962 年 5 月出版），之后的许多类似示意图几乎都是该图的“翻版”。该图反映的是以古代永定河渡口为枢纽的交通古线路。本书根据考古发现和研究而提出的“京西古线路”在此图中没有反映。经考证，“京西古线路”的远古线是目前已知北京地区第一条被古人类摸索出的交通线路。北京的交通枢纽移至永定河古渡口后，“京西古线路”的东端也移至此，其“远古线路时代”即告结束。

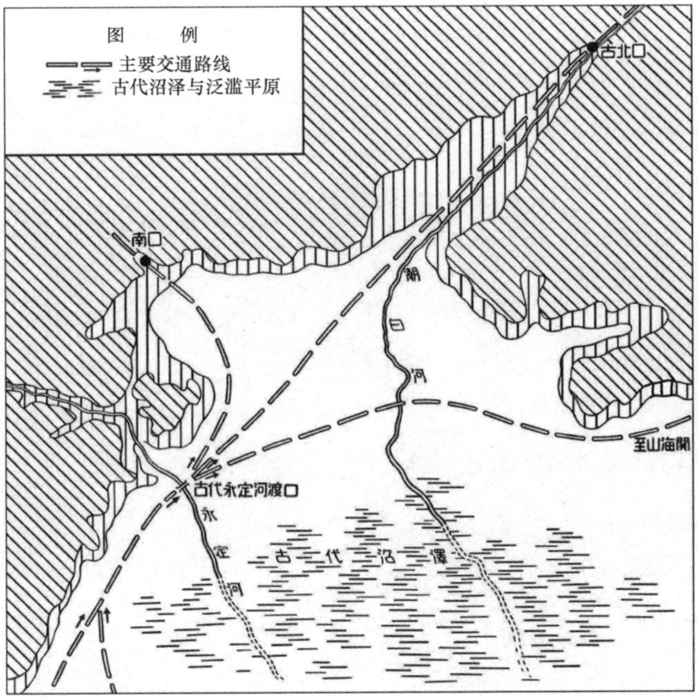

图 1–12　古代北京小平原主要交通路线示意图——以古代永定河渡口为枢纽的交通路线

门头沟区西山永定河峡谷今貌如图 1-13 所示。

图 1-13　门头沟区西山永定河峡谷今貌（王书慧/摄）

北京地区目前已知的第一条由古人类摸索出来的“京西古线路”之远古线及后来以永定河古渡口为枢纽的“京西古线路”即从门头沟区西山永定河峡谷穿过。

永定河峡谷西起河北省张家口市怀来县官厅水库大坝，东到北京市石景山区庞村，全长近 110 公里，在张家口市怀来县官厅镇幽州村与门头沟区沿河城之间进入北京市界。关于永定河峡谷形成的时间多有争议：有的认为形成于距今 500 多万～200 多万年的上新世；有的认为形成于距今 350 多万～330 多万年的上新世中晚期；有的认为形成于距今 100 万～10 万年的中更新世；有的认为形成于距今约 10 万年的晚更新世。据地质考察，幽州村附近的幽州背斜山脉曾是古永定河的分水岭，由于它的存在曾使古永定河分为背向而流的南坡河和北坡河，因而当时并不贯通。后来在主要位于今北京境内的古永定河南坡河的溯源侵蚀（亦称向原侵蚀）下，分水岭终于被切穿，并在古永定河北坡河强大水流若干万年的冲击下终于形成永定河峡谷今貌。图 1-13 中沿河而行的是门头沟区石担路（石门营—担礼）。

北京地形立体模型示意图如图 1-14 所示。

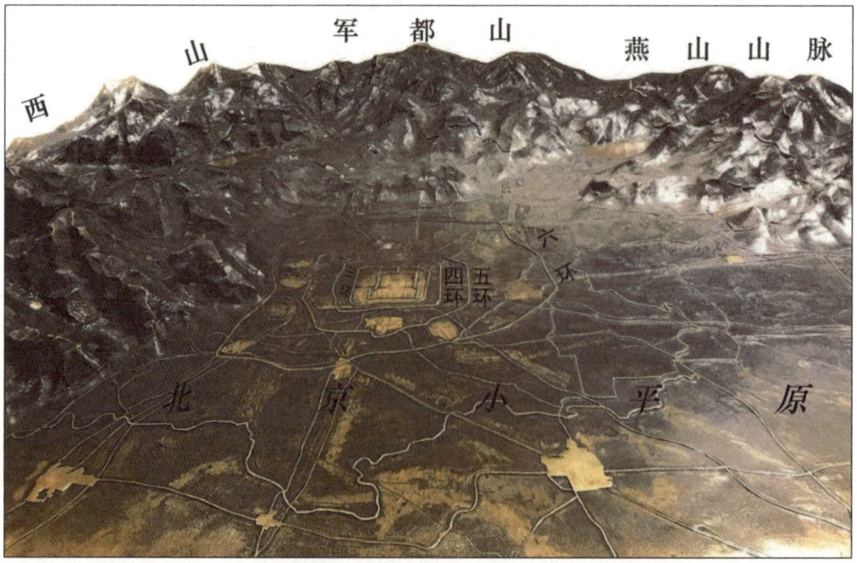

图 1-14　北京地形立体模型示意图（采自北京城市规划博物馆）

被西山、军都山呈半环形拱卫着的明清北京城交通线路示意图如图 1-15 所示。

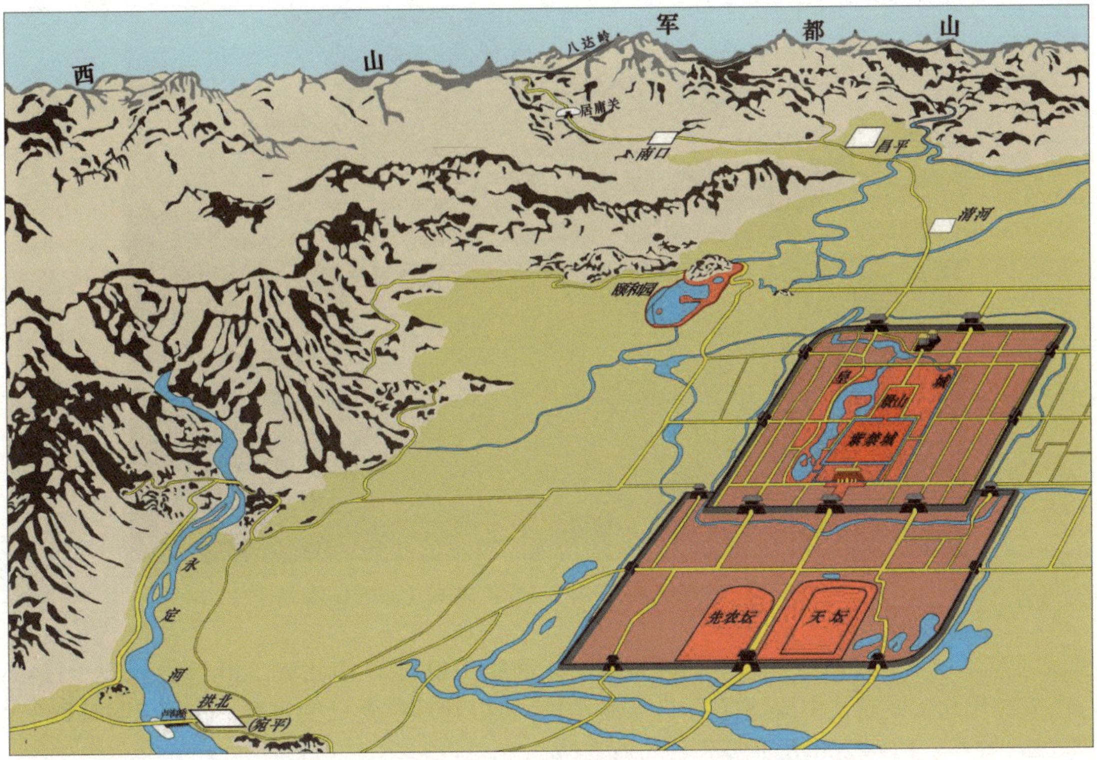

图 1-15　明清北京城交通线路示意图（颜吾芟/绘）

北京城建于永定河的冲积扇上。永定河是北京的“母亲河”，但其上游流经黄土高原，含沙量大，造成下游河道泥沙淤积而形成地上河，且迁徙不定，经常发生洪涝，故曾称“无定河”。因此北京城建在了距离永定河十几公里以外的地势稍高之处，这一点与建在河边稍近距离甚至跨河而建的其他许多城市很不一样。古时从永定河北南下必须走永定河渡口，后来金朝在此建成卢沟桥，因此卢沟桥成为北京地区重要的交通枢纽之一。

明朝末年在卢沟桥东建拱北城（亦称拱极城），初为军营，后逐渐发展为商肆云集之处，民国时改称宛平城。

曾扼守在古代京畿咽喉要道上的拱极城（宛平城）之东门（顺治门）现貌如图 1-16 所示。

图 1-16　拱极城（宛平城）之东门（顺治门）现貌（颜吾芟/摄）

拱极城（宛平城）之西门现貌如图 1–17 所示。

图 1–17　拱极城（宛平城）之西门现貌（颜吾芟/摄）

拱极城（宛平城）为仅有东、西两门的卫城，东西长 640 米，南北宽 320 米，修建于 1638—1640 年。因为建在古代北京城通往中原地区的唯一通道上，所以地理位置极为重要。城西门明时称“永昌门”，清时改称“威严门”。门外 200 来步即著名的卢沟桥。

曾肩负防卫古代京畿咽喉要道重任的拱极营之现貌如图 1–18 所示。

图 1–18　拱极营之现貌（颜吾芟/摄）

拱极城建成后，明政府派军驻守，但驻兵数量不多。清朝时，城内兵营称拱极营。清朝后期，城西和永定河两岸的商户逐渐迁入城中，相继修建起酒肆、茶楼、庙宇、驿站等，遂打破了该城单纯为军营的格局。民国时，宛平县衙迁入城中，遂改称宛平城。

在北京地区天然形成的 5 条陆路交通线路的延长线上，同样受地形的影响天然地形成了 5 条北京地区与周边地区交通往来的最早陆路干线。这些干线最初也都是以周口店龙骨山一带为“枢纽”的。后来从距今一两万年前开始，北京小平原上的不少湖泊沼泽或干涸或面积缩小，这样各“远古线”的山前高地段纷纷移至平原地区，而改称“古线路”，并逐渐形成以永定河古渡口为中心的新的交通格局。

天然形成的5条北京地区与周边地区交通往来的陆路干线如下。（图略）

第一条陆路干线是“京南古线路”（含远古线）的延长线“京洛古线路”（含远古线），即从今北京市沿太行山东麓山前高地通到今河南省洛阳市的交通线路。沿这条线路有一因永定河、海河、滹沱河、漳河、黄河等河流冲积而成的由大小不等的冲积扇所组成的山前狭长地带，宽度为10～15公里，地势较高且相对平坦，因此在很长时间里“京洛古线路”之远古线一直是今北京地区与中原地区交通往来的唯一线路。而过洛阳市继续向西可通今陕西省西安市。后来，在这条“古路”（人工修筑的古代道路）上有一条重要的分支（或副线），即从今河北省石家庄市向西通到今山西省太原市的线路——“石太古路”。

第二条陆路干线是“京西古线路”（含远古线）的延长线“京平古线路”，即从今北京市穿永定河峡谷，沿今河北省张家口市南部的桑干河河谷而通到今山西省大同市（古称平城）的交通线路。沿这条线路继续西行可抵今山西省朔州市和内蒙古呼和浩特市。

第三条陆路干线是“京延古线路”（含远古线）的延长线“京张古线路”，即从今北京市穿关沟、居庸关而通今河北省张家口市的交通线路。沿这条线路继续北行可通蒙古高原中部。另外，这条线路上有分支（或副线）向西北亦可通今山西省大同市。

第四条陆路干线是“京密古线路”（含远古线）的延长线“京承古线路”，即从今北京市出古北口而通到今河北省承德市的交通线路。沿这条线路继续北行可抵今内蒙古自治区赤峰市，向东则可通今辽宁省朝阳市、锦州市等地。

第五条陆路干线是“京东古线路”（含远古线）的延长线“京榆古线路”（含远古线），即从今北京市通到今河北省秦皇岛市山海关（古称榆关或渝关，又名临闾关）的交通线路。由于淀泊、沼泽和成片森林的阻隔，在很长的时间里这条线路只能沿燕山山脉南麓山前高地而行。后来这条古线路离开山前高地而穿行于平原地区，遂脱离“远古线路时代”而成为更易行走的“京榆古线路”。这条线路东至今山海关之所在地，然后沿海滨走辽西走廊北上，经锦州市，可通东北平原。

上述5条天然形成的陆路干线，为北京进入文明时代后成为中国北部地区南北陆路交通的枢纽乃至全国交通中心奠定了基础。

二、史前时代的北京交通

史前时代，即原始社会时期，生活在今北京地区的古人类出于生存的需要而开辟了北京早期的交通。

目前所知，北京原始人时代的历史开始于距今约69万年（一说77万年）前，结束于距今四五千年前。在几十万年的时间里，生活在今北京地区的古人类不仅在各自生活区域内有意或无意地开辟了便于生产、生活的呈网状的“居住区域交通”（如因成百上千年甚至数万年行走而踩踏出的草地小路，披荆斩棘开辟和踩踏出的森林小道，树木自然倒伏或人工搭建而成的简易“桥梁”等），而且将前述北京地区5条天然形成的交通线路也全部摸索出来。尤为惊奇的是，在生产力极为落后的情况下，他们还顺着这5条线路的延长线直接或间接地摸索出了今北京地区与周边地区的天然交通线路，最远甚至达数百公里以外。

史前时代几十万年的原始交通“成就”为文明时代的北京交通奠定了基础。

（一）旧石器时代北京交通的开辟

目前已知北京地区旧石器时代开始于距今69万年（一说77万年）前，结束于距今1万年前。这一时期的北京交通处于开辟阶段，目前所知北京地区最早的原始居民——“北京人”是其中重要的参与者，他们参与揭开了北京交通史的“第一页”。

揭开北京交通史“第一页”的“北京人”复原像如图 1–19 所示。

图 1–19　“北京人”复原像（采自周口店遗址）

“北京人”发现于房山区周口店龙骨山已坍塌的洞穴（称“周口店北京人遗址第 1 地点”，简称“第 1 地点”）中，在这里他们从距今约 69 万年（一说 77 万年）到距今约 23 万年（一说 20 万年）断断续续生活了几十万年，属旧石器时代早期的古人类。作为北京地区目前发现的最早的古人类，揭开北京交通史“第一页”的非他们莫属——“第一页”之所以加上引号，是因为若北京地区发现更古老的人类，则“北京人”就不再享有这一荣誉。

需要说明的是，“北京人”是集合名词，狭义的“北京人”仅指旧石器时代早期曾先后在龙骨山山洞（今称“猿人洞”）中居住生活过的分属不同群体的古人类，广义的“北京人”则包括旧石器时代生活居住在古周口店地区的所有古人类。本书之“北京人”用其狭义，即前者。

“北京人”原始“居住区域交通”的中心地带——龙骨山今貌如图 1–20 所示。

图 1–20　龙骨山今貌（颜吾芟/摄）

“北京人”原始“居住区域交通”是以他们居住的位于龙骨山半山腰的山洞为中心的。根据相关考古及研究成果，其范围应当在数公里以内。另据常识，古人类活动的区域应当为在夜晚到来之前能够回到洞穴的空间范围。

1. “北京人”揭开北京交通史“第一页”

根据相关考古及研究成果，“北京人”可能来自今河北省张家口市阳原县东部，这里曾是古泥河湾湖的东部边缘地带。古泥河湾湖，亦称大同湖，位于今山西省与河北省交界处，现已干涸，今称泥河湾盆地，亦称桑干河盆地，包括山西省大同盆地和河北省阳原盆地、蔚县盆地 3 个部分。这里已发现十余处旧石器时代早期古人类遗址，最早的距今 200 万年。有学者认为“北京人”是从古泥河湾湖东部边缘地带迁徙到今周口店龙骨山的。

1）“京平古线路”之东段和“京西古线路”之远古线已知最先被“摸索”出

经研究，位于阳原县大田洼乡官厅村西北的小长梁遗址及东谷沱村西北的东谷坨遗址——合称小长梁—东谷坨文化（距今一百万年左右）出土之石器，不仅制作方法及类型与“北京人”的一致，而且具有明显的“北京人”石器文化先驱者的性质。据此可知，当时这里与古周口店之间一定存在经由“京平古线路”之东段和“京西古线路”之远古线的交通关系，其时间应当在距今 70 万年以上。

两地石器文化的传播存在两种可能：一是小长梁—东谷坨文化经若干其他原始人群体辗转传给周口店龙骨山的“北京人”；二是“北京人”的祖先从古泥河湾湖东部边缘地区东迁至今北京地区，将小长梁—东谷坨文化的石器文化带到周口店龙骨山。若是前者，则“京平古线路”之东段和“京西古线路”之远古线的最初摸索者的身份将无法确定；若是后者，则不仅摸索出“京平古线路”之东段和“京西古线路”之远古线的“第一人”就是“北京人”，而且至少在距今 70 万年前他们就揭开了北京交通史的“第一页”。

“北京人”自古泥河湾湖东部边缘地区东迁至今北京地区应走线路示意图如图 1–21 所示。

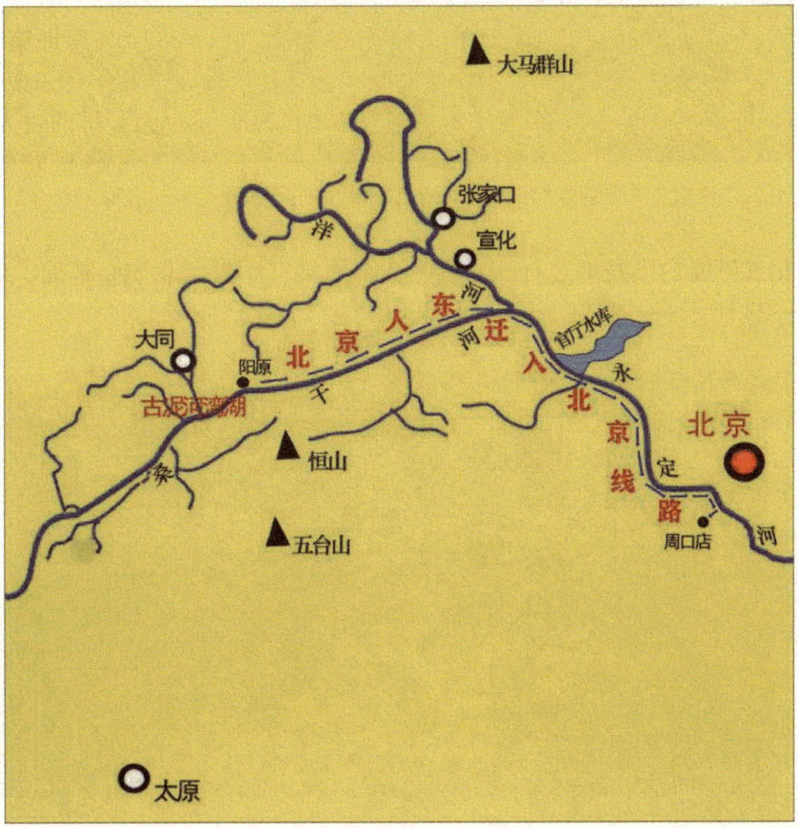

图 1–21 “北京人”自古泥河湾湖东部边缘地区东迁至今北京地区应走线路示意图（田甜/绘）

若“北京人”自古泥河湾湖东部边缘地区东迁至今北京地区的结论能够成立，则根据常识他们必走“京平古线路”之东段和“京西古线路”之远古线。因为旧石器时代的古人类没有或缺少盛水用具，所以他们的迁徙活动必须沿河而行才能随时保证饮用水充足，穿山越岭亦必须顺河道走峡谷才行。故而“北京人”东迁入今北京应先走桑干河河谷而至永定河峡谷——即“京平古线路”之东段，然后走“京西古线路”之远古线而抵今周口店龙骨山。今测从阳原县大田洼乡到周口店约 200 公里。

即使古泥河湾湖的石器文化是通过若干原始人群体以“接力”方式辗转传给“北京人”的，这条线路是北京地区以及北京地区通往周边地区已知最先被摸索出的交通古线路之结论依然不变。

张家口市阳原县大田洼乡小长梁遗址和东谷坨遗址位置示意图如图 1–22 所示，当时这里是古泥河湾湖的东部边缘地带。

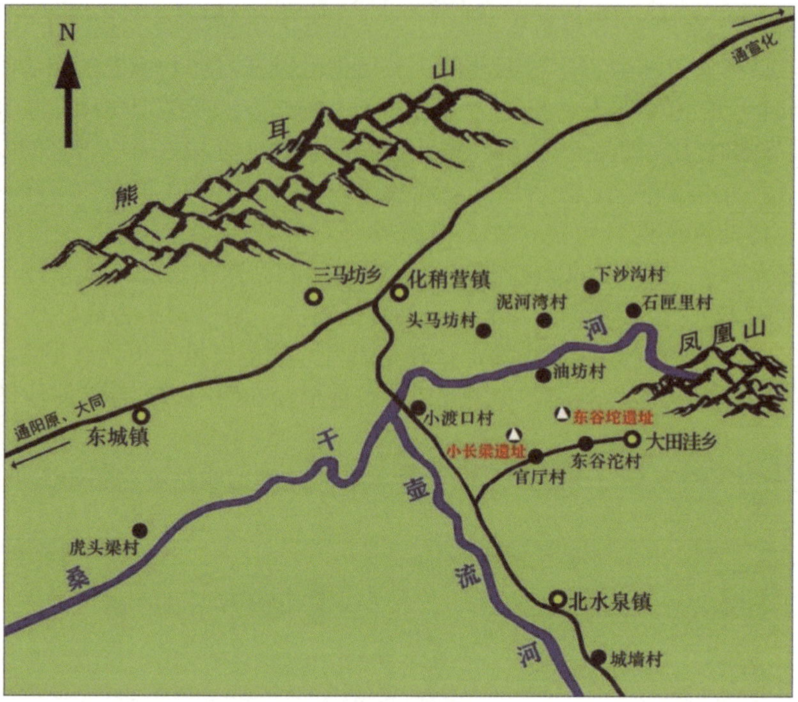

图 1–22　张家口市阳原县大田洼乡小长梁遗址和东谷坨遗址位置示意图（田甜/绘）

“北京人”东迁北京可能的出发地之一——位于今阳原县官厅村西北 500 米处、桑干河北岸台地之上的小长梁遗址如图 1–23 所示。

图 1–23　位于今阳原县官厅村西北 500 米处、桑干河北岸台地之上的小长梁遗址

2）北京交通史“第一页”的重要内容——“北京人”原始“居住区域交通”的“开辟”

“北京人”在龙骨山定居下来后，其原始“居住区域交通”一定会以龙骨山为中心很快形成。这样的原始“居住区域交通”虽然极不起眼，且早已消失不见，但无疑属于北京交通史“第一页”的重要内容。另外，根据相关考古和研究成果，“北京人”并不是一直居住在龙骨山“猿人洞”中的，这里曾至少两次被洪水淹没，两度被鬣狗所占，时间也以万年计。且在洪水退后，鬣狗走后或鬣狗被赶走后，再居住于此的“北京人”应是另外一个群体，因此这里的古人类原始“居住区域交通”在几十万年间不仅断断续续地存在，而且曾分属不同的主人。

今测龙骨山海拔约 150 米，南北长约 3 公里，东西宽约 1.5 公里，“猿人洞”位于半山腰，这里是“北京人”活动的核心区域，一定有因长期踩踏而形成的通到山上或山下的原始“羊肠小道”。

根据常识，从“猿人洞”通往古周口河边的小道肯定是当时“北京人”往来行走最为频繁的线路，因为对于没有或缺少盛水器皿的“北京人”而言，必须经常到河边饮水、取水才行。今测“猿人洞”到周口河边有二三百米远，当时也许距离会更近些。二者之间的道路，即“通河边小道”，由于踩踏得最为频繁，因而应该是当时“北京人”原始“居住区域交通”中最为清晰可见的小道。

龙骨山“北京人”居住洞穴遗址与周口河示意图如图 1–24 所示。

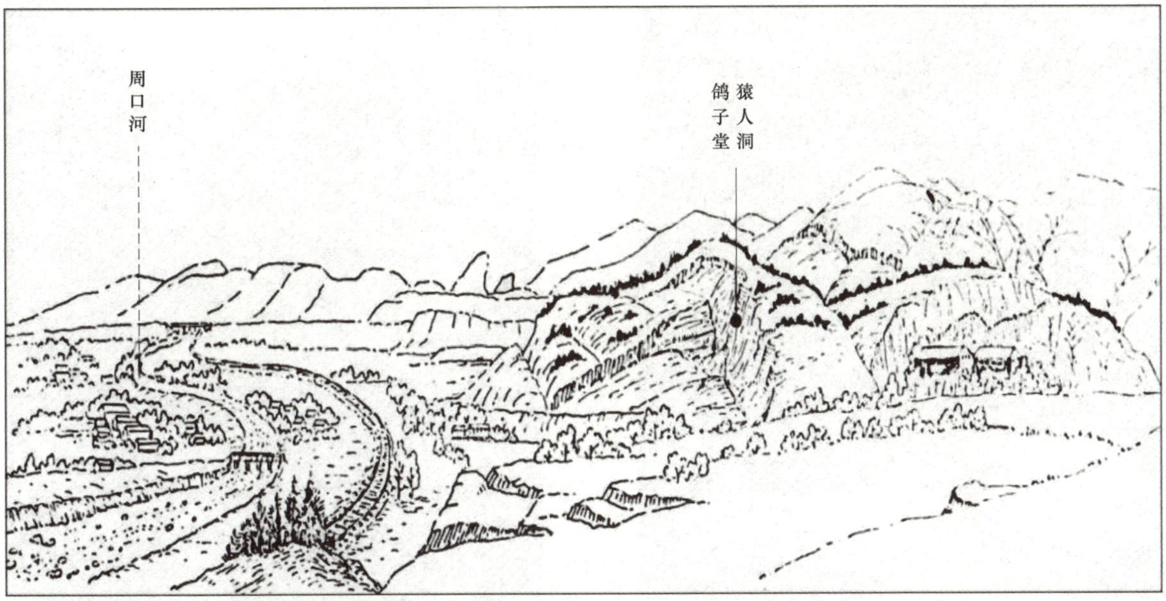

图 1–24　龙骨山“北京人”居住洞穴遗址与周口河示意图（两地之间一定有原始“居住区域交通”中最为清晰的“通河边小道”）

“北京人”原始“居住区域交通”的中心——经考古挖掘后成“天坑”状的“猿人洞”遗址如图 1–25 所示。

图 1–25　经考古挖掘后成“天坑”状的“猿人洞”遗址（颜吾芟/摄）

紧邻“猿人洞”仍呈洞穴状的“鸽子堂”遗址如图 1-26 所示。

覆盖顶棚后的“猿人洞”及“鸽子堂”遗址内景如图 1-27 所示。

图 1-26　紧邻“猿人洞”仍呈洞穴状的“鸽子堂”遗址（杨杨/摄）

图 1-27　覆盖顶棚后的“猿人洞”及“鸽子堂”遗址内景（田甜/摄）

覆盖顶棚的“猿人洞”及“鸽子堂”遗址外貌如图 1-28 所示。

图 1-28　覆盖顶棚的“猿人洞”及“鸽子堂”遗址外貌（田甜/摄）

肩扛猎物的“北京人”如图 1–29 所示。肩扛应该是人类最古老的交通运输方式之一。

图 1–29　肩扛猎物的“北京人”（现藏国家博物馆）

“北京人”古周口河边“石器加工场”想象图如图 1–30 所示。

图 1–30　“北京人”古周口河边“石器加工场”想象图（采自周口店遗址博物馆）

有学者认为古周口河边有“北京人”的“石器加工场”，他们就地采石并加工，然后将成品带回居住洞穴。但根据常识，河边从来都是食肉猛兽最为“理想”的狩猎场所，“北京人”的生产力水平对付不了经常在这里出没的中国硕鬣狗、剑齿虎等大型食肉猛兽的偷袭，所以他们应该不会在河边暴露过久，更不会冒着生命危险在此长时间逗留而专心致志地制作石器。“北京人”应该是将河边采到的石料沿“通河边小道”搬回洞穴后再进行加工制作的。所以，他们不仅经常到河边饮水、取水，还经常到河边采集制作石器的石料。

另外，“北京人”还会在龙骨山周边数公里范围内采集石料，以及采集各种果实和进行狩猎等活动，因而会踩踏出一条条“羊肠小道”，也会有伐木搭“桥”等行为，从而形成网格状的原始“居住区域交通”。

3）“北京人”可能摸索出的其他进出今北京地区的交通线路

“北京人”还可能摸索出今北京市通到今河北省承德市或唐山市、秦皇岛市，甚至远及今辽宁省的陆路交通线路。

根据相关考古及研究成果，发现于今辽宁省本溪市的庙后山遗址、营口市的金牛山遗址、朝阳市的鸽子洞遗址，不仅出土的石器与“北京人”的石器有着文化上的继承关系，而且三地古人类在血缘上也与“北京人”有着承继关系。由此表明，当时今北京地区与上述三地很可能存在着以古周口店为出发点的交通关系——只是目前尚不能确定是通过“京承古线路”及其延长线还是“京榆古线路”及其延长线产生交通关系的，但其中至少有一条已被古人类摸索出来应是毫无问题的。

“北京人”可能摸索出的今北京地区与周边地区甚至远及今辽宁省的陆路交通线路示意图如图 1–31 所示。

图 1–31 “北京人”可能摸索出的今北京地区与周边地区甚至远及今辽宁省的陆路交通线路示意图（黄鸣/绘）

“北京人”时代可能与古周口店存在交通关系的辽宁省庙后山遗址所在地——庙后山如图 1–32 所示。

图 1–32 “北京人”时代可能与古周口店存在交通关系的辽宁省庙后山遗址所在地——庙后山（杨杨/摄，沈岩/制图）

庙后山遗址位于本溪市本溪满族自治县，距今 40 万年以上，是我国迄今发现的地理位置最靠东北的旧石器时代早期遗址。另据研究，该遗址出土的哺乳动物化石中，有不少也都是北京周口店动物群的基本成员，这又为两地交通关系的存在提供了进一步的佐证。

根据推测，从古周口店到庙后山均应先走“京西古线路”之远古线北上，过西山永定河出山口后再走“京延古线路”之远古线到今昌平区南口，然后或走“京密古线路”之远古线及“京承古线路”到今承德市，而后转向东，经今辽宁省朝阳市一路东进即可抵庙后山；或从潮白河出山口继续东行，走“京东古线路”之远古线及“京榆古线路”之远古线东行至渤海边，然后沿海滨走辽西走廊，绕过辽东湾湾顶继续东进便可到达庙后山。根据相关考古及研究成果，这时期的古人类走前一条线路的可能性似乎更大些，因为在今密云区北部山区上甸子乡潮河畔发现的黄土梁旧石器时代早期遗址，不仅在“京密古线路”之远古线上，而且其石器文化既跟“北京人”有着密切的关系，同时也与庙后山遗址的石制品有较多的比较点。

“北京人”时代可能与古周口店存在交通关系的辽宁省金牛山遗址所在地——金牛山如图 1-33 所示。

图 1-33　金牛山（王超/摄，沈岩/制图）

金牛山遗址位于营口市所辖大石桥市西南 8 公里处的一座海拔 70 米左右的孤立小山上，东距渤海 20 公里，距今 31 万～16 万年，人类化石距今近 30 万年，属旧石器时代早期。古周口店通到此的交通线路与通到庙后山的一样，“京承古线路”及其延长线和“京榆古线路”及其延长线均存在可能性，因此难以确定是哪一条。

“北京人”时代可能与古周口店存在交通关系的辽宁省鸽子洞遗址所在地——西汤山如图 1-34 所示。

图 1-34　西汤山（张和平/摄，沈岩/制图）

鸽子洞遗址位于今朝阳市喀喇沁左翼蒙古族自治县水泉乡瓦房村南约 2 公里处大凌河边（现为水库）西汤山的南峭壁上，距今 7 万～5 万年（一说 10 万年左右），属旧石器时代中期，虽晚于“北京人”的生存时代，但由于与“北京人”存在文化关系，故将其列入“北京人”时代的交通体系中。

从古周口店通到此的交通线路，从大的方面上说亦有两条，但也同样无法确定是其中哪一条；从小的方面说则更加复杂些。其一条仍走“京西古线路”之远古线和“京延古线路”之远古线的山前路段，然后走“京密古线路”之远古线及“京承古线路”，抵今承德市后再东行即可达鸽子洞，这一条线路相对简单些。另一条也仍从今昌平区南口继续东行，走“京密古线路”之远古线的山前路段再到“京东古线路”之远古线，出今北京地区后走“京榆古线路”之远古线，而复杂的就是在这条“京榆古线路”之远古线上，因为走燕山山脉山前高地的这条“京榆古线路”之远古线存在多个北穿燕山山脉而行的可能：或穿行位于今唐山市东北与承德市南交界处的卢龙塞孔道（亦称喜峰口，滦河从此流出，现淹于水库中），或穿行今白羊峪（今白洋河从此流出），或穿行今冷口（今沙河从此流出），或穿行今青龙河峡谷（今青龙河从此流出），或穿行今界岭口（今洋河从此流出）等。经这几个穿山河谷（也许还有其他河谷），再向东北均可抵鸽子洞。

另外，在“京榆古线路”之远古线上北穿燕山山脉的任何一个孔道也可从古周口店通到庙后山或金牛山，所以还存在“第三条”线路甚至更多线路的可能性。

“北京人”在龙骨山“猿人洞”断断续续居住几十万年后，终于因洞穴的坍塌失去居住条件而不得不离开了。令人惊异的是，他们居然又西迁回了古泥河湾湖东缘。根据相关考古及研究成果，在古泥河湾湖东缘发现的“许家窑—侯家窑人”乃是“北京人”的后裔。他们西迁线路应先走“京西古线路”之远古线，再走“京平古线路”之东段。可以说这次“北京人”终于成为这条线路毫无争议的摸索者，只不过是逆向而行的。

许家窑—侯家窑遗址位于今山西省大同市阳高县古城镇和河北省张家口市阳原县东井集镇交界处的许家窑村（属山西）和侯家窑村（属河北），距今 12.5 万～10 万年。据研究，“许家窑—侯家窑人”的石器制造风格与“北京人”同属一个系统，而牙齿的形状与构造的复杂性更跟“北京人”非常接近，因而现已确定“许家窑—侯家窑人”乃是“北京人”后裔的一支。另据考古发现，古桑干河—永定河河谷这条西出北京的天然走廊还是当时古动物往来迁徙的一条通道——在今桑干河流域出土的一些古动物化石，如仲骨鹿等，有不少都在周口店地区发现过，属于北京动物种群，由此也为“北京人”西迁线路的认定提供了一个有力的佐证。

“许家窑—侯家窑人”时期古泥河湾湖正经历最后的收缩期，其东部边缘向西大幅后退，因此许家窑—侯家窑遗址位于小长梁—东谷坨遗址的西边几十公里，这样“京平古线路”又被古人类向西摸索出了几十公里。

“北京人”西迁出今北京地区后其后裔曾居住生活过的许家窑—侯家窑遗址之侯家窑遗址如图 1–35 所示。

图 1–35 许家窑—侯家窑遗址之侯家窑遗址（郭晓培/摄，沈岩/制图）

2.“后北京人时代”的北京交通

“后北京人时代”，即“北京人”离开北京地区以后的旧石器时代中期和晚期，始于距今约 20 万年前到 1 万年前。这一时期经考古发现的生活在今北京地区的原始人有周口店地区的“新洞人”“田园洞人”“山顶洞人”及城区的“王府井古人类”等。另外，在北京其他地区还发现有几十处这一时期的古人类遗址。

1）“后北京人时代”北京地区的交通

根据相关考古及研究成果，这一时期北京地区的交通仍是以今周口店地区为中心的。

截至目前，北京地区发现的旧石器时代中期遗址共23处，其中位于房山区周口店地区的有4处，另19处分别位于平谷区、密云区、怀柔区、延庆区和门头沟区。房山区以外的19处遗址均与古周口店存在交通关系。另外，位于怀柔区的帽山、四道穴、西府营、七道河、长哨营5处遗址都是沿白河支流之一的汤河分布的，且相距都不远，因此它们在构建各自原始"居住区域交通"的同时，相互之间一定存在小范围的局部地区交通关系。同样，位于怀柔区的鸽子堂、转年南梁、宝山寺3处遗址与位于延庆区的沙梁子、辛栅子、古家窑3处遗址都是沿白河分布的，而同属延庆区的三间房和河北村2处遗址则是沿白河的另一支流黑河分布的，这8处遗址都相距不远，因此在构建各自原始"居住区域交通"的同时，相互之间也一定存在小范围的局部地区交通关系。另根据相关考古及研究成果，怀柔区与密云、延庆两区的遗址间还存在更大范围的局部地区的较为密切的交通往来关系。

北京地区发现的旧石器时代晚期遗址共22处，其中平谷区的罗汉石、马屯、上堡子、刘家沟、海子、小岭、洙水、豹子峪、甘营、夏各庄和固安11个遗址都是沿泃河分布的，相距都不远，因此它们在构建各自原始"居住区域交通"的同时，相互之间也一定存在着小范围的局部地区交通关系。这一时期北京地区交通的最大成就即是从房山区西山山前高地（龙骨山）通往平原地区（今城区）交通线路的"开辟"，它改变了以往交通路线只能沿山前高地而行的状况，预示着"远古线路时代"即将结束。

"新洞人"原始"居住区域交通"的中心——位于周口店龙骨山的新洞遗址如图1-36所示。

与平谷区马家坟遗址可能存在交通关系的"周口店北京人遗址第15地点"如图1-37所示。

图1-36　位于周口店龙骨山的新洞遗址（颜吾芟/摄）

图1-37　"周口店北京人遗址第15地点"（颜吾芟/摄）

新洞，亦称"周口店北京人遗址第4地点"（简称"第4地点"），为周口店4处旧石器时代中期遗址之一。该洞位于龙骨山南山坡，距离"第1地点"约70米，洞口海拔116米，距今20多万～10万年。这里应该是"新洞人"原始"居住区域交通"的中心，且这一呈网状分布的原始"居住区域交通"曾存在10万年以上。

"第15地点"亦为周口店4处旧石器时代中期遗址之一。其位于"第1地点"西南约250米处，距今20万～10万年，发现有古人类居住过的遗迹。经研究，平谷区马家坟遗址出土的石器与这里的石器有着一定的渊源关系，显然当时两地之间应该存在以此地为中心的交通关系。另外，这一地点存在时间与"新洞人"重叠，因而也许是"新洞人"原始"居住区域交通"的组成部分。

“田园洞人”原始“居住区域交通”的中心——位于周口店田园林场的田园洞遗址如图 1–38 所示。

图 1–38　位于周口店田园林场的田园洞遗址

田园洞，亦称“周口店北京人遗址第 27 地点”（简称“第 27 地点”），发现于龙骨山西南五六公里处周口店田园林场内，洞口海拔 174.5 米，距今 4 万～2.5 万年，属旧石器时代晚期。考古及研究表明，“田园洞人”已经大量食用淡水鱼类，说明他们去往河边的频率相当高，因此从居住洞穴到河边的“通河边小道”应被踩踏得更为频繁，且更为清晰。另据考证，“田园洞人”是世界上“最早穿鞋的人”。鞋的出现不仅意味着北京交通史出现了新的“内容”，而且还意味着“田园洞人”原始“居住区域交通”中那些成网状分布的原始小道上将会留下许多前所未有的鞋印，而穿上鞋的“田园洞人”或许“开辟”出的道路要更多一些。

“山顶洞人”原始“居住区域交通”的中心——位于周口店龙骨山的山顶洞遗址如图 1–39 所示。

图 1–39　位于周口店龙骨山的山顶洞遗址（颜吾芟/摄）

山顶洞遗址，亦称“周口店北京人遗址第 26 地点”，发现于龙骨山山顶，距今 2.7 万～1.8 万年，属旧石器时代晚期。根据相关考古及研究成果，由于生产力有所提高，“山顶洞人”原始“居住区域交通”的面积比以前要大些。而且由于气候的变化，这一时期此地森林覆盖面积扩大，因此“山顶洞人”原始“居住区域交通”的“羊肠小道”应主要分布在森林之中。

旧石器时代晚期北京的自然环境发生了一些变化，平原地区的湖泊、沼泽有些变得干涸了，露出了硬地，于是原始人可以离开山前丘陵地带而迁徙到平原地区生活了。根据相关考古及研究成果，发现于北京城区王府井的“王府井古人类文化遗址”所出土的石制品和骨制品的加工技术及类型与“北京人”

和“山顶洞人”文化关系密切，这表明“王府井古人类”很有可能是广义的“北京人”的一支。他们应该是从古周口店向东渡过永定河而来到北京小平原上，并在今北京城区王府井一带的河边定居下来的。若果真如此，则“京东古线路”也离开了山前高地而结束了“远古线路时代”。

王府井古人类文化遗址发现于王府井大街南口以东地下 12 米处，距今 2.5 万～2.4 万年（一说 2.4 万～2.2 万年）。另外，在位于王府井遗址以西 3.5 公里的西单北大街与复兴门内大街交会处之东北的地下 21 米处又发现了年代更早的西单古人类遗址，距今 2.9 万～2.4 万年，是目前北京城区发现的最早的古人类文化遗存。两遗址的发现表明，这一时期古人类在北京小平原上的迁徙活动频繁起来。

“王府井古人类”平原生活想象图如图 1–40 所示，他们一定会以居住场所为中心“开辟”出原始“居住区域交通”。

图 1–40　“王府井古人类”平原生活想象图（采自王府井古人类文化遗址博物馆）

有学者认为面积约 2 000 平方米的王府井古人类文化遗址是一个临时性营地，但无论如何，“王府井古人类”在此生活过成百上千年，因此在该地一定会形成以该遗址为中心的呈网状分布的原始“居住区域交通”，此属于北京地区平原交通史“第一页”的内容。

曾在旧石器时代晚期“开辟”北京地区平原交通的“王府井古人类”之男性复原形象如图 1–41 所示。

图 1–41　“王府井古人类”之男性复原形象（现藏王府井古人类文化遗址博物馆）

2）“后北京人时代”北京的对外交通

旧石器时代晚期今北京地区的对外交通又有发展。根据相关考古及研究成果，“山顶洞人”与渤海沿岸、今河北省张家口市及河南省安阳市等地都有交通往来关系，这样“京榆古线路”终于可以明确认定已被摸索出。另外，“京张古线路”“京洛古线路”可能也在此时期被摸索出来。

此时期的北京地区交通格局虽仍以古周口店龙骨山为“枢纽”，但“京东古线路”及其延长线、“京榆古线路”已从山前高地的“远古线”移至平原地区。

旧石器时代晚期“京榆古线路”已被摸索出示意图如图 1–42 所示。

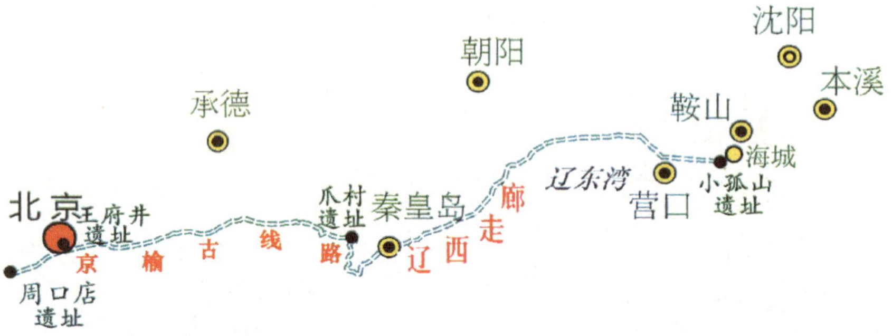

图 1–42　旧石器时代晚期“京榆古线路”已被摸索出示意图（黄鸣、颜吾芟/绘）

“京榆古线路”在旧石器时代晚期被摸索出的判断依据，是王府井古人类文化遗址与山顶洞遗址，以及它们与发现于河北省唐山市迁安市爪村、辽宁省鞍山市海城小孤山两个旧石器时代晚期遗址都有文化上的密切关系的研究结论，而且爪村遗址就在“京榆古线路”上，由此也证明此时“京榆古线路”也离开燕山山脉山前高地而穿过平原地区，结束了“远古线时代”。据此可知，“京东古线路”“京榆古线路”及辽西走廊形成一条完整的交通线路至少已有两三万年时间。

山顶洞遗址出土的显示其与渤海沿岸存在交通关系的带有海蚶子壳的项饰如图 1–43 所示。

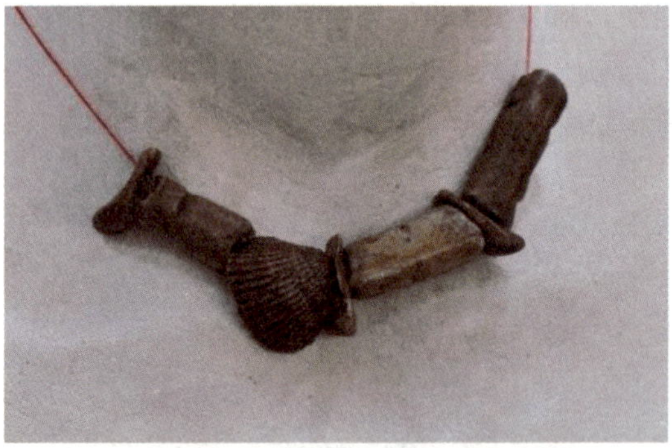

图 1–43　山顶洞遗址出土的显示其与渤海沿岸存在交通关系的带有海蚶子壳的项饰（现藏周口店遗址博物馆）

“京榆古线路”在这一时期被明确认定已摸索出还有一个辅助证据，即龙骨山山顶洞中出土的 3 个据考证产于渤海沿岸的海蚶子壳。今测从周口店到渤海沿岸的直线距离为 300 公里左右。不过根据研究，在距今二三万年时由于海平面上升，渤海的海岸线要向内陆延伸许多，因此从山顶洞到渤海边的距离比今天要近一些，也即“京榆古线路”要缩短许多，那样的话不仅“京榆古线路”的东段会被海水淹没，而且辽西走廊也不存在。更有学者认为，当时从龙骨山到海边只有几十公里甚至更短的距离，那样的话也许“京榆古线路”几乎全被海水淹没，而只走“京东古线路”即可抵海边。如果后者结论成立，则海蚶子壳被“输送”到龙骨山会更加便利，该结论也更令人信服。今测从周口店到通州区东市界的道路里程为 80 公里左右。

不过，此说与前述“京东古线路”“京榆古线路”及辽西走廊形成一条完整的交通线路至少已有两三万年时间是相矛盾的，因而哪种说法正确还需进一步的考古及研究来证实。

山顶洞妇女佩戴着带有产自渤海边的海蚶子壳的项饰示意图如图 1–44 所示。

山顶洞遗址出土的表明古周口店与今河北省张家口市宣化区可能存在交通关系的赤铁矿石如图 1–45 所示。

图 1–44　山顶洞妇女佩戴着带有产自渤海边的海蚶子壳的项饰示意图（采自国家博物馆）

图 1–45　赤铁矿石（现藏周口店遗址博物馆）

据分析，该海蚶子壳应该是辗转于若干原始人群后传到“山顶洞人”手中的。“山顶洞人”亲赴渤海边采集，或沿海居住的其他古人类将海蚶子壳直接送到“山顶洞人”手中的可能性应该不大。

赤铁矿石的出土表明“京张古线路”在旧石器时代晚期可能被摸索出。根据地形，当时从今张家口宣化区到周口店龙骨山应有两条线路可通，首先走沿洋河而行的“京张古线路”，然后可分为两条线路：一条走桑干河河谷，再经“京西古线路”之远古线而达——这条线路已被证明在几十万年前即被古人类摸索出；另一条走“京延古线路”之远古线，再经“京西古线路”之远古线的山前高地段而至。

不过，山顶洞遗址出土的赤铁矿石产自宣化区的结论存在争议。若被否定，则尚缺“京张古线路”在此时被摸索出的确证。

可能与古周口店存在交通关系的河南省安阳市小南海遗址及“小南海人”在洞前活动复原像如图 1–46 所示。

图 1–46　河南省安阳市小南海遗址及“小南海人”在洞前活动复原像（颜吾芟/摄）

小南海遗址位于安阳市西南 25 公里的北楼顶山之腰，距今 2.5 万～1.3 万年，处在“京洛古线路”之远古线上。据考古及研究，该遗址出土的石器与“山顶洞人”的石器制作有着承袭关系。据此可知，“京南古线路”之远古线及“京洛古线路”之远古线的大部分路段可能最晚在距今一两万年时已被摸索出。

摸索者应该是若干原始人群体，“山顶洞人”的石器文化经他们而辗转传播到“小南海人”处。今测此地到周口店龙骨山有七八百公里的距离。

“山顶洞人”石器文化沿“京洛古线路”远古线南传的“终点”——小南海遗址所在的北楼顶山今貌如图 1–47 所示。

图 1–47　小南海遗址所在的北楼顶山今貌（颜吾芟/摄）

（二）新石器时代北京交通的发展

新石器时代的北京地区，随着生产力的提高，经济的发展，人口的增长，各族群交往的增多，其内部交通和对外交通都得到进一步发展。

新石器时代体现北京地区交通信息的主要遗址有：怀柔区的转年南梁遗址，密云区的燕落寨遗址，昌平区的雪山、马坊、燕丹、曹碾等遗址，平谷区的北埝头、上宅、刘家河等遗址，门头沟区的东湖林遗址，房山区的丁家洼、镇江营等遗址。

1. 新石器时代北京地区的交通

体现新石器时代北京地区内部交通信息的北埝头遗址现貌如图 1–48 所示。

图 1–48　北埝头遗址现貌（王超/摄，沈岩/制图）

北埝头遗址位于平谷区大兴庄乡北埝头村西、错河（洵河支流，古称泇水）南岸，距今 6 000 多年，属新石器时代中期。其文化特征与东边相距约 30 公里的上宅遗址类似，属同一种文化，因此两地之间一定存在交通关系。

体现新石器时代北京地区对内、对外交通信息的上宅遗址现貌如图 1–49 所示。

图 1–49　上宅遗址现貌（沈岩/摄、制图）

上宅遗址位于平谷区韩庄乡上宅村西北，南临泃河，距今六七千年，属新石器时代中期。其文化与西边约 30 公里处的北埝头遗址一致，故被合并命名为“上宅文化”，同时也表明了两地之间的交通关系。另外，从出土器物的相似性看，上宅文化与密云区燕落寨遗址也存在交通关系。而由上宅四期文化出土器物与拒马河流域镇江营遗址同期器物的器形风格近似可知，当时“京东古线路”与“京南古线路”可能已全线贯通。根据研究，上宅文化对发现于河北省唐山市迁西县的西寨遗址有着强烈的文化影响，同时又与河北省三河市孟各庄遗址同属一种文化，由此可知当时沿泃河东出和南出今北京地区的交通线路已经被摸索出来了。

体现新石器时代北京地区内部交通信息的燕落寨遗址现貌如图 1–50 所示。

图 1–50　燕落寨遗址现貌（王超/摄）

燕落寨遗址位于密云区十里堡镇燕落寨村，南临潮河（古称鲍丘水）与白河（古称沽水）交汇处。其新石器时代遗存最早可能距今六七千年，因与昌平区雪山遗址相似，故又称“燕落寨—雪山文化遗址”，而其出土器物有的还与平谷上宅文化相似，因此燕落寨遗址与雪山遗址和上宅文化遗址应该都存在交通关系。

体现新石器时代北京地区内部交通信息的雪山遗址现貌如图 1–51 所示。

图 1–51　雪山遗址现貌（王超/摄）

雪山遗址位于昌平区南口镇雪山村，其新石器时代文化遗存距今 6 000 年至 4 000 年，属新石器时代中晚期。据研究，距其不远的马坊遗址、燕丹遗址、曹碾遗址，以及密云区的燕落寨遗址、平谷区的刘家河遗址、房山区的丁家洼遗址和镇江营遗址等，与之在文化上均具有相似性，由此推测当时在这些地区之间应该存在交通关系。

体现新石器时代北京地区内部交通信息的丁家洼遗址现貌如图 1–52 所示。

图 1–52　丁家洼遗址现貌（王超/摄，沈岩/制图）

丁家洼遗址位于房山区城关镇丁家洼河（古称防水）西岸的丁家洼村，其新石器时代遗存属新石器时代晚期。该遗址出土器物中有的与昌平区雪山新石器时代遗址所出土器物在形制上几乎完全相同，由此可知两地之间可能经“京南古线路”和“京密古线路”而存在交通关系。

新石器时代进出今北京市南界的“交通枢纽”——镇江营遗址维修时的景象如图 1–53 所示。

图 1–53　镇江营遗址维修时的景象（张和平/摄，沈岩/制图）

镇江营遗址位于房山区临近北京市南界的大石窝镇镇江营村北、北拒马河（古称桃水）南岸，其新石器时代遗存最早可能距今八九千年，属新石器时代早期文化。据研究，镇江营新石器时代中晚期遗存与同时期昌平区雪山遗址相似或近似，甚至被有些学者归入雪山文化系统，由此表明两地之间经“京延古线路”和“京南古线路”而存在交通关系。同时，由于镇江营位于北京小平原的西南，沿太行山东麓而行的“京洛古线路”从中原北上是经此而进入今北京的，同时从北京南下也一样经过此地，因此它处在进出今北京市南界的交通枢纽的位置上。据研究，河北省易县北福地遗址、新安县留村遗址、邯郸市永年区石北口遗址等与镇江营同时期遗址文化面貌相似，但镇江营遗址更为典型，因此它们统一被命名为“镇江营文化”，而雪山一期文化则通过丁家洼、镇江营也直接影响了北福地、容城县午方、平山县中贾壁等遗址。由上可知，当时生活在今昌平区的古人类经“京延古线路”“京南古线路”“京洛古线路”，与今河北省中部保持着较为密切的交通关系。

透露出新石器时代北京地区对外交通信息的“东胡林人”遗址现貌如图 1-54 所示。

图 1-54　“东胡林人”遗址现貌（张和平/摄）

“东胡林人”遗址位于门头沟区永定河支流清水河畔的东胡林村西，距今约一万年，属新石器时代早期文化。据研究，这里可能是“东胡林人”的季节性营地，他们应该是沿着东西走向的清水河从西山东部丘陵地带迁徙而来的，之后可能继续沿永定河向东而去。尤为重要的是，与一女性遗骸一起出土的一串产于沿海的紫游螺壳项链表明，“东湖林人”与遥远的海边存在交通关系。据研究，紫游螺生长于亚热带环境下，目前在中国则见于浙江省及其以南的沿海地区。

“东湖林人”遗址出土的表明新石器时代早期北京地区曾与遥远的海边存在交通关系的紫游螺壳项链如图 1-55 所示。

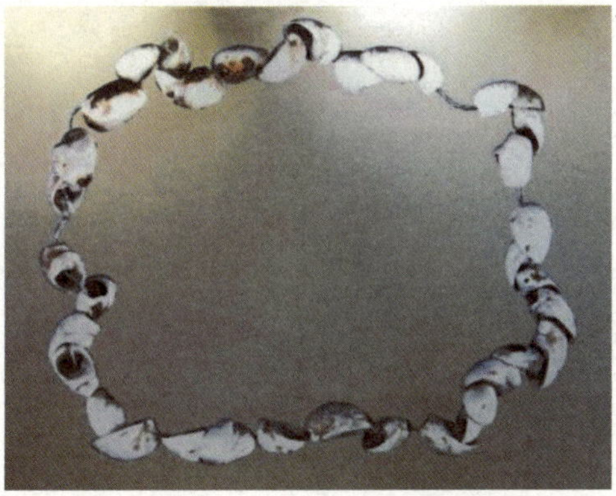

图 1-55　紫游螺壳项链

佩戴着紫游螺壳做成的项链的东湖林女子复原图如图 1–56 所示。

图 1–56 佩戴着紫游螺壳做成的项链的东湖林女子复原图

2. 新石器时代北京的对外交通

新石器时代今北京地区与周边地区的交通继续了旧石器时代的“成果”，并有所发展：除“京西古线路”外，其他 4 条线路越发“成熟”；“京承古线路”延长线向北伸展，最远可达今内蒙古东南部；“京洛古线路”的全线基本被摸索出，并经今郑州市；“京洛古线路”的支线“石济古线路”（石家庄—济南）及延长线被开辟出；“京榆古线路”的支线“滨海古线路”（滨临渤海而南通今山东）和“唐朝古线路”（唐山—朝阳）及延长线被开辟出（图略）。

表明新石器时代早期今北京地区与今河北省南部经“京洛古线路”而存在交通关系的北京转年遗址出土之陶盂和河北磁山文化遗址出土之陶盂分别如图 1–57 和图 1–58 所示。

图 1–57 北京转年遗址出土之陶盂

图 1–58 河北磁山文化遗址出土之陶盂

转年遗址位于怀柔区宝山寺乡白河北岸的转年村西，距今约一万年。经研究，转年遗址出土的（直腹）陶盂与出土于河北省南部等地磁山文化（距今七八千年）遗址的陶盂有某种联系，因此两地之间应该存在交通关系。

新石器时代早期经“京洛古线路”与今北京地区存在交通关系的磁山文化之最初发现地——河北邯郸磁山文化遗址如图 1-59 所示。

图 1-59　河北邯郸磁山文化遗址（沈岩/制图）

磁山文化遗址位于河北省邯郸市武安市磁山村。研究表明，北京转年遗址、镇江营一期文化等都曾受到磁山文化的影响。

新石器时代中后期经“京洛古线路”与今北京地区存在交通关系的仰韶文化后冈类型之发现地——河南安阳后冈遗址如图 1-60 所示。

图 1-60　河南安阳后冈遗址（刘慧敏/摄）

后岗遗址位于河南省安阳市西北洹河南岸，最早年代距今 4 000 多年，属仰韶文化中一种独特的类型。与之同类型的遗址主要分布在今河南省北部的卫河流域（洹河为其支流）和今河北省南部的漳河流域。据研究，北京镇江营一期文化与后冈一期文化有直接的继承关系。另外，北京上宅文化出土器物有的与仰韶文化后冈类型一致，而上宅文化晚期则更受到后者的强烈影响。

新石器时代中期经“京洛古线路”与今北京地区存在交通关系的中原仰韶文化之最初发现地——河南三门峡仰韶村文化（仰韶文化）遗址如图 1-61 所示。

图 1-61　河南三门峡仰韶村文化（仰韶文化）遗址（王超/摄）

仰韶文化（距今约 7 000 年至 5 000 年）因首先发现于河南省三门峡市渑池县仰韶村而得名，是中原地区新石器时代著名的代表性文化，其主要分布在黄河中游今甘肃省到河南省之间的地区，但其常见器物在北京北埝头遗址有出土。另外，经研究，北京雪山一期文化也与之有一定联系。

新石器时代中期经“京榆古线路”与今北京地区存在交通关系的河北唐山大城山遗址如图 1-62 所示。

图 1-62　河北唐山大城山遗址（闫文发/摄）

大城山遗址位于河北省唐山市路北区陡河西岸的大城山东坡上，距今四五千年。据研究，北京雪山二期文化与大城山遗址同期器物基本一致。据此推测，两地应该是经“京延古线路”“京东古线路”“京榆古线路”而通。

新石器时代中晚期与今北京地区存在交通关系的大汶口文化之命名地——山东泰安大汶口遗址如图 1-63 所示。

图 1-63　山东泰安大汶口遗址

大汶口遗址位于山东省泰安市大汶河畔。大汶口文化（距今 6 000 多年至 4 000 多年）主要分布在今山东省西南和江苏省北部等地。经研究，北京雪山一期文化晚期与大汶口文化的交流异常活跃。据推测，两地或经“京延古线路”“京南古线路”“京洛古线路”“石济古线路”而通，或经“京延古线路”“京东古线路”“京榆古线路”“滨海古线路”而通。

新石器时代后期与今北京地区存在交通关系的龙山文化之最初发现地——山东济南城子崖遗址如图 1–64 所示。

图 1–64　山东济南城子崖遗址（颜吾芟/摄）

龙山文化主要分布于黄河中下游地区，其因城子崖遗址位于山东省济南市章丘区龙山镇而得名。据研究，山东龙山文化（距今 4 000 多年）是北京雪山二期文化的来源之一。另外，河北省唐山市大城山遗址也可见山东城子崖遗址的影响。由此推测，龙山文化因素应该是经“滨海古线路”“京榆古线路”而进入今北京地区的。

新石器时代中期与今北京地区存在交通关系的山东淄博北辛文化之后李遗址如图 1–65 所示。

图 1–65　山东淄博北辛文化之后李遗址（颜吾芟/摄）

后李遗址位于山东省淄博市临淄区齐陵镇后李庄村西北、淄河东岸。北辛文化（距今六七千年）因首先发现于山东省滕州市官桥镇北辛遗址而得名，其中心在鲁南汶泗流域，主要分布在鲁中南和鲁北地区。后李遗址二期文化与北辛文化具有一定共性，属于北辛文化的一种地方类型。据研究，北京镇江营一期文化与北辛文化有着较密切的联系。由此可知，两地应该是经“京洛古线路”“石济古线路”而存在交通关系的。

新石器时代中期经“京张古线路”与今北京地区存在交通关系的壶流河流域龙山文化之代表遗址——河北张家口筛子绫罗遗址如图 1–66 所示。

图 1–66　河北张家口筛子绫罗遗址（王超/摄）

筛子绫罗遗址位于河北省张家口市蔚县下宫村乡筛子绫罗村，距今约 6 000 年。据研究，北京雪山二期文化具有壶流河（发源于山西省大同市广灵县）流域龙山文化的一些因素，显示出两地之间继续着雪山一期文化时期的交通“成果”。另外，位于蔚县的三关遗址（具有仰韶文化、龙山文化等多重基因）和位于阳原县的姜家梁墓地等，也都可见雪山一期文化较大的影响。由此可见，当时今北京地区与今张家口市之间的交通往来还是十分密切的。

新石器时代早期与今北京地区存在交通关系的兴隆洼文化之最初发现地——内蒙古赤峰兴隆洼遗址如图 1–67 所示。

图 1–67　内蒙古赤峰兴隆洼遗址（魏成友/供图）

兴隆洼文化（距今约 8 000 年）因首先发现于内蒙古赤峰市敖汉旗宝国吐乡兴隆洼村而得名，主要分布在今内蒙古东部和辽宁省西部地区的西辽河流域一带。据研究，兴隆洼文化对北京上宅一期文化有着深刻的影响，而上宅遗址为学术界公认的兴隆洼文化在燕山山脉南麓的遗址。有专家推测，上宅文化所处的燕山南麓应是兴隆洼文化分布的南界。而由位于承德市承德县岔沟乡的岔沟门遗址属兴隆洼文化遗址可知，当时今北京地区与今赤峰市交通应经“京承古线路”及其延长线。另外，由位于唐山市北部的迁西县罗锅屯乡东寨村的东寨遗址也是公认的兴隆洼文化在燕山南麓的遗址可知，当时今北京地区与今赤峰市的交通亦可经“京榆古线路”和“唐朝古线路”及其延长线。

新石器时代中期经“京榆古线路”等与今北京地区存在交通关系的赵宝沟文化之命名地——内蒙古赤峰赵宝沟遗址如图 1-68 所示。

图 1-68　内蒙古赤峰赵宝沟遗址（张和平/摄，沈岩/制图）

赵宝沟遗址位于内蒙古赤峰市敖汉旗高家窝铺乡赵宝沟村西北约 2 公里的缓坡上。赵宝沟文化（距今 6 000 多年）主要分布于燕山南北，北起内蒙古西拉木伦河流域，南达河北省滦河流域，与兴隆洼文化区域基本重合。据研究，北京上宅二期文化、河北省唐山市迁西县西寨遗存均属于赵宝沟文化系统，可见当时今北京地区与赵宝沟文化区的交通经由“京榆古线路”和“唐朝古线路”及其延长线的可能性最大。

新石器时代中后期与今北京地区存在交通关系的红山文化之最初发现地——内蒙古赤峰红山遗址群如图 1-69 所示。

图 1-69　内蒙古赤峰红山遗址群（张和平/摄）

红山文化（距今 5 000 多年）因首先发现于内蒙古赤峰市红山而得名，主要分布于今内蒙古东部和今辽宁省西部交界的西辽河流域地区，位于辽宁省朝阳市的牛河梁遗址是其著名遗址之一。经研究，北京上宅一期文化出土器物有的在红山文化中常见，而北京雪山一期文化出土器物也可见红山文化较多的影响，同时位于滦河流域的迁西县西寨遗址等明显受到上宅文化和红山文化的影响。据此推测，当时今北京地区与红山文化区域的交通或经“京承古线路”及其延长线，或由“京榆古线路”和“唐朝古线路”及其延长线，两条线路均可。

新石器时代中后期与今北京地区存在交通关系的红山文化之著名遗存——辽宁朝阳牛河梁遗址如图 1-70 所示。

图 1-70　辽宁朝阳牛河梁遗址（张和平/摄）

牛河梁遗址位于辽宁省朝阳市建平县、凌源市交界处，距今 5 000 多年。从文化因素考察，北京雪山一期文化与东北的红山文化比较接近并受其影响较大，而北京上宅二、三期文化也受到西辽河红山文化的一定影响，由此加重了当时今北京地区与红山文化区经“京榆古线路”和“唐朝古线路”及其延长线而相通的“砝码”。

新石器时代中期经“京榆古线路”与今北京地区存在交通关系的新乐文化之最初发现地——辽宁沈阳新乐遗址如图 1-71 所示。

图 1-71　辽宁沈阳新乐遗址（杨杨/摄）

新乐文化（距今六七千年）主要分布于辽河流域，其因位于辽宁省沈阳市北郊的新乐遗址而得名。据研究，北京北埝头遗址出土器物有的与新乐遗址出土器物相似，而西寨遗址一些出土器物也具有新乐文化的风格。据此推断，当时今北京地区与今辽宁省的交通或由“京榆古线路”“唐朝古线路”，再过朝阳市而达；或经“京榆古线路”“辽西走廊”而抵。

三、传说时代的北京交通

传说时代，即依人们口耳相传所描述的远古时期，虽不完全是真实的历史，但从中可以窥见一些历史的真实。

据传说，黄帝族、炎帝族、蚩尤族、颛顼族等都曾从其他地区辗转来到过或经过今北京地区。他们所行线路不仅有的与考古发现基本一致，而且还传递出当时今北京地区已与长江流域，以及与今陕西省西部甚至今甘肃省都存在交通关系的信息。

一般认为黄帝族、炎帝族发祥于今陕西省西部与甘肃省交界一带，以陕西省宝鸡市为中心。后来两族东行、北上，迁徙到今北京市西北的延庆区与河北省张家口市交界的涿鹿—怀来—延庆盆地一带定居。之后两族爆发阪泉大战，黄帝族获胜。炎帝族的大部与黄帝族融合，小部向南迁徙。据说黄帝死后葬在今北京市平谷区，后人曾设“轩辕庙”以示纪念。阪泉大战发生地点还有其他两说，本书采“延庆说”而述。

据推测，黄、炎两族应是先沿黄河东进，然后再沿着太行山南麓和东麓的“京洛古线路”北上，入今北京地区后先走“京南古线路”，再走“京延古线路”，或再走“京西古线路”，最后来到涿鹿—怀来—延庆盆地一带定居下来的。在途中，黄帝族可能在今河南省新郑市（属郑州市）停留过一段时间，另有一部可能继续沿黄河东行抵达今山东省曲阜市（属济宁市），这或许是关于黄帝故里还有新郑、曲阜之说的原因。另外，黄帝族还有一部可能定居在了今河南省濮阳市一带，后以颛顼为首领。据传说，颛顼曾赴今平谷区轩辕庙拜祭黄帝，他应同样是走“京洛古线路”北上的。而关于炎帝故里还主要有河南省周口市、湖北省随州市之说的原因，可能是炎帝族战败后余部沿“京洛古线路”南迁后曾定居过这些地方。

蚩尤之族名为九黎，发祥于南方，后逐渐北移，在今山东、河北、河南三省交界一带强大起来。其后在蚩尤率领下继续向北发展，也来到今延庆区与张家口市交界一带，与先期到达这里的黄帝族发生冲突，爆发涿鹿大战。传说，蚩尤能呼风唤雨，制作大雾。为在雾中辨明方向，黄帝发明了指南车，并最终打败了九黎族。蚩尤被杀后，其族的大部与黄帝族融合，其余退往南方。据推测，九黎族北上线路与黄帝族、炎帝族北上线路基本一样，其余部南退也应是走“京洛古线路”过今郑州市而去的。

另外，关于黄帝族东来还有从今陕西省渭南市穿今山西省南部再走“京洛古线路”北上之说。

传说中黄帝族、炎帝族、九黎族北迁的“终点”——涿鹿—怀来—延庆盆地示意图如图 1–72 所示。

图 1–72　涿鹿—怀来—延庆盆地示意图

从延庆区玉渡山上俯瞰传说中黄帝族、炎帝族、九黎族北迁的“终点”之一——延庆盆地如图 1–73 所示。

图 1–73　延庆盆地（王超/摄）

传说中黄帝、炎帝两族北迁到今北京地区西北一带后爆发阪泉大战的古战场——延庆区张山营镇上阪泉村如图 1–74 所示。

图 1–74　延庆区张山营镇上阪泉村（张和平/摄）

传说中黄帝、炎帝两族北迁到今北京地区西北一带后爆发阪泉大战的古战场——东邻上阪泉村的下阪泉村如图 1–75 所示。

图 1–75　下阪泉村（张和平/摄）

北京交通史上的传说人物——传曾率族人从今陕西省取道来到今北京市延庆区与河北省张家口市交界一带的黄帝如图 1–76 所示。

北京交通史上的传说人物——传曾率族人从今陕西省西部取道来到今北京市延庆区与河北省张家口市交界一带的炎帝如图 1–77 所示。

图 1–76　黄帝

图 1–77　炎帝

北京交通史上的传说人物——传曾率族人北上来到今北京市延庆区与河北省张家口市交界一带并与黄帝族发生涿鹿大战的蚩尤如图 1–78 所示。

现代人仿制的传为黄帝在涿鹿大战时使用的指南车如图 1–79 所示。

图 1–78　蚩尤

图 1–79　现代人仿制的传为黄帝在涿鹿大战时使用的指南车（现藏新郑黄帝故里）

北京交通史上的传说人物——传曾从今豫北一带来到今北京地区祭奠黄帝的颛顼之塑像如图 1–80 所示。

传颛顼曾从今豫北濮阳市来今北京地区拜祭黄帝的轩辕庙所在地——平谷区山东庄镇西庙山如图 1–81 所示。

图 1–80　颛顼之塑像（立于河南省濮阳市）（颜吾芟/摄）

图 1–81　平谷区山东庄镇西庙山（张和平/摄）

传颛顼北上拜祭黄帝应走的“京洛古线路”如图 1–82 所示。

图 1–82　传颛顼北上拜祭黄帝应走的“京洛古线路”（张和平/摄）

第二编

古代北京交通

进入文明时代，北京经历了从地区交通枢纽上升到全国交通中心的过程，这一过程用时3000年以上……

一、先秦时期的北京交通

先秦时期，即夏商周三代和春秋战国时期，是北京交通从自然状态到不断取得文明进步的重要时期，这一时期到战国时达到一个高峰。

（一）“夏家店下层文化”时期的北京交通

“夏家店下层文化”是北京地区进入文明时代之初的文化遗存，其上承新石器时代晚期，下接商周时期，历时 1 000 年左右。而典型的夏家店下层文化则自公元前 2300—前 1600 年，大体相当于中原夏王朝和商王朝的早期。该文化主要分布于以西辽河为中心的北方地区，包括今内蒙古南部、辽宁省西部、河北省承德市和张家口市，以及京津唐地区。其主要遗存发现于内蒙古赤峰市松山区、敖汉旗，辽宁省朝阳市北票市、喀喇沁左翼蒙古族自治县和阜新市阜新蒙古族自治县，河北省张家口市宣化区、唐山市路北区、廊坊市大厂回族自治县，天津市蓟州区等地。

北京夏家店下层文化遗存主要有密云区凤凰山遗址，昌平区雪山遗址、张营遗址，平谷区刘家河遗址，房山区刘李店遗址、镇江营遗址、塔照村遗址、西营遗址等。

从夏家店下层文化各遗存出土的文物分析，今北京地区及与上述周边地区遗址之间的交通线路依旧继承着石器时代的“成果”。

出土于平谷区南独乐河镇刘家河村夏家店下层文化遗址，包含这时期今北京交通信息的扁喇叭口形金耳坠如图 2-1 所示。

图 2-1　扁喇叭口形金耳坠（现藏北京市文物研究所）

扁喇叭口形金耳坠与出土于河北省唐山市、辽宁省阜新市等同时期遗址中的同类器物类似。另外，刘家河村另一处夏家店下层文化遗存出土陶器的形制，与天津市蓟州区张家园、围坊等地同时期同类器物基本相同。这些都透露出了当时今北京地区与上述地区的交通关系。

（二）殷商时期的北京交通

殷商时期（前 17 世纪初？—前 11 世纪），今北京地区虽属远离殷商统治核心区的北部边缘地带，但与殷商王朝仍存在较为密切的交通关系。如发现于平谷区南独乐河镇刘家河村的殷商早期墓葬，其出土遗物与中原地区同时期同类型器物相同或相似，表明殷商文化的影响已直抵今北京东部的燕山脚下；位于今房山区琉璃河镇董家林村一带的古燕国不仅经常派使者出使建都于中原地区的殷商王朝，而且还常嫁女于殷商，因此殷商甲骨卜辞中常见“妟来”“妟见”“妇妟”等字。

从甲骨文分析，古燕国应该与商朝最后一个都城——殷保持着较为密切的交通关系。古燕国到殷商诸都城的道路应该先走“京南古路”，再走“京洛古路”。

古燕国与殷商王朝的频繁往来表明，史前被古人类摸索出的交通古线路应该已初步成为人工修筑并能通行车马的“京南古路”和“京洛古路”，因为一方面殷商时期马车的发明与使用已有明确的实物出土佐证，另一方面无论是古燕国使者赴商还是嫁女于商似乎都应该是乘车而行。而通刘家河的道路也应至少是经人工初步修筑而成的“京东古路”，因为在这条路上，位于今广安门地区一带还有一传为黄帝之后建立的“蓟”国（一说为尧帝之后），它不仅应与殷商有着交通往来关系，而且在古燕国与今刘家河之间起着桥梁作用。

显示当时北京地区与中原地区存在交通关系的平谷区刘家河殷商墓葬出土之人面形青铜饰如图 2–2 所示。

图 2–2　平谷区刘家河殷商墓葬出土之人面形青铜饰（现藏首都博物馆）

此青铜饰极具殷商文化特点，并与河南省安阳市西北岗遗址等出土的同时期同类型器物相似。

显示当时北京地区与中原地区存在交通关系的平谷区刘家河殷商墓葬出土之三羊青铜罍如图 2–3 所示。

图 2–3　平谷区刘家河殷商墓葬出土之三羊青铜罍（现藏首都博物馆）

三羊青铜罍与河南省郑州市白家庄殷商墓葬出土的同类型器物在造型、纹饰等方面都十分相似。

显示当时北京地区与中原地区存在交通关系的平谷区刘家河殷商墓葬出土的铁刃铜钺（见图 2–4）和河北省石家庄市藁城区岗山镇台西村殷商遗址出土的铁刃铜钺（见图 2–5），二者制造工艺基本相同，并同为中国最早的铁器。

图 2–4　平谷区刘家河殷商墓葬出土的铁刃铜钺
（现藏国家博物馆）

图 2–5　河北省石家庄市藁城区岗山镇台西村殷商遗址出土的铁刃铜钺

显示今北京地区与中原地区之间存在交通关系的古燕国进献白马于殷商的甲骨卜辞“贞，妟乎取白马氏”之拓片如图 2–6 所示。

可窥见殷商时期北京地区载人马车形制的殷商两驾单辕载人马车结构俯视图如图 2–7 所示。

图 2–6　古燕国进献白马于殷商的甲骨卜辞“贞，妟乎取白马氏”之拓片

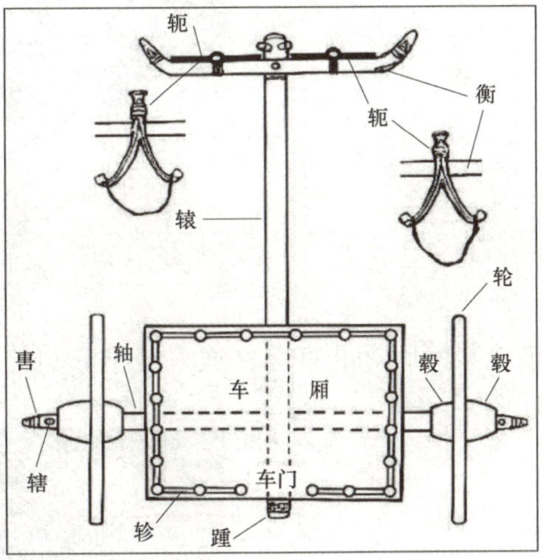

图 2–7　可窥见殷商时期北京地区载人马车形制的殷商两驾单辕载人马车结构俯视图

目前各地出土的殷商载人马车基本上是殷商后期或晚期的，其普遍特征是：木制、单辕、两轮、长方形车厢、车门开在车厢后部，车轮直径在 140 厘米左右，轮辐一般为 18 条、长毂，车轴通长 300 厘米左右，关键部位以青铜制造。北京地区迄今尚未出土殷商时期的载人马车，但由于古燕国与殷商交往比较频繁，所以不仅当时北京地面上行驶过载人马车的可能性很大，而且形制也应该与殷商载人马车差不多，或许蓟国的车型也与此差不多。

可窥见殷商时期北京地区载人马车形制的殷商两驾单辕载人马车结构侧视图如图 2-8 所示。

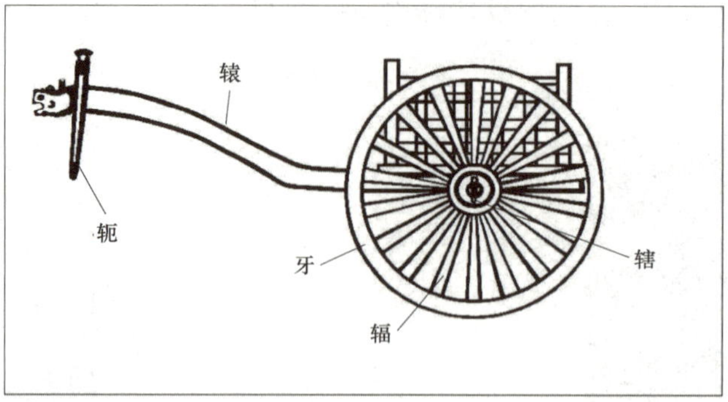

图 2-8　殷商两驾单辕载人马车结构侧视图

辕——亦称“辀”，固定在车厢底部、伸到车前以让驾马拉拽的木头，有曲辕和直辕之分。衡——固定在车辕的前端、与车辕呈十字相连的横木。轭——固定在衡上、压在驾马肩胛骨前便于其拉拽的车马具，下端两边系以绳索，围在马脖子下方，以防脱落。轸——车厢后面的横木。踵——安装在车厢后部下方方便乘者上下车的脚踏木，一般外面包有金属套。毂（gǔ）——车轮中心部位的金属件，正中有孔，由此插入车轴，其外圈与轮辐相连。軎（wèi）——套在轮毂外端车轴上以防车轮掉落的金属件。辖——亦作“轊”（wèi），插在軎之孔中，以防軎从车轴上脱落的金属件。牙——亦称“辋”，车轮的外沿部分。辐——连接车毂与轮牙的条状木头。

当时北京地面上可能行驶的载人马车应该在质量上逊于殷商的马车。

可窥见殷商时期北京地区载人马车形制的殷商两驾单辕马车复原图如图 2-9 所示。

图 2-9　殷商两驾单辕马车复原图

可窥见殷商时期北京地区载人马车形制的殷商两驾单辕马车遗貌如图 2-10 所示。

图 2-10　殷商两驾单辕马车遗貌（现藏安阳殷墟宫殿祭祀遗址车马坑展馆）

图 2-10 左边是殷商道路遗存，也可窥见当时北京地区车马大道的样式，但质量应远远比不上殷商。

（三）西周时期的北京交通

西周（前 1046—前 771）建立后，封召公奭于北方的燕地，取代了古燕国，但继续承认蓟国。

燕国都城最初在疑似为古燕国的统治中心区，即今房山区琉璃河镇董家林村一带，其势力范围主要在永定河以南。蓟国都城为蓟，仍在今广安门地区一带，其势力应较弱小。燕都似应为当时北京地区的交通中心，并应与蓟都之间保持有车马大道相通。

西周中期燕国扩张，向北跨过永定河，吞并蓟国，并将都城迁到蓟城，琉璃河燕都遂废弃。从此北京地区的交通中心转移到蓟城，并一直延续到辽金时期。

西周时期今北京地区作为南北交通枢纽的地位得到加强，因此“京南古路”仍应是最为繁忙的车马大道。而从历史记载和考古发掘来看，“京东古路”也比较繁忙。

西周早期燕国及当时北京地区的交通中心——位于房山区琉璃河镇董家林村的燕国早期都城遗址现貌如图 2-11 所示，城墙遗址被荆棘覆盖。

图 2-11　位于房山区琉璃河镇董家林村的燕国早期都城遗址现貌（张和平/摄，颜吾芟/制图）

西周中期以后燕国及当时北京地区的交通中心——位于今西城区广安门地区的古蓟城所在地（西周燕国迁都于蓟城的纪念柱即立于此）如图 2-12 所示。

图 2-12　位于今西城区广安门地区的古蓟城所在地（西周燕国迁都于蓟城的纪念柱即立于此）（张和平/摄）

西周时期，尤其是西周初期，今北京地区与周王室所在的今陕西省西安市、河南省洛阳市的交通往来频繁，而且所经“京洛古路”及其延长线“洛（邑）镐（京）古路”应该都是车马大道。另外今北京地区还与今山西省临汾市、辽宁省朝阳市、黑龙江省鸡西市、北方草原，以及辽东乃至今朝鲜，都有交通往来关系，有些道路也应是车马大道。

《史记·燕召公世家》有关西周建立后封召公奭于北燕以及《索隐》中有关其元子（长子）来燕“就封”的记载如图 2-13 所示。

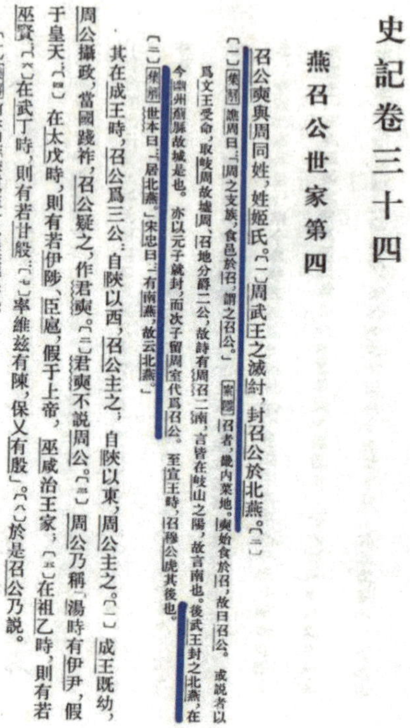
史記卷三十四

燕召公世家第四

召公奭與周同姓，姓姬氏。〔一〕周武王之滅紂，封召公於北燕。〔二〕

〔一〕集解譙周曰：「周之支族，食邑於召，謂之召公。」索隱召者，畿內菜地。奭始食於召，故曰召公。或說者以爲文王受命，取岐周故墟周、召地分爵二公，故詩有周召二南，言皆在岐山之陽，故言南也。後武王封之北燕，在今幽州薊縣故城是也。亦以元子就封，而次子留周室代爲召公。至宣王時，召穆公虎其後也。

〔二〕集解世本曰：「居北燕。」宋忠曰：「有南燕，故云北燕。」

其在成王時，召公爲三公：自陝以西，召公主之；自陝以東，周公主之。〔一〕成王既幼，周公攝政，當國踐祚，召公疑之，作君奭。〔二〕君奭不說周公。〔三〕周公乃稱「湯時有伊尹，假于皇天；〔四〕在太戊時，則有若伊陟、臣扈，假于上帝，巫咸治王家；〔五〕在祖乙時，則有若巫賢；〔六〕在武丁時，則有若甘般：〔七〕率維兹有陳，保乂有殷」。〔八〕於是召公乃說。

〔一〕集解何休曰：「陝者，蓋今弘農陝縣是也。」

燕召公世家第四　一五四九

图 2-13 《史记·燕召公世家》有关西周建立后封召公奭于北燕以及《索隐》中有关其元子（长子）来燕“就封”的记载

该记载表明“京洛古路”已延伸至今西安市，其与延长线“洛镐古路”可合称“京镐古路”。

透露出西周早期今北京地区与中原地区经“京洛古路”或“京镐古路”交通往来密切之信息的克盉之外观、内盖和内壁上的铭文及铭文的现代字样如图 2-14 所示。

(a) 外观　(b) 内盖和内壁上的铭文　(c) 铭文的现代字样

图 2-14 克盉之外观、内盖和内壁上的铭文及铭文的现代字样（现藏首都博物馆）

该克盉出土于房山区琉璃河镇黄土坡村（位于董家林村东南约 800 米处）西周燕都贵族墓葬群。克即《史记·燕召公世家·索引》所记召公奭之元子，史曾佚其名三千年。由于身为太保的召公奭要留在王室辅政，因此经成王同意，遣克代为赴燕，这样克就成为实际上的第一代燕侯。此器乃克为纪念自己受命从宗周（一说即镐京，今陕西省西安市西南；一说为洛邑，今河南省洛阳市）来燕建立统治而铸成，其铭文大意为“成王命令：‘太保，你用盟誓和清酒来供奉你的君主，我非常满意你的供享，命克做燕地的君侯，管理和使用羌族、驭族、微族等六族。’克来到燕后，划定土地，建立官职，并铸造此宝器以作纪念。”从中不仅透露出西周早期今北京地区与中原地区交通关系更加密切的信息，而且由于贵族出行都是乘坐马车，因此沟通两地的道路应为车马大道。

透露出西周早期今北京地区与中原地区经“京洛古路”或“京镐古路”交通往来密切之信息的克罍之外观及内盖和内壁上的铭文如图 2-15 所示。

(a) 克罍之外观　　(b) 内盖和内壁上的铭文

图 2-15　克罍之外观及内盖和内壁上的铭文（现藏首都博物馆）

克罍亦出土于房山区琉璃河镇黄土坡村西周燕都贵族墓葬群，也为第一代燕侯克为纪念自己受命从宗周来燕建立统治而铸，其铭文与克盉铭文几乎完全一样。而且根据周礼，各诸侯在自己的封地初步建立统治后，还必须返周汇报工作，因此克于此建立燕国后，至少应在燕都与宗周之间往来一个来回。

透露出西周早期今北京地区与中原地区经“京洛古路”或“京镐古路”交通往来密切之信息的堇鼎及其铭文的现代字样如图 2-16 所示。

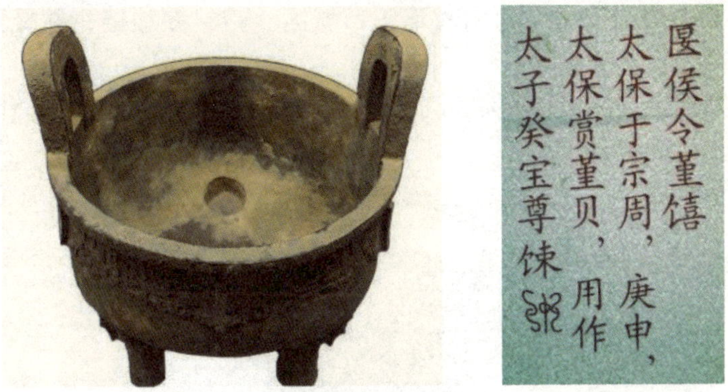

(a) 堇鼎　　(b) 铭文的现代字样

图 2-16　堇鼎及其铭文的现代字样（现藏首都博物馆）

堇鼎亦出土于房山区琉璃河镇黄土坡村西周燕都贵族墓葬群，为西周早期燕国贵族堇奉燕侯之命赴宗周向太保、召公奭贡献食物得到赏赐回来后为已故的太子癸所铸。有专家认为太子癸为克之子。

透露出西周早期今北京地区与中原地区经“京洛古路”或“京镐古路”交通往来密切之信息的圉方鼎及其铭文如图 2–17 所示。

(a) 圉方鼎　(b) 铭文

图 2–17　圉方鼎及其铭文（现藏首都博物馆）

圉方鼎亦出土于房山区琉璃河镇黄土坡村西周燕都贵族墓葬群，为西周早期燕国贵族圉为纪念奉燕侯之命赴王室参加周王典礼回来得到燕侯赏赐之事而铸。鼎腹内、盖内铸有相同铭文，其内容为“休朕公君，匽侯赐圉贝，用作宝樽彝。”有学者认为，圉是堇的儿子，均为燕侯近臣，其家族或许世代承担着代表燕侯出使西周王室的任务。

透露出西周早期今北京地区与中原地区经“京洛古路”或“京镐古路”交通往来密切之信息的圉簋、圉甗、圉卣及其铭文的现代字样如图 2–18 所示。

(a) 圉簋　(b) 圉甗　(c) 圉卣　(d) 铭文的现代字样

图 2–18　圉簋、圉甗、圉卣及其铭文的现代字样（现藏首都博物馆）

图 2–18 中的 3 件青铜器均出土于房山区琉璃河镇黄土坡村西周燕都贵族墓葬群，为西周早期燕国贵族圉为纪念自己奉燕侯之命赴成周（今河南省洛阳市城区一带）参加祀礼并受到周王赏赐之事而铸。3 件器物内的铭文内容完全一样。

包含西周早期今北京地区与今山西省临汾市存在交通关系信息的“燕侯旨作姑妹宝尊彝”青铜卣如图 2–19 所示。

图 2–19　“燕侯旨作姑妹宝尊彝”青铜卣（现藏山西博物院）

该卣出土于临汾市翼城县大河口村霸国（媿姓）墓葬，为燕国第二代诸侯旨为远嫁到霸国的姑姑（“姑妹”）而铸。其显示出西周初年今北京地区不仅与今晋南交通关系的存在，而且两地之间很可能是由车马大道相沟通。这条车马大道最有可能的路线是先走“京南古路”“京洛古路”，而后在今河北省石家庄市折向西，走“石太古路”，穿过号称“太行八陉”之第五陉的井陉（xíng，“陉”为山脉中断之处，也即横切山脉使山脉中断的河谷或山谷，是穿越山脉的天然通道，后世则修筑有重要的穿山道路），再经今山西省太原市继续南下而抵。翼城县后来成为晋国都城——唐之所在地，因此这条道路也可称为“京晋古路”。

《史记》透露出的有关西周初年中原地区经今北京与今辽宁省东部甚至朝鲜半岛存在交通关系信息的记载如图 2-20 所示。

《史记·宋微子世家》载，西周初年封降周的殷太师箕子于朝鲜。箕子赴朝鲜初步建立起统治后又返回汇报。由于箕子赴朝鲜建立的统治区域在辽东与朝鲜交界一带的可能性最大，又由于当时华北平原湖泊众多、沼泽密布，故而箕子往返很有可能要穿过今北京地区。据此，箕子来返的道路应主要为“京洛古路”“京榆古路”和辽西走廊。而“京榆古路”和辽西走廊应该可以通行车马。

包含有西周早期今北京地区与今辽宁省朝阳市交通往来信息的“匽侯作餴盂”如图 2-21 所示。

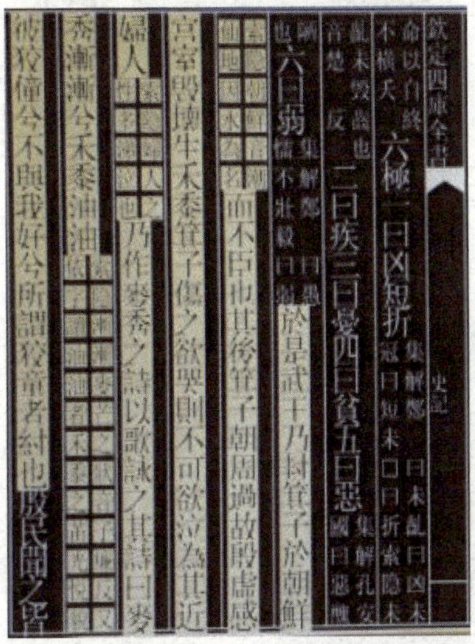
欽定四庫全書
史記
六極一曰凶短折二曰疾三曰憂四曰貧五曰惡六曰弱
於是武王乃封箕子於朝鮮而不臣也其後箕子朝周過故殷虛感宮室毀壞生禾黍箕子傷之欲哭則不可欲泣為其近婦人乃作麥秀之詩以歌詠之其詩曰麥秀漸漸兮禾黍油油彼狡僮兮不與我好兮所謂狡童者紂也殷民聞之皆

图 2-20 《史记》透露出的有关西周初年中原地区经今北京与今辽宁省东部甚至朝鲜半岛存在交通关系信息的记载

图 2-21 “匽侯作餴盂”（现藏国家博物馆）

该器发现于朝阳市喀喇沁左翼蒙古族自治县，属西周早期文物。“匽侯作餴盂”此 5 字铭文表明，此器归燕侯所有，因而最初该盂应身在今北京，后被携带到今朝阳市，而携带者所经道路为“京承古路”的可能性最大。

包含有西周早期今北京地区与辽宁省朝阳市交通往来信息的喀左县圉簋如图 2-22 所示。

该器也发现于朝阳市喀喇沁左翼蒙古族自治县，其铭文与黄土坡村西周燕都贵族墓葬群出土的圉簋之铭文几乎完全相同，大意为“周王行祭礼于成周，并赏赐给圉青铜贝，圉用这些青铜贝制作了这件宝器”，显然该器也属于曾奉燕侯之命赴成周完成出使任务的燕国贵族圉。此器及前器均在喀喇沁左翼蒙古族自治县发现，表明西周早期今北京地区与今朝阳市的交通往来也许是比较密切的。若如此则“京承古路”成为车马大道的可能性亦大增。

《国语》透露出的有关西周时期今北京地区与今黑龙江省鸡西市存在交通关系的记载如图 2-23 所示。

据《国语·鲁语（下）》，西周初年居住于今东北地区的邦国——肃慎，曾向西周进贡特产“楛矢石砮”（楛，为木名，可做箭杆；砮，即石制的箭镞）。肃慎为生活在我国东北地区的古代民族，亦被称作“息慎”“稷慎”，是见于文献记载的黑龙江地区最早先民。鸡西市为肃慎人活动的主要地带。传说在舜禹时代，肃慎就已与中原地区有了联系。如《竹书纪年·五帝纪》载：“帝舜二十五年，息慎氏来朝，贡弓矢。”《大戴礼记·少闲》载：“昔虞舜以天德嗣尧……海外肃慎……来服。舜崩，有禹代兴……海之外肃慎……来服。”西周时期肃慎曾多次派使者朝周，西周统治者也将肃慎和燕地视为自己的“北土”。同样，由于华北平原湖泊众多、沼泽密布，因此肃慎与中原华夏族的交往均应通过今北京地区才行。而其与西周较为频繁的交往，不仅显示出当时自东北地区通往中原地区交通线路的成熟，而且还凸显了北京地区交通枢纽的地位。

图 2-22　喀左县圉簋（现藏辽宁省博物馆）

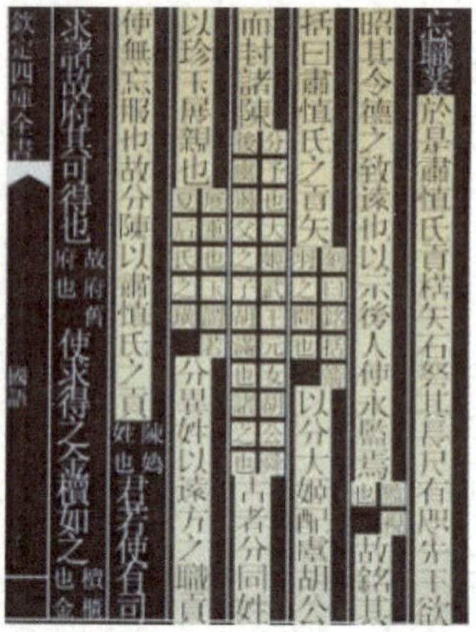

欽定四庫全書
忘職業於是肅慎氏貢楛矢石砮其長尺有咫先王欲
昭其令德之致遠也以示後人使永監焉故銘其
栝曰肅慎氏之貢矢以分大姬配虞胡公
而封諸陳古者分同姓
以珍玉展親也分異姓以遠方之職貢
使無忘服也故分陳以肅慎氏之貢陳媯姓也君若使有司
求諸故府其可得也故府舊府也使求得之金櫝如之
國語

图 2-23 《国语》透露出的有关西周时期今北京地区与今黑龙江省鸡西市存在交通关系的记载

肃慎人生活的中心地区今黑龙江省鸡西市所立肃慎人群雕像如图 2-24 所示，肃慎人或许是从今鸡西市出发经今北京地区而赴中原朝周的。

图 2-24　肃慎人群雕像

包含西周初期今北京地区与北方草原地区存在交通关系信息的兵器斧、马首青铜短剑如图 2-25 所示。

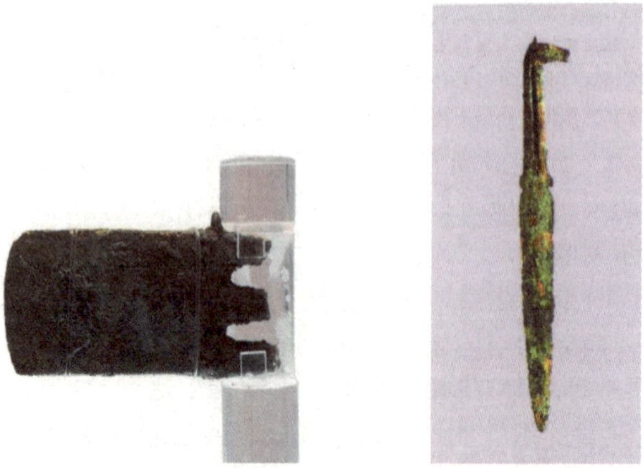

(a) 兵器斧　　(b) 马首青铜短剑

图 2-25　兵器斧、马首青铜短剑（现藏首都博物馆）

两器物均出土于昌平区白浮村西周初期墓葬。据研究，两器物都产自北方草原，尤其马首青铜短剑更具有典型的北方草原文化特征，从而显示当时今北京地区与北方草原存在交通关系。由于两地可经多条道路相通，故而笼统称为“北方线路”。另据研究，白浮村西周墓葬的形制、葬俗，以及随葬器物种类、器形等与董家林村西周墓葬基本相同，还与河南省鹤壁市浚县辛村、陕西省西安市长安区沣西张家坡西周墓葬及车马坑出土器物相似或相同，而上述遗址正处在“京延古路”“京南古路”“京镐古路”沿线。

包含有西周初期今北京地区交通信息的直内长阑戈如图 2-26 所示。

图 2-26　包含有西周初期今北京地区交通信息的直内长阑戈（现藏首都博物馆）

该器也出土于昌平区白浮村西周初期墓葬。戈，演变自镰刀，是中原地区特有的兵器。此器与产自北方草原的兵器斧、具有典型北方草原文化特征的马首青铜剑等出土于同一墓葬，既显示出北方草原文化与中原文化在今北京地区的相互交融，同时再一次凸显了当时今北京地区作为中原地区与北方草原地区交通枢纽的地位。

包含有西周初期今北京地区与北方草原地区存在交通关系信息的管銎斧如图 2-27 所示。

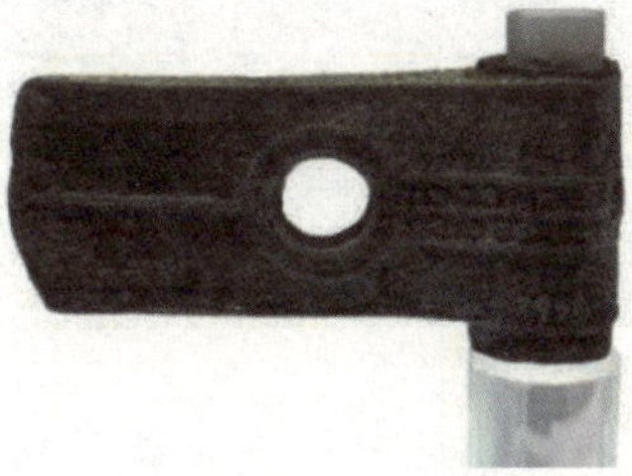

图 2-27　管銎斧（现藏首都博物馆）

该器出土于丰台区西周初期墓葬，其所具有的北方草原兵器文化特征同样表明了当时今北京地区与北方草原存在经由“北方线路”而进行交通往来的事实。

西周时期曾与今北京地区存在交通关系的古代游牧民族（夏商周时被称为“鬼方”）生活的北方蒙古草原今貌（“北方线路”的“起点”）如图 2-28 所示。

图 2-28　古代游牧民族（夏商周时被称为“鬼方”）生活的北方蒙古草原今貌（“北方线路”的“起点”）（杨杨/摄）

房山区琉璃河镇黄土坡村西周燕都贵族墓葬群出土陪葬车马坑中的车马遗迹（1）如图 2–29 所示。

图 2–29　房山区琉璃河镇黄土坡村西周燕都贵族墓葬群出土陪葬车马坑中的车马遗迹（1）（西周燕都遗址博物馆/供图）

房山区琉璃河镇黄土坡村西周燕都贵族墓葬群出土陪葬车马坑中的车马遗迹（2）如图 2–30 所示。

图 2–30　房山区琉璃河镇黄土坡村西周燕都贵族墓葬群出土陪葬车马坑中的车马遗迹（2）（西周燕都遗址博物馆/供图）

房山区琉璃河镇黄土坡村西周燕都贵族墓葬群出土陪葬车马坑中的车马遗迹（3）如图 2–31 所示。

图 2–31　房山区琉璃河镇黄土坡村西周燕都贵族墓葬群出土陪葬车马坑中的车马遗迹（3）（西周燕都遗址博物馆/供图）

黄土坡陪葬车马坑一共发现了 30 多个，出土的车马遗迹是北京地区迄今发现最早的车马遗迹。众多车马遗迹的出土，既反映出西周时期今北京地区尤其今房山区一带的道路上车舆往来频繁的景象，同时也传递出当时今北京地区车舆的制造、道路的建设与管理也必定会达到新高度等信息。图 2–31 中多辆车舆遗迹和众多的马匹骨骸，反映出当时燕国造车业及养马业的发达。

保留着清晰车轮遗迹的西周燕都贵族墓陪葬车马坑如图 2–32 所示。

图 2–32　保留着清晰车轮遗迹的西周燕都贵族墓陪葬车马坑（西周燕都遗址博物馆/供图）

西周两驾单辕载人马车复原图如图 2–33 所示。

图 2–33　西周两驾单辕载人马车复原图

出土于房山区琉璃河镇黄土坡村西周燕都贵族墓葬群陪葬车马坑的銮如图 2–34 所示，其亦称“銮铃”，为安装在车衡上以铃声警示行人并起显示身份、装饰诸作用的金属件。

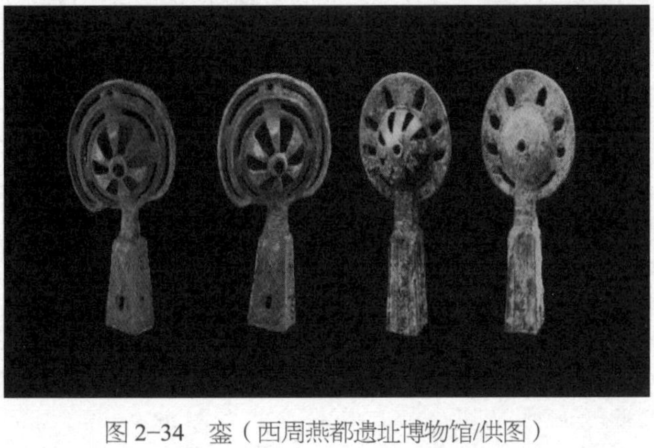

图 2–34　銮（西周燕都遗址博物馆/供图）

西周两驾单辕马车示意图如图 2–35 所示。

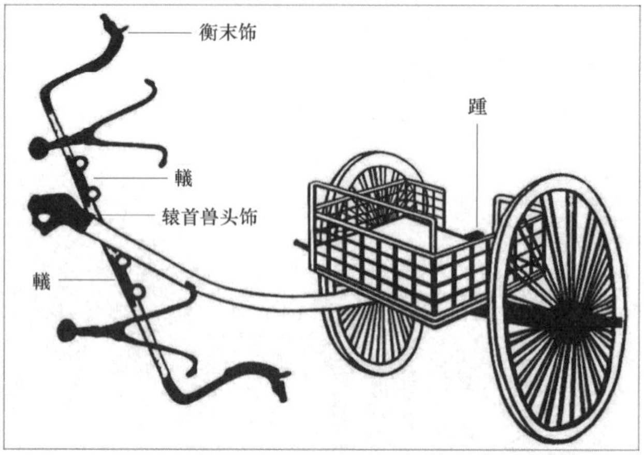

图 2–35　西周两驾单辕马车示意图

出土于房山区琉璃河镇黄土坡村西周燕都贵族墓葬群陪葬车马坑的辕首兽头饰（见图 2–36），其是套在车辕首端起保护、美观及显示车主身份等作用的金属兽头饰。

出土于房山区琉璃河镇黄土坡村西周燕都贵族墓葬群陪葬车马坑的轙（yǐ），如图 2–37 所示，其是安装在车衡上用以贯穿缰绳以免其散乱的金属件。

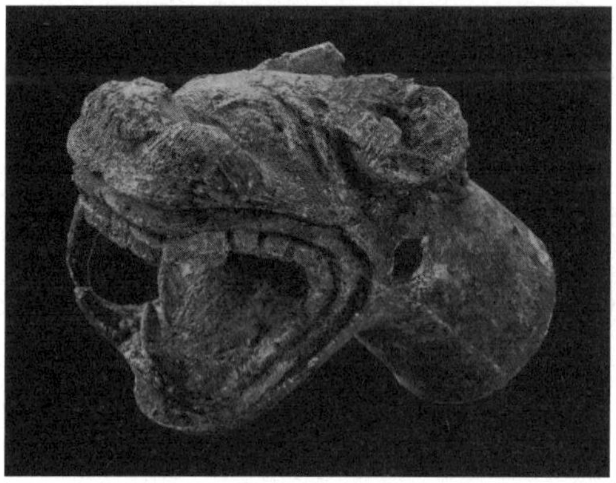

图 2–36　辕首兽头饰（西周燕都遗址博物馆/供图）

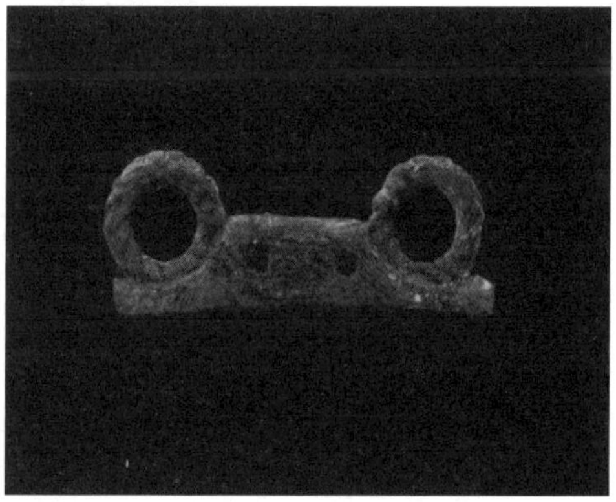

图 2–37　轙（西周燕都遗址博物馆/供图）

出土于房山区琉璃河镇黄土坡村西周燕都贵族墓葬群陪葬车马坑的衡末饰，如图 2–38 所示，其是固定或套在车衡木两端起装饰作用的金属。

出土于房山区琉璃河镇黄土坡村西周燕都贵族墓葬群陪葬车马坑的轭如图 2–39 所示。

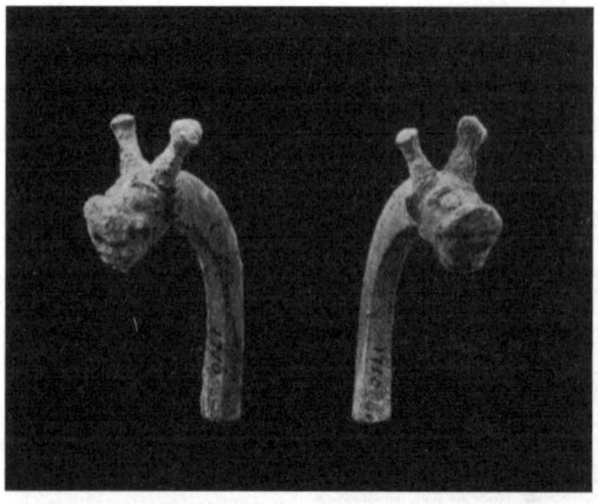

图 2–38　衡末饰（西周燕都遗址博物馆/供图）

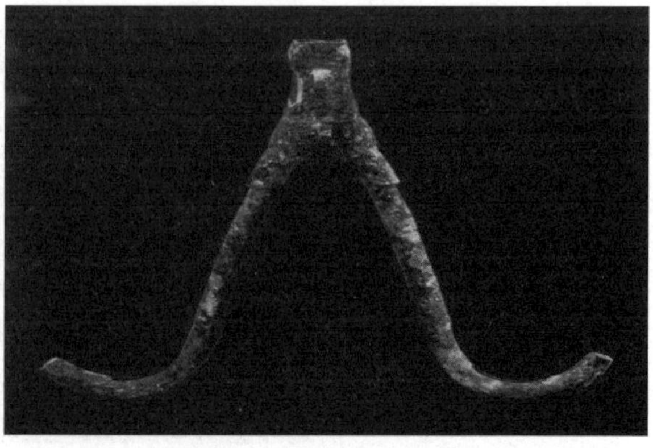

图 2–39　轭（西周燕都遗址博物馆/供图）

西周四驾单辕马车及踵的位置示意图如图 2–40 所示。

图 2–40　西周四驾单辕马车及踵的位置示意图

出土于房山区琉璃河镇黄土坡村西周燕都贵族墓葬群陪葬车马坑的踵饰，如图 2–41 所示，其是套在车踵（踏脚板）外起保护及装饰作用的金属件。

图 2–41　踵饰（西周燕都遗址博物馆/供图）

西周载人马车车轴、轮毂等部位构件名称示意图如图 2–42 所示。

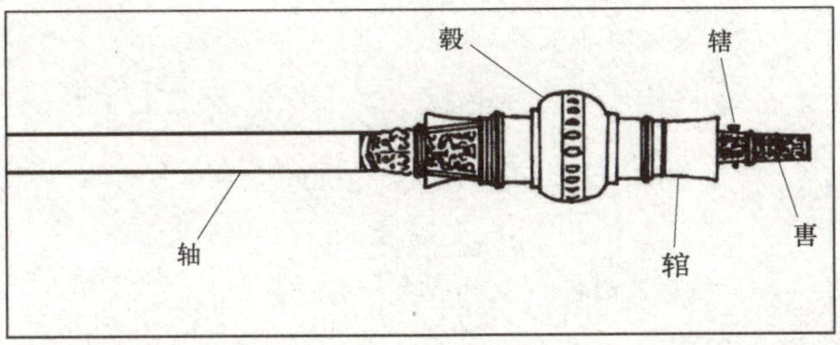

图 2–42　西周载人马车车轴、轮毂等部位构件名称示意图

出土于房山区琉璃河镇黄土坡村西周燕都贵族墓葬群陪葬车马坑的轮毂及辖（guǎn）如图 2–43 所示，辖亦称轪（dài），是包在车毂上的金属套。

图 2–43　轮毂及辖（西周燕都遗址博物馆/供图）

出土于房山区琉璃河镇黄土坡村西周燕都贵族墓葬群陪葬车马坑的軎（wèi）如图 2-44 所示。

图 2-44 軎（西周燕都遗址博物馆/供图）

出土于房山区琉璃河镇黄土坡村西周燕都贵族墓葬群陪葬车马坑的辖如图 2-45 所示。

图 2-45 辖（西周燕都遗址博物馆/供图）

北京地区目前出土最早的四驾单辕马车之整车遗迹如图 2-46 所示。

图 2-46 北京地区目前出土最早的四驾单辕马车之整车遗迹（现藏西周燕都遗址博物馆）

该车马遗迹出土于房山区琉璃河镇黄土坡村西周燕都贵族墓葬群中的“商遗民”首领复（人名）之陪葬车马坑。“商遗民”是西周建立后周族人对商族人的称呼，他们的地位相当于奴隶。燕地的“商遗民”应该是殷商后期逐渐从中原地区迁徙而来的，这从西周初年永定河以南地区浓郁的殷商文化遗存甚至远超周文化因素之现象即可证明；另外还有一小部分应是随第一代燕侯克自中原地区迁徙而来的。大规模的人群自中原迁徙到今北京再次表明，“京洛古路”早在殷商时期即已形成。

从此陪葬车马坑的整车随葬、马头朝南等可以看出，其仍保留着与中原地区几乎完全一样的殷商贵族丧葬传统。由此可以认定，此车也一定在很大程度上保留了殷商时期的造车传统，所以它与殷商时期的车舆制造应该不会有太大区别，这也应是殷商时期今北京地区已有载人马车在车马大道上行驶的证据之一。从考古发掘来看，四驾单辕马车出现于殷商晚期，西周时期逐渐增多起来。此车马遗迹表明，晚到西周初期今北京地区已出现四驾单辕马车，这是北京交通史上的一大进步。

另外，由此车的轨距为 2.44 米、四马并驾宽在 4 米左右等数据可知，商末周初时今北京地区车马大道修筑的最大宽度当与安阳出土的宽 8.35 米的殷商车马大道遗存差不多。

可作为西周时期今北京地区车马大道参照的殷商道路遗存如图 2–47 所示，西周时期北京地区的道路建设质量应该与之差不多。

图 2–47　殷商道路遗存（现藏安阳殷墟宫殿宗庙遗址车马坑展馆）

西周四驾单辕马车之驾马、车舆、车件等名称示意图如图 2–48 所示。

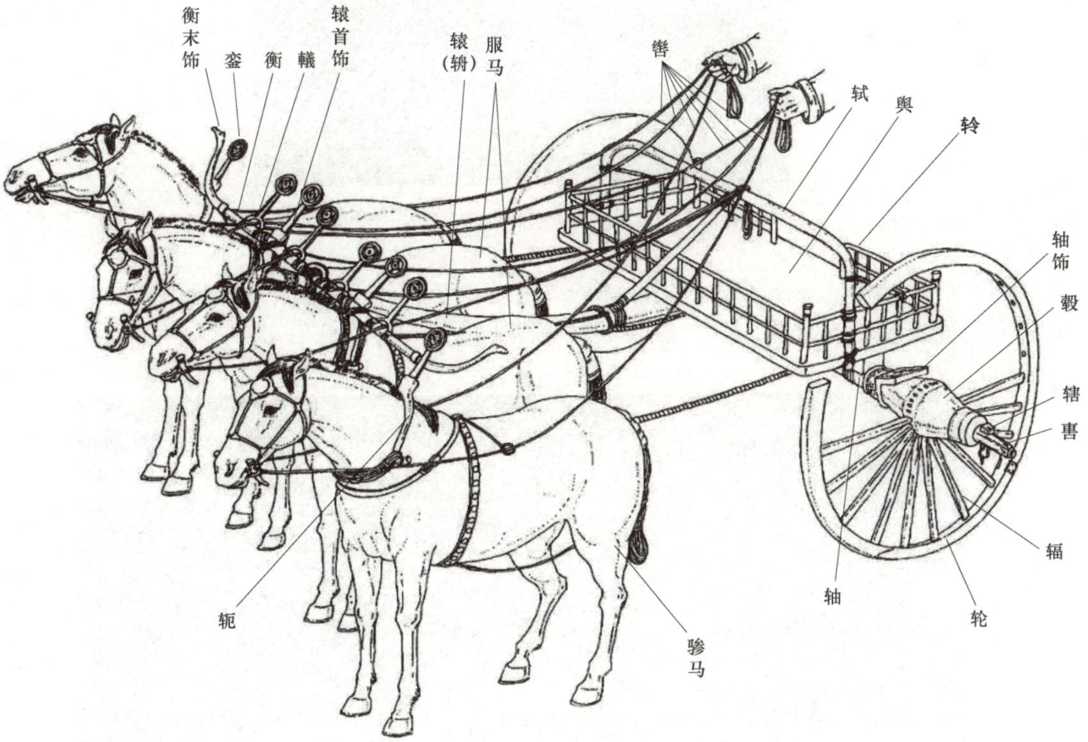

图 2–48　西周四驾单辕马车之驾马、车舆、车件等名称示意图

西周载人马车驾马的络头各部件名称示意图如图 2-49 所示。

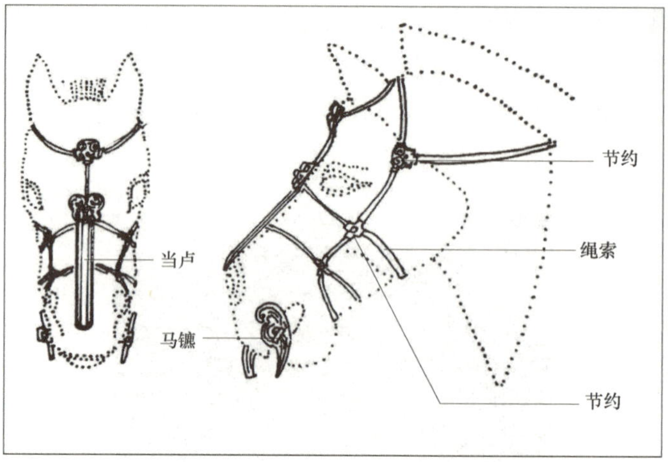

图 2-49　西周载人马车驾马的络头各部件名称示意图

络头，俗称马笼头，为套在马头上便于约束、驾驭马匹，以及起装饰作用的马具，包括当卢、节约、马嚼子、马镳（biāo）、绳索等。绳索由皮革制成，不易保存，故没有实物出土。

出土于房山区琉璃河镇黄土坡村西周燕都贵族墓葬群陪葬车马坑的当卢，如图 2-50 所示，其是系于驾马额头中央的金属饰物。

图 2-50　当卢（西周燕都遗址博物馆/供图）

出土于房山区琉璃河镇黄土坡村西周燕都贵族墓葬群陪葬车马坑的节约，如图 2-51 所示，其是固定于马头绳索交叉处的金属连接器。固定部位不同，样式也不一样。

图 2-51　节约（西周燕都遗址博物馆/供图）

出土于房山区琉璃河镇黄土坡村西周燕都贵族墓葬群陪葬车马坑的马嚼子与马镳，如图2–52所示，马嚼子为衔在马嘴里以控制马匹的金属部件。马镳为马嚼子两端露在嘴角外的金属部件，上系绳索，供御手持绳驾驭。

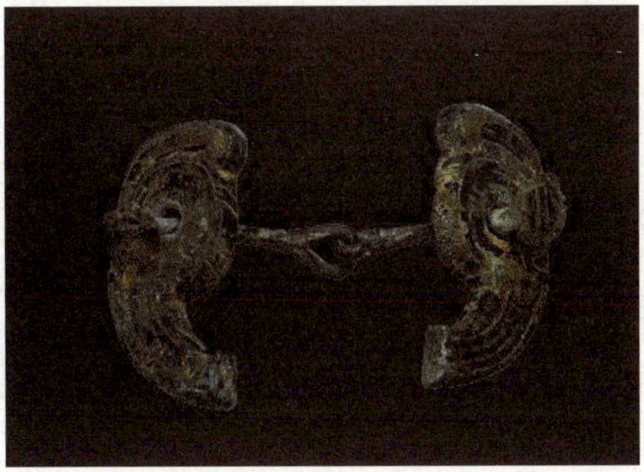

图2–52　马嚼子与马镳（西周燕都遗址博物馆/供图）

北京地区出土的疑似"六驾马车"遗迹如图2–53所示。

图2–53　北京地区出土的疑似"六驾马车"遗迹（现藏西周燕都遗址博物馆）

此遗迹出土于房山区琉璃河镇黄土坡村西周燕都贵族墓葬群中的"商遗民"首领攸（人名，一说仍为复）墓之陪葬车马坑。出土时6匹马分作两排，第一排4马，第二排2马，马头均朝南，随葬有一具15岁男性驭手的骸骨，还出土了辖1件、軎2件，但未见车舆、车辕、车轴、车轮等，因而称"疑似"。另外，西周时期"天子驾六"，即只有周天子才有资格乘坐六驾马车。若此遗迹真的是六驾马车，则当属违礼之举，但这似乎不太可能。此车为"商遗民"贵族所有，其"沦为二等公民"的身份，敢有如此严重的违礼行为不太可能（虽然此车驾马的排列与"天子驾六"有别）。另外，若此遗迹真的是六驾马车，那北京地区马车的驾驭技术则达到了新的高度。

可与北京“六驾马车”相比照的出土于河南省洛阳市的东周“天子驾六”遗存（后视），如图 2–54 所示，其六匹驾马呈一字排开状。

图 2–54　东周“天子驾六”遗存（后视）（现藏洛阳周王城天子驾六博物馆）

可与北京“六驾马车”相比照的出土于河南省洛阳市的东周“天子驾六”遗存（侧视），如图 2–55 所示，其六匹驾马呈一字排开状。

图 2–55　东周“天子驾六”遗存（侧视）（现藏洛阳周王城天子驾六博物馆）

也许驾马前 4 后 2 排列的礼制等级低于六匹驾马一字排开的“天子驾六”，但无论如何其等级应该高于四驾马车，在当时的北京地区应该是最高等级的，因此作为“商遗民”贵族的座车无论如何也是说不通的，抑或这是殷商马车的驾制之一，若真如此则殷商时期今北京的地面上就应已有这种“顶级”配置的马车了。当然，上述都是建立在推理的基础上，没有车身出土，任何说法都站不住脚。

《国语・周语（中）》中有关至晚从西周时期开始实行的“列树以表道，立鄙食以守路”制度的记载如图 2–56 所示。

西周时期对道路的建设、维护与管理有着一套非常严格的制度规定。“列树以表道，立鄙食以守路”，即道路两旁必须栽植树木以显示道路之所在，道路沿途设“鄙食”（官称）管理为过往官员贵族提供饮食的庐舍。

《国语・周语（中）》中有关至晚从西周时期开始实行的“九月除道，十月成梁”制度的记载如图 2–57所示。

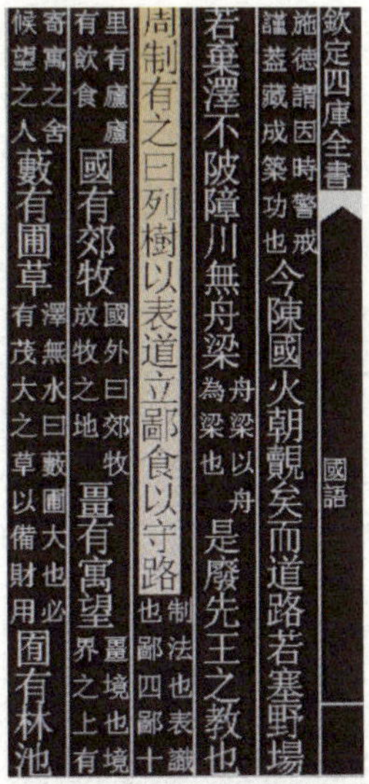
欽定四庫全書 國語
施德謂因時警戒謹蓋藏成築功也今陳國火朝覿矣而道路若塞野場
若棄澤不陂障川無舟梁舟梁以舟為梁也是廢先王之教也
周制有之曰列樹以表道立鄙食以守路制法也表識也鄙四鄙十
里有廬廬有飲食國有郊牧國外曰郊牧放牧之地畺有寓望畺境也境界之上有
寄寓之舍候望之人藪有圃草澤無水曰藪圃大也必有茂大之草以備財用囿有林池

图 2–56 《国语・周语（中）》中有关至晚从西周时期开始实行的“列树以表道，立鄙食以守路”制度的记载

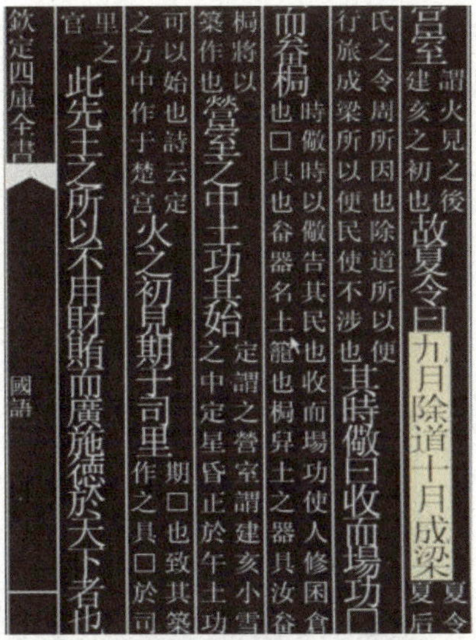
營室謂火見之後建亥之初也故夏令曰九月除道十月成梁夏令夏后
氏之令周所因也除道所以便行旅成梁所以便民使不涉也其時儆曰收而場功□
而畚梮時儆以儆告其民也收而場功使人修囷倉也□具也畚器名土籠也梮舁土之器具汝畚
梮將以築作也營室之中土功其始定謂之營室謂建亥小雪之中定星昏正於午土功
可以始也詩云定之方中作于楚宮火之初見期于司里期□也致其築作之具□於司
里之官此先王之所以不用財賄而廣施德於天下者也
欽定四庫全書 國語

图 2–57 《国语・周语（中）》中有关至晚从西周时期开始实行的“九月除道，十月成梁”制度的记载

“九月除道，十月成梁”，即每年雨季过后，九月必须整修道路，十月则立即修复桥梁。《夏令》为夏朝时颁布的一部法令，由此可知此制早在西周以前即已形成制度。

《国语・周语（中）》中有关至晚从西周时期开始实行的“敌国宾至……司空视途”制度的记载如图 2–58所示。

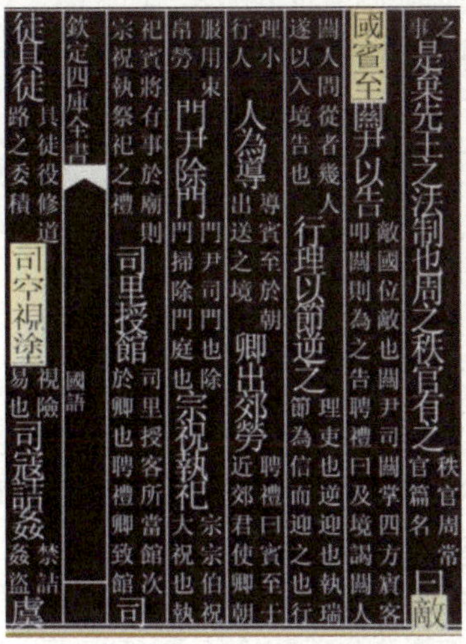
之事是棄先王之法制也周之秩官有之秩官周常官篇名曰敵
國賓至關尹以告敵國位敵也關尹司關掌四方賓客叩關則為之告聘禮曰及境謁關人
關人問從者幾人遂以入境告也行理以節逆之理吏也逆迎也執瑞節為信而迎之也行
理小行人人為導導賓至於朝出送之境卿出郊勞聘禮曰賓至于近郊君使卿朝
服用束帛勞門尹除門門尹司門也除門掃除門庭也宗祝執祀宗宗伯祝大祝也執
祀賓將有事於廟則宗祝執祭祀之禮司里授館司里授客所當館次於卿也聘禮卿致館司
欽定四庫全書 國語
徒具徒具徒役修道路之委積司空視塗視險易也司寇詰姦禁詰姦盜虞

图 2–58 《国语・周语（中）》中有关至晚从西周时期开始实行的“敌国宾至……司空视途”制度的记载

“敌国宾至……司空视途”，即地位相等的诸侯国宾客来访，司空必须事前将其所经道路视察一遍。《秩官》为按官职品级写明各职司所负责任的手册。

上述这些规定应该在燕国也得到了实施，尤其今北京地区还处在中原地区与东北地区、蒙古高原（北方草原）的交通枢纽位置上，过往使臣等颇多，因此必须将道路建设好和管理好才行。

《左传纪事本末》（卷 26）中有关至晚从西周时期开始实行的“雨毕而除道，水涸而成梁”制度的记载如图 2–59 所示。

“雨毕而除道，水涸而成梁”，即每年的雨季结束后必须整修道路，河流干涸则立即修复桥梁，与《国语》“九月除道，十月成梁”的意思相同。古代的道路都是筑土而成，经不起雨水的冲刷，因此每年九月雨季过后必须重整才利于通行，而在雨季中被冲毁的桥梁则要等到十月河流水量减少或干涸了才能修复。

上述这些制度规定其实都是长期实践经验的总结，但实施的程度则显示着各国君主对权力的掌控程度和对国家的治理水平，因此具有极强的政治性。燕国虽地处西周边陲，但要有效地管理自己的封土，也必须认真实施此制度才行。

《诗经 • 大东》有关西周时期道路建设以及管理制度的诗句如图 2–60 所示。

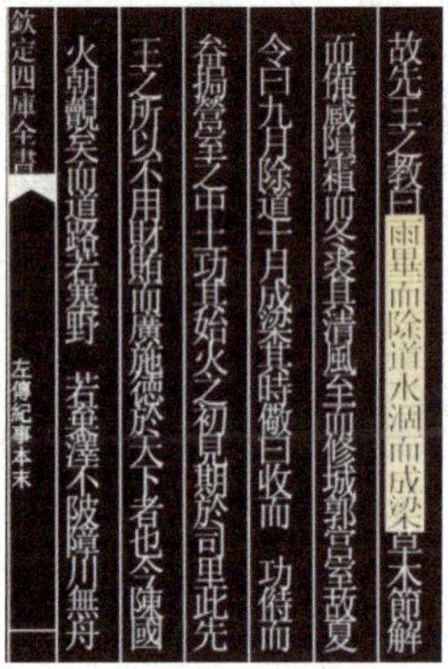
故先王之教曰雨畢而除道水涸而成梁草木節解
而備藏隕霜而冬裘具清風至而修城郭宮室故夏
令曰九月除道十月成梁其時儆曰收而 功偫而
畚挶營室之中土功其始火之初見期於司里此先
王之所以不用財賄而廣施德於天下者也今陳國
火朝覿矣而道路若塞野 若棄澤不陂障川無舟
欽定四庫全書 左傳紀事本末

图 2–59 《左传纪事本末》（卷 26）中有关至晚从西周时期开始实行的“雨毕而除道，水涸而成梁”制度的记载

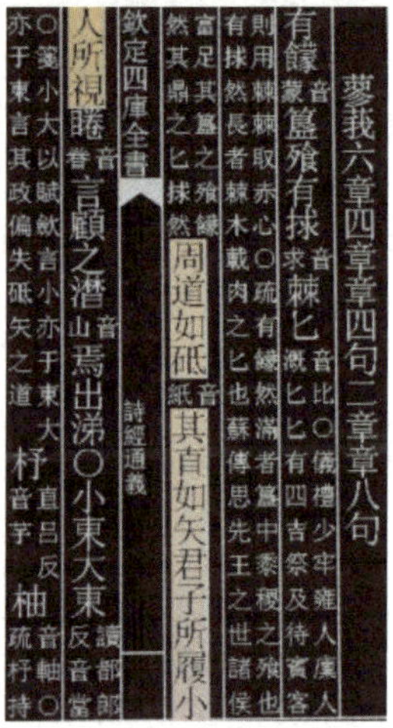
蓼莪六章四章章四句二章章八句
有饛音蒙簋飧有捄音求棘匕音比○儀禮少牢雍人廩人溉匕匕有四吉祭及待賓客
則用棘取赤心○疏有饛然滿者簋中黍稷之飧也有捄然長者棘木載肉之匕也蘇傳思先王之世諸侯
富足其簋之飧饛然其鼎之匕捄然周道如砥音紙其直如矢君子所履小
欽定四庫全書 詩經通義
人所視睠音眷言顧之潸音山焉出涕○小東大東讀部郎反音當
○箋小大以賦斂言小亦于東大亦于東言其政偏失砥矢之道杼音宁直呂反柚音軸○疏杼持

图 2–60 《诗经 • 大东》有关西周时期道路建设以及管理制度的诗句

“周道如砥，其直如矢”诗句称颂的是西周车马大道像砥石一样平整，像箭矢一样笔直。这虽是夸张之辞，但应能从一个层面反映西周时期对道路建设的重视及要求。为保证乘车贵族的舒适，地处西周边陲的燕国在车马大道的建设水平上应该也不会很低。

“君子所履，小人所视”诗句表明的则是西周的道路管理制度，即平整、笔直的车马大道只是供统治者——“君子”通行往来使用的，广大被统治者——“小人”只能在旁边看看而已，没有权利在上面行走，这是等级制在西周道路管理制度中的体现。

（四）春秋战国时期的北京交通

春秋战国时期（前 770—前 221），今北京地区交通随燕国领地的扩张而不断发展。

西周时期，燕国疆域以琉璃河都城为中心，南部逾出今北京市界几十公里，北境到永定河。西周中晚期，燕国吞并蓟国，将都城迁至蓟城。到战国前期，燕国疆域扩大到以蓟城为中心的 30 公里到 150 公里左右的范围，北境推至军都山、燕山山脉南麓，南境在今河北省保定市、廊坊市一带。战国后期，燕国大规模扩张，北境达今内蒙古东南部，西境与今山西省接壤，南境基本未动，而东境则伸展至 1 000 公里外的朝鲜半岛北部，将今北京地区囊括进来。

为有效统治越来越广阔的领地，燕国将自蓟城通到各战略要地的道路或在以前旧路的基础上进行整修，或进行新的开拓，其中最远经今辽东而抵朝鲜半岛北部的道路长达上千公里。而质量最好的车马大道应是从“燕上都”蓟城通往位于今河北省保定市境内“燕下都”的“京南古路”“京洛古路”之一段，这条道路也是燕国与各诸侯国交往的主要通道。由于蓟城已成今北京的统治中心和交通枢纽，因此“京南古路”向东延伸至蓟城，“京东古路”与其他道路也均以蓟城为中心向外伸展。

这一时期，自今山东省通到“京洛古路”的道路开通并使用频繁，本书称“保（定）淄（博）古路”，这样今北京地区与今山东省的联系更加密切。

春秋战国时期燕国“上都”和交通中心——蓟城在今北京城区中的大致位置如图 2-61 所示。

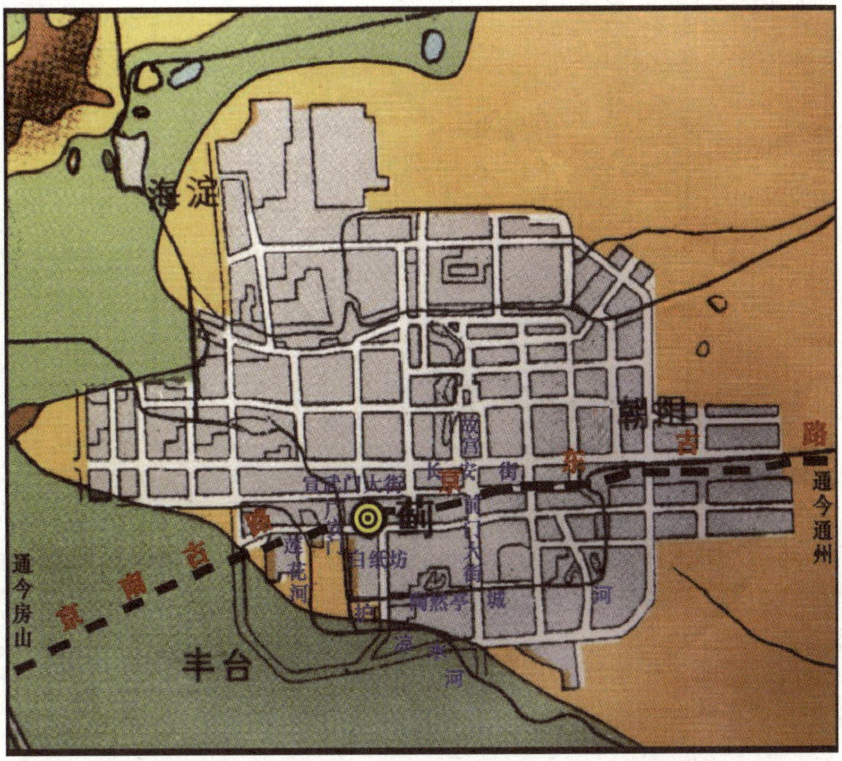

图 2-61　蓟城在今北京城区中的大致位置（田甜/绘）

燕国国君世系表如图 2-62 所示。

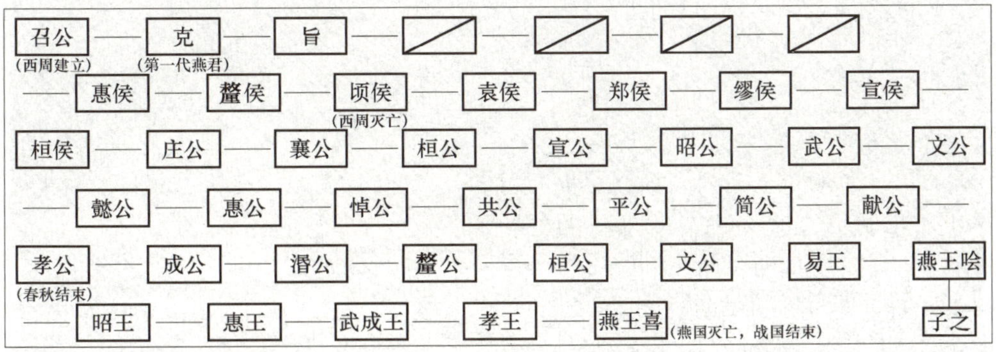

图 2-62　燕国国君世系表

燕顷侯二十年（前 771），周幽王被杀，西周灭亡，自第二年起中原历史进入春秋战国时期。从燕顷侯二十一年（前 770）至燕孝公二十二年（前 476）为春秋时代，从燕孝公二十三年（前 475）至燕王喜三十三年（前 222）为战国时代。末代国君燕王喜被秦军俘获，燕国灭亡的第二年，即公元前 221 年，战国时代结束。由于燕国大多数时间的历史在史书中少有记载，存在许多空白，因此无法勾勒出这一时期北京地区交通发展的全貌。

春秋战国时期燕国四都交通线路示意图如图 2–63 所示。

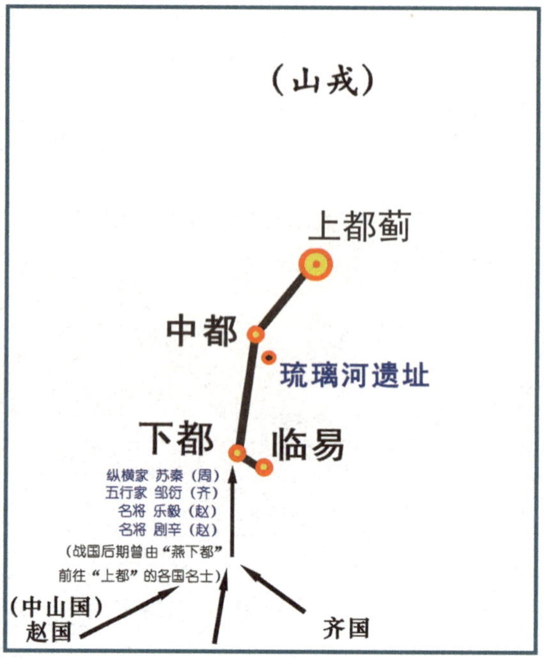

图 2–63　春秋战国时期燕国四都交通线路示意图（张和平/绘）

春秋战国时期，燕国都城至少迁徙过 4 个地方，分别为上都蓟、中都（今北京市房山区窦店古城遗址或黑古台古城遗址）、下都（今河北省保定市易县东南）和临易（今河北省保定市容城县东）。相应的，这 4 城也都曾为燕国的交通中心。但燕下都和临易在今北京之外，可以推断当以这 2 地为都时，今北京地区的交通发展水平应有所停滞或下降。

春秋战国时期曾长期作为燕国都城及交通中心的燕上都蓟城中心区域——今宣武门西大街一带俯瞰如图 2–64 所示。

图 2–64　燕上都蓟城中心区域——今宣武门西大街一带俯瞰（杨光/摄）

春秋战国时期曾长期作为燕国都城及交通中心的燕上都蓟城中心区域平面示意图如图 2–65 所示。

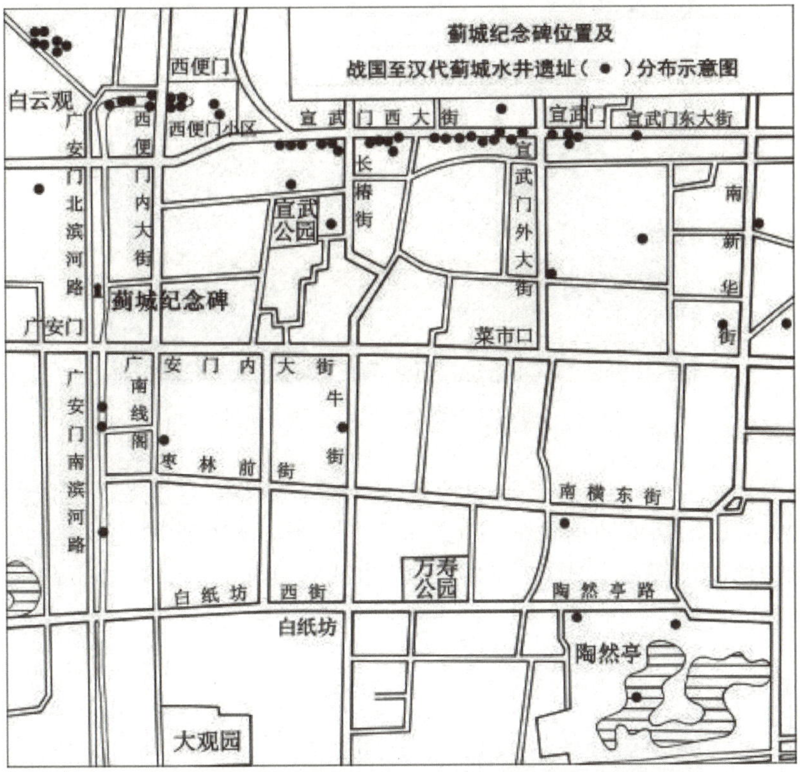

图 2–65　燕上都蓟城中心区域平面示意图

春秋时期曾为燕国都城及交通中心的临易所在地——南阳遗址现貌如图 2–66 所示。

图 2–66　南阳遗址现貌（颜吾芟/摄）

据史载，因屡遭活动于今北京北部山区游牧族——山戎的侵扰，燕桓侯（亦作燕桓公，公元前 697—前 691 年在位）时不得不将都城从蓟城南迁至 100 多公里以外的临易，有学者认为迁都时间应为公元前 694 年。为防山戎相随而至，燕都南迁后“京南古路”一定会遭到严重破坏，利用率也肯定会大大降低，这种状况可能持续了 160 年左右。由于燕国的统治中心迁出今北京，因此这一时期北京交通的发展应处于低谷。

疑为春秋时期燕中都所在地的窦店古城遗址现貌如图 2–67 所示。

图 2–67　窦店古城遗址现貌（颜吾芟/摄）

该遗址位于房山区窦店镇西，但是否为燕中都遗址尚存在争议。有学者认为，燕悼公（公元前 535—前 529 年在位）时为避齐国军事威胁而将都城从临易北迁到此。若如此则此地也为当时的交通中心。

疑为春秋时期燕中都的黑古台古城所在地现貌如图 2–68 所示。

图 2–68　黑古台古城所在地现貌（颜吾芟/摄）

该古城应位于房山区良乡镇南的黑古台村一带，但其遗迹几乎已消失殆尽，且是否为燕中都尚有争议。有学者认为燕悼公时这里曾作为燕国的都城，若如此则此地也为当时的交通中心。

战国时期燕下都宫殿武阳台遗址现貌如图 2–69 所示，当时燕下都与燕上都同为燕国的交通中心。

图 2–69　战国时期燕下都宫殿武阳台遗址现貌（颜吾芟/摄）

燕下都又称“武阳城”，地处北易水和中易水之间，为燕昭王（公元前 311—前 279 年在位）所建，既作为扼制齐、赵两国北进的军事重镇，同时也作为招揽各诸侯国人才的中转站。燕昭王在此建有“黄金台”，各诸侯国前来投燕的人才、名士均先在此受到隆重的接待，然后再乘坐高级马车前往蓟城。燕昭王自己也经常来此。黄金台为全城制高点，是燕昭王来此的办公场所。当时连接“上都”与“下都”的道路质量一定是非常高级的。另外，此城也是当时燕国通往各诸侯国交通线路的咽喉，战国末期燕太子丹派荆轲入秦行刺秦王政就是从这里出发的。

立于今易县的燕昭王像及现代仿建的燕下都黄金台，如图 2-70 所示，当时这里停有准备接送各国人才的高级马车，并从这里沿高等级的“京洛古路”和“京南古路”直通燕上都。

图 2-70　立于今易县的燕昭王像及现代仿建的燕下都黄金台（田永静/摄）

公元前 664 年，山戎攻侵燕国，燕庄公（公元前 690—前 658 年在位）告急于齐国。次年，齐桓公、管仲亲率大军自都城临淄（今山东省淄博市东）出发，走“保淄古路”（保定—淄博）经今河北省沧州市到保定市，继而沿“京洛古路”北上，进入今北京走“京南古路”“京东古路”，东出今北京境后再走“京榆古路”，一直追击至孤竹（今河北省秦皇岛市卢龙县），大败山戎。当齐军返回经过临易时，为表示感激，燕庄公打破“非天子，诸侯相送不出境”的传统，一直将齐桓公送到 200 公里以外的齐国境内。齐桓公为进一步赢得人心，遂将与燕庄公分别之地送与燕国。燕国在此筑城纪念，后世称“燕留城”（约在今河北省沧州市沧县一带）。

此战不仅表明当时自临淄经北京地区通到孤竹的道路已经畅通，而且为使作为主力的大量战车能顺利通行，这条长约 1 000 公里的远征道路肯定得到了一定的整修。不过，有些地方还需披荆斩棘。据称齐军一度迷路，最后在管仲“老马识途”的建议下才走回正路。解除山戎的威胁后，自临易到蓟城的道路应该恢复通畅。《史记·燕召公世家》有关公元前 663 年齐桓公远征山戎救燕及“燕留城”的记载如图 2-71 所示。

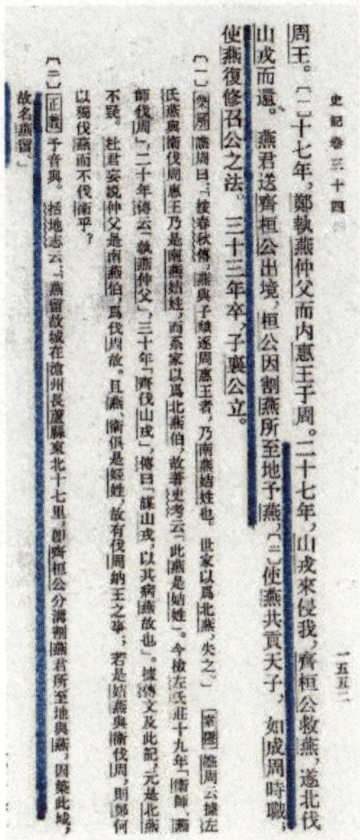

史記卷三十四　　一五五二

周王。[一]十七年，鄭執燕仲父而內惠王于周。二十七年，山戎來侵我，齊桓公救燕，遂北伐山戎而還。燕君送齊桓公出境，桓公因割燕所至地予燕，[二]使燕共貢天子，如成周時職；使燕復修召公之法。三十三年卒，子襄公立。

[一]索隱 譙周曰："按春秋傳，燕與子頹逐周惠王者，乃南燕姞姓也。世家以爲北燕，失之。"索隱 譙周云據左氏"燕與衞伐周惠王"乃是南燕姞姓，而系家以爲北燕伯，故著史考云"此燕是姞姓"。今按左氏莊十九年"衞師、燕師伐周"，二十年傳云"執燕仲父"，三十年"齊伐山戎"，傳曰"謀山戎，以其病燕故也"。據傳文及此記，元是北燕不疑。杜君妄說仲父是南燕伯，爲伐周故。且燕、衞俱是姬姓，故有伐周納王之事；若是姞燕與衞伐周，則鄭何以獨伐燕而不伐衞乎？

[二]正義 予音與。括地志云："燕留故城在滄州長蘆縣東北十七里，即齊桓公分溝割燕君所至地與燕，因築此城，故名燕留。"

图 2-71 《史记·燕召公世家》有关公元前 663 年齐桓公远征山戎救燕及“燕留城”的记载

公元前 663 年亲率大军经今北京地区远征山戎救燕而在北京交通史上留名的齐桓公如图 2-72 所示。

公元前 663 年佐助齐桓公共同领兵经今北京地区远征山戎救燕而在北京交通史上留名的管仲如图 2-73 所示。

图 2-72　齐桓公

图 2-73　管仲

公元前 663 年齐军远征山戎救燕的战车行军模型如图 2-74 所示，为保证战车通行今北京地区，这条远征路线应该会被整治为宽 3～5 米的车马大道。

图 2-74　公元前 663 年齐军远征山戎救燕的战车行军模型（现藏山东淄博管仲纪念馆）

公元前 663 年齐军远征山戎也应该走“京延古路”并将此路整治成能通行战车的车马大道。

山戎是活动在燕山南北的古部族，以游猎和畜牧为生，早在夏商以前就已存在，西周晚期逐渐强盛，春秋时期达到鼎盛，进入战国时期开始衰落，至迟到战国晚期被燕国和中原文化融合、同化而消亡。活动于今北京的山戎主要分布在今延庆区，其与燕国的交往、战争应主要通过“京延古路”。

延庆区张山营镇玉皇庙春秋时期山戎墓遗址如图 2–75 所示，张山营镇一带应该是北京山戎的主要活动中心并处在“京延古路”上。

图 2–75　延庆区张山营镇玉皇庙春秋时期山戎墓遗址

显示春秋时期北京山戎与燕国乃至中原地区存在交通关系的三足重环纹铜鼎如图 2–76 所示。

图 2–76　三足重环纹铜鼎（现藏首都博物馆）

该铜鼎出土于延庆区张山营镇玉皇庙山戎墓地遗址，为山戎常用炊具，但口沿部位却加铸了一圈只有燕国和中原地区才流行的重环纹，因而透露出当时此地经“京延古路”与燕国乃至中原地区存在交通关系和文化交流的事实。

出土于延庆区张山营镇玉皇庙山戎墓地遗址的青铜短剑、羊形带钩、卧马牌饰如图 2–77 所示，它们所具有的明显的北方草原文化特征表明当时此地与北方草原地区存在着较为密切的交通关系和文化交流，而两地沟通的道路应该就是“京张古路”及延长线或“京平古路”及延长线。

(a) 青铜短剑　(b) 羊形带钩　(c) 卧马牌饰

图 2–77　出土于延庆区张山营镇玉皇庙山戎墓地遗址的青铜短剑、羊形带钩、卧马牌饰（现藏首都博物馆）

公元前 318 年，燕王哙禅位于相国子之，至前 314 年终致内乱。于是齐国和中山国乘机来攻，破燕都蓟城，燕王哙、子之均被杀。直到前 312 年在燕人反抗及各国干涉下，齐国、中山国才撤军。此战，中山国军队进退主要是走“京洛古路”之今河北省保定市段和“京南古路”，齐国军队进退仍走当年齐桓公救燕的路线，即“保淄古路”“京洛古路”之今河北省保定市段和“京南古路”。

位于“京洛古路”上的中山国后期都城灵寿今貌如图 2-78 所示。

图 2-78　位于“京洛古路”上的中山国后期都城灵寿今貌

灵寿位于河北省石家庄市平山县三汲乡。中山国建国于春秋时期，前 406 年被魏国占领，前 380 年前后复国，建都灵寿。其主要占据今河北省石家庄市一带，扼守着“京洛古路”今河北省段的中部。这一交通便利既使得中山国便于攻燕，也使得其极易受到燕、赵两国的南北夹击。前 376 年，燕、赵两国即联手进攻过中山国。前 296 年燕国终于佐助赵国灭亡了中山国。由于存在敌对关系，灵寿与蓟城之间的道路肯定设置有阻碍。燕国即在“京洛古路”易水以北（今河北省保定市易县境内）修筑了防御工事——燕长城。

出土于“京洛古路”上的三汲乡中山王墓，包含有当时北京地区交通信息的夔龙饰铜方壶如图 2-79所示，其是中山王命攻燕统帅司马赒用从燕国掠回的“吉金”（即青铜器）熔铸而成的。

出土于“京洛古路”上的三汲乡中山王墓，包含有当时北京地区交通信息的夔龙饰铜方壶之铭文及译文（部分）如图 2-80 所示。

图 2-79　夔龙饰铜方壶（现藏河北博物院）

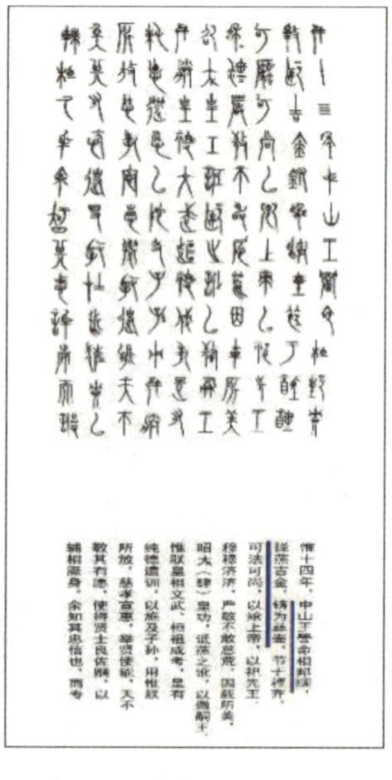

图 2-80　夔龙饰铜方壶之铭文及译文（部分）

出土于“京洛古路”上的三汲乡中山王墓，包含有当时北京地区交通信息的铁足铜鼎如图2-81所示，其铭文记载了司马赒率军攻燕、开疆拓土之功绩。

图2-81　铁足铜鼎（现藏河北博物院）

出土于“京洛古路”上的三汲乡中山王墓，包含有当时北京地区交通信息的铁足铜鼎之铭文及译文（部分）如图2-82所示。

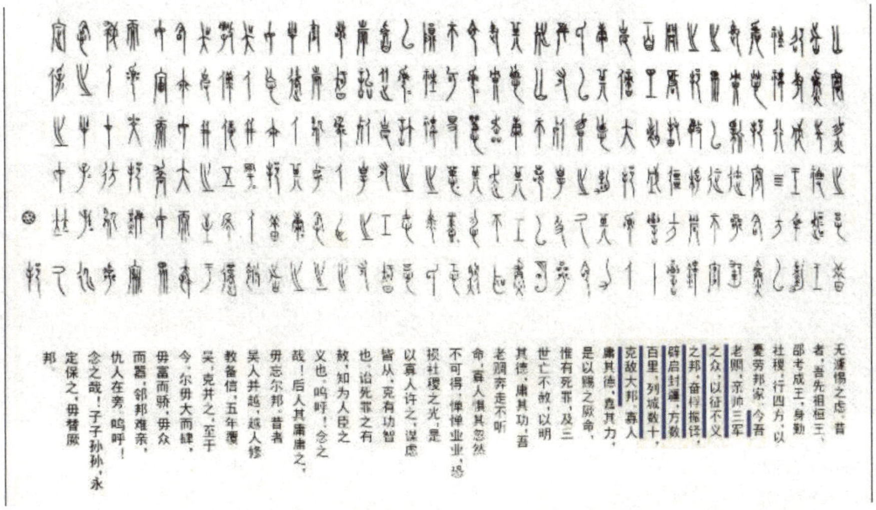

图2-82　铁足铜鼎之铭文及译文（部分）

包含有当时北京地区交通信息的“陈璋铜方壶”和“陈璋铜圆壶”如图2-83所示。

(a)“陈璋铜方壶”（现藏美国宾夕法尼亚大学博物馆）

(b)“陈璋铜圆壶”（现藏南京博物院）

图2-83　“陈璋铜方壶”和“陈璋铜圆壶”

两壶原为燕国重宝，于公元前312年被齐军主帅陈璋从燕国掠回齐国。两壶铸有燕式风格的铭文，圈足外有陈璋后加的铭文，记述其率军攻燕之事。两壶出土于江苏省淮安市盱眙县的战国青铜器窖藏，由此可知当时从今北京地区经今山东省有道路通达于今江苏省。

燕国在遭受齐国、中山国的蹂躏之后，终于迎来了励精图治的一代雄主——燕昭王，并迅速强大起来。公元前300年前后，燕昭王命大将秦开率军北击东胡。东胡主要活动在今北京北部山区到内蒙古东南部与辽宁省接壤的地区，是继山戎之后对燕国造成很大威胁的一个部族。秦开不负重托，大败东胡，一直打到鸭绿江边，辟地千里，占据了今辽宁省全境。随后，燕国自西向东设置上谷（治沮阳，今河北省张家口市怀来县城）、渔阳（治渔阳，今北京市怀柔区府，一说在今密云区西南）、右北平（治平冈，今内蒙古赤峰市宁城县城）、辽西（治阳乐，今辽宁省锦州市义县西）、辽东（治襄平，今辽宁省辽阳市区）5个郡。5郡的设置使蓟城与这些地区的交通更加密切。

击败东胡使今北京地区到东北地区的交通得以畅通的燕将秦开塑像如图2-84所示。

秦开驱胡图（局部）如图2-85所示，燕军驱胡至少要走“京密古路”和“京承古路”。

图2-84　燕将秦开塑像（现藏辽宁朝阳市博物馆）

图2-85　秦开驱胡图（局部）（现藏辽宁朝阳市博物馆）

出土于今辽宁省葫芦岛市建昌县（属燕国辽西郡），包含有今北京地区交通信息的蟠螭纹盖鼎和三角云纹敦如图2-86所示，它们与北京出土的战国后期同类青铜器风格一致。

(a) 蟠螭纹盖鼎　　(b) 三角云纹敦

图2-86　蟠螭纹盖鼎和三角云纹敦

北京地区目前发现的战国时代的古城主要有：房山区大石窝镇的蔡（家）庄古城、长沟镇的长沟古城、窦店镇的窦店古城、良乡镇的黑古台古城、长阳镇的广阳古城，昌平区马池口镇的军都古城、南口镇的虎峪古城，怀柔区北房镇的渔阳古城，以及作为都城的“上都”蓟城等。当时这些城邑之间肯定都有道路相通。

战国后期，各国间的道路交通体系更加完善，尤其各都城之间均有车马大道相通，军队、使者、说客、商人、学者等奔走往来，相望于道。纵横家、雒阳人苏秦就曾走遍战国七雄的都城——他从雒阳（今河南省洛阳市东）出发，先后去过秦都咸阳（今陕西省咸阳市东北）、赵都邯郸（今河北省邯郸市）、韩都新郑（今河南省郑州市新郑市）、魏都大梁（今河南省开封市）、齐都临淄（今山东省淄博市东）、楚都郢（今湖北省荆州市江陵县），最后来到燕都蓟城，受到燕王的重用，继续奔走在燕与赵、齐之间，最终死于齐国。

当时燕国与秦国除了由“京洛古路”及其延长线相通外，还有一条西线，即经上谷郡、代郡（治代，今河北省张家口市蔚县西南）、云中郡（治云中，今内蒙古呼和浩特市托克托县东北）到九原郡（治九原，今内蒙古包头市西），然后南下经今内蒙古鄂尔多斯市及今陕西省榆林市、延安市抵秦都咸阳。当年苏秦游说燕王时曾提到此线路，只是由于当时今内蒙古和陕北一带人烟稀少，所以这条线路使用不频繁，路况也一定比较差。（图略）

《史记・苏秦列传》中有关苏秦游说燕文侯时提到燕与秦有西线道路相通的记载如图 2-87 所示。

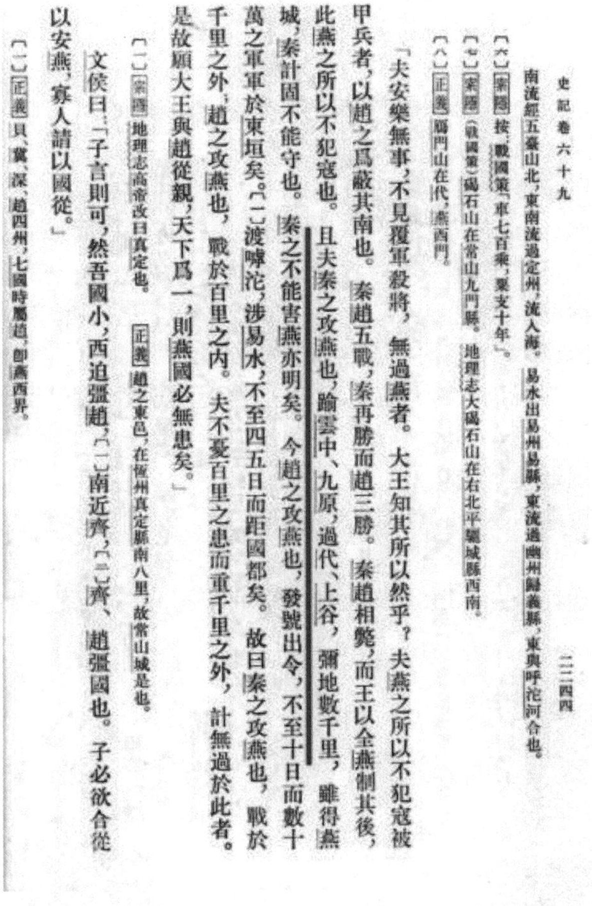
史記卷六十九　　二二四四

南流經五臺山北，東南流過定州，流入海。易水出易州易縣，東流過幽州歸義縣，東與呼沱河合也。

〔六〕索隱 按：戰國策「車七百乘，粟支十年」。

〔七〕索隱 戰國策碣石山在常山九門縣。地理志大碣石山在右北平驪城縣西南。

〔八〕正義 鴈門山在代，燕西門。

「夫安樂無事，不見覆軍殺將，無過燕者。大王知其所以然乎？夫燕之所以不犯寇被甲兵者，以趙之爲蔽其南也。秦趙五戰，秦再勝而趙三勝。秦趙相斃，而王以全燕制其後，此燕之所以不犯寇也。且夫秦之攻燕也，踰雲中、九原，過代、上谷，彌地數千里，雖得燕城，秦計固不能守也。秦之不能害燕亦明矣。今趙之攻燕也，發號出令，不至十日而數十萬之軍軍於東垣矣。〔一〕渡嘑沱，涉易水，不至四五日而距國都矣。故曰秦之攻燕也，戰於千里之外，趙之攻燕也，戰於百里之內。夫不憂百里之患而重千里之外，計無過於此者。是故願大王與趙從親，天下爲一，則燕國必無患矣。」

〔一〕索隱 地理志高帝改曰真定也。正義 趙之東邑，在恆州真定縣南八里，故常山城是也。

文侯曰：「子言則可，然吾國小，西迫彊趙，〔一〕南近齊，〔二〕齊、趙彊國也。子必欲合從以安燕，寡人請以國從。」

〔一〕正義 貝、冀、深、趙四州，七國時屬趙，即燕西界。

图 2-87　《史记・苏秦列传》中有关苏秦游说燕文侯时提到燕与秦有西线道路相通的记载

战国燕国货币呈刀状，故亦称“燕明刀”“明刀钱”，在今山西、河南、山东、安徽、江苏、辽宁、内蒙古甚至远至朝鲜、日本、琉球列岛等地均有出土，说明当时这些地区与今北京地区一定存在直接或间接的交通关系。

出土于延庆区，包含有今北京地区交通信息的战国燕国刀币如图 2–88 所示。

出土于辽宁省朝阳市喀喇沁左翼蒙古族自治县，包含有今北京地区交通信息的战国燕国刀币如图 2–89 所示。

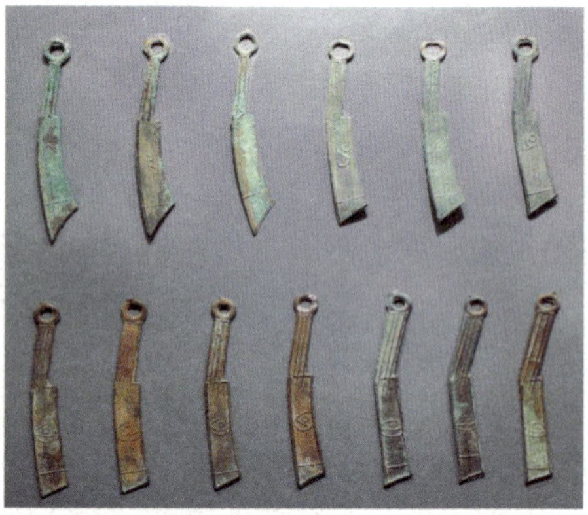
图 2–88　战国燕国刀币（现藏首都博物馆）

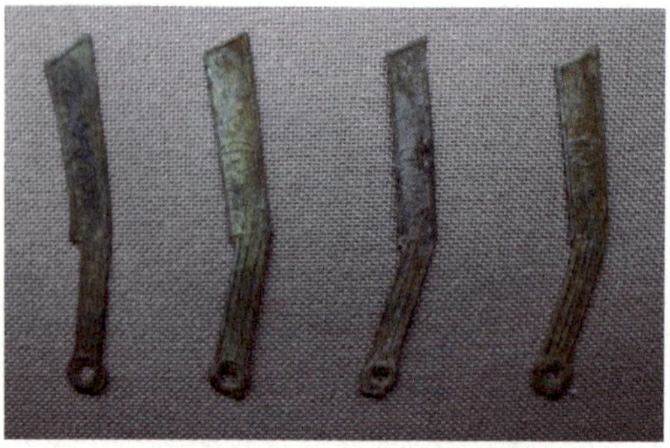
图 2–89　战国燕国刀币（现藏辽宁朝阳市博物馆）

公元前 284 年，燕昭王任乐毅为将，联合秦、楚及三晋共同攻齐。燕军自今河北省保定市出境，走今河间市（属沧州市），经今山东省德州市平原县，直接南下至齐国西部的今山东省聊城市高唐县，与三晋军及秦军汇合。这条新开辟的燕国南通齐国的第二条道路，可称“保聊古路”（保定—聊城）。乐毅作为联军主帅指挥各国军队在济水西击败齐军主力之后，又率领燕军独自经历下（今山东省济南市东南）东进，攻取齐都临淄，将齐国宝货祭器等掠夺一空。燕昭王闻讯大喜，立即沿“保聊古路”南下亲赴济水劳军，并将战利品带回燕国。此后的 5 年间，燕军接连攻下齐国 70 余城，仅剩莒（今山东省日照市莒县）与即墨（今山东省青岛市平度市东南）两城未攻下。

公元前 279 年，燕昭王死，其子燕惠王继位。燕惠王与乐毅早有矛盾，即位后即遣骑劫到前线代替乐毅，乐毅遂逃亡赵国。齐人趁机反攻，长期围困即墨的燕军被击败，骑劫战死，余部退回临淄，围困莒之燕军也不得不撤军。最后燕败军北渡黄河，由“保淄古路”退回燕境。（图略）

乐毅（见图 2–90）的活动反映出战国后期今北京地区与各地交通往来密切。

乐毅原是赵国人，因赵国内乱而投奔魏国，后来作为魏国使者来到燕国，被正广招各国人才的燕昭王留下。为报齐国曾占领燕国之仇，燕昭王决定联合其他诸侯国一起攻齐，于是派乐毅出使赵国，另遣使者赴魏国、楚国，还请赵国遣使者赴秦国。

燕惠王即位后换将，乐毅逃到赵国。燕军在齐国失败后，乐毅与燕惠王关系趋缓，后来他一直是燕、赵两国和平的促成人。

可反映当时今北京地区通往今山东省道路质量上乘的战国战车复原图如图 2–91 所示。

图 2–90　乐毅

图 2–91　战国战车复原图

先秦是以战车为作战主力的时代。每发生战争，为使战车顺利抵达前线，整修所经道路是必不可少的工作。燕军南下攻齐，所经“保聊古路”肯定需要加固、夯实、拓宽，甚至新辟。后来燕昭王又由此路赴前线劳军并运回大量战利品，因此可知当时这条道路不仅是车马大道，而且一度在质量上是相当高等级的。

公元前 227 年燕太子丹派荆轲自“燕下都”入咸阳刺杀秦王政，失败。同年，已攻取赵都邯郸、兵临易水的秦军在大将王翦的统领下攻燕，先在易水西击败燕与退守代郡（治代，今河北省张家口市蔚县西南）的赵国公子嘉（史称赵嘉）所组成的联军，然后挥师北上，次年取燕都蓟城。燕王喜、太子丹率残兵逃往辽东郡，秦青年将领李信在后穷追猛撵，一直追到衍水（今辽宁省辽河流域的太子河），迫使燕王喜杀太子丹献出首级，李信才暂时回军休整。前 222 年，王翦之子王贲率秦军自蓟城再次东进，破辽东，掳燕王喜，燕国灭亡。然后王贲回军经今北京地区西进破代，赵嘉自杀，赵国彻底灭亡。前 221 年，王贲率军自燕国南部直驱齐都临淄，俘齐王建，齐国灭亡，至此，战国时代结束。

公元前 226 年率军自邯郸走“京洛古路”北上攻陷燕都蓟城的秦国大将王翦如图 2-92 所示。

春秋时期双辕马车复原图如图 2-93 所示。

图 2-92　王翦

图 2-93　春秋时期双辕马车复原图

春秋战国时期的车舆制造有了新的进步。首先，出现了双辕马车——较之单辕马车，双辕马车不仅更易驾驭，而且转向也更灵活。其次，铁器开始使用在车舆的关键部位，如在车轴两端轴头上包上铁皮，并涂抹上油来润滑，这样不仅使车轮滚动时与车轴的摩擦阻力减小，大大提高了车速，而且还减小了噪声，提高了乘坐者的舒适感。这样的改变也一定会出现在燕国，尤其战国中期以后燕国与中原各国交往频繁、密切，各国车舆制造的进步一定会传播到今北京地区。

不过，目前北京地区仍未有这一时期的车舆出土。本书在此所展示的图片都是其他地区出土车舆的复原图，但可以窥见当时北京地区的车舆形制。

春秋战国时期单辕马车复原图如图 2-94、图 2-95、图 2-96 所示。

图 2-94　春秋战国时期单辕马车复原图（之一）

图 2-95　春秋战国时期单辕马车复原图（之二）

可作为燕王座车参照的中山国国王所乘“金路”复原图如图 2–97 所示。

图 2–96　春秋战国时期单辕马车复原图（之三）

图 2–97　可作为燕王座车参照的中山国国王所乘“金路”复原图（现藏河北博物院）

此车出土于中山国后期都城灵寿，为战国时中山王会见宾客和封赐同姓时所乘坐的“金路”。

战国中期各诸侯先后称王，并照搬了原先只有周天子才能享用的“五路”用车制度，燕国也不例外。“五路”分别是：“玉路”（祭祀时用）、“金路”（会见宾客和封赐同姓时用）、“象路”（上朝和封赐异姓时用）、“革路”（战时和封赐守卫四方诸侯时用）、“木路”（田猎和封赐其他藩国时用）。这些车在北京地区均无实物出土，但战国时期各诸侯国来往密切，车舆的样式一定会相互借鉴，因此差异不会太大，加之中山国紧邻燕国，所以中山王所乘“金路”可以作为燕王同类型座车的参照。

春秋战国时期的墨车如图 2–98 所示。

图 2–98　春秋战国时期的墨车（《三礼图》插图）

春秋战国时期各国沿用周礼所规定的用车制度。如用于公务的马车通称为“服车”，分五等，分别是：君主所乘坐的“夏篆”（车毂上饰以五彩雕刻，“夏”即五彩之意），卿所乘坐的“夏缦”（车毂上仅饰以五彩），大夫所乘坐的“墨车”（车毂上不加任何纹饰，车身为黑色），士所乘坐的“栈车”（车舆为不蒙皮革的黑色），庶人所乘坐的“役车”（可载工具）。燕国也应该保留此制度。

《三礼图》为宋代学者聂崇义纂辑。此图虽未必为古代车之原貌，但聂氏曾援据经典，考释器象，因此其应具有重要的参考价值。

二、秦汉至隋唐五代时期的北京交通

秦汉至隋唐五代，无论是国家统一还是政治分裂时，今北京地区始终是北方重镇和交通枢纽，蓟城甚至曾短暂成为十六国之一的前燕的都城，一度成为该政权的交通中心。

（一）秦朝时期的北京交通

秦始皇二十六年（前 221），秦统一中国，今北京地区成为秦王朝直接统辖的郡县，蓟城上升为秦帝国东北方的交通枢纽和军事重镇。次年，秦始皇下令以都城咸阳（今陕西省咸阳市东）为中心修筑通向全境各地的驰道。驰道的修筑使今北京地区与各地的交通更加便利，联系更加紧密。秦始皇三十二年（前

215），秦始皇东巡途经今北京地区，更凸显了此地的交通枢纽地位。

秦朝时期（前221—前206），今北京地区分属上谷（治沮阳，今河北省张家口市怀来县东南）、渔阳（治渔阳，今北京市怀柔区北房镇东，一说在密云区西南）、右北平（治无终，今天津市蓟县城）和广阳（治蓟城，今北京市宣武门西大街一带）4郡。其中，上谷郡所辖县中今已知有军都（治今昌平区马池口地区南）、居庸（治今延庆区府）、上兰（治约在今延庆区张山营镇西南）3县在今北京域内，广阳郡所辖县中今已知有蓟（与郡同治）、良乡（治今房山区窦店镇西）2县在今北京域内，这些郡治、县治与蓟城之间都应有道路相通。不过为镇压燕地反抗势力，蓟城有可能一度被平毁，这样其为本地交通中心的地位可能一度消失。

战国至秦汉今北京地区的交通枢纽之一——渔阳古城地理位置及交通示意图如图2-99所示。

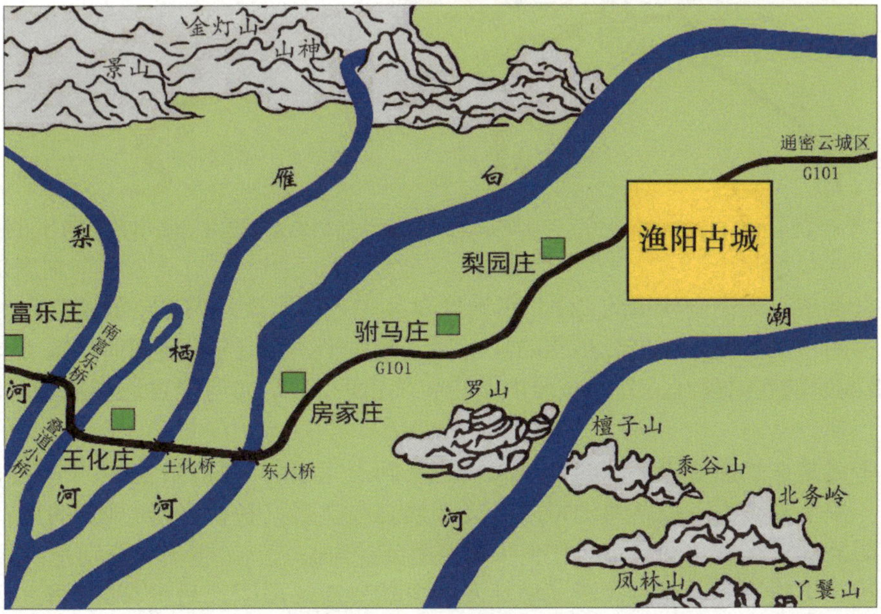

图2-99 渔阳古城地理位置及交通示意图（田甜/改绘）

渔阳古城遗址位于今怀柔区北房镇梨园庄村东，国道G101穿“城”而过。有学者认为这里曾是渔阳郡郡治所在地，为当时的交通枢纽之一。现代的国道G101应该基本上与古道路走向吻合，当年秦始皇即沿此线路走驰道经过此地返回咸阳，那时这条道路的养护一定达到了当时的顶级水平。

战国至秦汉今北京地区的交通枢纽之一——渔阳古城遗址现貌如图2-100所示。

与战国至秦汉古道路走向应该基本一致的穿渔阳古城遗址而过的国道G101如图2-101所示。

图2-100 渔阳古城遗址现貌（卢涛/摄）

图2-101 国道G101（卢涛/摄）

秦朝时期今北京地区经驰道与各地交通形势示意图如图 2-102 所示。

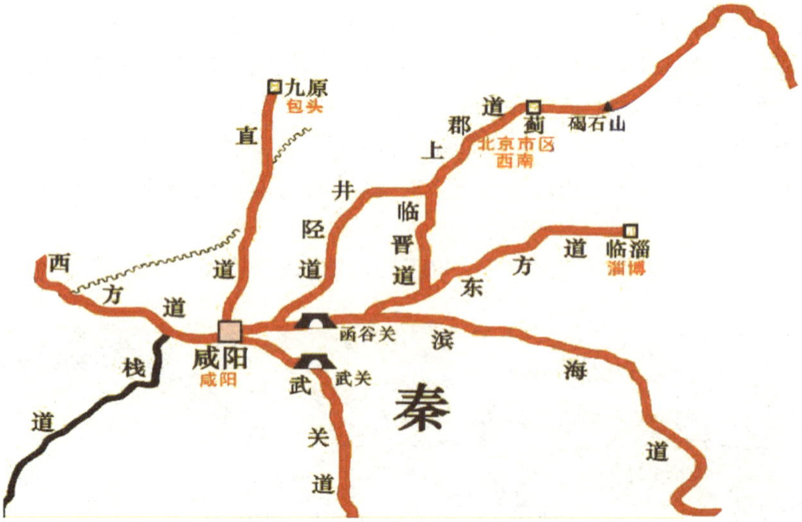

图 2-102　秦朝时期今北京地区经驰道与各地交通形势示意图（颜吾芟/改绘）

秦驰道是以秦都咸阳为中心修筑的，今北京地区在其中占有重要地位：向东经右北平郡、辽西郡（治阳乐，今辽宁省锦州市义县西）可到最东北的辽东郡（治襄平，今辽宁省辽阳市区，辖境含朝鲜半岛一部）；向西可抵最西北的九原郡（治九原，今内蒙古包头市西北）；向南则直通中原各郡，最远可至长江流域。

秦驰道的主干线是在战国各国之间的车马大道的基础上完成的，规格相当高：平坦地区路阔 50 步（约合今 69 米），用专用工具夯实，道路两侧每隔 3 丈（约合今 7 米）种植青松一株。道路中间宽 3 丈为皇帝专用御道，用明显标志标出，除皇帝外任何人不得行走。

由于年代久远、史载不详、遭后人活动破坏及大自然变迁等原因，后世有关秦驰道的分布情况存在很大争议。

位于今河北省石家庄市井陉县的素有“天下九塞之第六塞、太行八陉之第五陉”之称的井陉之东隘口——井陉口如图 2-103 所示。

图 2-103　井陉口（颜吾芟/摄）

井陉口又称白皮关，秦驰道（即“井陉秦皇古驿道”）经此可通今北京地区。

“九塞”最早出现在《吕氏春秋·有始览》中，指当时“天下”最重要的九处关隘，井陉为其中之一。井陉道自古即连接今河北省与山西省的重要交通线路，前面曾称为“石太古路”“京晋古路”，也曾是古代穿越太行山的“八陉”中唯一可走大车的道路。

“九塞”中的“殽”，即函谷关，是古代连接今陕西省与河南省的重要关隘，在前面所称之“洛镐古路”上；“令疵”，即燕山山脉之喜峰口，现已被潘家口水库所淹没，前面也曾提到过；“句注”，即恒山之雁门关。三者均属北京交通史须关照的重要关隘。而“九塞”中的“居庸”，即军都山之居庸关，就在今北京域内。东晋末年郭缘生的《述征记》中将“井陉”和居庸关所在的“军都陉”列在“太行八陉”之中。

位于今河北省石家庄市井陉县“井陉秦皇古驿道”内的“东天门”如图 2–104 所示，图中门下道路也许至晚在西周时即已开通为车马大道，秦时则为从都城咸阳可通今北京地区的另外一条驰道所经之处。

图 2–104　位于今河北省石家庄市井陉县“井陉秦皇古驿道”内的“东天门”（颜吾芟/摄）

“井陉秦皇古驿道”上的古代车马大道遗迹如图 2–105 所示。

图 2–105　“井陉秦皇古驿道”上的古代车马大道遗迹（颜吾芟/摄）

公元前215年秦始皇东巡途经今北京地区及秦驰道示意图如图2-106所示。

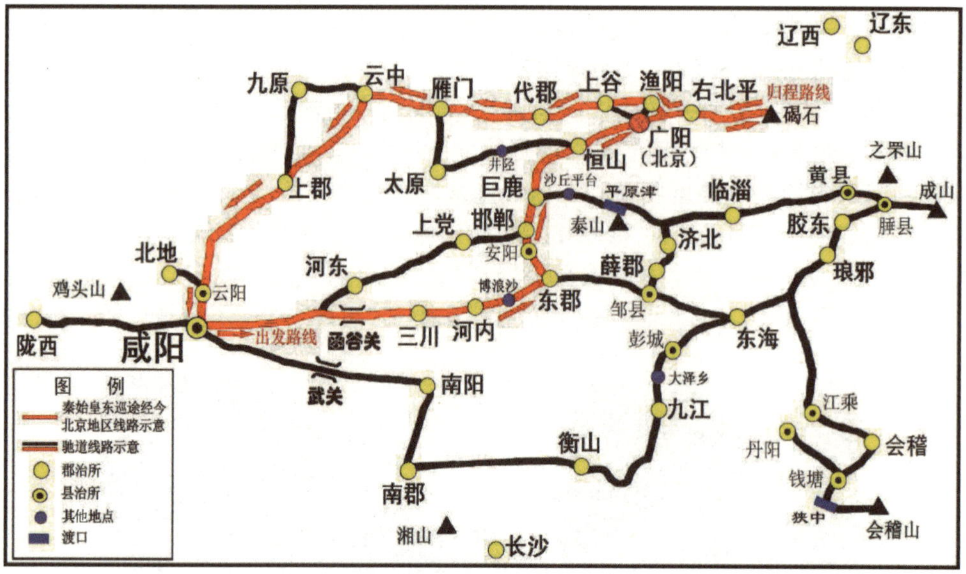

图2-106　公元前215年秦始皇东巡途经今北京地区及秦驰道示意图（颜吾芟/改绘）

秦始皇三十二年（前215），秦始皇东巡碣石（今河北省秦皇岛市昌黎县北）并巡察北方边塞时，曾沿驰道两次途经今北京地区。

来程：秦始皇车驾自都城咸阳出发，东出函谷关（今河南省三门峡市灵宝市东北），过三川郡（治雒阳，今河南省洛阳市东北，一说治荥阳，今河南省郑州市荥阳市东北）、河内郡（治朝歌，今河南省鹤壁市淇县东）、东郡（治濮阳，今河南省濮阳市区），之后北上经邯郸郡（治邯郸，今河北省邯郸市区西南）、巨鹿郡（治巨鹿，今河北省邢台市平乡县西南）、恒山郡（治东垣，今河北省石家庄市正定县南），进入今北京地区后过广阳郡蓟城向东，经右北平郡，最后抵达渤海边的碣石山。

回程：秦始皇车驾再过今北京地区，自右北平郡入渔阳郡，过上谷郡之军都、居庸、上兰3县，然后经代郡（治代，今河北省张家口市蔚县东北）、雁门郡（治善无，今山西省朔州市右玉县南）到云中郡（治云中，今内蒙古呼和浩特市托克托县东北），最后南下经上郡（治肤施，今陕西省榆林市绥德县）返回咸阳。

经现代整修的函关古道如图2-107所示，公元前215年秦始皇曾从此东出函谷关，然后经今北京地区，前往碣石山。

图2-107　函关古道（颜吾芟/摄）

公元前 215 年秦始皇东巡经今北京地区前往渤海边的碣石山曾穿行的函关古道遗迹俯瞰如图 2-108 所示。

图 2-108　函关古道遗迹俯瞰（颜吾芟/摄）

函关古道位于河南省三门峡市灵宝市东北，为崤（山）函（谷关）古道之函谷关段。这里谷幽道长，壁陡路隘，确有“车不双轨，马不并鞍”之险。

秦驰道之蓟襄驰道段及秦始皇行宫、秦皇求仙入海处示意图如图 2-109 所示。

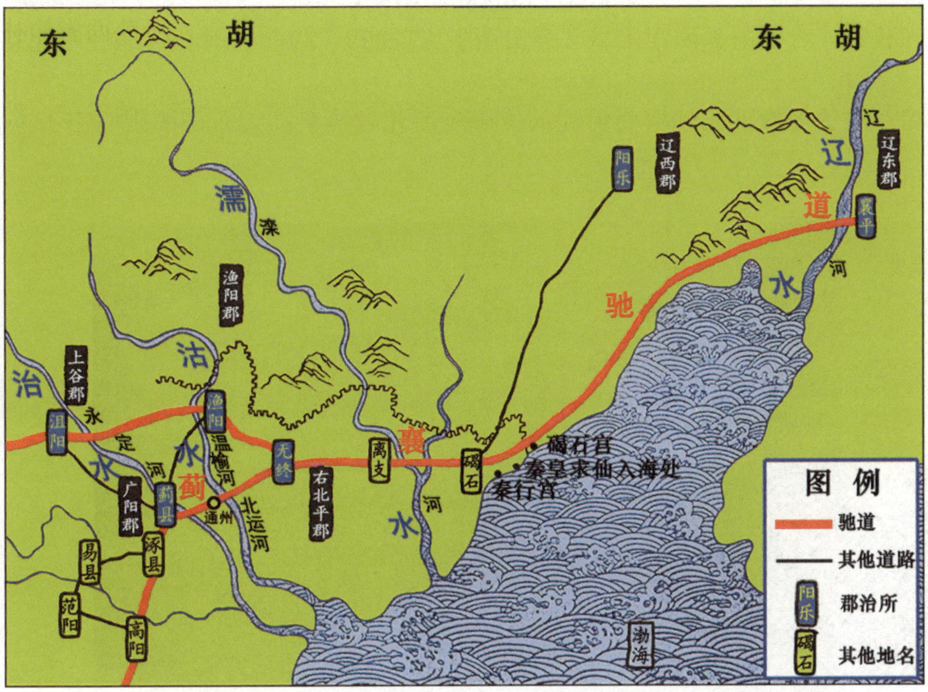

图 2-109　秦驰道之蓟襄驰道段及秦始皇行宫、秦皇求仙入海处示意图（田甜/改绘）

蓟襄驰道，即秦驰道之广阳郡治蓟城通到辽东郡治襄平段，在今北京境内即原“京东古路”，过沽河（亦称白河）渡口（今通州区东）后即原“京榆古路”，经无终（今天津市蓟县，右北平郡治）、离支（亦称离枝县，今河北省唐山市迁西县东）、碣石（山）（今河北省秦皇岛市昌黎县、抚宁县和卢龙县一带），进入辽西走廊，最后抵襄平。

蓟襄驰道之蓟城—碣石（山）段曾见证过秦始皇、秦二世父子的车队先后两度在此往复。

秦始皇等帝王曾途经今北京地区而前往的位于今河北省秦皇岛市东部的碣石山（近景）如图 2-110 所示。

图 2-110　碣石山（近景）（李天昊/摄，颜吾芟/制图）

碣石山跨越河北省秦皇岛市昌黎、抚宁和卢龙 3 县，主峰位于昌黎县境内。据说此山有灵气、仙气，因而据历史记载，曾有 9 位帝王（含后世追封为帝者）前来此处。除秦始皇外，还有秦二世胡亥、汉武帝刘彻、魏武帝曹操（追封）、晋宣帝司马懿（追封）、北魏文成帝拓跋濬、北齐文宣帝高洋、隋炀帝杨广、唐太宗李世民。这 9 位帝王中，除北魏文成帝拓跋濬外，其他人前往碣石山必经今北京地区。北魏文成帝拓跋濬在位时，北魏的都城在平城（今山西省大同市），其前往碣石山途经今北京地区的可能性也极大。

秦始皇等帝王曾途经今北京地区而前往的位于今河北省秦皇岛市东部的碣石山（远景）如图 2-111 所示。

图 2-111　碣石山（远景）（佟永理/摄）

秦始皇等帝王曾途经今北京地区而前往的位于今河北省秦皇岛市东部的碣石山（俯瞰）如图 2–112 所示。

图 2–112　碣石山（俯瞰）（佟永理/摄）

图 2–112 中的山前湖泊为碣阳湖（果乡水库），为 1958 年建成。“碣石门”三字镌刻在水库大坝东面的东馒首山的西壁上。东、西馒首山相夹，形成进入碣石山的主要通道。当年秦始皇等帝王应由此通道上山。

公元前 215 年秦始皇经今北京地区东巡到海边居住的行宫之一——“碣石宫”（俯瞰）如图 2–113 所示。

图 2–113　“碣石宫”（俯瞰）（采自辽宁省葫芦岛市绥中县万家镇）

“碣石宫”位于万家镇南海边，汉武帝东巡碣石时也曾居住此宫，但汉武帝是从今山东省乘船从海上到此，回程经辽西郡巡边到九原（五原郡郡治，汉武帝改九原郡为五原郡），来去未经过今北京地区。另外，在“碣石宫”以南约 40 公里处，位于河北省秦皇岛市北戴河区最东端的金山嘴半岛上，还发现一秦行宫遗址，该遗址的发现为秦皇岛市地名的由来找到了佐证。

公元前 215 年秦始皇经今北京地区东巡到海边的今秦皇岛市海港区“秦皇求仙入海处”纪念地，如图 2-114 所示，明成化十三年（1477）于此立碑（1966 年被毁）。

图 2-114 “秦皇求仙入海处”纪念地（张和平/摄）

于秦始皇三十二年（前 215）往返两次途经今北京地区而在北京交通史上留名的秦始皇如图 2-115 所示。

作为“千古一帝”，秦始皇是第一个来过今北京地区的封建皇帝。为迎接其到来，当时北京的相关机构一定会组织人力对驰道进行加固、平整、维护等，以保证东巡车驾顺利、舒适地通过，这无疑会大大提高当时北京地区的道路建设水平。另外，在东巡途中秦始皇曾下令平夷、疏通沿途阻碍交通的城郭、险阻和堤防，此举也一定会在很大程度上改善当时北京地区的交通环境。因此秦始皇无疑是北京交通史上的重要人物。

曾随秦始皇和秦二世东巡途经今北京地区而在北京交通史上留名的秦左丞相李斯如图 2-116 所示。

图 2-115 秦始皇

图 2-116 李斯

统一全国后，秦始皇曾 5 次离开都城咸阳出巡，但《史记》仅记载了最后一次的随行人员名单，其中包括秦左丞相李斯（秦时以右为大，右丞相作为中央最高行政长官留守咸阳）。不过，由秦始皇前几次出巡时在各地所留刻石均出自李斯手笔可知，李斯应该是每次都随秦始皇出巡的。所以，秦始皇三十二年（前 215）秦始皇第四次出巡（第三次东巡）途经今北京时，李斯也应该在出巡队伍中。另外，秦二世元年（前 209），秦二世仿照其父秦始皇东巡，以示强于东方，并威服海内，也前来碣石，直达海边。这次李斯也随之左右，途经今北京地区，其遂成为在北京交通史上留名的重要人物。

秦二世元年（前 209）曾沿驰道经今北京地区前往碣石等地的秦二世胡亥如图 2-117 所示。

《史记·秦始皇本纪》有关秦二世元年（前 209）秦二世携李斯等大臣东行郡县到碣石再至辽东而回的记载如图 2-118 所示。

图 2-117　秦二世胡亥

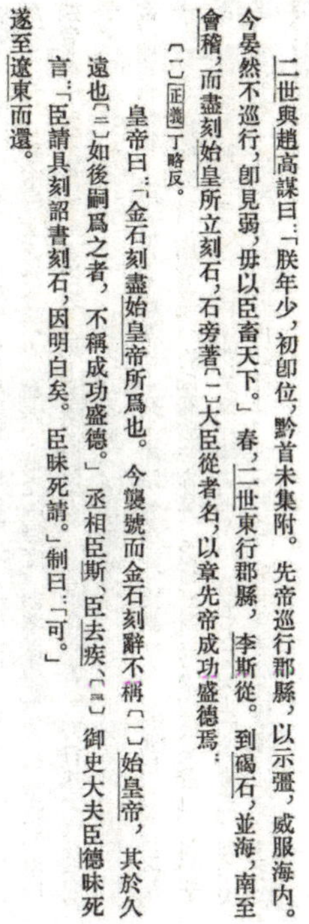

二世與趙高謀曰：「朕年少，初卽位，黔首未集附。先帝巡行郡縣，以示彊，威服海內。今晏然不巡行，卽見弱，毋以臣畜天下。」春，二世東行郡縣，李斯從。到碣石，並海，南至會稽，而盡刻始皇所立刻石，石旁著〔一〕大臣從者名，以章先帝成功盛德焉：

〔一〕正義丁略反。

皇帝曰：「金石刻盡始皇帝所爲也。今襲號而金石刻辭不稱〔二〕始皇帝，其於久遠也〔三〕如後嗣爲之者，不稱成功盛德。」丞相臣斯、臣去疾、〔四〕御史大夫臣德昧死言：「臣請具刻詔書刻石，因明白矣。臣昧死請。」制曰：「可。」

遂至遼東而還。

图 2-118 《史记·秦始皇本纪》有关秦二世元年（前 209）秦二世携李斯等大臣东行郡县到碣石再至辽东而回的记载

作为历史上的第二位皇帝，秦二世是第二位来过今北京地区的皇帝，因此成为在北京交通史上留名的重要人物。

秦二世这次东巡还有一个目的，即追寻其父秦始皇的“脚步”，在秦始皇曾留下刻石之处的边上再立石以刻上自己的诏书。因此碣石并不是终点，之后东巡队伍先从碣石南下到会稽，然后又北上赴辽东，最后返回咸阳。这样，秦二世和李斯又往返途经今北京地区两次。

可作为当时北京地区同类马车参照的秦朝时期两驾单辕马车复原图如图 2-119 所示。

图 2-119　秦朝时期两驾单辕马车复原图

秦朝时期的车舆在北京地区至今没有发现，不过由于秦始皇曾在全国推行“车同轨”措施，而且秦王朝手工业生产强调标准化，因此其他地区出土的车舆完全可以作为当时北京地区车舆制造的参照。另外，曾途经今北京地区的秦始皇东巡车队无疑应纳入北京交通史的范畴。

陕西省西安市秦始皇陵陪葬车马坑中出土的可作为途经今北京地区的秦始皇、秦二世东巡车队前导仪仗、警卫车参照的四驾高车如图 2-120 所示。

图 2-120　四驾高车（采自秦始皇帝陵博物院）

秦始皇、秦二世车驾的原物至今尚未发现，但陕西省西安市秦始皇陵西侧一座陪葬车马坑中出土的一前一后两乘大小约相当于真车真马二分之一的大型彩绘青铜车马模型，或许可以让我们看到秦始皇、秦二世东巡车队中这两种车型的真实面目。

前导仪仗、警卫车的车体小巧玲珑，单辕，由 4 马拉驾。车厢呈横长方形，中立一独柄圆盖车伞，伞盖由 22 根伞骨支撑。车厢可容纳 2 至 3 人，但均只能站立。御官俑立于伞下偏右，双手执辔，其腹部倚靠在车厢前阑板的车轼上，以保持身体平衡。车厢前阑板内、车轼下，挂一悬板，内有一箭服，装有 50 根尖头箭和 4 根平头箭；左阑板内侧附一盾服，内插一盾牌。

这种车在古代叫作“高车”，主要承担车队的前导、仪仗、警卫等任务。由数据推测，真车从伞顶到地面应有 3.3 米左右高，车厢前后长不足 1 米、左右宽在 1.4 米以上，伞盖直径在 2.4 米以上。

陕西省西安市秦始皇陵陪葬车马坑中出土的可作为途经今北京地区的秦始皇、秦二世东巡车队随行官员座车参照的四驾安车如图 2-121 所示。

图 2-121　四驾安车（采自秦始皇帝陵博物院）

此车为单辕车，由 4 马拉驾。车体分前后两室：前室为御官室，接近为正方形，前、左、右三面无遮板，舆底可能是皮条编制的席子，御官俑坐于席上，双手前举，手握马缰；后室为乘坐车厢，全封闭。

车厢前板内侧装有可供凭扶的车轼，车门开在后部，门板与门框之间用活铰（俗名活页）连接，其活铰的形制与现代活铰完全相同。车厢左右两侧及前板上各开有一窗，前窗板和窗楣之间也用同样的双向活铰连接。车顶部是椭圆形的拱形篷盖，罩在前后两室之上。车身绘有精致的彩色花纹，并以大量金银作为装饰，显得华贵堂皇。乘坐这种车可以在车厢中躺卧，故称“安车”；又因有窗户，开闭可调温，故亦称“辒辌车”。其为秦始皇出巡时随行官员的座车。经推测，真车的前室宽约 0.7 米、进深约 0.7 米，后室宽应在 1.5 米以上、进深在 1.7 米以上。

可作为途经今北京地区的秦始皇、秦二世座车参照的天子驾六奔驰图如图 2–122 所示。

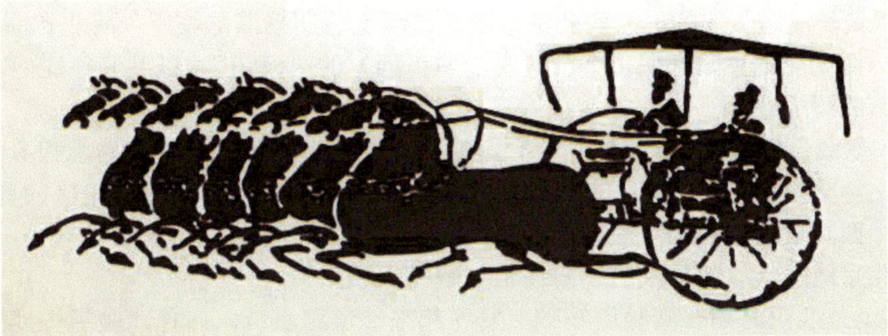

图 2–122　天子驾六奔驰图

秦始皇的座车至今没有发现实物，但从其好大喜功、目空一切的性格分析，至少会沿用古代的“天子驾六”之制。但据《史记》，出于安全考虑，秦始皇座车的车厢必须是封闭的。其车也应该是秦二世的座车。

据史载，秦始皇座车不仅是全封闭的，而且每次出巡会有 5 辆一模一样的车前后而行，只有最亲近的几个人才知道秦始皇乘坐在哪辆车中。从公元前 218 年张良所募力士在博浪沙（今河南省新乡市原阳县城东，一说今河南省郑州市中牟县北）用百廿斤的铁锥袭击却只误中副车可知，这一措施的确很有必要。

前 210 年，秦始皇在最后一次出巡的回途中病死。为免生祸乱，随行的最高官员李斯下令秘不发丧，并令人每日照常送水送饭，中车府令赵高等命人用一石鲍鱼载入车厢内以乱尸臭。据说随行众人一直不知秦始皇已死，由此可知秦始皇座车车厢的确封闭得很严实。

秦皇岛市北戴河区秦皇求仙入海处“始皇碣石行”车队雕像，如图 2–123 所示，据《史记》，秦始皇、秦二世出巡应不会乘坐“敞篷车”。

图 2–123　“始皇碣石行”车队雕像（王超/摄）

（二）西汉时期的北京交通

西汉时期（前206—25），蓟城不仅仍为“帝国”北方的军事重镇和交通枢纽，而且自西汉初年开始蓟城就与都城长安（今陕西省西安市西北）联系密切。史载，当时从蓟城南门有“汉道”直通长安——本书称为“蓟长汉道”，汉高祖刘邦曾沿此道到过今北京地区。

西汉时期，蓟城发展成为全国七大商业都市之一，今北京地区出产的鱼盐枣栗是与中原各地进行交换的重要商品，辽西、辽东盛产的马牛羊旃裘筋角等均先到蓟城交易然后再贩运到中原各地，因此蓟城直通邯郸（位于“蓟长汉道”上的七大商业都市之一、西汉前期赵国都城，今河北省邯郸市）、临淄（七大商业都市之一、西汉前期齐国都城，今山东省淄博市西）的“汉道”，以及通往辽西、辽东的道路等，都是商贾往来频繁的商道。

西汉前期，匈奴经常侵扰上谷、渔阳诸郡，蓟城作为距前沿较近的后方基地承担着为前方输送军队、转运物资以及公文等重要任务。西汉中期，汉军击破匈奴后，将居于今内蒙古地区的乌桓诸部从匈奴的压迫下解脱出来，西汉政府把他们迁徙到上谷、渔阳、右北平、辽西、辽东5郡塞外，从此乌桓诸部每年都要派人经今北京地区走“蓟长汉道”前往长安觐见汉朝皇帝。

“汉道”其实就是西汉时期在秦驰道基础上发展起来的道路系统，亦称“驰道”。随着西汉疆域向西北和东北的扩展，从今北京通到这两地的交通线路也大幅伸长。（图略）

西汉建立后在汉道上迅速恢复了秦时发达的驿传制度，仍每隔30里设一置（即驿站），置中供过往官员、使者等暂宿的驿舍，亦称传舍。常规驿站一般配有驿吏1名、驿卒6名，以及传车（即驿车）2辆、驿畜8匹（4马、3驴、1牛）。

西汉的驿车分为四级：最高级的称“置传”（亦称传置），由4匹良马拉驾，专供君主与高级大臣乘坐，速度较为缓慢，但平稳舒适，应该不是每个驿站都有配备的；次一等级的称“驰传”（亦称驰置），由4匹中等马拉驾，是供高级官员在紧急时刻所乘坐的以快速见长的较高级常备驿车；再次一等级的称“乘传”（亦称乘置），由4匹劣等马拉驾，其应是供中级官员乘坐的常备驿车；最快的为“轺置”（亦称轺车），由一马或两马拉驾，是供低级官员乘坐或递送军情文书的常备疾驰驿车。除了驿车，更紧急者则骑马，称“乘”。驿卒徒步传递信息称“步传”。

西汉时期，今北京地区分隶于燕国（后改为燕郡、广阳郡、广阳国等名，均治蓟）、涿郡（治涿，今河北省保定市涿州市区）、上谷郡（治沮阳，今河北省张家口市怀来县东南）、渔阳郡（治渔阳，今北京市怀柔区北房镇东）和右北平郡（治平刚，今辽宁省朝阳市凌源市区西南）等5个郡国，其中燕国、涿郡为西汉新置。汉武帝时设立刺史制度，全国划分成13个州部——监察区，今北京地区属幽州刺史（西汉末改为幽州牧）统监。

据《汉书·地理志》，汉平帝元始二年（2），广阳郡所辖4县中之蓟（与郡同治）、广阳（治今房山区长阳镇东）、阴乡（治今丰台区丰台镇南）3县，涿郡所辖29县中之良乡（治今房山区窦店镇西）、西乡（治今房山区长沟镇东）2县，上谷郡所辖15县中之昌平（治今昌平区沙河地区西南）、军都（治今昌平区马池口地区南）、居庸（治今延庆区府）、夷舆（治今延庆区旧县镇西南）4县，渔阳郡所辖12县中之渔阳（与郡同治）、路（今通州区潞城镇西）、安乐（治今顺义区后沙峪地区西）、狐奴（治今顺义区北小营镇东北）、平谷（今平谷区山东庄镇西）、犷平（今密云区高岭镇西南）、厗奚（今密云区高岭镇西北）7县，右北平郡所辖16县中之无终县西部等，均在今北京域内。这些郡治、县治与蓟城之间都应有道路相通。

西汉蓟城及南门、汉道（蓟长汉道）在今北京城区大致位置示意图如图 2–124 所示。

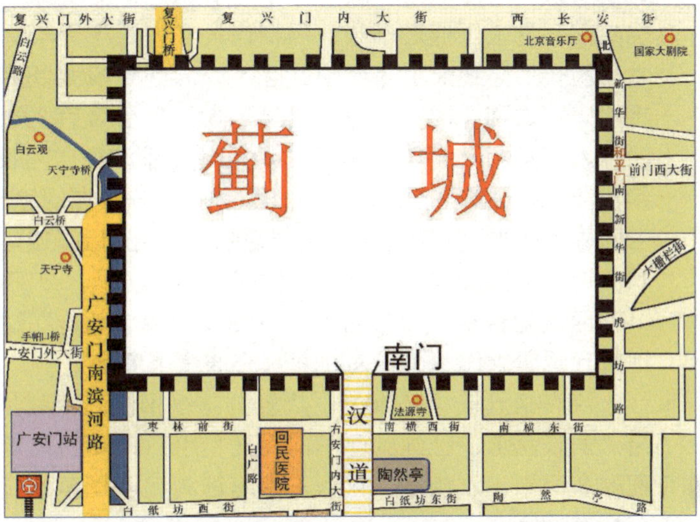

图 2–124　西汉蓟城及南门、汉道（蓟长汉道）在今北京城区大致位置示意图（田甜/改绘）

西汉蓟城的准确位置如今已难以知晓。据考证，其南城墙大致在今法源寺以北，北城墙大致在今复兴门内大街、西长安街以南，西城墙大致在今天宁寺以东，东城墙大致在和平门以西。西汉时蓟城先后为燕国、燕郡、广阳国、广阳郡的治所，其南门外汉道可直通京师长安，但南门位置及东、西、北三面开门之状况如今均不可知。

西汉初曾率军自长安（今陕西省西安市）来今北京地区平叛的汉高祖刘邦（见图 2–125）是在北京交通史上留名的第三位皇帝。

汉高祖刘邦是中国历史上的第三位皇帝，也是来过今北京地区而在北京交通史上留名的第三位皇帝。西汉建立当年，即汉高祖五年（前 202），受封在今北京地区的燕王臧荼反叛，高祖刘邦亲率樊哙、陈平等将沿“蓟长汉道”来平叛。汉军先败燕军于龙邑（今河北省保定市曲阳县西），继而败之于易下（今保定市易县南），最后破其都城蓟城，俘臧荼。所以，汉高祖刘邦不仅来过今北京地区，甚至来到过后来北京城的西部。

西汉初大将军樊哙（见图 2–126）曾两度自长安（今陕西省西安市）来今北京地区平叛而在北京交通史上留名。

汉高祖五年（前 202），樊哙跟随高祖刘邦平定臧荼反叛后，刘邦又封卢绾为燕王。汉高祖十二年（前 195），卢绾也叛汉，此时刘邦已病重，便派樊哙领兵北上平燕。樊哙率军再沿“蓟长汉道”攻至蓟城以南，这是他第二次来到今北京地区。

西汉初护军中尉陈平（见图 2–127）曾两度自长安（今陕西省西安市）来今北京地区而在北京交通史上留名。

图 2–125　刘邦

图 2–126　樊哙

图 2–127　陈平

图 2–128　周勃

汉高祖五年（前 202），陈平曾以护军中尉之职跟随高祖刘邦来燕国平定臧荼反叛，这是他第一次来到今北京地区。汉高祖十二年（前 195），刘邦派樊哙率兵北上平燕后不久，因相信谗言而疑虑樊哙有二心，乃命陈平、周勃乘“驰传”急速北上杀樊哙。陈平、周勃到蓟城以南的汉军营帐前用计擒住樊哙，不过陈、周二人忌惮樊哙之妻为皇后吕后之妹而不敢下杀手，只将樊哙打入槛车（囚车），由陈平再通过驿传系统押送回长安，周勃则代为统军继续攻燕。这是陈平第二次来今北京地区。陈平在回途中获知刘邦驾崩的消息，立即乘“驰传”先期赶到长安与吕后沟通并得到谅解。由此可知，西汉初“蓟长汉道”上的驿传系统已十分便捷。

西汉初将军周勃（见图 2–128）曾乘“驰传”沿“蓟长汉道”来今北京地区代替樊哙统军平叛而在北京交通史上留名。

汉高祖五年（前 202），周勃与陈平奉汉高祖刘邦之命自长安乘“驰传”沿“蓟长汉道”赶到蓟南军前拘捕樊哙后，周勃代其为将，率领汉军先后在蓟城和沮阳击败燕军，迫燕王卢绾逃离汉境投奔匈奴，使得西汉重又控制了今北京地区。

《汉书 • 五行志上》有关蓟城南门通汉道（蓟长汉道）以及燕王刘旦通过汉道与都城长安的不轨之臣沟通谋反而最终“伏其辜”的记载如图 2–129 所示。

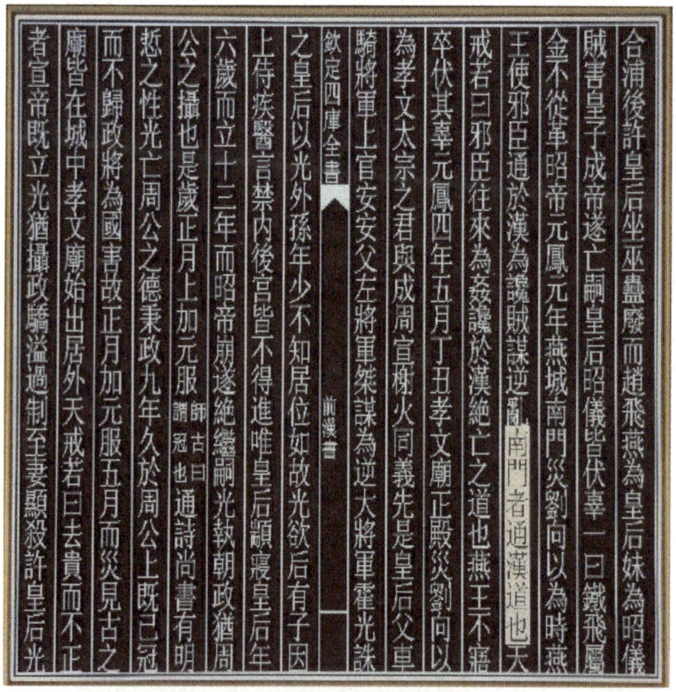

合浦後許皇后坐巫蠱廢而趙飛燕為皇后妹為昭儀
賊害皇子成帝遂亡嗣皇后昭儀皆伏辜一曰鐵飛屬
金不從革昭帝元鳳元年燕城南門災劉向以為時燕
王使邪臣通於漢為讒賊謀逆亂南門者通漢道也天
戒若曰邪臣往來為姦讒於漢絶亡之道也燕王不寤
卒伏其辜元鳳四年五月丁丑孝文廟正殿災劉向以
為孝文太宗之君與成周宣榭火同義先是皇后父車
騎將軍上官安安父左將軍桀謀為逆大將軍霍光誅
欽定四庫全書　前漢書
之皇后以光外孫年少不知居位如故光欲后有子因
上侍疾醫言禁內後宮皆不得進唯皇后顓寢皇后年
六歲而立十三年而昭帝崩遂絶繼嗣光執朝政猶周
公之攝也是歲正月上加元服（師古曰謂冠也）通詩尚書有明
悊之性光亡周公之德秉政九年久於周公上既已冠
而不歸政將為國害故正月加元服五月而災見古之
廟皆在城中孝文廟始出居外天戒若曰去貴而不正
者宣帝既立光猶攝政驕溢過制至妻顯殺許皇后光

图 2–129 《汉书 • 五行志上》有关蓟城南门通汉道（蓟长汉道）以及燕王刘旦通过汉道与都城长安的不轨之臣沟通谋反而最终“伏其辜”的记载

燕王刘旦（前 117—前 80 年在位）乃汉武帝（前 140—前 87 年在位）第三子。据《汉书 • 武五子传》，汉武帝晚年时刘旦觊觎太子之位，曾上书请求进京宿卫，结果遭申斥并被处罚。汉昭帝（武帝幼子，前 87—前 74 年在位）即位后，刘旦一直图谋自立，不仅多次派员入长安打探消息，而且勾结左将军上官桀等派使者上书“揭发”秉政的大将军霍光之不是，最终因与其姐盖长公主、上官桀等勾结谋反之事被告发遭到严斥而不得不自杀。当时，刘旦为求得盖长公主的支持，曾先后派遣十多批使者携带大批财物入长安行贿，其与上官桀等人的书信往来十分频繁，而汉昭帝及霍光也多次赐玺书、下诏、发文到燕国，由此可见当时蓟城通过“蓟长汉道”与长安的联系十分紧密。

可作为当时北京地区同类马车参照的西汉画像石（砖）上的一马驾双辕的轻便马车（见图 2-130）。

图 2-130　一马驾双辕的轻便马车

可作为当时北京地区同类马车参照的西汉画像石上的轺车（见图 2-131）。

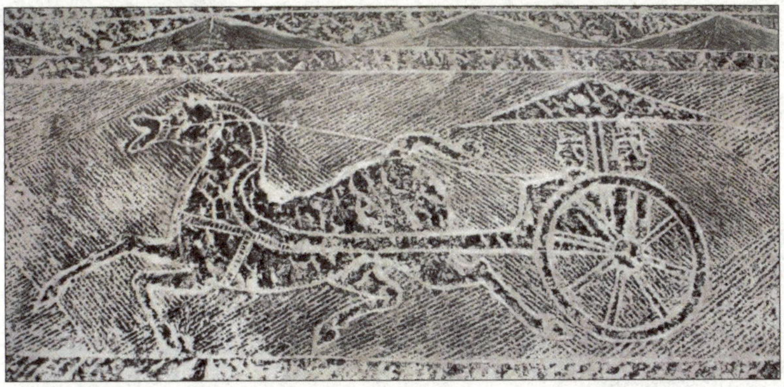

图 2-131　轺车

北京地区出土的西汉诸侯王级别的车舆实物（丰台区大葆台西汉广阳顷王刘建墓随葬马车出土时的状态）如图 2-132 所示。

图 2-132　北京地区出土的西汉诸侯王级别的车舆实物（丰台区大葆台西汉广阳顷王刘建墓随葬马车出土时的状态）

刘建墓位于丰台区黄土岗乡大葆台村，属西汉中晚期墓葬。随葬马车出土于墓葬南侧的墓道内，共 3 辆，呈南北向前后排列，均为木质单辕双轮的朱轮华毂车：第一辆为仪仗车，称“耕根车”；第二辆为座车，称“安车”；第三辆为丧车，称“辎车”。3 辆车周身均涂黑漆，车轮加饰红漆，整车装饰得非常华丽，凸显了墓主人高贵的身份。3 辆车的形制与商周以来的木质单辕车基本相同，只是车轮间距缩小，表明单辕车向灵活小型化发展的趋势。实际上，这 3 辆车代表了中国古代单辕车发展的最后阶段。

丰台区大葆台西汉广阳顷王刘建墓随葬耕根车复原图如图 2–133 所示。

耕根车为西汉诸侯王出行时的先导仪仗车。该车辕长 3.33 米，舆宽 1.65 米、长 0.63 米，轮径 1.42 米，轴长 2.64 米，伞高 1.5 米、直径 2.08 米。图 2–133 根据大葆台西汉墓博物馆复原的耕根车而绘。

丰台区大葆台西汉广阳顷王刘建墓随葬耕根车之朱轮华毂复原图如图 2–134 所示。

图 2–133　丰台区大葆台西汉广阳顷王刘建墓随葬耕根车复原图（颜吾芟/改绘）

图 2–134　丰台区大葆台西汉广阳顷王刘建墓随葬耕根车之朱轮华毂复原图（颜吾芟/改绘）

刘建墓出土的 3 辆车车轮为我国目前所见最早的西汉车轮实物。图 2–134 根据大葆台西汉墓博物馆复原的耕根车车轮而绘。

丰台区大葆台西汉广阳顷王刘建墓随葬安车复原图如图 2–135 所示。

此车为朱斑轮青盖，史载为西汉时期专供皇太子及诸侯王出行乘坐的高等级车舆。该车辕长 3.60 米，舆宽 1.65 米、前后 1.10 米，轮径 1.42 米，轴长 2.64 米，盖宽 2.00 米、前后 1.54 米，图 2–135 是根据大葆台西汉墓博物馆复原的安车而绘制的。

丰台区大葆台西汉广阳顷王刘建墓随葬车马位置示意图如图 2–136 所示，3 辆车在街道上也应按此顺序行进（辆车，即丧车，平时并不在大街上行进）。

图 2–135　丰台区大葆台西汉广阳顷王刘建墓随葬安车复原图（颜吾芟/改绘）

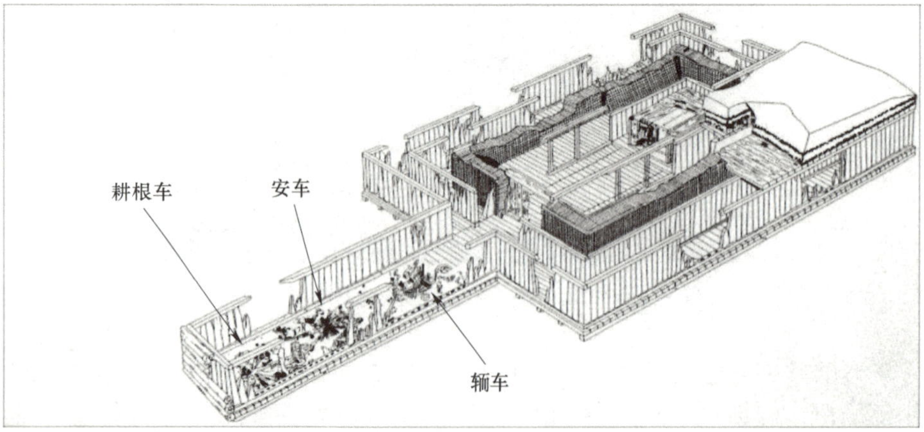

图 2–136　丰台区大葆台西汉广阳顷王刘建墓随葬车马位置示意图

（三）东汉时期的北京交通

东汉时期（25—220），今北京地区交通最大的发展是在河渠漕运方面。史载，东汉初上谷太守王霸鉴于军需运输繁重，在温余水（亦称温水，今称温榆河）开漕运。不过，也有现代学者认为王霸应在湿水（今永定河）开漕运，因为当时正用兵于代地。不管何种说法正确，此期间为今北京地区水道漕运之始当无异议。东汉末，曹操在今北京地区东部的沟水（今沟河）、潞河（今北运河）等开漕运，并在附近开凿出3条著名河渠，对今北京地区的水路交通具有非常积极的意义。

陆路交通方面，蓟城依旧是"帝国"北方的军事重镇和交通枢纽，与都城洛阳之间的交通十分快捷和密切，中央发布的文告等经10日可递送至蓟城。

东汉时期的地方建制与行政区划大体沿袭西汉制度，今北京地区仍隶属幽州。幽州辖境含今北京市、河北省北部、辽宁省南部及朝鲜半岛西北部等地。

据《后汉书·郡国志》，顺帝永和五年（140）幽州统辖11个郡国，其中5个郡的14个县在今北京域内，分别是：广阳郡（治蓟）所领5县中的蓟（与郡同治）、广阳（治今房山区长阳镇东）、昌平（治今昌平区沙河地区西南）、军都（治今昌平区马池口地区南）4县，涿郡（治涿，今河北省保定市涿州市区）所领7县中的良乡（治今房山区窦店镇西）1县，上谷郡（治沮阳，今河北省张家口市怀来县东南）所领8县中的居庸（治今延庆区府）1县，渔阳郡（治渔阳，今北京市怀柔区北房镇东）所领9县中的渔阳（与郡同治）、潞（今通州区潞城镇西）、安乐（治今顺义区后沙峪地区西）、狐奴（治今顺义区北小营镇东北）、平谷（今平谷区山东庄镇西）、犷平（今密云区高岭镇西南）、傂奚（今密云区高岭镇西北）7县，右北平郡（治土垠，今河北省唐山市丰润区北）所领4县中的无终县西部等。各郡治、县治与蓟城之间都有道路相通。

汉光武帝刘秀（见图2-137）称帝前曾两度从河北来到今北京地区而在北京交通史上留名。

图2-137　汉光武帝刘秀

刘秀第一次来今北京地区是更始二年（24），当时他以更始政权破虏大将军行大司马事之职持节北渡黄河，欲抚定河北，但受到盘踞在邯郸（今河北省邯郸市）的割据势力王郎所逼不得不从卢奴（今河北省定州市）北上蓟城，后在王郎的追击下又急忙从蓟城南逃到冀州（治今河北省衡水市冀州区）。次年（25），王郎被消灭后，刘秀自今石家庄率军又一次北上，攻打河北起义军，驻于蓟城，获胜后南下，并于当年（建武元年，25）在洛阳称帝，从此再没有来过今北京地区。

汉代今北京地区北部的交通中心之一——位于今昌平区马池口镇土城村的军都县故城之城墙遗迹现貌如图 2-138 所示。

图 2-138　位于今昌平区马池口镇土城村的军都县故城之城墙遗迹现貌（卢涛/摄）

汉代今北京地区东部的交通中心之一——位于今平谷区大兴庄镇北城子村的西汉博陆县（博陆侯霍光封地）、滑盐县及东汉盐田县城故址现貌如图 2-139 所示。

图 2-139　位于今平谷区大兴庄镇北城子村的西汉博陆县（博陆侯霍光封地）、滑盐县及东汉盐田县城故址现貌（卢涛/摄）

汉代今北京地区南部的交通中心之一——位于今房山区的广阳城街道、城门平面示意图如图 2-140 所示。

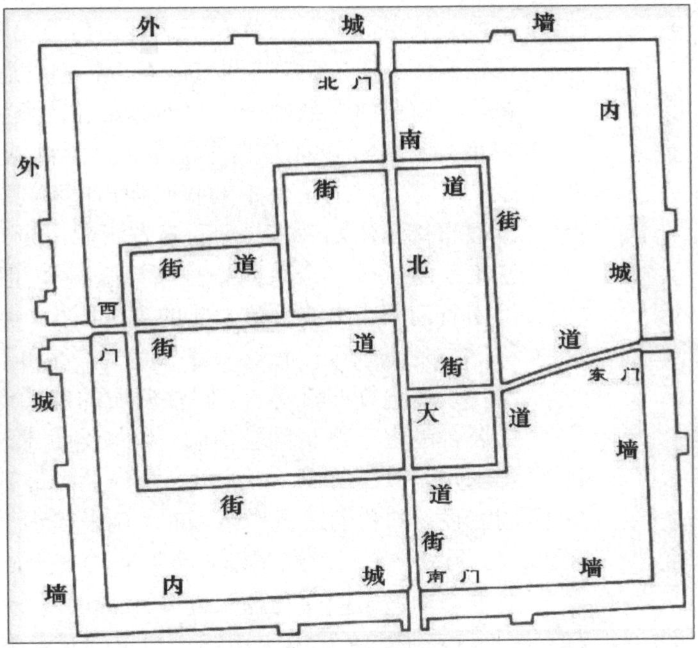

图 2-140　位于今房山区的广阳城街道、城门平面示意图

此城平面呈正方形，与汉代北方的县城建筑形制一致。其外城墙周长约 2 400 米，也符合汉代大县城的建筑尺度。城中有一条南北贯通的大街及若干其他街道。

汉代今北京地区南部的交通中心之一——位于今房山区的良乡县城街道、城门平面示意图如图 2-141 所示。

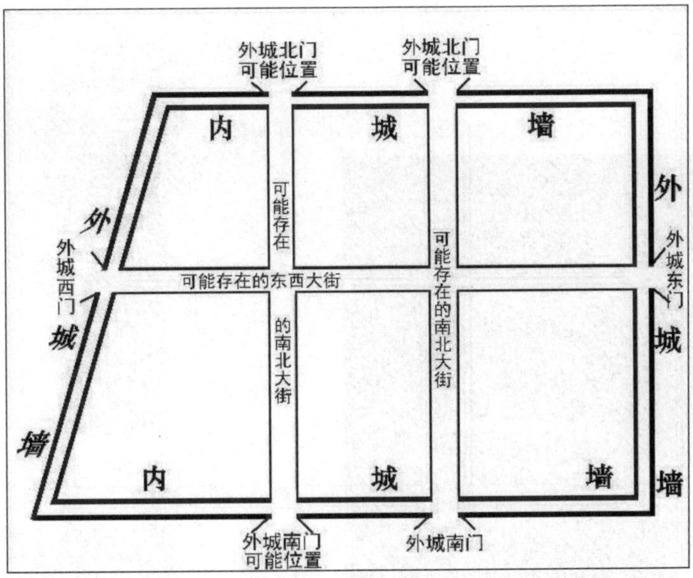

图 2-141　位于今房山区的良乡县城街道、城门平面示意图

此城分内外两层城墙，外城墙与内城墙间距有 20 米。外城墙周长 3 900 米，远大于汉代一般的县城，似为侯国都城。城垣四边共设 6 门，南北各 2 门，东西各 1 门。城内有南北大街 2 条，东西大街 1 条。东门、西门及一座南门的位置已被确认，其余各门的位置及街道布局均为想象。

田疇字子泰，右北平無終人也。好讀書，善擊劍。初平元年，義兵起，董卓遷帝于長安。幽州牧劉虞歎曰：「賊臣作亂，朝廷播蕩，四海俄然，莫有固志。身備宗室遺老，不得自同於衆。今欲奉使展效臣節，安得不辱命之士乎？」衆議咸曰：「田疇雖年少，多稱其奇。」疇時年二十二矣。虞乃備禮請與相見，大悅之，遂署爲從事，具其車騎。將行，疇曰：「今道路阻絕，寇虜縱橫，稱官奉使，爲衆所指名。願以私行，期於得達而已。」虞從之。疇乃歸，自選其家客與年少之勇壯慕從者二十騎俱往。虞自出祖而遣之。[一]既取道，疇乃更上西關，出塞，傍北山，直趣朔方，循閒徑去，遂至長安致命。詔拜騎都尉。疇以爲天子方蒙塵未安，不可以荷佩榮寵，固辭不受。朝廷高其義。三府並辟，皆不就。得報，馳還，未至，虞已爲公孫瓚所害。疇至，謁祭虞墓，陳發章表，哭泣而去。瓚聞之大怒，購求獲疇，謂曰：

图 2–142 《三国志 • 魏书 • 田畴传》有关东汉末田畴自幽州（今北京地区）取道塞外绕行奔赴长安（今陕西省西安市）的记载

东汉末军阀割据，自今北京地区南下通到长安的“蓟长汉道”受到人为阻碍，于是西去今山西省大同市，取道塞外，沿阴山南麓至九原（五原郡郡治，今内蒙古包头市九原区麻池镇西北），再南下到长安的道路就成为又一选择。初平元年（190），董卓挟持汉献帝自洛阳到长安后，驻蓟城的幽州牧刘虞遣田畴为使到长安朝谒献帝走的就是这条线路——也即苏秦曾向燕文侯提到过、秦始皇三十二年（前 215）秦始皇自今北京地区返回咸阳之线路。见到田畴后，献帝密遣刘虞之子侍中刘和回幽州，请刘虞发兵迎己回洛阳。刘和没敢直接东出函谷关（今河南省洛阳市新安县东）奔洛阳，而是向东南绕道武关（今陕西省丹凤县东南），但行至南阳郡（治宛，今河南省南阳市）被盘踞于此的袁术所拘。袁术欲吞并幽州兵马，诡称愿与刘虞联军，命刘和寄书其父，刘和不敢不从。刘虞见信不知是计，乃遣数千骑南下。同驻蓟城的奋武将军、蓟侯公孙瓒也遣从弟公孙越率千余骑同赴南阳，以勾结袁术。后刘和从南阳逃出，北奔幽州，但在冀州（治邺城，今河北省邯郸市临漳县西南）又被袁绍截住。刘和的遭遇说明当时“蓟长汉道”确实存在重重的人为障碍。另外，东汉时辽东郡（治襄平，今辽宁省辽阳市）属幽州管辖，襄平与蓟城之间交通往来颇多。

《三国志 • 魏书 • 田畴传》有关东汉末田畴自幽州（今北京地区）取道塞外绕行奔赴长安（今陕西省西安市）的记载如图 2–142 所示。

包含有东汉时期今北京地区与都城洛阳（今河南省洛阳市）交通信息的幽州书佐秦君墓神道石柱如图 2–143 所示。

包含有东汉时期今北京地区与都城洛阳交通信息的幽州书佐秦君墓神道石柱正、反面拓片如图 2–144 所示。

图 2–143 幽州书佐秦君墓神道石柱（现藏首都博物馆）

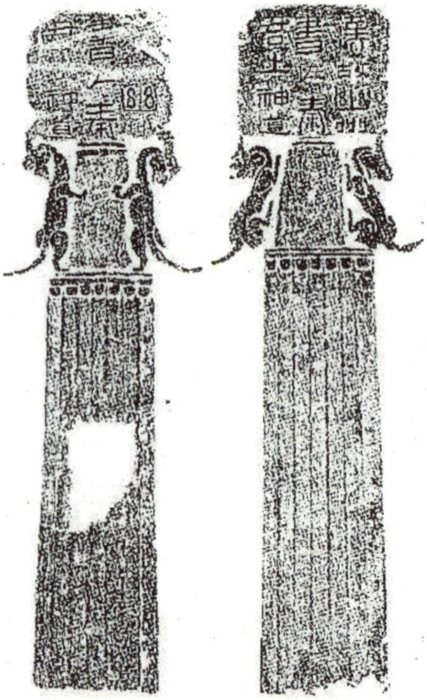

图 2–144 幽州书佐秦君墓神道石柱正、反面拓片

该石柱发现于石景山区八宝山以西。其所刻文字与史籍记载相印证显示，当时从都城洛阳到蓟城的驿传为 10 日路程。今测两地之间的距离约为 800 公里，则东汉驿传的 1 日行程当在 80 公里左右。

东汉末曹操下令开凿人工渠沟通今北京市东部与河北省南部漕运及用兵东北线路。

东汉末年，建安十一年（206），为征讨盘踞在辽西、辽东、右北平三郡对今北京地区造成威胁的“三郡乌桓”，实际执掌最高权力的丞相曹操决定沟通自邺城（时为都城，今河北省邯郸市临漳县西南）经泉州县（治今天津市武清区西南）通往幽州中部（今北京东部与河北省接壤地区）的水路，以解决军粮运输问题。他下令凿通 3 条渠道：第一条为“平虏渠”，约自今河北省廊坊市大成县留各庄镇平虏城遗址东南往北通到今天津市静海区独流镇一带；第二条为“泉州渠”，约自今天津市武清区西南（东汉泉州县故址）北通到今天津市宝坻区东；第三条为“新河”，约西起今天津市宝坻区东向东通到今河北省唐山市乐亭县境内的滦河。三渠凿成后，曹军漕船即可自邺城南面的漳水（今漳河）向北直抵今北京以东地区，然后再向东抵达今河北省唐山市南部。

由于泉州渠与潞河（古代沽水、沽河的下游河段，亦称白河、笥沟，今称北运河）、泃水（今称泃河）、鲍丘水（今已消失，其上游即今北京市密云区潮河，其下游之一段即今天津市内的蓟运河。泉州渠的北口在鲍丘水与泃河交汇处）相通，而潞河是从今北京市通州区通到今天津市的，泃水则是经今北京市平谷区通到今天津市的，鲍丘水也是从今北京地区通到今天津市的，因此当时顺河渠即可以从今北京东部而抵今河北省南部。另外，新河的西起点也在鲍丘水上，这样自今北京东部也可以走水路东通到今河北省唐山市南部。（图略）

东汉末年下令开凿水道从而提高今北京地区东通今河北省唐山市和南通今河北省邯郸市的水路交通，以及途经今北京地区征讨“三郡乌桓”而在北京交通史上留名的曹操见图 2–145。

图 2–145　曹操

解决了军粮运输问题后，建安十二年（207）夏，曹操亲率大军北上进攻乌桓。曹军经蓟城、潞县，在今通州区白庙村渡过潞河，进至无终（今河北省唐山市与秦皇岛市交界一带）。因夏日多雨，道路泥泞难行，东进各要点又被乌桓扼守，难以通行。后曹操听从隐居在此的田畴建议，大军退至卢龙口（今喜峰口），然后北进，越徐无山（今河北省遵化市东），经白檀（今河北省承德市宽城满族自治县）、平岗（东汉右北平郡治，一说今承德市平泉市，一说今内蒙古赤峰市宁城县西南，一说今辽宁省朝阳市凌源市西南），沿白狼水（今大凌河）河谷东进，在距离柳城（今辽宁省朝阳市南郊柳城街道袁台子村）200 里的白狼山（今辽宁省朝阳市喀喇沁左翼蒙古族自治县东）破乌桓军，然后直扑其都柳城，获得全胜。

曹操大军所走的经无终通柳城这条路应该是战国中期燕国设置右北平郡等 5 郡时开辟出来的。据田畴所言，这条道自东汉初以后就断绝了，只有些许小路勉强可以通行。这次曹操大军堑山堙谷 500 余里重又将其开辟出来，之后成为今北京地区通到今朝阳市的重要交通线路。田畴也因此成为北京交通史所关注的重要人物。

曹操回师则走辽西走廊，南行至碣石山（今河北省秦皇岛市昌黎县北）后走“京榆古路”西行，经今北京地区再南下返回。（图略）

《三国志·魏书·田畴传》有关东汉末田畴向途经今北京地区的曹操建议从卢龙口（今喜峰口）北上的记载如图 2–146 所示。

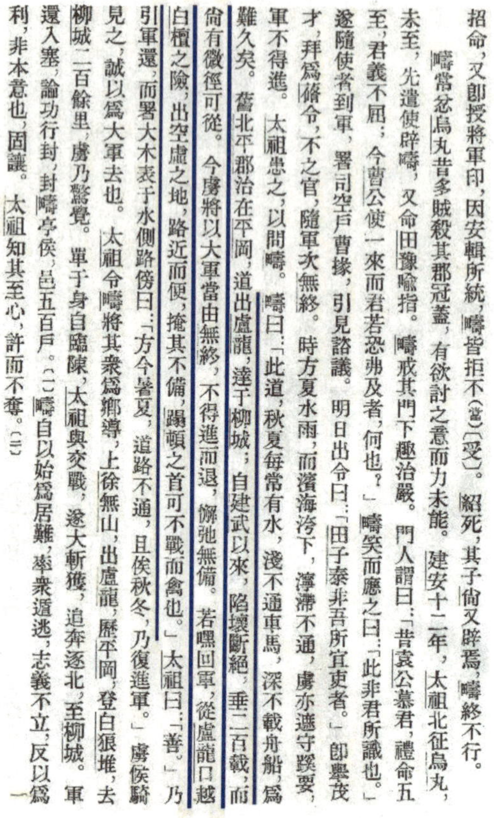

招命，又卽授將軍印，因安輯所統，疇皆拒不（當）〔受〕。紹死，其子尙又辟焉，疇終不行。

疇常忿烏丸昔多賊殺其郡冠蓋，有欲討之意而力未能。建安十二年，太祖北征烏丸，未至，先遣使辟疇，又命田豫喻指。疇戒其門下趣治嚴。門人謂曰：「昔袁公慕君，禮命五至，君義不屈；今曹公使一來而君若恐弗及者，何也？」疇笑而應之曰：「此非君所識也。」遂隨使者到軍，署司空戶曹掾，引見諮議。明日出令曰：「田子泰非吾所宜吏者。」卽舉茂才，拜爲蓨令，不之官，隨軍次無終。時方夏水雨，而濱海洿下，濘滯不通，虜亦遮守蹊要，軍不得進。太祖患之，以問疇。疇曰：「此道，秋夏每常有水，淺不通車馬，深不載舟船，爲難久矣。舊北平郡治在平岡，道出盧龍，達于柳城；自建武以來，陷壞斷絕，垂二百載，而尙有微徑可從。今虜將以大軍當由無終，不得進而退，懈弛無備。若嘿回軍，從盧龍口越白檀之險，出空虛之地，路近而便，掩其不備，蹋頓之首可不戰而禽也。」太祖曰：「善。」乃引軍還，而署大木表于水側路傍曰：「方今暑夏，道路不通，且俟秋冬，乃復進軍。」虜候騎見之，誠以爲大軍去也。太祖令疇將其衆爲鄉導，上徐無山，出盧龍，歷平岡，登白狼堆，去柳城二百餘里，虜乃驚覺。單于身自臨陳，太祖與交戰，遂大斬獲，追奔逐北，至柳城。軍還入塞，論功行封，封疇亭侯，邑五百戶。〔一〕疇自以始爲居難，率衆遁逃，志義不立，反以爲利，非本意也，固讓。太祖知其至心，許而不奪。〔二〕

图 2–146 《三国志·魏书·田畴传》有关东汉末田畴向途经今北京地区的曹操建议从卢龙口（今喜峰口）北上的记载

可作为当时北京地区同类马车参照的东汉轺车复原图如图 2–147 所示。

图 2–147 东汉轺车复原图

东汉时期的车舆在北京没有实物出土，但其他不少地方既有实物出土，也有绘有车形的墓葬壁画、画像砖、画像石出土，这些车舆的造型应该与当时北京地区的车舆形制相差不多。尤其有些还是出土于与今北京地区同属幽州行政管辖的地区，因此更可以作为当时北京地区车舆的参照。

直接及间接展示东汉时期今北京地区官员车马出行情景的是出土于内蒙古呼和浩特市和林格尔县新店子乡的“和林格尔汉墓”壁画。该墓主人是定襄郡（治善无县，今山西省朔州市右玉县附近）武城县（治今呼和浩特市和林格尔县新店子镇榆林城村）人，生活于东汉末期。壁画中有其在众多从骑、从车簇拥下自繁阳县（今河南省安阳市内黄县）经今北京地区，过居庸关，到上谷郡宁城（约在今河北省张家口市万全区境内）任职的场景，这无疑属于北京交通史范畴。而壁画中墓主人在各地任不同职位时的车马出行场景及所乘车辆，也可作为当时北京同级别官员出行及座车的参照。

可作为当时北京地区同类马车参照的东汉轺车复原图如图2–148所示。

可作为当时北京地区同类马车参照的东汉画像石上的轺车如图2–149所示。

图2–148　东汉轺车复原图（赵汉青/绘）

图2–149　东汉画像石上的轺车

与今北京地区同属幽州行政管辖的辽宁省辽阳市白塔区出土的北园村一号东汉墓壁画上的轺车，如图2–150所示，其可作为当时北京地区同类马车的参照。

图2–150　北园村一号东汉墓壁画上的轺车

与今北京地区同属幽州行政管辖的辽宁省辽阳市白塔区出土的北园村一号东汉墓壁画上的轩车（贵族乘坐的有屏挡的马车），如图 2-151 所示，其可作为当时北京地区同类马车的参照。

图 2-151　北园村一号东汉墓壁画上的轩车（贵族乘坐的有屏挡的马车）

可作为当时北京地区同类马车参照的东汉画像砖上的辎车（人可躺卧在车厢里的马车）如图 2-152 所示。

图 2-152　东汉画像砖上的辎车（人可躺卧在车厢里的马车）

可作为当时北京地区同类马车参照的东汉画像石上的軿车，如图 2-153 所示，其亦称衣车，为高级贵族或贵妇乘坐的四周用帷幕遮挡的马车。

图 2-153　东汉画像石上的軿车

内蒙古呼和浩特市和林格尔县新店子乡出土的“和林格尔汉墓”中表现墓主人乘车与从骑、从车通过居庸关时的壁画——“使君从繁阳迁度关时”如图2–154所示。

图2–154 “使君从繁阳迁度关时”

东汉时尊称州郡长官为“使君”，墓主人曾任与郡守地位几乎一样的使持节护乌桓校尉，故也被尊称为使君。墓主人从繁阳县到宁城赴任，其车队需途经中山（今河北省定州市）、涿（今河北省保定市涿州市）、广阳（今北京市房山区）等郡，再经今昌平区、延庆区而抵任所。

壁画中的居庸关被绘成平顶八字形的水门形式，水门下题“居庸关”3 字。据说此为居庸关最早的图像。史载，居庸关建在一溪水（时称温余水）之上，穿关的道路仅能容一车通过。桥下绘有一条小船，说明当时温余水（今温榆河）的部分河段还可通航。

内蒙古呼和浩特市和林格尔县新店子乡出土的“和林格尔汉墓”壁画中的车（墓主人途经今北京地区时乘坐的軿车）如图2–155所示。

图2–155 “和林格尔汉墓”壁画中的车（墓主人途经今北京地区时乘坐的軿车）

内蒙古呼和浩特市和林格尔县新店子乡出土的“和林格尔汉墓”壁画中的车［墓主人途经今北京地区时车队中的輂车（载货马车）］如图2–156所示。

图2–156 “和林格尔汉墓”壁画中的车［墓主人途经今北京地区时车队中的輂车（载货马车）］

可作为当时北京地区同类马车参照的内蒙古呼和浩特市和林格尔县新店子乡出土的“和林格尔汉墓”壁画中的车（墓主人举孝廉时乘坐的轺车）如图 2–157 所示。

图 2–157 “和林格尔汉墓”壁画中的车（墓主人举孝廉时乘坐的轺车）

内蒙古呼和浩特市和林格尔县新店子乡出土的“和林格尔汉墓”壁画表现墓主人举孝廉时乘车出行及伴随从骑、从车的规模，如图 2–158 所示，其可作为当时北京地区举孝廉者出行规模及所乘车辆之参照。

图 2–158 “和林格尔汉墓”壁画表现墓主人举孝廉时乘车出行及伴随从骑、从车的规模

墓主人是通过“举孝廉”而踏上仕途的。举孝廉是东汉官吏升职的重要途径，即每 3 年地方按人口比例向中央推荐孝悌清廉之士，由朝廷任命官职。壁画表现墓主人在家乡“举孝廉”后的出行场景：其与一驭手乘坐在轺车上；后随一輂车，车棚上绘有彩绘；轺车两侧紧紧跟随着 5 名佩带弓箭的从骑武士，显示出对“举孝廉者”的尊崇。

可作为当时北京地区同类马车参照的内蒙古呼和浩特市和林格尔县新店子乡出土的“和林格尔汉墓”壁画中的车（墓主人为郎时乘坐的轺车）如图 2–159 所示。

图 2–159 “和林格尔汉墓”壁画中的车（墓主人为郎时乘坐的轺车）

内蒙古呼和浩特市和林格尔县新店子乡出土的“和林格尔汉墓”壁画中表现墓主人为郎时乘车出行及伴随从车的规模，如图 2–160 所示，其可作为当时北京地区同级官员乘车出行规模及所乘车辆的参照。

图 2–160 “和林格尔汉墓”壁画中表现墓主人为郎时乘车出行及伴随从车的规模

墓主人“举孝廉”后到都城洛阳（今河南省洛阳市区东 15 公里）被封为郎官，任郎中，品秩为三百石，相当于县长（户口在万户以下县的长官）。东汉郎官是一种无职务的朝官，直接与皇帝接近，负责侍从殿廷或禁卫门户、陪从皇帝以备顾问和随时建议、接受差遣等。

图 2–160 中，墓主人独自乘坐在黑盖轺车中，无驭手，周围有 6 辆均有 2 人同乘的黑盖轺车护卫，另外还有 2 名身佩弓箭的从骑护卫跟随。

可作为当时北京地区同类马车参照的内蒙古呼和浩特市和林格尔县新店子乡出土的“和林格尔汉墓”壁画中的车（墓主人任西河长史时乘坐的轺车）如图 2–161 所示。

图 2–161 “和林格尔汉墓”壁画中的车（墓主人任西河长史时乘坐的轺车）

内蒙古呼和浩特市和林格尔县新店子乡出土的“和林格尔汉墓”壁画中表现墓主人任西河长史时乘车出行及伴随从骑的规模，如图 2–162 所示，其可作为当时北京地区同级武官出行规模及所乘车辆的参照。

图 2–162 “和林格尔汉墓”壁画中表现墓主人任西河长史时乘车出行及伴随从骑的规模

墓主人任郎官不久即被派到西河郡（治今山西省吕梁市离石区）任长史，品秩为六百石，掌军事。据分析，其很有可能代行了郡守的职权而为该郡的最高长官。

在图 2-162 中，墓主人乘坐在由众多从骑护卫的轺车中，有 1 驭手为其驾车，无其他从车相随，体现着墓主人作为军官的独特身份和权威。

可作为当时北京地区同类马车参照的内蒙古呼和浩特市和林格尔县新店子乡出土的“和林格尔汉墓”壁画中的车（墓主人任行上郡属国都尉时乘坐的轺车）如图 2-163 所示。

图 2-163 “和林格尔汉墓”壁画中的车（墓主人任行上郡属国都尉时乘坐的轺车）

内蒙古呼和浩特市和林格尔县新店子乡出土的“和林格尔汉墓”壁画中表现的墓主人任行上郡属国都尉时乘车出行及伴随从骑、从车的规模（局部），如图 2-164 所示，其可作为当时北京地区同级武官出行规模及所乘车辆的参照。

图 2-164 “和林格尔汉墓”壁画中表现墓主人任行上郡属国都尉时乘车出行及伴随从骑、从车的规模（局部）

内蒙古呼和浩特市和林格尔县新店子乡出土的“和林格尔汉墓”壁画中表现的墓主人任行上郡属国都尉时乘车出行的前导从车、从骑的规模，如图 2-165 所示，其可作为当时北京地区同级武官出行规模的参照。

图 2-165 “和林格尔汉墓”壁画中表现的墓主人任行上郡属国都尉时乘车出行的前导从车、从骑的规模

内蒙古呼和浩特市和林格尔县新店子乡出土的“和林格尔汉墓”壁画中表现的墓主人任行上郡属国都尉时乘车出行的后卫从车、从骑的规模如图 2-166 所示。

图 2-166 “和林格尔汉墓”壁画中表现的墓主人任行上郡属国都尉时乘车出行的后卫从车、从骑的规模

墓主人任西河长史期间还任行上郡属国都尉一职（官职前加“行”字，为代理职务之意）。图 2-166 中，墓主人乘坐轺车，夹在众多从骑、从车之中，前面两三辆引导车和数位手执表明墓主人身份的红缨棨戟的从骑甲士开路，后面 1 辆从车跟随，两侧及后面众多的从骑武官和甲士手执弯弓、长戟威风凛凛地护卫着车队，气派明显高于长史。

可作为当时北京地区同类马车参照的内蒙古呼和浩特市和林格尔县新店子乡出土的“和林格尔汉墓”壁画中的车（墓主人任繁阳县令时乘坐的轺车）如图 2-167 所示。

图 2-167 “和林格尔汉墓”壁画中的车（墓主人任繁阳县令时乘坐的轺车）

内蒙古呼和浩特市和林格尔县新店子乡出土的“和林格尔汉墓”壁画中表现的墓主人任繁阳县令时乘车出行及伴随从骑、从车的规模（局部），如图 2–168 所示，其可作为当时北京地区同级官员出行规模及所乘车辆的参照。

图 2–168 “和林格尔汉墓”壁画中表现的墓主人任繁阳县令时乘车出行及伴随从骑、从车的规模（局部）

墓主人在任西河长史、行上郡属国都尉后，又调往“帝国”中心地区任繁阳县令（户口在万户以上县的长官），品秩为千石。

在图 2–168 中，墓主人乘坐轺车，前面至少有 6 辆轺车为先导，后面至少有 4 辆轺车跟随，其中的 1 辆车上置 1 斧子，称斧车，为当时县令以上官员出行显示身份的从车，周围有众多的从骑武士和从车簇拥，尽显荣耀。

可作为当时北京地区同类马车参照的内蒙古呼和浩特市和林格尔县新店子乡出土的“和林格尔汉墓”壁画中的车（墓主人任使持节护乌桓校尉时所乘的轺车）如图 2–169 所示。

图 2–169 “和林格尔汉墓”壁画中的车（墓主人任使持节护乌桓校尉时所乘的轺车）

内蒙古呼和浩特市和林格尔县新店子乡出土的“和林格尔汉墓”壁画中表现的墓主人任使持节护乌桓校尉时乘车出行及前引导车和伴随从骑、从车的规模（局部）如图 2–170 所示，其可作为当时北京地区同级官员出行规模及所乘车辆的参照。

图 2–170 “和林格尔汉墓”壁画中表现的墓主人任使持节护乌桓校尉时乘车出行及前引导车和伴随从骑、从车的规模（局部）

内蒙古呼和浩特市和林格尔县新店子乡出土的“和林格尔汉墓”壁画中表现的墓主人任使持节护乌桓校尉时乘车出行及伴随左右、后卫从骑的规模，如图 2–171 所示，其可作为当时北京地区同级官员出行规模的参照。

图 2–171 “和林格尔汉墓”壁画中表现的墓主人任使持节护乌桓校尉时乘车出行及伴随左右、后卫从骑的规模

内蒙古呼和浩特市和林格尔县新店子乡出土的“和林格尔汉墓”壁画中表现的墓主人任使持节护乌桓校尉时乘车出行及前引导车、护卫从骑的规模，如图 2–172 所示，其可作为当时北京地区同级官员出行规模的参照。

图 2–172 “和林格尔汉墓”壁画中表现的墓主人任使持节护乌桓校尉时乘车出行及前引导车、护卫从骑的规模

内蒙古呼和浩特市和林格尔县新店子乡出土的“和林格尔汉墓”壁画中的车（墓主人任使持节护乌桓校尉时出行车队中别驾从事乘坐的轺车），如图 2–173 所示，其可作为当时北京地区同类马车的参照。

图 2–173 “和林格尔汉墓”壁画中的车（墓主人任使持节护乌桓校尉时出行车队中别驾从事乘坐的轺车）

墓主人从繁阳县令任上调任使持节护乌桓校尉，品秩为两千石，升至其仕途的顶点，赴任途中经过今北京。墓主人乘坐 3 匹黑马所驾轺车，车后插着皇帝授予的可传达号令和赏罚的赤节（亦称“节传”），规格明显高于以前赴各任时乘坐的 1 匹马所驾轺车；主车前有 4 辆引导车，其中 2 辆为其自辟的别驾从事（属吏之长，与长官出行要另乘一车，故称“别驾”）、功曹从事所乘坐的分别由 2 匹黑色马和 2 匹红色马所驾轺车；周围是众多文武官吏和武士从骑，规模远胜于前。“和林格尔汉墓”壁画中的车（墓主人任使持节护乌桓校尉时出行车队中功曹从事乘坐的轺车）如图 2–174 所示。

图 2–174 “和林格尔汉墓”壁画中的车（墓主人任使持节护乌桓校尉时出行车队中功曹从事乘坐的轺车）

内蒙古呼和浩特市和林格尔县新店子乡出土的“和林格尔汉墓”壁画中的车［墓主人与夫人巡视庄园所乘的轺车（右）及軿车］，如图 2–175 所示，其可作为当时北京地区同类车辆样式的参照。

图 2–175 “和林格尔汉墓”壁画中的车［墓主人与夫人巡视庄园所乘的轺车（右）及軿车］

“和林格尔汉墓”壁画中还绘有墓主人及夫人巡视自己庄园时乘坐的与出行图不一样的轺车及軿车。另外还有庄园中使用的輂车、牛车，官府仓库中的平板车等。

内蒙古呼和浩特市和林格尔县新店子乡出土的“和林格尔汉墓”壁画中的车（墓主人巡视庄园所乘坐的轺车及后面跟随的輂车），如图 2-176 所示，其可作为当时北京地区同类车辆样式的参照。

图 2-176 “和林格尔汉墓”壁画中的车（墓主人巡视庄园所乘坐的轺车及后面跟随的輂车）

内蒙古呼和浩特市和林格尔县新店子乡出土的“和林格尔汉墓”壁画中的车（墓主人巡视庄园所乘坐的轺车），如图 2-177 所示，其可作为当时北京地区同类车辆样式的参照。

图 2-177 “和林格尔汉墓”壁画中的车（墓主人巡视庄园所乘坐的轺车）

内蒙古呼和浩特市和林格尔县新店子乡出土的“和林格尔汉墓”壁画中的车［墓主人庄园中的牛车（1）］，如图 2-178 所示，其可作为当时北京地区同类车辆样式的参照。

图 2-178 “和林格尔汉墓”壁画中的车［墓主人庄园中的牛车（1）］

内蒙古呼和浩特市和林格尔县新店子乡出土的“和林格尔汉墓”壁画中的车[墓主人庄园中的牛车（2）]，如图 2–179 所示，其可作为当时北京地区同类车辆样式的参照。

图 2–179 “和林格尔汉墓”壁画中的车［墓主人庄园中的牛车（2）］

内蒙古呼和浩特市和林格尔县新店子乡出土的“和林格尔汉墓”壁画中的车（繁阳县官仓中的平板车），如图 2–180 所示，其可作为当时北京地区同类车辆样式的参照。

图 2–180 “和林格尔汉墓”壁画中的车（繁阳县官仓中的平板车）

（四）魏晋北朝时期的北京交通

魏晋北朝时期（220—581），蓟城仍是重要的军事要地，是中原通往东北地区和今山西省大同市等地的重要交通枢纽，甚至一度成为前燕政权的都城、交通中心。

1. 曹魏时期的北京交通

曹魏时期（220—265），今北京地区仍属幽州，治仍为蓟城，其地域东至辽东及今朝鲜半岛。其中，幽州所辖燕国（领 5 县，治蓟）之蓟（州、国同治）、广阳（治今房山区长阳镇东）、昌平（治今昌平区沙河地区西南）、军都（治今昌平区马池口地区南）4 县，范阳郡（领 8 县，治涿，今河北省保定市涿州市区）之良乡（治今房山区窦店镇西）1 县，渔阳郡（领 5 县，治渔阳，今北京市怀柔区北房镇东）之渔阳（与郡同治）、安乐（治今顺义区马坡镇西南）、潞（治今通州区潞城镇西）3 县，上谷郡（领 6 县，治居庸，今延庆区府）之居庸（与郡同治）1 县，右北平郡（治土垠，今河北省唐山市丰润区北）之无终县西部，皆在今北京市境内。各郡、县治所与蓟城之间都有道路相通。

另外，今怀柔区最北部属魏文帝曹丕所封鲜卑附义王轲比能的治地，经今北京腹地与中原地区存在交通关系。

曹魏建立后，盘踞在辽东的公孙氏（都襄平，今辽宁省辽阳市）和以丸都（今吉林省通化市集安市北）为都城的少数民族政权高句丽日益成为其心腹之患。双方以蓟城为中心不断开展外交和军事行动，如公孙渊、高句丽都曾斩孙吴使者而将首级经蓟城传送洛阳；魏明帝曾遣使经蓟城拜公孙渊为大司马，封乐浪公，同时又多次以蓟城为基地遣军威逼辽东，但均无功而还。

魏明帝景初元年（237），公孙渊自立为燕王，彻底叛魏。次年，太尉司马懿受命统军 4 万北上，与幽州刺史、度辽将军毌丘俭的幽州兵会合，分水陆两路进军辽东。陆路军从蓟城出发，过令支（今河北省唐山市迁西县东），经柳城（今辽宁省朝阳市），在辽隧（今辽宁省鞍山市海城市西）以北渡过大辽水（今辽河），破襄平，杀公孙渊。随后，明帝遣使者自洛阳赴蓟城劳军。

齐王曹芳正始五年（244），毌丘俭率步骑数万征高句丽，自玄菟郡（治今辽宁省抚顺市）而攻丸都，破之。次年，毌丘俭再征高句丽，又克丸都城（一说战事延续至 245 年，最终破丸都山城）。

曹魏前期与居云中（治今内蒙古呼和浩特市托克托县）的鲜卑大人轲比能友善，魏文帝封其为附义王，轲比能率族人多次来幽蓟交市，可见今北京经今河北省张家口市、山西省大同市而通呼和浩特市的道路也一度成为使用频繁的交通线路。另外，中原商人也经常到幽蓟进行贸易活动。（图略）

司马懿、毌丘俭经今北京地区征辽东图如图 2-181 所示。

图 2-181　司马懿、毌丘俭经今北京地区征辽东图（采自辽宁省辽阳博物馆）

记载幽州刺史、度辽将军毌丘俭征高句丽史实的“毌丘俭记功刻石”残片如图 2-182 所示。毌丘俭在数年之内多次远征辽东表明从今北京地区通往这里的道路使用非常频繁。

可作为当时北京地区同类车型参照的三国时期北方出现的独轮车复原图如图 2-183 所示。

图 2-182　记载幽州刺史、度辽将军毌丘俭征高句丽史实的“毌丘俭记功刻石”残片（现藏辽宁省博物馆）

图 2-183　三国时期北方出现的独轮车复原图（田甜/绘）

2. 西晋时期的北京交通

西晋时期（265—317，都洛阳，今河南省洛阳市东），今北京仍属幽州所辖。西晋初，无论是对北方少数民族的军事行动，还是与之进行商业贸易，都是以蓟城为中心的。八王之乱中（291—306）和西晋后期，今北京成为各割据势力控制北方和东北地区的军事要地，交通地位也极为重要。

西晋前期，今北京分属幽州所辖7郡国中的范阳国（治涿，今河北省保定市涿州市区）、燕国（治蓟）和上谷郡（治沮阳，今河北省张家口市怀来县东南）。其中，范阳国所领8县中之良乡（治今房山区窦店镇西）1县在今北京域内，燕国所领10县中之蓟（与国同治）、广阳（治今房山区长阳镇东）、潞（治今通州区潞城镇西）、昌平（治今昌平区沙河地区西南）、军都（治今昌平区马池口地区南）、安乐（治今顺义区马坡镇西南）、狐奴（治今顺义区北小营镇东北）7县在今北京域内，上谷郡所领2县中之居庸（治今延庆区府）1县在今北京域内。这些郡治、县治与蓟城之间均有道路相通。

幽州初治涿，后改治蓟。八王之乱中，燕国罢废，其地统属幽州。

西晋蓟城在今北京城区的大概位置及主要街道、城门位置想象示意图如图2-184所示。

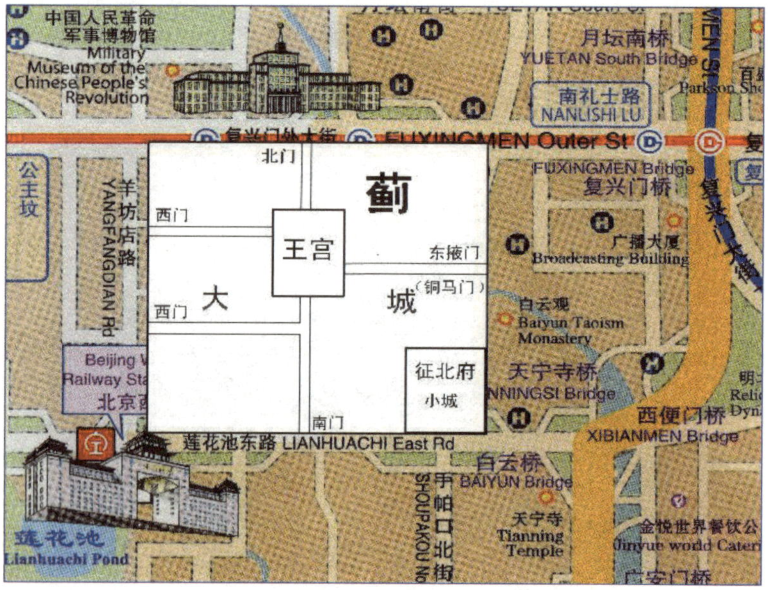

图2-184　西晋蓟城在今北京城区的大概位置及主要街道、城门位置想象示意图（颜吾芟/改绘）

西晋蓟城约在今海淀区羊坊店、会城门地区东到白云观地区一带。据文献记载，蓟城号“大城”，建有王宫、征北府小城；有两条西行大道，至少一条南北大道和东行大道；西城墙设两门，东城墙有一门称“东掖门”，因门前立有赭白马铜像，亦称“铜马门”，但王宫、小城、街道、城门的具体位置均已不可考。

包含有西晋时期今北京地区交通信息的突棱装饰玻璃钵如图2-185所示，银铃如图2-186所示。

图2-185　突棱装饰玻璃钵（现藏首都博物馆）

图2-186　银铃（现藏首都博物馆）

以上两物出土于石景山区八宝山西晋王浚妻华芳墓，但它们并不产于中国，而是来自中亚、西亚一带，是表明当时今北京地区与中亚和西亚存在直接或间接交通关系的实物。

房山区西晋墓出土的陶牛车模型如图 2–187 所示。

图 2–187　房山区西晋墓出土的陶牛车模型（现藏首都博物馆）

八王之乱中，军阀王浚割据幽州，并多次南下中原争锋。312 年，汉国大将石勒占据襄国（今河北省邢台市），王浚率军南下进击，未胜而归。此时西晋已名存实亡，石勒遣使到蓟城假意支持王浚称帝，并约定亲来奉上尊号，王浚大喜。314 年，石勒率军北上，至蓟城南门，王浚命部下打开城门，致石勒不费吹灰之力将其擒获并押回襄国斩首，至此，西晋在幽蓟的统治终结。319 年，石勒称赵王（后称帝），建立政权，史称后赵（319—351），建都襄国，继续控制今北京地区。

3. 十六国时期的北京交通

十六国时期（317—439），随着鲜卑慕容部在今辽宁省一带的崛起，蓟城成为今东北地区与中原地区之间军事交锋的一个重要战略支点，交通枢纽地位非常突出。尤其是蓟城一度成为鲜卑慕容部所建前燕的都城，政治地位得到极大提升，交通地位也必然随之提高。尔后无论在慕容部所建前燕还是后燕统治时期，蓟城由于处在慕容部祖居地龙城（今辽宁省朝阳市老城区）与建于中原的都城之间（357 年前燕将都城自蓟城南迁至邺城——今河北省邯郸市临漳县西南。后燕建都于中山——今河北省保定市定州市），因此始终是政治中心城市之一，交通枢纽地位更是十分重要。

当时蓟城是各割据势力南进或北伐的重要支点，在军事上和交通上占据重要地位。如公元 338 年，后赵军曾经此兵伐辽西鲜卑段氏部和慕容部；公元 340 年，前燕军曾经此南下高阳（今保定市高阳县东）威胁后赵腹地；公元 350 年，前燕军陷蓟城后南进至清梁（今保定市蠡县西）大破后赵军；公元 352 年，前燕军自蓟城南下邺城灭亡冉魏；公元 380 年，前秦（都长安）幽州刺史苻洛在和龙（即龙城）起兵反叛，率军经此南下中山；公元 397 年，北魏进攻后燕都城中山，后燕王慕容宝弃城北走经此逃往龙城；等等。

以上各政权均将蓟城作为重要的交通中心或枢纽。（图略）

340 年曾率 2 万名精骑从今延庆区过蟠蚴关（今居庸关）突袭后赵蓟城而在北京交通史上留名的前燕王慕容皝像如图 2–188 所示。

图 2–188　前燕王慕容皝像（现藏朝阳市博物馆）

十六国时期，今北京地区与今辽宁省之间的交通往来主要发生在蓟城与龙城之间，有 3 条道路相通。（图略）

第一条道路走“京延古路”，穿蟠蚴关（今居庸关），出今北京地区后自今河北省张家口市转东奔今河北省承德市，最后抵龙城。340 年，前燕王慕容皝亲率 2 万名精骑突袭后赵蓟城走的就是这条道路。350 年，慕容皝子前燕王慕容儁分三路大军进击蓟城时其西路军也是走这条道路。

第二条道路走“京东古路”，首先出今北京地区后走“京榆（渝）古路”到令支（今河北省唐山市迁西县东），然后转向北，穿卢龙塞（今喜峰口），最后抵龙城，即当年曹操攻“三郡乌桓”时走的道路，此时称“龙塞道”。350年，前燕三路大军进击蓟城的中路军即走这条道路，并一路砍树开道而行，可见此路又曾荒废过；占领蓟城后的二三年中，慕容儁频繁往来于蓟城和龙城之间，所走的都是这条道路，表明此时这条道路已畅通无阻；352年，慕容儁称帝，次年迁都蓟城，估计所走路线也是这条道路，因为这条路在两地之间距离最短且已十分成熟了。

第三条道路则是沿“京榆（渝）古路”一直东行到渤海边的今河北省秦皇岛市，再走“辽西走廊”到今辽宁省锦州市，最后抵龙城。350年，前燕三路大军进击蓟城的东路军即走这条道路。

4. 北魏时期的北京交通

北魏（386—534）初期定都平城（今山西省大同市），自道武帝拓跋珪天兴元年（398）从后燕手中夺得蓟城后势力扩展到今北京。文成帝拓跋濬兴安二年（453）以后，慑于北魏的强大，今东北地区、朝鲜半岛的各少数民族政权开始向其朝贡，各国使者等往来平城都要经过蓟城。孝文帝元宏太和十七年（493），北魏迁都洛阳（今河南省洛阳市东）后，东北各政权朝贡多经蓟城南下，今北京继续发挥着交通枢纽的作用。同时，蓟城继续成为北魏政权控制北方和今东北地区的军事重镇。北魏之后，今北京先后被东魏（534—550）、北齐（550—577）和北周（557—581）短暂统治，交通格局变化不大。

北魏时期，今北京地区分属幽州、燕州和安州。幽州仍治蓟，辖燕（与州同治）、渔阳（治雍奴，今天津市武清区西北）、范阳（治涿，今河北省保定市涿州市区）3郡。据《魏书·地形志上》，燕郡所领5县中蓟（与郡同治）、广阳（治今房山区长阳镇东）、良乡（治今房山区窦店镇西，一说治今房山区府东）、军都（治今昌平区马池口地区南）4县在今北京域内，渔阳郡所领6县中渔阳县（治今密云区十里堡镇西南）和潞县（治今通州区潞城镇西）西部在今北京域内，范阳郡所领7县中涿县（治今河北省保定市涿州市市区）西北部和苌乡县（治今河北省廊坊市固安县西北）北部在今北京域内。另外，军都县内还有昌平城（今昌平区沙河地区西南），潞县内还有阙乐城（今顺义区马坡镇西南），燕州之上谷郡（治居庸，今北京市延庆区永宁镇）所领居庸县（与郡同治）和沮阳县（治今河北省张家口市怀来县东南）南部，以及广宁郡一部在今北京域内，安州之密云郡和广阳郡各一部也在今北京域内。各治所、城邑与蓟城之间都有道路相通。

北魏前期，明元帝拓跋嗣（409—423年在位）、太武帝拓跋焘（424—452年在位）等皇帝曾数度自平城巡幸今北京地区，当时这条经上谷郡而抵蓟城的道路称“上谷路”。由于皇帝的到来，当时这条道路的质量一定得到了很大提高。孝文帝迁都洛阳后，蓟城通到中原地区的道路再度繁忙起来。

（五）隋朝时期的北京交通

隋朝时期（581—618，都大兴，今陕西省西安市），由于4次对高句丽（此时期建都于今朝鲜平壤，占据辽东和朝鲜半岛北部）用兵，需要从中原等地向今北京（初称幽州，后改为涿郡）集结兵力及粮草、军械等，然后再输送到辽东前线，加之隋炀帝曾3次亲征途经今北京地区，因此以今北京地区为交通枢纽的通往中原地区和东北等地的道路不仅使用非常频繁，而且修筑质量和规模在一定时期里都得到了很大的提高。永济渠的开凿更是由中原直接通到今北京腹地的第一条水路，意义非凡。

隋朝时期，今北京初称幽州，后分郡而治。依大业十三年（617）的行政区划，今北京分属涿、安乐、渔阳、上谷4郡，其中涿郡（治蓟）所领9县中蓟（与郡同治）、良乡（治今房山区窦店镇西，一说治今房山区府东）、昌平（治今昌平区马池口地区南）、潞（治今通州区潞城镇西）4县及怀戎县（治今河北省张家口市涿鹿县西南）之东部在今北京域内；安乐郡（治燕乐，今密云区密云水库东北）所领燕乐（与郡同治）、密云（治今密云区府）2县均在今北京域内；渔阳郡（治渔阳，今天津市蓟县）之无终县（后改称渔阳县）含今平谷区部分地区；上谷郡（治易县，今河北省保定市易县）含今房山区南一小部分地区。今密云区、顺义区北部则为奚族领地。当时各郡治、县治与蓟城之间均有道路相通，而良乡经蓟城通到潞县的道路不仅由于对高句丽用兵的缘故而使用得最为频繁，而且为迎接隋炀帝的到来短时期内还会整修成高质量的车马大道。

隋朝对高句丽的征伐战争由于当时辽东地区人烟稀少，物资匮乏，作战物资均需从中原等地经今北京地区运输到泸河（今辽宁省锦州市义县）、怀远（今辽宁省锦州市北镇市东）二镇，因此每次出兵，以今北京地区为交通枢纽通到辽水（今辽河）前线的各条道路上，军队、民夫、马车、牛车、鹿车（小手推车）等步骤通行往来，而非交战时双方使者也经今北京地区往来不断，所以当时北京地区作为交通枢纽的地位非常突出。

这时期今北京地区与周边地区交通的道路成就主要有三。（图略）

一是隋炀帝时为征高句丽兴建了一条从马邑郡（今山西省朔州境内）经涿郡蓟城、渔阳郡、北平郡（治今河北省秦皇岛市卢龙县）通到柳城郡（治今辽宁省朝阳市）的道路——本书称之为“马柳军用道”。其蓟城以西段即当年曹操征三郡乌桓所辟之路。隋文帝开皇三年（583）幽州总管阴寿曾率步骑数万走此道出卢龙塞（今河北省喜峰口）击破盘踞在和龙（后改称柳城）的原北齐营州刺史高宝宁。隋炀帝将这条道路整修一新后，在一段时间内往来交通一定更加便利。

二是为了便于中原粮资的北运和有利于天下之兵集结于涿郡，隋炀帝下令将从东都（今河南省洛阳市）经河内郡（今河南省焦作市沁阳市）、魏郡（今河南省安阳市）、博陵郡（今河北省保定市定州市）通到涿郡的道路修筑成新驰道——后世称“隋驰道”。据说这条驰道比秦驰道要宽广许多，而依隋炀帝好大喜功的性格且总欲超过秦皇汉武的心思，这应该是可信的。

三是大业三年（607），突厥启民可汗为迎接炀帝北巡，修筑了一条从其驻牙地大利城（定襄郡治，今内蒙古呼和浩特市和林格尔县境内）东通到蓟城的御道——草原御道（不过有些路段只是芟草除秽或削高填洼而已）。同年，隋炀帝经此御道北巡，随驾卫士步兵 50 万名、骑兵 10 万名，皇家、百官及随从乘坐的车与船一般大，但都不用轮子推拉，而是由人力肩扛而行。

大业四年（608），为解决东征高句丽的军需保障，炀帝下诏开凿永济渠。永济渠引沁水（今沁河），南到东都洛阳，北通涿郡。该渠是在东汉末曹操漕运河渠的基础上拓展、新凿而成，但较之曹操漕运河渠以自然河道为主，深浅不一，曲折迂回，航路经常不畅的状况，永济渠更多的是人工开凿新渠和对自然河道的改造，因此航运能力大大提高。

永济渠凿成后，炀帝征发大量民夫和船只将黎阳仓（今河南省鹤壁市浚县东北）、洛口仓（今河南省巩义市东北）等仓储藏的粮食水运至涿郡，为征伐高句丽做准备。而在此之前的大业元年（605）炀帝已下令凿通了自东都洛阳通到淮水（今淮河）的通济渠和自山阳（今江苏省淮安市）通到江都（今江苏省扬州市）的邗沟。至大业六年（610）凿通自京口（今江苏省镇江市）通到余杭（今浙江省杭州市）的江南河后，全长 2 700 多公里的南北大运河即全部完工。

隋民开凿由洛阳（今河南省洛阳市）通到今北京地区的永济渠绘画图（局部）如图 2-189 所示。

图 2-189　隋民开凿由洛阳（今河南省洛阳市）通到今北京地区的永济渠绘画图（局部）（采自通州博物馆）

永济渠的开凿征调民工百万人，仅 1 年不到即完工，虽极大地便利了今北京地区与中原地区的水路交通往来，但给民众造成了巨大的痛苦。

隋文帝杨坚（见图 2-190）曾遣军自今北京地区进攻高句丽而在北京交通史上留名。

开皇十八年（598）六月，隋文帝遣军 30 万人分水陆两路进攻高句丽。陆路军先集结于幽州，而后向东进军，出临榆关（今山海关），抵辽水，但由于恰逢雨季，道路泥泞，洪水泛滥，粮草供应不继，加之疫病流行，士兵已无战斗力。水路军则在海上遇大风，船多沉没。幸高丽王慑于隋军威，遣使谢罪，最终隋军未战而返，但死者十之八九。

隋炀帝杨广（见图 2-191）曾三次经今北京地区亲征高句丽并对当时北京地区水陆交通建设具有很大贡献。

图 2-190　隋文帝杨坚

图 2-191　隋炀帝杨广

炀帝第一次经今北京往返是大业七年（611）至大业八年（612）首次亲征高句丽时。当时各地会于涿郡的士兵达 113.38 万名，号称 200 万名，另有运输粮饷的民夫数百万名。大业八年正月炀帝下令发兵，为显示军威，好大喜功的他决定将大军分为几十军，每天只发一军，历 40 天才发完。于是从涿郡到前线 1 000 多里的道路上，远征军每军相隔 40 里，旌旗相望，鼓角相闻，而赫赫的军威也昭示了这条道路前所未有的规模及景象。谁知数月之后隋军竟战败而归，炀帝垂头丧气地经涿郡返回了东都。

第二次是大业九年（613）炀帝再亲征高句丽时。这年初炀帝到达涿郡，仍先征各地之兵集于此，然后再开往前线。但当双方激战正酣时，后方负责督运军粮的礼部尚书杨玄感发动叛乱，炀帝无奈撤兵，经涿郡南下平叛。

第三次是大业十年（614）炀帝第三次亲征高句丽时。这年三月炀帝到达涿郡，在此逗留数月，直到七月才抵达怀远镇，此时虽所征之兵多未准时到达，但连年征战使高句丽终因国力不支而不得不遣使请降，炀帝终于可以班师了。九月炀帝回到涿郡，而后南下回都，以后再未来过今北京。

征高句丽的期间，在自涿郡到前线的千里运输线上，由于路途遥远，物资沉重，官府逼迫甚急，造成民夫昼夜不得休息，死亡过半；征调自民间的牛车大部分损毁，挽车的牛累死甚多；用鹿车 2 人 1 车推送粮食的车队中甚至还夹杂着大量妇女。民众的惨况触目惊心，惨不忍睹，沿途或白骨累累，或坟冢相连。

隋炀帝在南北大运河中乘坐的龙舟想象复原模型之一如图 2-192 所示。

图 2-192　隋炀帝在南北大运河中乘坐的龙舟想象复原模型之一（现藏泉州海外交通史博物馆）

大业七年（611），隋炀帝自江都乘龙舟走通济渠、永济渠来到涿郡，做第一次征伐高句丽的准备。据（隋）杜宝《大业杂记》载，炀帝庞大的龙舟“高四十五尺，阔五十尺，长二百尺（《资治通鉴》作‘二百丈’），四重。上一重有正殿、内殿、东西朝堂，周以轩廊；中二重有一百六十房，皆饰以丹”。由此可知当时通今北京地区的这两条运河渠道的规模，而炀帝所乘龙舟也被纳入北京交通史范畴。

隋炀帝在南北大运河中乘坐的龙舟想象复原模型之二如图 2-193 所示。

图 2-193　隋炀帝在南北大运河中乘坐的龙舟想象复原模型之二

（六）唐朝时期的北京交通

武德元年（618），唐高祖李渊建立唐朝（都长安，今陕西省西安市西南），至武德七年（624）唐朝基本上控制了今北京地区。

唐朝时期（618—907），今北京地区继续承担着“帝国”北方陆路交通枢纽的重要作用，这种作用在唐朝初年多次对高句丽用兵并最后征服高句丽的战争中体现得尤为突出。同时，水路交通呈现出繁荣景象，不仅永济渠仍是中原地区通往今北京地区的主要漕运水道，而且沟河也成为军需运输的重要河道。当时沟河的寺渠渡口每天都有几十只木帆船停靠，岸上军粮堆积如山，这些军需物资再经陆路运输到镇远军驻地及燕乐（治今密云区府东北 70 里）。尤其值得一提的是，这一时期从江南地区向今北京地区输送物资的海运线路开辟出来了，这是北京交通史上的又一大事。正因海运重要且运输量较大，所以唐玄宗曾命幽州节度使李适之兼任河北海运使。当时海运物资在山东半岛上岸，然后再运往今北京地区。

唐朝时期，今北京地区主要属幽州、檀州、妫州 3 州，今房山区南部属易州，今平谷区东北与密云区东南接壤部属蓟州。延庆、怀柔、密云 3 区北部则为奚族领地，由饶乐都督府（治今内蒙古赤峰市宁城县，后改称奉承都督府）统辖。

武德元年（618），唐政府将隋涿郡复改为幽州，治所仍在蓟城（亦称幽州城、大燕城）。玄宗天宝元年（742）又改幽州为范阳郡，肃宗乾元元年（758）再改回幽州。至唐末，幽州下辖县在今北京域内的有蓟（与州同治）、良乡（治今房山区窦店镇西，一说治今房山区府东）、昌平（治今昌平区马池口地区南）、潞（治今通州区潞城镇西）、辽西（从蓟县析出，后改称幽都县，与蓟县同治）、广平（从蓟县析出，治今石景山区府东）6 县。檀州（治今密云区府）领密云（与州同治）、燕乐（治今密云区密云水库东北）2 县，均在今北京域内。妫州（曾称北燕州、妫川郡）下辖之妫川（治今延庆区府）1 县在今北京域内。各州、县治所与幽州城之间都有道路相通。

唐朝时期在今北京地区还设置不少侨治羁縻州，这些羁縻州大多原置于少数民族聚居的营州（治今辽宁省朝阳市），后因营州契丹族反唐而寄治于今北京。这些羁縻州治所与幽州城之间也都有道路相通。

唐朝时期今昌平区交通中心之一——东燕州城之遗址如图 2-194 所示。

图 2-194　东燕州城之遗址（昌平档案馆/供图，沈岩/制图）

该遗址位于今昌平区兴寿镇西新城村北，为唐羁縻州之燕州治所，也为其所领辽西县之治所，建于唐玄宗开元二十五年（737），德宗建中二年（781）被叛将朱滔所毁。

据考证，该城为方形，每边长 500 米，城墙为夯土筑成，设有 4 门。现存部分残墙，残墙高 2.5 米，厚 5 米。

隋唐五代幽州城（蓟城）在今北京城区的位置及城门、主要街道大致格局示意图如图 2-195 所示。

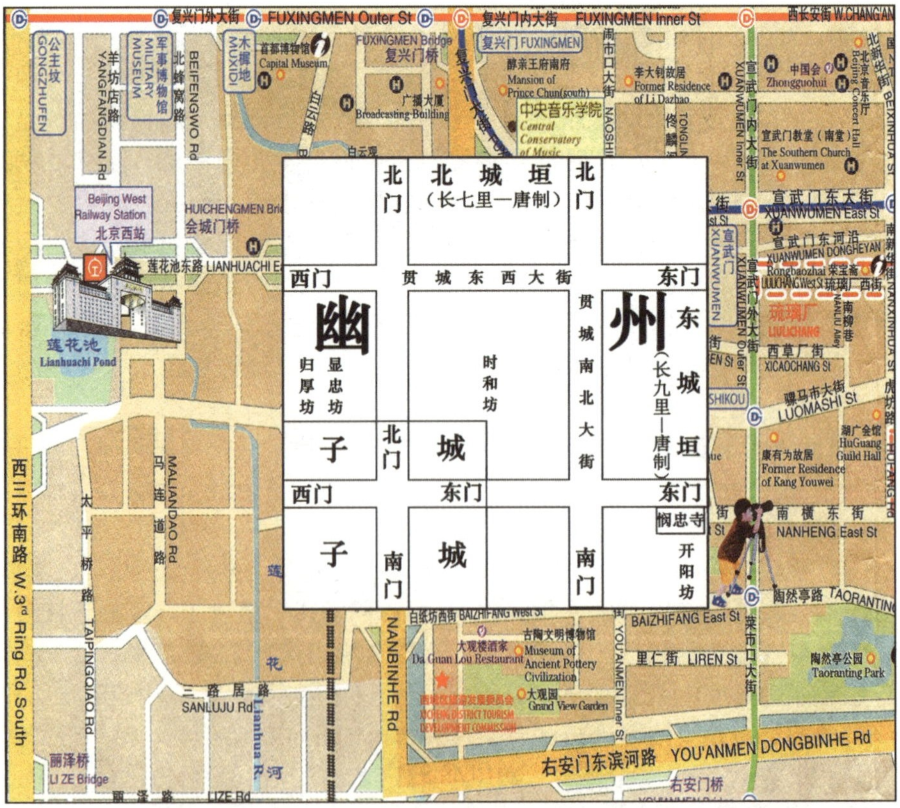

图 2-195　隋唐五代幽州城（蓟城）在今北京城区的位置及城门、主要街道大致格局示意图（颜吾芟/改绘）

隋唐五代幽州城（蓟城，亦称大燕城、燕京等）基本沿袭了魏晋以来蓟城的城址，仍位于今北京城区西南一带，其东城垣似在今烂漫胡同稍偏西之处，西城垣似在今手帕口街以西之处，南城垣大概在今白纸坊东西街一线，北城垣大概在今头发胡同一线。

由于未遭大的破坏，因此这一时期的幽州城城内格局没有太大变化。据研究，其城平面呈长方形，南北长 6.5 里左右（今制）、东西长 5 里左右（今制）。每边城垣上各开 2 座城门，相对 2 座城门之间有贯城大街相通，由于唐朝国力强盛，审美崇尚宽大，因此至少在唐朝时这几条主要大街应有几十米宽。出于城防的需要，沿城垣内侧应有“顺城街”，以便运兵和输送军资等，其宽度应有数米到十几米。城内西南角建有一子城，其东门和北门在大城内，南门和西门则为大城城门，顺城街因此被子城城墙截断。安史之乱时（755—763），叛将史思明自称大燕皇帝，改幽州城称燕京，曾以子城为皇城，由于有宫殿的存在，其街道布局应有改变。子城外区域被呈棋盘状分布的街道分为二十几个居民区——坊（也有称“里”），各有名称，今能考证出大致位置的有归厚、显忠、时和、开阳等坊。各坊的面积基本一样，其内部格局也几乎完全一致，即均呈“田”字形，每面坊墙上各开 1 门，晨启夜闭，相对两门之间有巷道相通，呈“十”字交叉形。这样，各坊内的十字街巷与辅助街道、主要大街及“顺城街”等构成隋唐五代幽州城（蓟城）内整齐、完善的街道布局。

唐朝初期，唐政府与高句丽基本保持友好关系。高句丽曾 11 次遣使或经幽州或走海路赴长安朝贡，唐政府也多次遣使赴高句丽都城平壤（今朝鲜平壤）。

贞观十七年（643），高句丽进攻新罗，唐使奉命持太宗亲笔信赴高句丽命其停战，高句丽不睬，于是太宗决定分水（海）陆两路举兵攻伐，以彻底解决辽东问题。为保障陆路军作战之需，太宗下令向营州（今辽宁省朝阳市）输送大量粮秣，于是自今北京地区通往前线的道路又开始繁忙起来。贞观十八年（644），唐陆路军开始向幽州集结。次年，陆路军分为两路向东北进发。首先北路军自幽州经蓟州（治今天津市蓟州区）奔营州，然后在通定镇（今辽宁省沈阳市新民市）一带渡过辽河，最后南下辽城（今辽宁省辽阳市），与太宗亲率的南路军会合。此次远征，唐军攻取高句丽 10 城，取得不小战果。此后，唐又多次东征高句丽，有时水陆大军并进，有时仅走海路自胶东半岛跨海赴辽东半岛或朝鲜半岛作战，最终于高宗总章元年（668）灭亡高句丽。战争期间，今北京地区道路上的各种人员、车辆往来不绝，同时道路也一定会得到适当的修缮或扩建。（图略）

通过今北京地区东征高句丽而在北京交通史上留名的唐太宗李世民如图 2–196 所示。

贞观十九年（645），唐太宗从洛阳出发，经幽州亲率南路军跨越 200 里沼泽地带，前至怀远镇（今辽宁省锦州市北镇市东），渡过辽水与北路军会合后攻克辽东城，随后进攻安市城，但直至深秋仍未攻下。唐太宗无奈下令罢兵，其车驾自营州经幽州还朝。

攻克辽东城后，唐太宗下令将 1.4 万名抵抗者迁徙到幽州定居。鉴于唐太宗的过往，当时今北京地区的道路一定会得到高质量的整修。

可作为当时北京地区类似交通工具参照的唐朝贵族妇女及患病官员等乘坐的檐子（亦称肩舆）如图 2–197 所示。

图 2–196　唐太宗李世民

图 2–197　檐子（亦称肩舆）

唐朝灭亡高句丽后，与建都于上京龙泉府（今黑龙江省牡丹江市宁安市东京城镇）的渤海国（698—926，初称振国或震国）保持了长期友好关系。

渤海国是中国古代东北少数民族所建政权，其政治、经济、军事等制度完全仿照唐朝，使用汉文，经常遣使到长安朝贡、请封号，并多次派学生赴长安太学学习。据记载，渤海国遣使赴唐达 132 次。唐政府也多次遣使赴渤海国。双方各种人员往来或走海路或走陆路，而走陆路肯定要经过幽州，因此当时今北京地区在唐朝与渤海国交往中承担着重要的交通枢纽作用。不过，从幽州出发也可走海路赴渤海国。如唐文宗大和六年（832）渤海国第十一代王大彝震为表示对唐友好，遣使赴幽州“来聘”。次年，张建章代表唐朝政府自幽州出发对渤海国进行“答聘”。据记载，张建章走的就是海路，即先走陆路去山东半岛，然后从登州（今山东省烟台市蓬莱区）上船跨渤海到都里镇（今辽宁省大连市旅顺口），再继续走海路到泊汋口（今辽宁省丹东市东北蒲石河口），而后从鸭绿江逆流而上到渤海国西京鸭渌府（今吉林省白山市），最后走陆路抵达上京龙泉府。（图略）

唐章怀太子墓壁画“客使图”中疑为出使长安的渤海国使臣像如图 2-198 所示，当时双方互派的使者只要走陆路必经今北京地区。

唐朝时期，经济富足，国力强盛，疆域广大，道路建设发展到一个新的水平，筑路超过 5 万里。道路上每隔 30 里设一驿站，形成以京师长安（亦称西京）为中心，沟通各主要城市的遍布全国的四通八达的驿道交通网，而且唐朝的国际影响力巨大，中外交往频繁，陆路交通可直通周边及远方各国。

幽州（今北京）作为唐王朝北方的交通枢纽，向东有道路直通今朝鲜半岛，向东北可通今俄罗斯，向西可通今蒙古国（当时在唐朝境内）、吉尔吉斯斯坦（当时在唐朝境内）、乌兹别克斯坦（当时在唐朝境内）、阿富汗（当时部分在唐朝境内）、伊朗、伊拉克、埃及、土耳其等国；而向南则经中原、江南可达今越南、缅甸、印度等国。

唐朝时期今北京地区与西域存在直接或间接交通的证物——东城区出土的釉陶胡俑如图 2-199 所示。

图 2-198　唐章怀太子墓壁画“客使图”中疑为出使长安的渤海国使臣像

图 2-199　釉陶胡俑

（七）五代时期的北京交通

后梁太祖开平元年（907），朱全忠（朱温）篡唐自立，改国号为梁（史称后梁），都汴（今河南省开封市）。至此，唐朝彻底灭亡，北方进入五代（梁、唐、晋、汉、周）时期。

后梁（907—923）前期，今北京地区为燕王刘守光控制。乾化元年（911），刘自称大燕皇帝，以幽州城为都，但不久亡于李存勖。923 年，李存勖灭后梁，建后唐（923—936），都洛阳（今河南省洛阳市），今北京地区成为后唐政权下一个依附节镇。与此同时，北方契丹族势力日益强大，不断蚕食今北京一带。后唐末，石敬瑭以割让幽云十六州（亦称“燕云十六州”，今河北、山西两省北部和北京市）为代价，求得契丹支持，建后晋（936—946），都汴。从此，今北京归属契丹，与中原汉族政权脱离行政关系。

五代后唐时期，今北京地区主要分属幽州、檀州、顺州、儒州（原妫州）和蓟州。另外，今房山区南部分属易州和涿州，今延庆、顺义、密云 3 区的北部则为契丹所占。重要的县有幽州的蓟（治幽州城，与州同治）、幽都（与蓟县同治）、良乡（治今房山区府东）、玉河（治今门头沟区永定镇东南）、潞（治今通州区潞城镇西）、燕平（原昌平，治今昌平区马池口地区南），还有檀州的密云（与州同治，今密云区府）、顺州的怀柔（与州同治，今顺义区府）、儒州的缙山（与州同治，今延庆区旧县镇东）等。这些州、县治所与幽州城之间都有道路相通。

另外，唐末卢龙节度使刘仁恭曾在大安山（太行山余脉，位于今房山区与门头沟区接壤处）修建宫殿供自己居住享乐。后梁太祖开平元年（907），自领卢龙节度使的其子刘守光发兵进攻大安山，将刘仁恭擒获并囚禁于幽州城。由此可知，当时从幽州城直通到大安山的道路不仅质量应是上乘的，而且一度热闹不已。

后晋时期，今北京全部属契丹（辽），但道路交通格局没有太大变化。其中，幽州城通代州进而南下太原、洛阳之道路，为石敬瑭倚仗契丹灭亡后唐的主要进军线路；幽州城通镇州进而南下之道路，为契丹灭亡后晋的主要进军路线。另外，幽州城经瀛州（今河北省河间市）通沧州道路，为后梁前期自领卢龙节度使刘守光攻灭其兄义昌节度使刘守仁（据有沧州等地）的主要进军线路。

三、辽宋金元明清时期的北京交通

辽宋金元明清时期，今北京地区先从辽朝五都之一上升为金朝的首都，进而成为元、明、清大一统王朝的首都，改变了以前仅为北方重镇及地区交通枢纽的地位，成为全国交通中心。

（一）辽宋时期的北京交通

辽太宗耶律德光会同元年（938），从后晋手中得到燕云十六州（亦称幽云十六州）后，今北京地区从此成为北方少数民族契丹族所建辽（初称契丹，后一度又改称契丹）政权（916—1125）的辖区。太宗耶律德光升幽州为陪都南京（又称燕京），府名为幽都，治南京城（今北京市区西南），成为辽五京之一。开泰元年（1012），圣宗耶律隆绪改幽都府为析津府。

辽与北宋对峙时期，今北京地区不仅与北方草原地区的交通更加频繁、便利，而且由于地处辽上京（今内蒙古赤峰市巴林左旗林东镇南）与北宋（960—1127）都城东京汴梁（今河南省开封市）之间，还处在辽西京（治今山西省大同市）与其他京城之间，因而交通枢纽作用非常突出。

辽南京设立的最大意义在于，其标志着北京历史进入一个新的阶段，自此，今北京地区逐渐由一个地方军事重镇和交通枢纽，开始向全国交通中心转变。

辽朝时期，今北京地区的大部属南京道析津府之一部，今延庆区大部属西京道奉圣州之一部，今延庆、怀柔、密云 3 区北部属中京道。

析津府下辖 6 个州、11 个直辖县，其中顺州（治今顺义区府，辖 1 县）之怀柔县（与州同治），檀州（治今密云区府，辖 2 县）之密云县（与州同治）、行唐县（治今密云区府东南），以及直辖县之析津（与府同治，今北京市区西南）、宛平（与府同治）、昌平（治今昌平区马池口地区西）、良乡（治今房山区良乡镇）、潞（治今通州区潞城镇西）、漷阴（治今通州区张家湾镇南牛堡屯）、玉河（治今门头沟区永定镇东南）7 县在今北京市辖境之内。儒州（治今延庆区旧县镇东）属奉圣州，下辖之缙山县（与州同治）在今延庆区内。各州、县治与南京城之间均有道路相通。

当时由于辽朝不许赴辽的北宋使者走其他线路，因此他们必经今北京地区。北宋使者在今北京域内所走的线路为：自涿州进入今房山区，渡刘李河（亦称琉璃河）而至良乡，再渡芦孤河（今永定河）而至南京城，驻城南永平馆（原称碣石馆），之后出南京城北门三十里（宋制，下同）至望京馆（亦称孙侯馆，在今朝阳区望京地区），再五十里至顺州城，再七十里至檀州城之密云馆，再五十里至金沟馆（今密云水库中），自此进入山区，沿山谷行九十里至古北口，然后出今北京地界进入今河北省。（图略）经由这条线路的北宋使者中著名的有富弼、包拯、欧阳修、苏颂、沈括、蔡京、苏辙、高俅、童贯等。

图 2-200　辽萧太后燕燕

辽萧太后燕燕如图 2-200 所示。

辽萧太后（名绰，字燕燕）曾自辽上京（今内蒙古赤峰市巴林左旗林东镇南）来到今北京地区活动并南下中原地区而在北京交通史上留名。

辽统和四年（986），为抵挡北宋的军事进攻，萧太后（953—1009）携其子 16 岁的圣宗耶律隆绪自上京来到南京，此后多次进出今北京地区对外交通的各条道路。统和二十二年（1004），她与耶律隆绪率军自南京南下攻宋，直逼到澶州（今河南省濮阳市），十二月与宋真宗订立澶渊之盟后返回，统和二十五年（1007）出古北口，经中京（今内蒙古赤峰市宁城县大明城）回到上京。

而辽朝皇帝第一个来今北京地区的是太宗耶律德光。会同三年（940），他自蓟州（治今天津市蓟州区）渡潮白河、潞水，经潞县而入南京城，驻跸两个月后出居庸关而去。

传为辽时开凿的“萧太后运粮河”（今称萧太后河）之今貌如图 2-201 所示。

图 2-201　传为辽时开凿的“萧太后运粮河”（今称萧太后河）之今貌（王巍/摄）

萧太后河，亦称肖太后河，现西起朝阳区西大望路，东流到通州区，汇入凉水河，全长 22 公里，似是历史上传说的“萧太后运粮河”西段。

“萧太后运粮河”传为辽时在今北京地区开凿的一条运河，其东起今天津市宁河区，经天津市宝坻区、河北省廊坊市香河县而入通州区，最后西通到辽南京城北的护城河，其中有些河段利用了自然河流。这条运河是供应南京城中皇室、贵族、军民用粮和其他物资的重要运输线，一直使用到金朝。由于运河与潞水（今北运河）相接，潞水又与今潮白河相通，因此一部分漕运船只到潞县后继续北上，将各类物资运送到顺州和檀州，可见当时水路交通是较为发达的。

位于今北京市区西南的辽南京城门及主要街道布局示意图如图 2-202 所示。

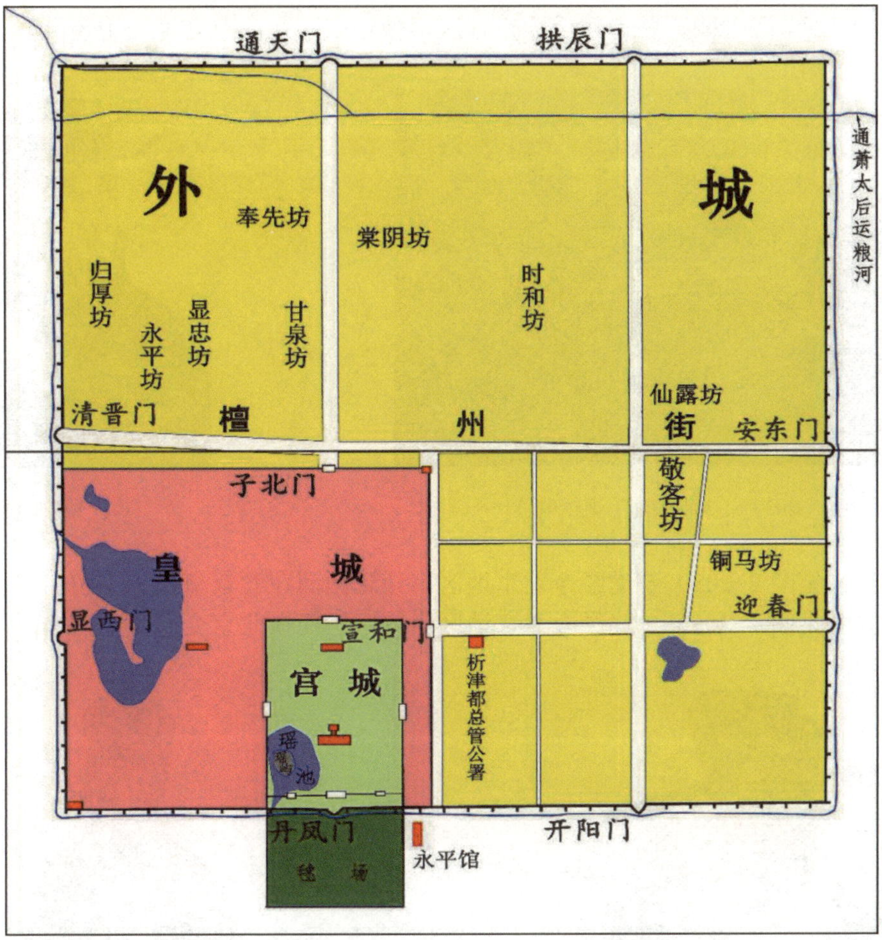

图 2-202　位于今北京市区西南的辽南京城门及主要街道布局示意图（颜吾芟/改绘）

辽南京城基本沿袭唐幽州城的位置：东垣在今烂缦胡同与法源寺之间通到校场五条一线，西垣在今甘石桥、东双贝子坟路一线，南垣在今白纸坊东西街稍北一线，北垣在今白云观、西便门北侧通到东西太平街一线。

辽南京城城墙周长 36 里（另外还有 27 里、32 里等说，均为古制），设 8 座城门，每面各开 2 门。城内西南隅为皇城，周长 5 里，西、南墙与外城墙重合，城门共用。

辽南京城街道布局与唐幽州城基本一致，统称“六街”，自清晋门到安东门的东西贯城大街“檀州街”约在今广外大街、广内大街一线，由拱宸门到开阳门的南北贯城大街约在今长椿街、牛街一线，其他大街已不知名，沿外城墙内侧应有“顺城街”（图 2-202 上未显示）。市坊街巷分布也大体沿袭唐幽州城格局，共有 26 坊，每坊各有围墙、坊门，坊内也是十字形交叉巷道，与外面街道相通。

辽因游牧民族习俗而建有五京，即上京临潢府（五京之首）、中京大定府（治今内蒙古赤峰市宁城县大明城）、东京辽阳府（治今辽宁省辽阳市）、南京析津府、西京大同府。五京之间均有道路相通。

当时使辽的北宋使者出古北口后的基本路线、里程（宋制）和馆驿为：八十里至新馆，再四十里至如来馆，再七十里至柳河馆，再七十里至打造部落馆，再五十里至牛山馆，再八十里至鹿儿峡馆，再九十里至铁浆馆，再七十里至富谷馆，再八十里至通天馆（亦称通天河馆），再二十里至中京大同馆（辽圣宗以后中京成为辽统治中心），再八十里至临都馆，再四十里至官窑馆，再七十里至松山馆，再七十里至崇信馆，再九十里至广宁馆，再五十里至姚家馆，再五十里至咸宁馆，再三十里至保和馆，再七十里至宣化馆，再五十里至长泰馆，再四十里抵上京（临潢馆）。自古北口至中京为六百五十里（今制最近路程约为 280 公里），至上京为一千二百九十里（今制最近路程约为 540 公里）。

位于今内蒙古赤峰市巴林左旗林东镇南已成一片荒芜的辽上京遗址如图 2–203 所示，当时此地与今北京地区有着密切的交通往来。

北宋使臣沈括（见图 2–204）曾途经今北京地区出使辽国而在北京交通史上留名。

图 2–203　辽上京遗址（王超/摄）

图 2–204　沈括

北宋使臣苏颂（见图 2–205）曾途经今北京地区出使辽国而在北京交通史上留名。

北宋使臣富弼（见图 2–206）曾途经今北京地区出使辽国而在北京交通史上留名。

图 2–205　苏颂

图 2–206　富弼

北宋使臣包拯（见图 2–207）曾途经今北京地区出使辽国而在北京交通史上留名。

北宋使臣欧阳修（见图 2–208）曾途经今北京地区出使辽国而在北京交通史上留名。

图 2–207　包拯

图 2–208　欧阳修

北宋初，太宗赵炅（赵光义）曾两次攻辽，以夺取今北京地区，但均遭失败，从此北宋再无力北攻。于是，为阻止辽骑兵在一马平川的冀中平原上南下，北宋不得不采取将靠近辽宋边界地区的一些河流加以疏浚、通连，或筑堤蓄水等措施，使西起保州西北，东到泥沽（今天津市东）海边，长达900里的地区，遍布河道、塘泺，形成“水长城”，并设置寨堡，屯驻军队，往来巡警，因此南北交通一度受阻。直到澶渊之盟后，双方战事逐渐平息，互派使节才多起来，遇皇帝、皇太后生辰等更要遣使互贺。同时，双边贸易逐渐繁荣起来，辽人经常自房山区南下，将马匹、皮毛等经涿州运到白沟，交换宋人的粮食、茶叶、丝绸等，由此白沟逐渐成为北方的贸易重镇。

在辽宋对峙的100多年中，辽也派各种使节到北宋都城东京汴梁，据统计达300次左右之多，他们绝大多数也必经今北京地区而南下。

曾亲自率兵从今山西省太原市来到今北京地区攻辽而在北京交通史上留名的宋太宗赵炅（赵光义）如图2–209所示。

图2–209　宋太宗赵炅（赵光义）

北宋太平兴国四年（979），攻灭北汉（都今山西省太原市）后，太宗决定乘胜夺取辽南京城，于是亲率大军自太原穿太行山抵镇州（后改称真定府），之后再经定州（今河北省定州市）、保州（今河北省保定市），过岐沟关（今河北省保定市涿州市西南），陷涿州（今河北省涿州市），随即以不到两天的时间急进100多里，而抵南京城下，但久攻不克。后辽援军赶到，两军大战于高梁河畔（今北京市海淀区西直门外），宋军大败，太宗受伤，乘驴车南逃。太宗经涿州、金台驿（今保定市内）至定州，最后退回都城东京，此后再未来过今北京地区。（图略）

目前北京地区仅在房山区张坊镇发现当年北宋所挖掘的地道，应该能南通到今河北省。

辽宋战争对峙时期，为了抵御辽军南下，北宋在位于今北京市与河北省交界处，包括北京市房山区西南，河北省涞水县北部，永清县、固安县南部，雄县、文安县北部及霸州市大部，东西长60～90公里、南北宽25～30公里的平原地下秘密挖掘、修建了至今不知具体长度的地下战道。地下战道用烧制的青砖砌成，工程浩大，建筑精良，具有运兵、藏兵、瞭敌、歼敌、屯粮、通信等功能。

位于北京市房山区张坊镇的北宋古战道入口处如图2–210所示，其地道可南通至河北省。

图2–210　位于北京市房山区张坊镇的北宋古战道入口处（颜吾芟/摄）

位于房山区西南的张坊镇是目前已发现的北宋地下战道的最北端。战道内部高矮、宽窄不一，最高处达3米，最宽处为1.6米。研究表明，张坊古战道可能修筑于宋真宗（997—1022年在位）时，向南穿拒马河下方，进入今河北省界，过石亭镇，与涞水县相连，据推测其还应继续向南直通当时北宋境内的雄州等地。

修复后的张坊镇古战道如图2-211所示，当时由此可南通至今河北省。

可作为当时北京地区同类交通工具参照的辽代墓葬壁画中的载人骆驼车如图2-212所示。

图2-211　修复后的张坊镇古战道（颜吾芟/摄）

图2-212　辽代墓葬壁画中的载人骆驼车

可作为当时北京地区同类交通工具参照的辽代载人骆驼车之复原图如图2-213所示。

图2-213　辽代载人骆驼车之复原图

可作为当时北京地区同类交通工具参照的辽代载人牛车之复原图如图2-214所示。

图2-214　辽代载人牛车之复原图

（二）金朝时期的北京交通

辽朝末期，崛起于东北地区的女真族建立金朝（1115—1234）。金太祖天辅六年（1122）十二月，金太祖完颜阿骨打（1068—1123 年）率兵攻取辽南京城，次年将一座空城交与北宋后北返，途中病亡。金天会三年（1125）十一月，金兵再陷今北京，初称南京，后改称燕京。

金朝初年，建都会宁（今黑龙江省哈尔滨市阿城区），天德三年（1151）迁都燕京。这是今北京第一次成为一个强大政权的首都，从此开始了此后 800 多年至今作为首都的历史。随着行政地位的上升，其交通面貌得到很大的改观。

金朝时期，今北京大部分地区属中都路。中都路下辖一府——大兴府（治中都城，今西城区广安门地区）和 13 州。其中，大兴府所领 10 县中的大兴县（治中都城东半部）、宛平县（治中都城西半部）、漷阴县（治今通州区漷县镇）、昌平县（治今昌平区马池口地区南）、良乡县（治今房山区良乡镇）等 5 县，通州所领 2 县中的潞县（与州同治，今通州区府），涿州（治今河北省保定市涿州市）所领 5 县中的奉先县（治约在今房山区周口店地区和城关镇一带），顺州所领温阳县（与州同治，今顺义区府）、密云县（治今密云区府）2 县，蓟州（治今天津市蓟县）所领 5 县中的平峪县（治今平谷区府）在今北京市境内。另外，西京路所属奉圣州（后改德兴府，再后又改奉圣州，治今河北省张家口市涿鹿县）下辖之缙山县（治今延庆区旧县镇）在今北京市境内，今延庆、怀柔、密云 3 区北部则属北京路。各州、县治与中都城均有道路相通。

金中都城门及主要街道布局示意图如图 2–215 所示。

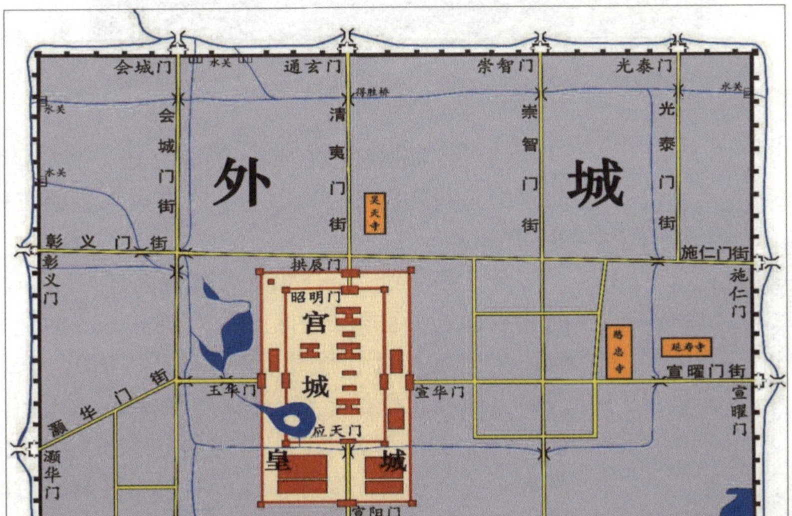

图 2–215　金中都城门及主要街道布局示意图（颜吾芟/改绘）

据史料记载和考古发掘，中都城周长 37 里有余（今制），在保留辽南京城北城垣的基础上，向东、西、南三面扩大，城区以今广安门南滨河路为中心（皇城位于此），平面略呈正方形。外城最初为 12 座城门，后为皇帝赴东北郊离宫琼华岛大宁宫之便，在北垣东又增建一光泰门，这样总计 13 座城门。4 条“贯城大街”中，施仁门通到彰义门的“北大街”约在今骡马市大街和广安门内、外大街一线，阳春门通到丽泽门的“南大街”约为今右安门东、西滨河路和丽泽路一线，崇智门通到景风门的“东大街”约为今闹市口大街、长椿街、牛街，以及右安门内、外大街一线，会城门通到端礼门的“西大街”今已无迹。此外还有清夷门街（位于今广安门滨河路北段东边）、光泰门街（今宣武门外大街）、宣曜门街（从今南横东街西通到今枣林前街）、丰宜门街（位于今广安门滨河路南段东边）和灏华门街（今已无迹）等共 5 条主要大街。沿城垣内侧还应有“顺城大街”（图 2–215 中未显示）。中都的中轴线为丰宜门通到通玄门这条直线（以后明清北京城外城的西墙即在此），中轴街道两边挖有沟渠，沿沟渠种植两排柳树。城中有多座桥梁，名称流传至今的是丰宜门街上的龙津桥，桥上分为 3 道，中间是御道，以及清夷门街上的得胜桥。城内共有 62 坊（图 2–215 中未显示），不都是全封闭性的，一些坊有街道穿过，这是里坊制正在向坊巷制转变的表现。

需要说明的是，延寿寺和愍忠寺分别为宋徽宗、宋钦宗自汴京被押送至中都的居处，昊天寺为二人曾相见之处，由此二人也在北京交通史上留名。

金中都城复原图（局部），如图 2–216 所示，金迁都今北京地区后，这里在很长时间里一直是金朝的全国交通中心。

图 2–216　金中都城复原图（局部）（此图现藏首都博物馆）

位于西城区广安门地区的金宫殿（大安宫）故址及金朝建都今北京纪念阙如图 2–217 所示，这里成为金朝政权控制的所有地区的交通中心。

图 2–217　金宫殿（大安宫）故址及金朝建都今北京纪念阙（颜吾芟/摄）

金迁都中都后，今北京人口逐渐增多，以致每年需从今山东省、河北省运入上百万石的粮食。当时山东、河北之粟可经潞水（今潞河、北运河）运至通州（治今通州区府），但自通州至中都城的河道由于西高东低的地势，使得“地峻而水不留，其势易浅，舟胶不行”（《金史・河渠志》）。于是，世宗大定十二年（1172），金人在卢沟河（今永定河）金口（今石景山区麻峪村南）扒开河道，设闸（金口闸），引卢沟水至通州，以增加漕渠水量。这条新渠利用了曹魏镇北将军刘靖所修车箱渠的一段故道，然后在今半壁店附近折向东南，经今玉渊潭入中都城北护城河（北壕），再继续向东。这条河渠因是金人所开，故后人称为“金口河（渠）”，其走向与今永定河水渠基本相同。但渠成后，卢沟河水居高冲下，流速湍急，危及中都城，而且河泥浑浊，加之两岸在湍流冲刷下不断崩塌，泥土淤积于河道，致不能行舟，于是不得不于大定二十七年（1187）将金口堵塞了事。随后，金人将目光转向高良河（今西直门外高梁河）、白莲潭诸水（包括今什刹海、北海、中海等在内的天然湖泊），开凿河槽，引水入北壕，并连通瓮山泊（今颐和园昆明湖）及高良河上游水源以增加水量，同时修筑 8 座闸门进行调节，最终形成了由潞水经闸河入中都城的漕运路线。不过，由于沿河地势高低差别甚大，水量有限，漕船从通州到中都城往往需要 10 多天才能到达，远不能满足需要，因此粟帛等物资主要还是通过陆路运输。（图略）

据《金史·河渠志》，金朝的漕运分春运和秋运：春运从河冰消融开始，夏天雨季停止；秋运从八月开始，至河水冰封为止。漕运实行“纲运之法”，即将漕船按一定的数量编组，每一组为一纲，一纲漕船统一行动。运前 3 日先修理船只，然后一天装一纲船，装完之后封船，3 日后启行。根据路程远近、逆水或顺水等不同情况，规定到达期限。每纲漕船到达目的地后，有专人检查所封有无变化，以防途中盗窃。若无问题，则限 3 日内卸完，又 3 日后付给收据和运费。运费一般石米百里给五十文一分二厘七毫。通往中都城的漕运也应遵循此制。

卢沟桥今貌如图 2-218 所示，其始建于金朝，极大地改善了今北京地区与中原地区的交通往来。

图 2-218　卢沟桥今貌（王超/摄）

远在战国时期永定河卢沟桥一带就是北京小平原与华北大平原之间交通往来的重要渡口及军事要地。据记载，在金朝修建石桥以前，这里曾建过几次木桥和浮桥，但都被河水冲毁。金朝迁都中都后，这一带的交通往来更为频繁，于是金世宗（1161—1189 年在位）决定修建一座沟通两岸的石桥，但尚未动工即驾崩。同年（金世宗大定二十九年）六月，新即位的金章宗（1190—1208 年在位）下令造桥，历时 3 年，于金章宗明昌三年（1192）三月建成一座长 266.5 米、面宽 8 米的大石桥，金章宗敕名“广利桥”，后改称卢沟桥。卢沟桥的建成极大便利了南北使者、商旅民众的往来及物资的运输，并且逐渐发展成为迎来送往宾客之地。延至今日，卢沟桥已历经 800 余年，仍屹立不倒。不过，历史上卢沟桥曾被多次整修过，因此许多部分早已“物是人非”。

经过整修供现代人旅游观赏的卢沟桥古桥面如图 2-219 所示。

图 2-219　经过整修供现代人旅游观赏的卢沟桥古桥面（王超/摄）

位于丰台区花乡草桥村的草桥遗址碑如图2–220所示，传金大将兀术（即完颜宗弼，太祖阿骨打第四子）进攻南宋失败后从中原退回曾过此桥，可见彼时从此可能有道路直通中原地区。

图2–220 草桥遗址碑（颜吾芟/摄）

金朝时期，北京地区除了最著名的卢沟桥外，其他桥梁还有位于今丰台区的草桥及位于今房山区的琉璃河桥。

草桥至晚在唐朝已有。传金大将兀术进攻南宋失败后从中原退回曾过此桥，并虚设了没有一兵一卒的草桥关。

史书关于辽金时期琉璃河桥的记载甚少，至今不知建在何处。但从南宋吏部尚书、参知政事范成大出使金国途经琉璃河桥时曾作诗“烟林葱蒨带回塘，桥眼惊人失睡乡。健起褰帷揩病眼，琉璃河上看鸳鸯”来看，金朝时琉璃河上不仅有桥，而且是在1192年卢沟桥建成之前。当时的琉璃河桥应是一座木桥，每到汛期常被冲毁。

金政权建立后继续采用辽五京建制，并沿用其名。金熙宗天眷元年（1138），金人以其兴起之地为上京会宁府，作为都城，改辽上京临潢府为北京，不久削临潢府京号。天德五年（1153），完颜亮迁都至中都后，改析津府为大兴府，并削会宁府京号，同时改辽中京大定府为北京、北宋汴京（亦称汴梁、东京）为南京开封府（今河南省开封市），确立了金五京建制。后来，金世宗大定十三年（1173）又重新恢复会宁府为上京。这样，至金亡，一直是六京并存。

正隆六年（1161）初，完颜亮南下侵宋，一度以南京开封府为政治中心。贞祐二年（1214），金宣宗为避蒙古军锋，迁都南京开封府，此时距离金亡仅20年。

为便利交通，金以中都为中心，在诸京之间建立了一套完善的驿路系统。金太宗天会五年（1127）十月，北宋徽、钦二帝自汴京被押送至燕京后，再押往中京，天会六年（1128）八月被押送至上京，十二月又南返至韩州（治今辽宁省铁岭市昌图县），天会八年（1130）七月再北返上京，然后乘船沿混同江（今松花江）而至五国城（今黑龙江省哈尔滨市依兰县城北），最终二帝死于此。徽、钦二帝被押送北上之路，就是这套以中都为中心的驿路系统的一部分。

金太祖完颜阿骨打（见图 2–221）曾率军自居庸关入今北京地区攻取辽南京城而在北京交通史上留名。

金熙宗曾自上京来到燕京巡视而在北京交通史上留名。金熙宗像如图 2–222 所示。

天眷三年（1140）四月金熙宗自上京出发，九月戊申（初七日）到达燕京。进燕京城时，熙宗使用汉族皇帝的仪仗，乘坐特制的天子车驾——金辂，以乐队为前导，用 14 000 多名士兵护卫，威势赫赫。金熙宗在燕京驻跸 10 个月，直到皇统元年（1141）九月才回到上京。

金海陵王完颜亮像如图 2–223 所示，其下令自上京迁都燕京由此开创今北京地区此后 800 余年封建王朝交通中心乃至全国交通中心历史而在北京交通史上留下赫赫大名。

图 2–221　金太祖完颜阿骨打

图 2–222　金熙宗像（现藏黑龙江省哈尔滨市阿城区金上京博物馆）

图 2–223　金海陵王完颜亮像（现藏黑龙江省哈尔滨市阿城区金上京博物馆）

金皇统九年（1149），完颜亮弑君篡位，改元天德。天德三年（1151），为加强统治，完颜亮下诏迁都燕京，随即派张浩、苏保衡等营建燕京新都。天德五年（1153），工程尚未彻底完工，完颜亮即率领上京贵族、军民正式迁都，并改名圣都，不久改称中都，随后下令将上京彻底平毁。

位于黑龙江省哈尔滨市阿城区的金上京遗址今貌如图2–224 所示，金上京被毁前曾与今北京地区有密切的交通往来。

位于黑龙江省哈尔滨市依兰县的“五国头城坐井观天遗址”如图2–225 所示，北宋灭亡后宋徽宗、宋钦宗及皇室成员和诸大臣等自今开封市经今北京地区长途押解到此。

图 2–224　金上京遗址今貌（颜吾芟/摄）

图 2–225　“五国头城坐井观天遗址”（颜吾芟/摄）

宋徽宗、宋钦宗被金兵自汴京（今河南省开封市）押至燕京（今北京市）线路示意图如图 2-226所示。

宋钦宗靖康元年（1126，金太宗完颜晟天会四年）闰十一月二十五日，金兵攻克北宋都城汴京。从次年三月二十七日到四月初一，金人分 7 批，将徽、钦二帝，连同后妃、宗室、百官数千人，以及教坊乐工、技艺工匠、法驾、仪仗、冠服、礼器、天文仪器、珍宝玩物、皇家藏书、天下州府地图等自汴京途经燕京押送上京。

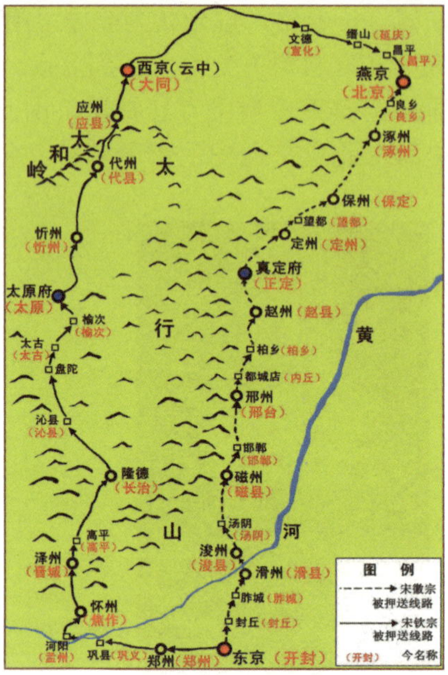

图 2-226　宋徽宗、宋钦宗被金兵自汴京（今河南省开封市）押至燕京（今北京市）线路示意图（颜吾芟/改绘）

为防意外，金人将徽、钦二帝分别押送。徽宗赵佶为第四批，由万户额鲁观（亦称讹鲁观，即完颜宗隽，金太祖完颜阿骨打第六子）等押送，同行还有王、公、皇孙、驸马、徽宗妻妾、奴婢等 1 940 多人，自三月二十九日启程，走相对比较平坦的太行山东麓大道，行程一个半月，于五月十三日抵达燕京。钦宗赵桓为第七批，由金国相、元帅粘没喝（亦称粘罕，即完颜宗翰，阿骨打侄）等押送，同行还有太子等 144 人，于四月一日启程，先向西，经今河南省郑州市、巩义市，自孟津（今河南省孟州市西南）渡过黄河，然后纵穿太行山，经今山西省晋城市、太原市，六月二日抵云中（今山西省大同市），再经今河北省张家口市宣化区，最终于七月初十日抵达燕京，这条路要崎岖难行许多，路上所花时间也长，走了 3 个多月，钦宗及被俘众人受的苦难也更多些。其他五批也都是走太行山东麓大道到燕京，行程短则大半个月，长则近两个月。然而，抵达燕京不过是被俘宋人所受折磨的开始，他们之后的处境更加痛苦不堪。

北宋灭亡后曾自汴京被金兵押送途经今北京地区而在北京交通史上留名的宋徽宗赵佶和宋钦宗赵桓如图 2-227、图 2-228 所示。

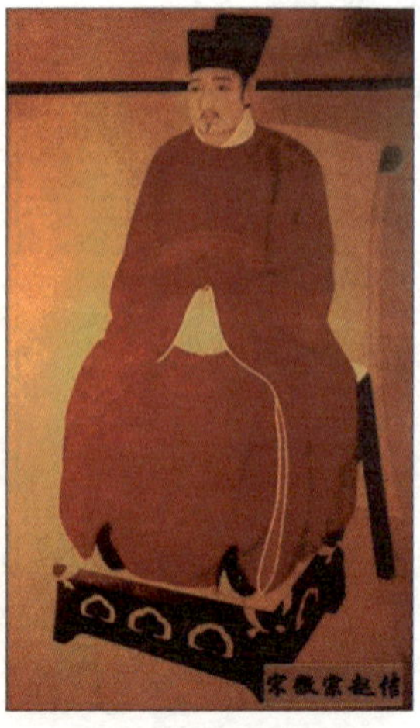

图 2-227　宋徽宗赵佶

图 2-228　宋钦宗赵桓

（三）元朝时期的北京交通

元朝时期（1271—1368），今北京地区终于成为大一统封建王朝的首都，并第一次成为大一统封建王朝的交通中心。由于建立元王朝的蒙古贵族在占领以汉族人为主的中原、江南等地区后，仍有一部很强的势力继续生活在草原上，并成为以今北京地区为首都的元朝政权的坚强后盾，这样地处中原地区与蒙古高原交界处的今北京地区的交通枢纽作用更加突出。另外，由于元朝统治者非常重视驿站的作用，所以元朝的驿道建设达到了中国历史和中国交通史上的一个新高峰，今北京地区更成为贯通全国乃至越出今日中国国境的元驿道的中心。

元朝时期，今北京主要属大都路（路为元时仅次于行省的地方行政区划，其下为府、州、县）统辖。其中，大兴府（治大都城）所辖之大兴县（统辖大都城丽正门以东，今北京城东）、宛平县（统辖大都城丽正门以西，今北京城西）、良乡县（治今房山区良乡镇）、昌平县（治今昌平区马池口地区南）在今北京市境内。另外，涿州（治今河北省保定市涿州市）下辖之房山县（治约在今房山区周口店地区、城关镇一带），通州（治今通州区府）所辖之潞县（与州同治），蓟州（治今天津市蓟州区）所辖之平谷县（治今平谷区府），檀州（治今密云区府）所辖密云县（与州同治）和怀柔县（治今怀柔区府），顺州（治今顺义区府）均在今北京市境内。还有，漷州之州治（今通州区漷县镇漷县村）、龙庆州之州治（今延庆区旧县镇）也在今北京市境内。这些州、县治与大都城都有道路相通。此外，今怀柔、密云两区北部属上都路。

元大都城城门、主要街道示意图如图 2–229 所示。

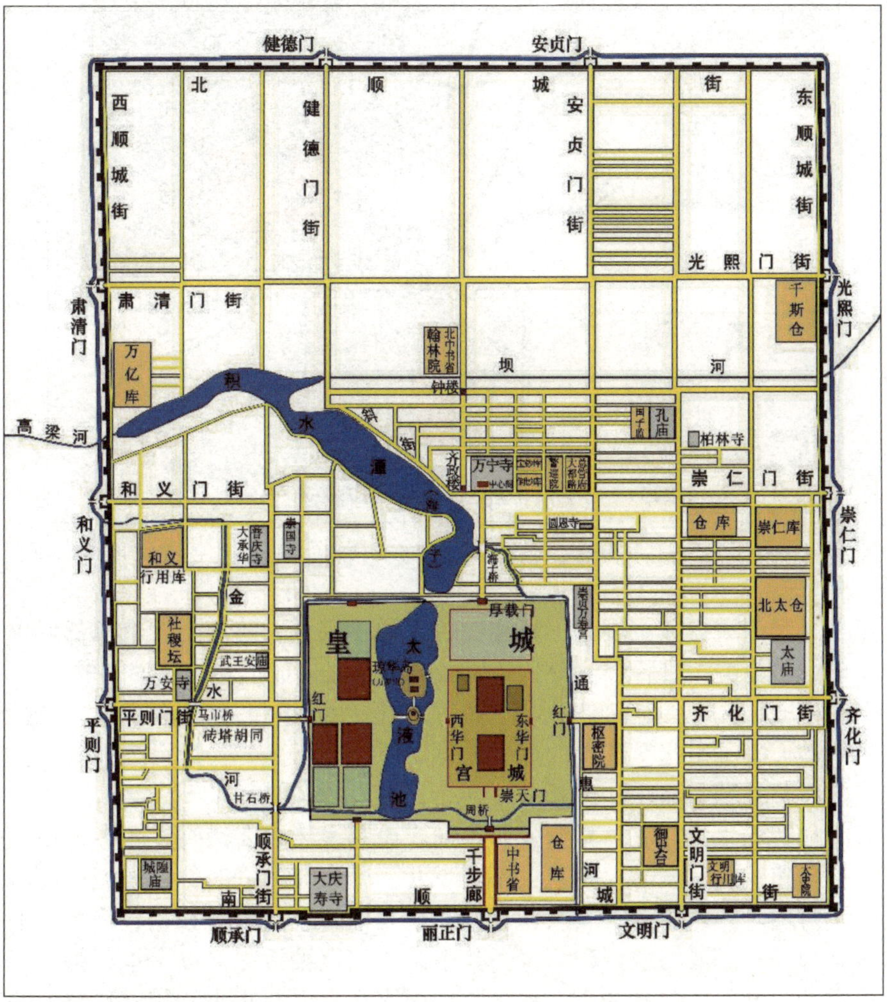

图 2–229　元大都城城门、主要街道示意图（颜吾芟/改绘）

大都城是在金燕京故城的东北方向另辟新地，新建筑的一座都城。

至元四年（1267）元世祖忽必烈命令刘秉忠主持，在金中都城的东北另辟新地，以原金朝皇帝的离宫万宁宫（原称大宁宫）所在地海子（元更名太液池）、琼华岛（元称万寿山，亦称万岁山）为中心新建筑一座都城——元大都。

至元二十二年（1285），大都城基本格局已建好，忽必烈诏令旧城（金中都故城）居民迁入新都，但要求必须以富有者和任官职者为先。由于大量平民百姓仍留在中都旧城，在人们的心目中旧城仍很重要，于是把新、旧城并称为“南北二城”。移民工作一直到至元三十一年（1294）才基本结束，总计有 40 万名至 50 万名居民自中都故城迁入大都。之后，金中都故城逐渐荒弃。

金中都与元大都的位置以及通居庸关线路变迁示意图如图 2–230 所示。

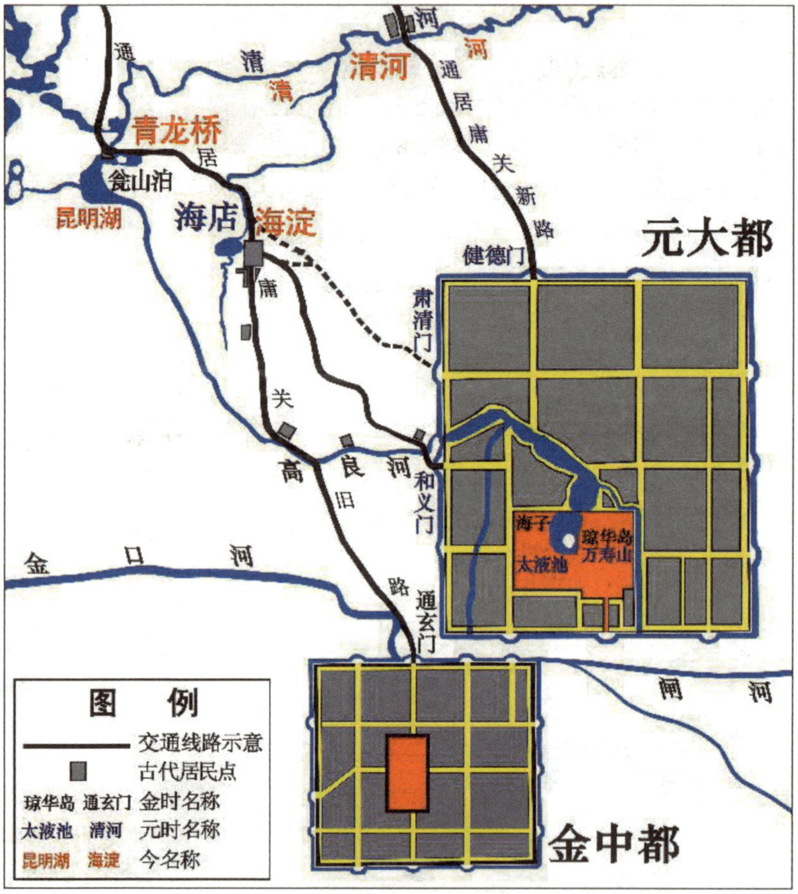

图 2–230　金中都与元大都的位置以及通居庸关线路变迁示意图（颜吾芟/改绘）

金朝以前，蓟城（幽州城、燕京城）一直建在古老的“京延古路”上，金中都城也不例外。这条古路经今海淀镇向北直通居庸关，然后可上蒙古高原。但大都城建成后，随着城市的东移，“京延古路”也相应东移，于是自元朝开始形成经今海淀区清河镇、昌平区沙河镇和南口镇出居庸关的道路，“海店”（元时叫法，今海淀镇）遂失去了南北交通上的重要地位。

元大都城和义门及其瓮城复原图如图 2–231 所示。

元大都城各城门最初均未建瓮城，直到元末各地农民起义风起云涌时，顺帝（1333—1368 年在位）才下令修建。明朝初年建筑北京城时，将元大都城城北一带废弃的同时，保留城南的城墙、城门，将它们包裹在明城墙、城门之内。1969 年，在拆除西直门箭楼时，发现了压在明代箭楼下的元大都城和义门瓮城城门建筑的残余部分——城门墩台和门洞。其中，木门已被拆去，仅余承门轴的半球形铁“鹅台”和门砧石，楼上尚存有向城门上灌水的灭火设备，门洞内还有元至正十八年（1358）的题记，证明瓮城的建筑正是元顺帝时。

图 2-231　元大都城和义门及其瓮城复原图

元大都城和义门瓮城城门残迹（1）如图 2-232 所示。
元大都城和义门瓮城城门残迹（2）如图 2-233 所示。

图 2-232　元大都城和义门瓮城城门残迹（1）

图 2-233　元大都城和义门瓮城城门残迹（2）

元大都城和义门及附近道路、桥梁绘画图如图 2-234 所示。

图 2-234　元大都城和义门及附近道路、桥梁绘画图（现藏北京郭守敬纪念馆）

位于今海淀区明光村的元大都肃清门附近城墙遗迹（1）如图 2-235 所示。

明朝初年放弃了元大都城的北部，但城墙未彻底拆除。元大都城墙遗迹保留至今的长达 8 公里之多，从肃清门附近断断续续经健德门、安贞门而至北城墙与东城墙交接处，遗迹最高达 12.5 米。从保留下的残迹可以想象当年这个元朝全国交通中心之雄伟。

图 2-235　位于今海淀区明光村的元大都肃清门附近城墙遗迹（1）（张和平/摄）

位于今海淀区明光村的元大都肃清门附近城墙遗迹（2）如图 2-236 所示。

图 2-236　位于今海淀区明光村的元大都肃清门附近城墙遗迹（2）（颜吾芟/摄）

位于今海淀区北土城西路以南、元大都健德门以西的元大都北城墙遗迹如图 2-237 所示。

图 2-237　位于今海淀区北土城西路以南、元大都健德门以西的元大都北城墙遗迹（颜吾芟/摄）

位于今朝阳区北土城东路以南、元大都安贞门以东的元大都北城墙遗迹如图 2–238 所示。

图 2–238　位于今朝阳区北土城东路以南、元大都安贞门以东的元大都北城墙遗迹（颜吾芟/摄）

下令修筑大都并将其确定为主都城的元世祖忽必烈如图 2–239 所示，今北京地区成为大一统王朝的交通中心自他而始。奉元世祖忽必烈之命主持大都城规划、营建的刘秉忠如图 2–240 所示。

图 2–239　元世祖忽必烈

图 2–240　刘秉忠

在大都城的总体设计上，刘秉忠基本遵循了《周礼·考工记》“匠人营国，方九里，旁三门，国中九经九纬，经涂九轨。左祖右社，面朝后市”的规定，以及《周易》阴阳八卦的原则，使得大都城的建筑、街道布局规则整齐，井井有条，为明清北京城奠定了基础。

位于今元大都城垣遗址公园内的元大都图与刘秉忠雕像如图 2–241 所示。

图 2–241　位于今元大都城垣遗址公园内的元大都图与刘秉忠雕像

意大利旅行家马可·波罗（见图 2–242）曾在元朝初期长期居住在中国并盛赞大都城街道宽敞、整齐。《马可·波罗游记》称：“（大都城）街道甚直，此端可见彼端，盖其布置，使此门可由街道远望彼门也。”还说，“全城中划地为方形，划线整齐，建筑房舍……方地周围皆是美丽道路，其行人由斯往来。全城地面规划有如棋盘，其美善之极，未可言宣。”

元朝定都大都城后，自江南和中原各地运来的粮食等物资走水路只能到通州，之后必须走陆路才能送进城。虽然陆路仅四五十里路程，但靠车载驴驮、人拉肩担，不仅运量有限，而且一到夏秋雨季，道路泥泞难行，运输极为艰难，人力耗费极大，牲畜累死甚多。于是至元二十九年（1292），世祖忽必烈命令水利专家郭守敬主持疏浚通州至大都城的运河。

通惠河工程分为 3 段：第一段为“白浮瓮山河”工程，即为加大通惠河水量，自昌平县（今昌平区）白浮村神山泉（白浮泉）始向西修建一条引水渠，然后沿西山东麓向南，呈弧线形，最终通至瓮山泊（今昆明湖），沿途不断引入其他泉水补充水量，并沿渠筑堰，称“白浮堰”。第二段为“瓮山高梁河”工程，一是扩建瓮山泊，并在进出水处各修建一水闸，以控制水量；二是在高梁河上修建两座水闸，以调节注入积水潭的水量。第三段为运河工程，凿通积水潭到通州的河道，行船漕运主要走这段河道。

据记载，通惠河工程从白浮泉到李二寺（今里二泗村）河口全长“一百六十四里又一百四步”。

元朝水利专家、中国古代著名科学家郭守敬如图 2–243 所示，他奉元世祖忽必烈之命主持通惠河工程，极大地改善了当时北京地区水路运输面貌。

图 2–242　马可·波罗

图 2–243　郭守敬

“白浮瓮山河”画作如图 2–244 所示，“白浮瓮山河”工程为加大通惠河水量而实施。

图 2–244　“白浮瓮山河”画作（现藏北京郭守敬纪念馆）

元时通惠河、坝河示意图如图 2-245 所示。

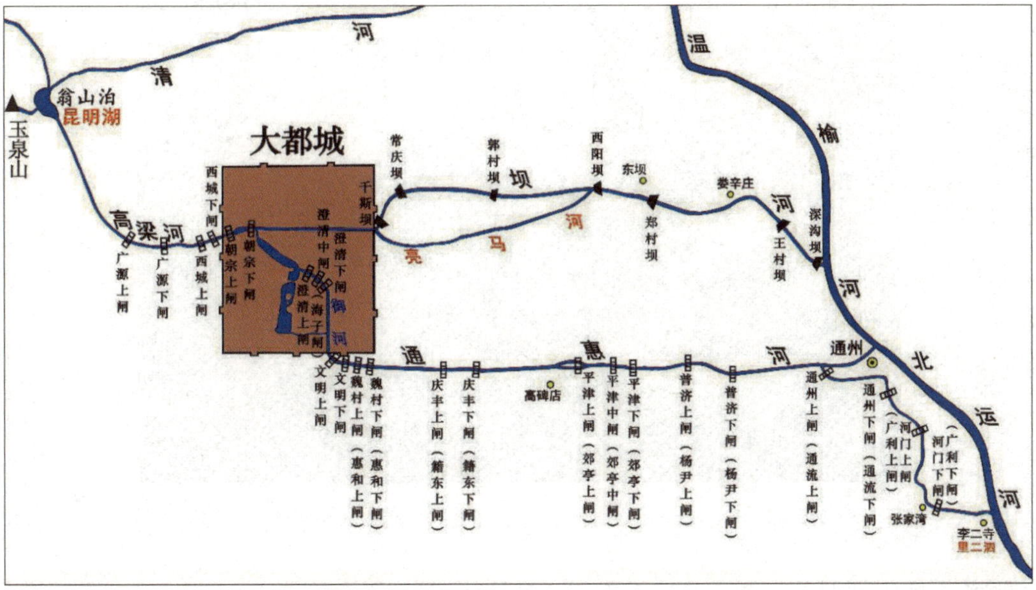

图 2-245　元时通惠河、坝河示意图（颜吾芟/改绘）

为解决大都城比通州的地势高出 20 米，以及河水自西而东快速流过致水浅河淤漕船难以上行（西行）的问题，郭守敬沿运河设计了 11 处 24 座坝闸。当漕船开到坝中，先将后闸落下挡水，然后再将前闸提起放水，待水面涨平，漕船便可逆流西上。用这种方法，使漕船一级一级被抬高，最终驶入大都城内的积水潭码头。这些水闸最初是木制的，元武宗（1307—1311 年在位）时改建成石闸。

至元三十年（1293）秋，运河开通，忽必烈正好自上都回还，路过积水潭，眼见舳舻蔽水，非常高兴，遂将这条新疏凿的运河赐名“通惠河”。通惠河的凿通不仅标志着京杭大运河的最终完成，而且使今北京地区的水路运输攀上了新高峰，在北京交通史上具有极为重要的意义。据记载，元朝中后期，每年有二三百万石或三四百万石米粮从南方运到大都。

坝河是大都城另外一条重要漕运河道，也是设坝调节水位以利于行舟的河道，因而得名坝河（又称“阜通七坝”）。它原是高梁河下游往东的一条支流，在通州北注入温榆河。在通惠河开通之前，坝河曾是今北京地区最重要的漕运水道。元代坝河是在金代坝河的基础上于至元十六年（1279）扩建改造而成，直通大都城光熙门。通惠河开通后，由于京师对江南米粮的需求逐年增加，仅靠通惠河难以满足，故坝河仍漕运不辍。

对北京古代交通做出过巨大贡献的郭守敬（石雕像）如图 2-246 所示。

图 2-246　对北京古代交通做出过巨大贡献的郭守敬（石雕像）（现藏北京郭守敬纪念馆）

长河（即高梁河）诸闸绘画图如图 2–247 所示。

图 2–247　长河（即高梁河）诸闸绘画图（现藏北京郭守敬纪念馆）

今日高梁桥下的水闸残迹如图 2–248、图 2–249 所示。

图 2–248　今日高梁桥下的水闸残迹（1）（张和平/摄）

图 2–249　今日高梁桥下的水闸残迹（2）（张和平/摄）

元代积水潭及入潭河道、水闸示意图如图 2–250 所示。

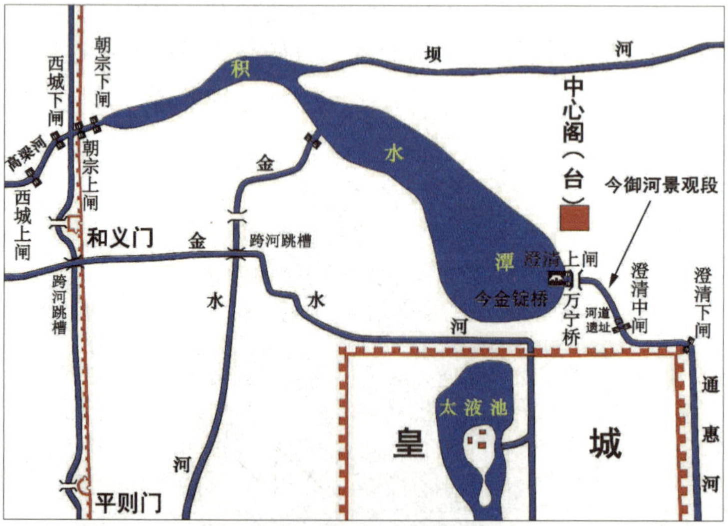

图 2–250　元代积水潭及入潭河道、水闸示意图（颜吾芟/改绘）

位于地安门东大街北侧、福祥胡同西口的通惠河御河（玉河）故道遗迹（1）如图 2-251 所示。

图 2-251　通惠河御河（玉河）故道遗迹（1）（颜吾芟/摄）

御河，明朝以后称玉河。宣德七年（1432），通惠河被皇城北墙从步粮桥（建于明永乐十八年，即 1420 年，民国时改称东不压桥，位于今东不压胡同南口外）附近截开，东不压桥以南段被圈入皇城内，从此玉河河道只供排水之用。清朝时由于水源的逐渐萎缩和水量减少，玉河在宽度和堤岸质量上大不如明朝。民国时将玉河自南向东逐段改为暗沟，南河沿至正义路一线则被填埋。1956 年，玉河河道全部改为暗渠，东不压桥主桥被拆除，其引桥埋入地下。2006 年，玉河河道被恢复 480 多米作为城市景观，并保留一段遗迹。该河道遗迹保存较完好，以石质为主，宽 13.5～22.0 米、深 1.8～3.0 米。

位于地安门东大街北侧、福祥胡同西口的通惠河御河（玉河）故道遗迹（2）如图 2-252 所示。

图 2-252　通惠河御河（玉河）故道遗迹（2）（颜吾芟/摄）

重新变为明河的通惠河御河（玉河）河道今貌如图 2-253 所示，通过此河道或许能够遥想当年大运河繁荣时的风貌。

图 2-253　通惠河御河（玉河）河道今貌（颜吾芟/摄）

始建于元初的万宁桥（东侧）今貌如图 2–254 所示。

图 2–254　始建于元初的万宁桥（东侧）今貌（颜吾芟/摄）

万宁桥位于今地安门外大街中段，建于元世祖忽必烈至元二十二年（1285），初为木桥，因其西面的积水潭又称“海子”，所以称为“海子桥”；又因在皇城北门后载门（亦称后载红门）外，故亦称为“后门桥”。后来改建成单孔石桥，并更名为“万宁桥”，但人们仍习惯叫它“海子桥”。

万宁桥历尽沧桑的桥栏及东侧已作为城市景观的通惠河御河（玉河）河道如图 2–255 所示。

图 2–255　万宁桥历尽沧桑的桥栏及东侧已作为城市景观的通惠河御河（玉河）河道（颜吾芟/摄）

万宁桥旧石板桥面及中间古旧的桥栏如图 2–256 所示。

图 2–256　万宁桥旧石板桥面及中间古旧的桥栏（王巍/摄）

万宁桥长约 34.6 米，宽约 17 米，桥拱净跨度约 7.2 米，拱高约 3.5 米。万宁桥不仅位居大都城中心地带，邻近皇城，是出后载门北去中心阁的重要通道，而且还是通惠河的重要枢纽。桥下即为通惠河的澄清上闸，通过按时提放水闸来控制水量，以便舟船通行，从而保证沿京杭大运河北来的粮船畅行无阻，直抵积水潭码头。

万宁桥西侧澄清上闸绞关石残段及闸门槽如图 2–257 所示。

图 2–257 万宁桥西侧澄清上闸绞关石残段及闸门槽（颜吾芟/摄）

从现代金锭桥东侧看万宁桥及整修过的河道如图 2–258 所示，当年来自大运河的各种船只即从此河道进入积水潭。

图 2–258 从现代金锭桥东侧看万宁桥及整修过的河道（颜吾芟/摄）

从金锭桥西侧看什刹海西海（元积水潭东面水域）如图2–259 所示，当年这里停泊着由大运河驶来的各种船只。

图 2–259 从金锭桥西侧看什刹海西海（元积水潭东面水域）（颜吾芟/摄）

什刹海今貌如图2–260所示，当年这里停泊着由大运河驶来的各种船只。

图2–260　什刹海今貌（北京市文物局/供图）

元代京杭大运河终点积水潭码头复原如图2–261所示。

图2–261　元代京杭大运河终点积水潭码头复原（现藏首都博物馆）

通惠河凿通后，南来的漕船、商船等都聚泊在积水潭码头，使这里不仅成为物资商货集散地，商贾云集，而且其东北岸边的斜街（今烟袋斜街）一带更成为大都城中最为繁华的闹市。

元时繁华的积水潭码头及北岸的斜街市场（今烟袋斜街）绘画图如图2–262所示。

图2–262　元时繁华的积水潭码头及北岸的斜街市场（今烟袋斜街）绘画图（采自北京郭守敬纪念馆）

元代京杭大运河中行驶的漕船复原模型如图 2-263 所示。

图 2-263　元代京杭大运河中行驶的漕船复原模型（现藏北京郭守敬纪念馆）

元人所绘《卢沟运筏图》（局部）中的卢沟桥形象如图 2-264 所示。

图 2-264　元人所绘《卢沟运筏图》（局部）中的卢沟桥形象（一说此画为明朝人所绘）

北京地区保存至今始建于元代的桥已经没有了，如位于北海公园南门西侧原称金海桥（又叫御河桥、金鳌玉蝀桥）的北海大桥，始建于至元元年（1264），原为两座木桥，分东木桥和西木桥，中间以舟船连接，但今天的北海大桥是明朝建的，并经过多次改建；还有位于地安门外大街的万宁桥（又称海子桥、后门桥），始建于至元二十二年（1285），原为木桥，后改为石桥，但今天的万宁古桥为明朝时改建的；再有位于西直门外的高梁桥，始建于至元二十九年（1292），但今天的高梁古桥为清朝时重建的；等等。

金朝修建的卢沟桥在元朝时没有修缮的记录，但据说元时曾在桥上建有过街楼，元朝时来中国的意大利旅行家马可·波罗见过卢沟桥，他在其游记（《马可·波罗游记》又名《东方见闻录》）中称："自汗八里城（大都城）发足以后，骑行十里（三十华里）抵一极大河流，名称普里桑干……河上有一美丽石桥，各处桥之美鲜有及之者。桥长三百步，宽逾八步，十骑可并于上。"

《马可·波罗游记》(法文本)中被马可·波罗赞誉为"世界上最好的、独一无二的桥"的卢沟桥形象(绘于1410—1412年)如图2-265所示。显然这是当时欧洲人对"最美丽的桥"的想象极限。

图2-265 卢沟桥形象(绘于1410—1412年)

西人所绘曾来过中国并在北京交通史上留名的马可·波罗如图2-266所示,其身着蒙古服饰反映出当时欧洲人对蒙古武士的想象。

图2-266 马可·波罗(绘于1754年,此时中国为清朝前期)

《卢沟运筏图》中的马拉轿车如图2-267所示。

图2-267 《卢沟运筏图》中的马拉轿车

《卢沟运筏图》中的人力独轮手推车和畜力车如图 2–268 所示。

图 2–268 《卢沟运筏图》中的人力独轮手推车和畜力车

《卢沟运筏图》中的人力独轮手推车和畜力助拉独轮手推车如图 2–269 所示。

图 2–269 《卢沟运筏图》中的人力独轮手推车和畜力助拉独轮手推车

《卢沟运筏图》中的人力独轮手推车和牛车如图 2–270 所示。

图 2–270 《卢沟运筏图》中的人力独轮手推车和牛车

元朝建立后，作为大一统王朝的都城，今北京地区与周边地区交通联系更加密切。尤其水路交通（包括运河交通及海路交通）更达到前所未有的水平。为缩短中原、江南物资北运大都的路程，至元十九年（1282）十二月，元世祖忽必烈下令开凿自济州（治任城，今山东省济宁市）至安山（今济宁市梁山县小安山镇）的济州河（亦称济州新河），次年（1283）八月完工。至元二十六年（1289）正月，忽必烈又下令开凿安山至临清（今山东省聊城市临清市）御河的会通河，至六月完工。两条新运河的凿通，使京杭大运河初具模样。而自临清以南的隋唐旧运河，这时仍是中原地区通往大都的主要水道运输线，每年北运大都的粮食和其他物资的数量也十分可观。

大都的海运始于至元十九年（1282），由前中书省右丞相伯颜提出。次年，由罗璧率领的 60 艘平底海船承载 46 000 余石米粮自平江刘家港（今江苏省苏州市太仓市浏河镇）起航，至直沽（后称海津镇，今天津市），再经河道而抵大都。至元二十九年（1292），又开辟出一条新的海运航道。至元三十年（1293），再辟一条新航道，最快十天半个月即可自浙西至京师，大大提高了海运的效率。随着新航路的开辟，海运大都的粮食数量直线上升，由最初的 4 万石，猛增至 100 万石，最多时每年可达 300 万石。由于海运比漕运费用低，因此自从海运大规模开展后，运河漕运的重要性就大为降低了，到后来大都的经济生活几乎完全依赖于海运。（图略）

可以作为真实历史实物参照的元代海上漕运船模型如图 2–271 所示。

图 2–271　元代海上漕运船模型

海运船虽未进入过当时的北京水道，但由于是向大都运输物资，因而包括海运航线等在内，都应该被纳入北京交通史的视野范围。

元朝皇帝巡幸两都（三都）线路示意图如图 2–272 所示。

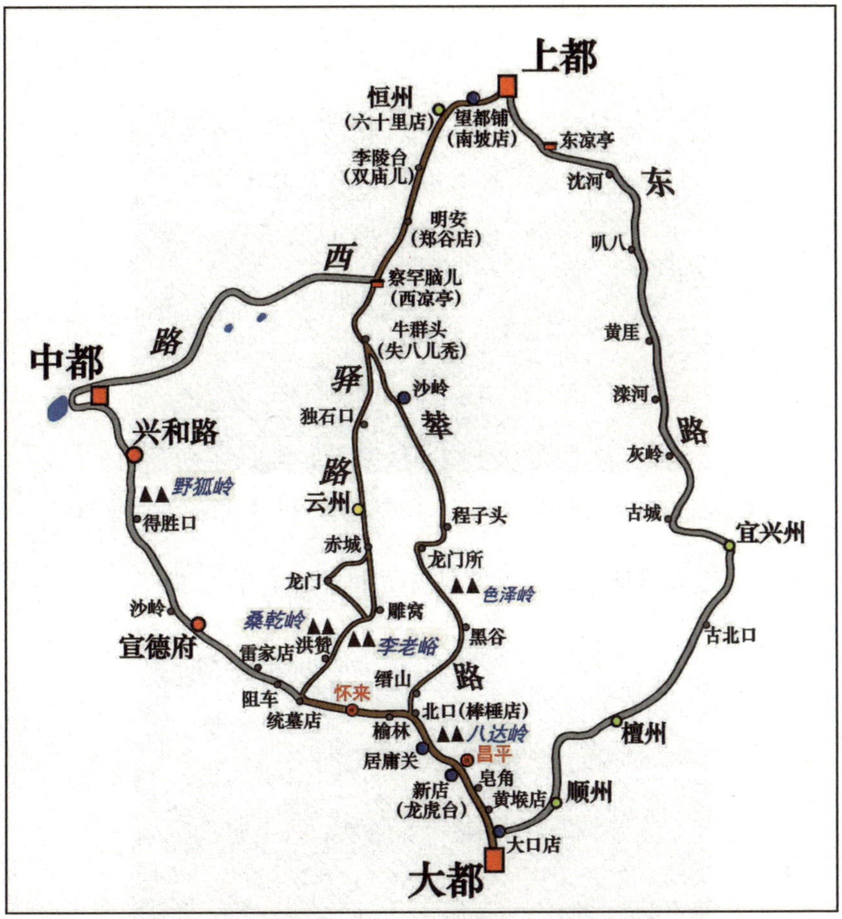

图 2–272　元朝皇帝巡幸两都（三都）线路示意图（颜吾芟/改绘）

元朝实行两都制，每年春天（阴历三四月）皇帝都要由大都前往上都避暑，秋天（阴历八九月）再从上都回到大都过冬，此制始于世祖忽必烈时，直到元亡。每次随行者除后妃、太子、诸王外，还有宰执大臣以下至百司庶府，途中皇帝乘坐“象辇”，其他人骑马、乘车，沿途警卫由“怯薛”（禁卫军）负责。至正二十八年（1368），在明军的压迫下元顺帝逃离大都，最后一次“巡幸上都”。

皇帝巡幸起驾吉日由太史院选择。依制，去程走辇路（亦称御道、黑谷道），回程走驿路（亦称望云路），东去西还。

从大都出发时，留守官员中书省平章政事、右丞等送行到第一捺钵（行宫、行营、行帐）大口（亦称大口店，今海淀北），称“大口导送”；到第三捺钵龙虎台（亦称新店），随行大臣上奏“行程记”（即巡幸的日程），称“龙虎台奏行程记”；按行程，每过居庸关都是夜晚，因此称“夜过居庸关”；抵沙岭（今河北省张家口市沽源县丰源店乡）时，上都留守官员必须在此恭迎，称“沙岭迎驾”；到上都，百官至御天门（上都城南门）俱下马徒行，独皇帝骑马直入。

从上都出发时，上都留守官员送行到第一捺钵南坡（亦称望都铺），称“南坡导送”，随行大臣上奏行程记；抵怀来（今河北省张家口市怀来县），部分大都留守官员必须在此备果酒迎驾，称“怀来远迎”；到大口，卫军指挥、留守怯薛、百官等恭迎，僧道乡老各从本教礼祝献，称“大口迎驾”；入大都，从厚载门进入宫中。

除辇路、驿路外，还有东路和西路。东路出古北口，亦称“古北口路”，至上都凡八百七十里（元制）。西路亦称“孛老路”，在统墓（今河北省张家口市怀来县土木镇）与驿路分途，经中都而至上都，凡一千零九十五里（元制）。

位于延庆区康庄镇榆林堡村的北京地区现存最大的古驿站——始建于元朝的榆林驿（亦称榆林堡）之北城墙残迹及内部现貌如图 2–273 所示。

图 2–273　榆林驿（亦称榆林堡）之北城墙残迹及内部现貌（杜海玮/摄）

榆林驿（亦称榆林堡）之东城墙残迹及内部现貌如图 2–274 所示。

图 2–274　榆林驿（亦称榆林堡）之东城墙残迹及内部现貌（杜海玮/摄，颜吾芟/制图）

榆林驿（亦称榆林堡）之南城墙残迹及内部现貌如图 2–275 所示。

图 2–275　榆林驿（亦称榆林堡）之南城墙残迹及内部现貌（杜海玮/摄）

元朝皇帝每年避暑北巡的终点——元上都之遗址如图 2–276 所示。

图 2–276　元上都之遗址（杨杨/摄）

元上都建于今内蒙古锡林郭勒盟正蓝旗上都镇东，始建于 1259 年，初称开平城，1263 年世祖忽必烈升其为都城。1368 年 7 月，元末帝顺帝从大都逃往上都。1369 年 8 月，明朝大将徐达、常遇春攻克上都城，顺帝继续北走。1430 年，明朝将驻守此地的军卫撤入长城内，该城遂逐渐荒芜。据说此地有警情通过烽火 26 分钟即能将消息传到大都。

元朝皇帝每年避暑北巡的最终居住地——元上都宫殿之遗迹如图 2–277 所示。

图 2–277　元上都宫殿之遗迹（采自张北县元中都博物馆）

元朝皇帝每年避暑北巡的终点——元上都之遗址俯瞰如图 2–278 所示。

图 2–278　元上都之遗址俯瞰（采自张北县元中都博物馆）

位于今河北省张家口市张北县，已成一片废墟的元中都遗址如图 2–279 所示，这里曾为元朝皇帝北巡不经常走的西路上的重要行宫。

图 2–279　元中都遗址（张和平/摄）

元中都位于今张北县西北 15 公里，始建于大德十一年（1307），为武宗所建。至大四年（1311）武宗死，新即位的仁宗废中都，但仍作为行宫。仁宗之后，英宗、泰定帝、文宗、明宗、顺帝都曾来此巡幸。元末，此城被毁，逐渐荒芜。

位于今河北省张家口市张北县的元中都遗址俯瞰如图 2–280 所示，这里曾为元朝皇帝北巡不经常走的西路上的重要行宫。

图 2–280　元中都遗址俯瞰（采自张北县元中都博物馆）

可以作为真实历史实物参照的元朝皇帝出巡乘坐的象辇想象复原模型如图 2–281 所示。

图 2–281　象辇想象复原模型（现藏淄博临淄中国古车博物馆）

位于元大都城垣遗址公园的元朝皇帝乘象辇雕像如图 2–282 所示，其即使不是真实的情景再现，也可以让人明显感受到元朝皇帝出巡时的不凡气势。

图 2–282　元朝皇帝乘象辇雕像

由于征服地域广大，蒙古统治者极为重视驿传（元朝亦称“站赤”）建设，因此元朝驿路交通极为发达，在今新疆、西藏、云南和东北等地均有驿路通达。同时驿站密布，一般每隔 60 里一驿，偏僻之处也有相隔百里左右一驿的，最多时全国有驿站 1 519 处。又由于元朝疆域远超今中国疆界，因此以大都为中心的驿路交通远通今中国域外，如东通高丽，南通安南，西达今里海以西的高加索山脉（元时称太和岭）。

马是蒙古人最为重要的骑乘交通工具，立于元大都城垣遗址公园的马雕像如图 2–283 所示。

图 2–283　立于元大都城垣遗址公园的马雕像

蒙古人骑乘马匹必不可少的马鞍如图 2–284 所示。

当时北京地区应该随处可见骑马而行的人。山东淄博临淄中国古车博物馆展示的骑乘交通工具——马如图 2–285 所示。

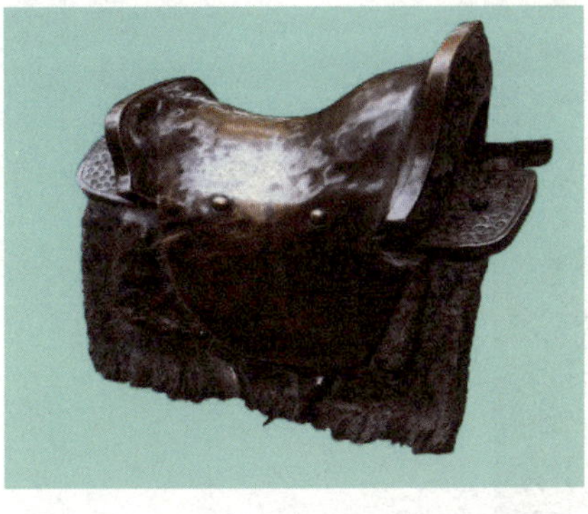

图 2–284　蒙古人骑乘马匹必不可少的马鞍

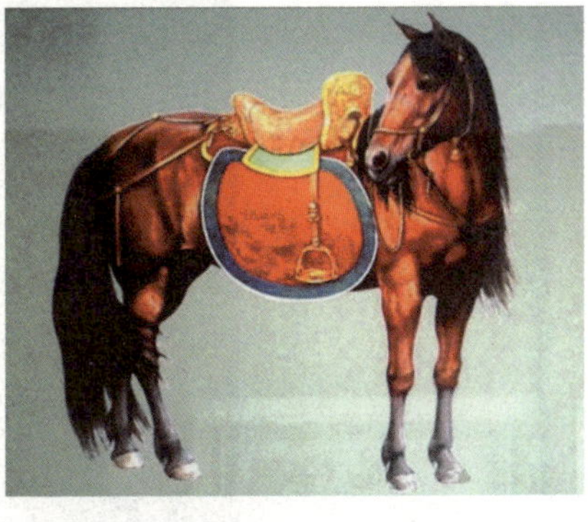

图 2–285　山东淄博临淄中国古车博物馆展示的骑乘交通工具——马

元人绘《世祖出猎图》(现代人临摹)中元世祖忽必烈及蒙古女子、武士等骑乘形象如图 2-286 所示。

图 2-286　元人绘《世祖出猎图》(现代人临摹)中元世祖忽必烈及蒙古女子、武士等骑乘形象

1219 年，西征途中驻军也儿的石河（今新疆额尔齐斯河）流域的成吉思汗听闻全真教教主丘处机通长生之术，于是派刘仲禄远赴山东邀请“真人”，以解自己年近花甲精力日衰之困。刘仲禄一行历时 6 个月，经燕京（今北京），于 12 月抵达东莱（今山东省烟台市龙口市），见到丘处机。72 岁的丘处机欣然受邀，并于 1220 年正月启程赴燕京。1221 年 2 月，丘处机率十几位弟子随同刘仲禄自燕京出发，开始历时两年多的艰难跋涉。此行途经今蒙古、哈萨克斯坦、吉尔吉斯斯坦、乌兹别克斯坦、塔吉克斯坦等国，最终抵达阿富汗北境的大雪山（今兴都库什山脉）的八鲁湾，1222 年 4 月丘处机一行于此处见到成吉思汗。同月，丘处机一行又经今土库曼斯坦返回邪米思干（今乌兹别克斯坦撒马尔罕，曾是西辽国都城河中府），八月再经今土库曼斯坦赴八鲁湾行宫觐见成吉思汗，并于当月与成吉思汗一同北返。1223 年 3 月，丘处机于赛蓝城（位于今哈萨克斯坦南部）南与成吉思汗分别，经今新疆、内蒙古、河北，历时 11 个月，于 1224 年 2 月回到燕京，结束了长达 3 年的西行之旅。

丘处机弟子李志常记录下此行的一路见闻，写成《长春真人西游记》，是十分珍贵的历史资料，但所记不详或省略未记之处颇多，致使后人无法详细了解丘处机西行所经各处，有些线路还存在很大争议。另外，由于年代久远，一些地方虽有记录但已不可考，如赛蓝城、碣石城等。

丘处机西行之旅，无论从其年龄而言，还是从路程之遥、历时之长，以及旅途之艰辛而言，堪称壮举。由于西夏政权的存在，此程往返不得走河西走廊，只能绕路北方，沿途所经不仅有山川池泽、高山峡谷、草原湿地，更有高原盆地、沙漠戈壁，以及荒无人烟之地，天象气候也是复杂多变，即使在今天许多地方仍属不便通行之处。这一壮举不仅使得当时北京地区前往沿途所经各地有了实证，而且也使得丘处机成为在北京交通史上留名的重要人物之一。

元人所绘《雪山应聘图》(局部)中丘处机及弟子们自燕京（今北京）出发后在西行途中的情景如图 2-287所示，鉴于沿途所经地形的复杂，乘车当不会是一以贯之的行为，骑马甚至步行应为常态。

图 2-287　元人所绘《雪山应聘图》(局部)中丘处机及弟子们自燕京（今北京）出发后在西行途中的情景

马可·波罗（1254—1324 年）来中国之前，他的父亲、叔父曾来过中国，并觐见过世祖忽必烈大汗，还带回了忽必烈给罗马教皇的信。1271 年，17 岁的马可·波罗跟着父亲、叔父，带着教皇的复信和礼品，与十几位旅伴离开威尼斯，一起向东方进发。他们原本要到波斯湾的出海口乘船来中国，但由于变故，不仅与旅伴们失散，而且不得不改走异常艰辛的陆路。在克服了疾病、饥渴、抢劫、猛兽侵袭等种种困难后，他们 3 人终于在 1275 年夏抵达元上都，见到了世祖忽必烈。忽必烈带他们返回大都，并任之以官职。

17 年后，1292 年，忽必烈命马可·波罗 3 人护送阔阔真公主到伊儿汗国（都大不里士，今伊朗东阿塞拜疆省首府）成婚。于是马可·波罗一行人自大都出发，走大运河南下，然后从泉州出海。完成使命后，3 人于 1295 年底回到了家乡威尼斯。（图略）

由于此行，更由于《马可·波罗游记》（又称《东方见闻录》），使得马可·波罗成为享誉世界的古代著名旅行家，他与中国、与北京都结下了不解的交通缘分。

如图 2–288 所示，1271 年马可·波罗与父亲、叔父 3 人在威尼斯城门口与家人告别后踏上远赴中国，将在北京交通史上、中国交通史上乃至世界交通史上留名的艰难旅程。

图 2–288　马可·波罗与父亲、叔父 3 人踏上远赴中国之路［《马可·波罗游记》（法文本插图）］

如图 2–289 所示，马可·波罗与父亲、叔父 3 人抵达大都觐见元世祖忽必烈并奉上教皇书信从而结束了颠沛数年的来华之旅。

图 2–289　马可·波罗与父亲、叔父 3 人觐见元世祖忽必烈［《马可·波罗游记》（法文本插图）］

如图 2-290 所示，1295 年从中国回到威尼斯的马可·波罗向人们展示珍宝——至此其自今北京地区出发的回国之旅结束。

图 2-290 马可·波罗向人们展示珍宝（加万尼·列昂纳多 1848 年绘）

马可·波罗是因其壮举而在北京交通史上留名的著名外国人。穿水手装的马可·波罗如图 2-291 所示。

图 2-291 穿水手装的马可·波罗（达拉·吉塞佩绘于 19 世纪）

（四）明朝时期的北京交通

洪武元年（1368），朱元璋（明太祖）称帝，推翻元朝统治，建立明朝（1368—1644 年），定都南京（今江苏省南京市）。永乐十九年（1421），成祖朱棣迁都北京，使北京继元朝之后继续成为全国的政治、交通中心。

在继承前代的基础上，随着明朝社会经济的发展，北京地区的水陆交通又有了进一步发展。

洪武元年（1368），明朝政府改元大都路为北平府。永乐元年（1403），成祖朱棣改北平府为顺天府，建为"北京"，称"行在"（指天子行幸所至之地），"北京"之名由此而始。永乐十九年（1421），明朝正式迁都北京，称"京师"。

明朝时期，今北京地区主要属顺天府统辖，该府所领 4 州 22 县中有 9 个县在今北京域内，分别为：顺天府直辖之大兴（附廓县，治今东城区大兴胡同，辖城中轴线以东至东郊部分）、宛平（附廓县，治今西城区东官房胡同，辖城中轴线以西至西郊部分）、良乡（治今房山区良乡镇）3 县，通州（治今通州区府）所领之漷县（治今通州区漷县镇），涿州（治今河北省保定市涿州市）所领之房山县（治今房山区府），昌平州（治今昌平区府）所领之顺义（治今顺义区府）、怀柔（治今怀柔区府）、密云（治今密云区府）3 县，蓟州（治今天津市蓟州区）所领之平谷县（治今平谷区府）。另外，宣府镇所辖隆庆州（治今延庆区府，明中期改称延庆州）之永宁县（治今延庆区永宁镇）也在今北京域内。今怀柔区北部则属鞑靼朵颜部，该部曾为明朝守卫北疆。

各州、县以及屯驻军队的卫、所等以北京城为中心，形成较为完善的道路交通网络。其中有两条路特别重要：一条是出德胜门去皇祖陵（今昌平区明十三陵）的北御路，另一条是出永定门去南苑的南御路。

下令营建北京城并将都城从南京迁到北京从而使北京成为大一统王朝政治、交通中心的明成祖朱棣，如图 2–292 所示。

图 2–292　朱棣

琉璃河石桥坐落于今房山区西南部与河北省交界处的琉璃河镇，横跨在宽阔的琉璃河上。明嘉靖十八年（1539）开始修建，到嘉靖二十五年（1546）完工。

琉璃河石桥呈南北走向，全长 165.5 米，宽 10.3 米，高 8 米，为 11 孔联拱石桥，中间 3 孔东西两侧拱券顶部各雕有一精美镇水兽头。整个桥全部采用大理石砌筑而成，结构严谨，气势雄伟。桥面上条石与条石衔接处嵌以“银锭扣”，异常坚固。桥面东西两侧有空心栏板和望柱，望柱和栏板上雕刻着海棠线等纹饰，显得古朴简洁，敦实大方。

石桥建成后，由于无堤捍御，每遇汛期，环桥南北尽为巨涛，仍然难以越渡。于是嘉靖四十年（1561）仲冬，明世宗令工部尚书徐杲总理其事，继续石桥工程，解决琉璃河水患造成的交通阻隔问题。徐杲受命，亲自设计方案，于桥两端低洼地带向南北两方用巨型条石各筑路堤一道，堤宽 19.8 米，高近 4 米，总长约 2 000 米，号称“五里长街”。从修桥到路堤建成，前后 20 余年。万历二十八年（1600），明政府又对琉璃河石桥进行了修缮。琉璃河石桥作为“朝宗孔道”“京南要隘”，对南北交通起到了重要作用。

现琉璃河古桥是经过现代整修的，已非明时原貌。

位于今房山区始建于明朝的琉璃河古桥今貌如图 2–293、图 2–294 所示。

图 2–293　琉璃河古桥今貌（1）（张和平/摄）

图 2–294　琉璃河古桥今貌（2）（张和平/摄）

（明）王祓《卢沟晓月图》中的卢沟桥形象如图 2–295 所示。

图 2–295　（明）王祓《卢沟晓月图》中的卢沟桥形象（采自首都博物馆）

明朝初期北京城城门、主要街道及南郊两坛示意图如图 2–296 所示。

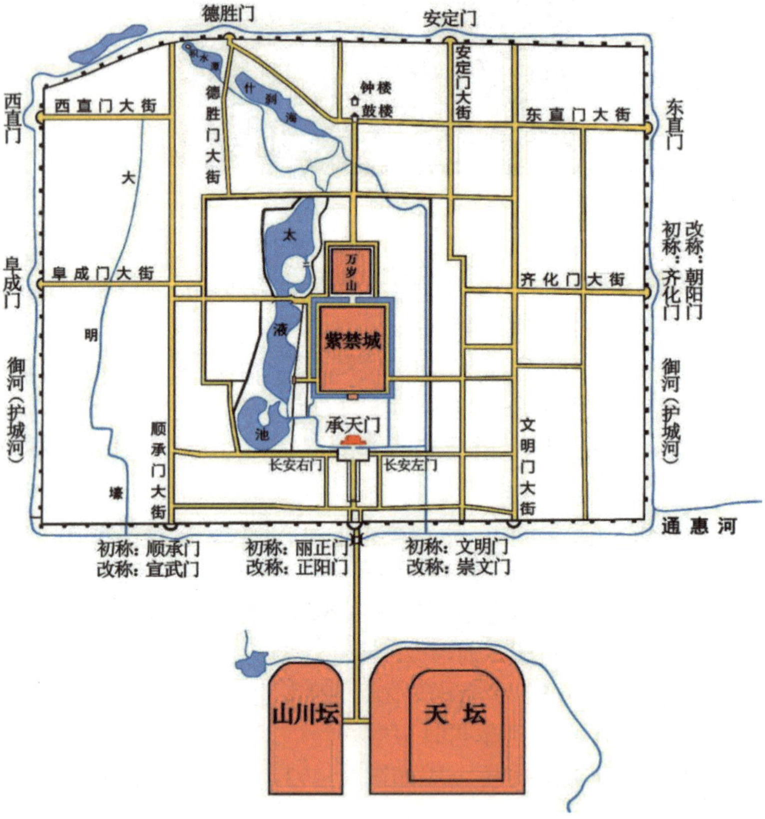

图 2–296　明朝初期北京城城门、主要街道及南郊两坛示意图（颜吾芟/改绘）

洪武元年（1368）八月，明军攻克元大都后，为了防止北元势力的反攻，决定放弃人口稀疏、空旷荒凉的北城，在其南面 5 里之处另筑新的北城垣，从而奠定了明清北京城的北界。由于新城墙西段刚好位于积水潭，为避开水面，便选择水窄处建筑城墙，这样不仅把积水潭西端的一部分水面隔离在了城外，使积水潭被分割为城内、城外两部分，而且还使得城墙的西北角呈斜线形（即东起今积水潭立交桥，西到今西直门立交桥段）。

明成祖朱棣即位后，从永乐四年（1406）开始进一步规划和改建北京城，到永乐十九年（1421）改建工程基本上竣工，新建的北京城面积达 62 平方公里。另外，在正南方的郊外对称兴建了东西两组建筑群，分别为皇帝祭天的天坛和祭山川之神的山川坛。英宗正统年间曾对北京城进行大规模修葺，并将一些城门改为新名，于是各门对应的街道名称也随之改变，这些城门、街道更名后一直到明亡未再改。

明朝中期以后北京城城门、主要街道示意图如图 2–297 所示。

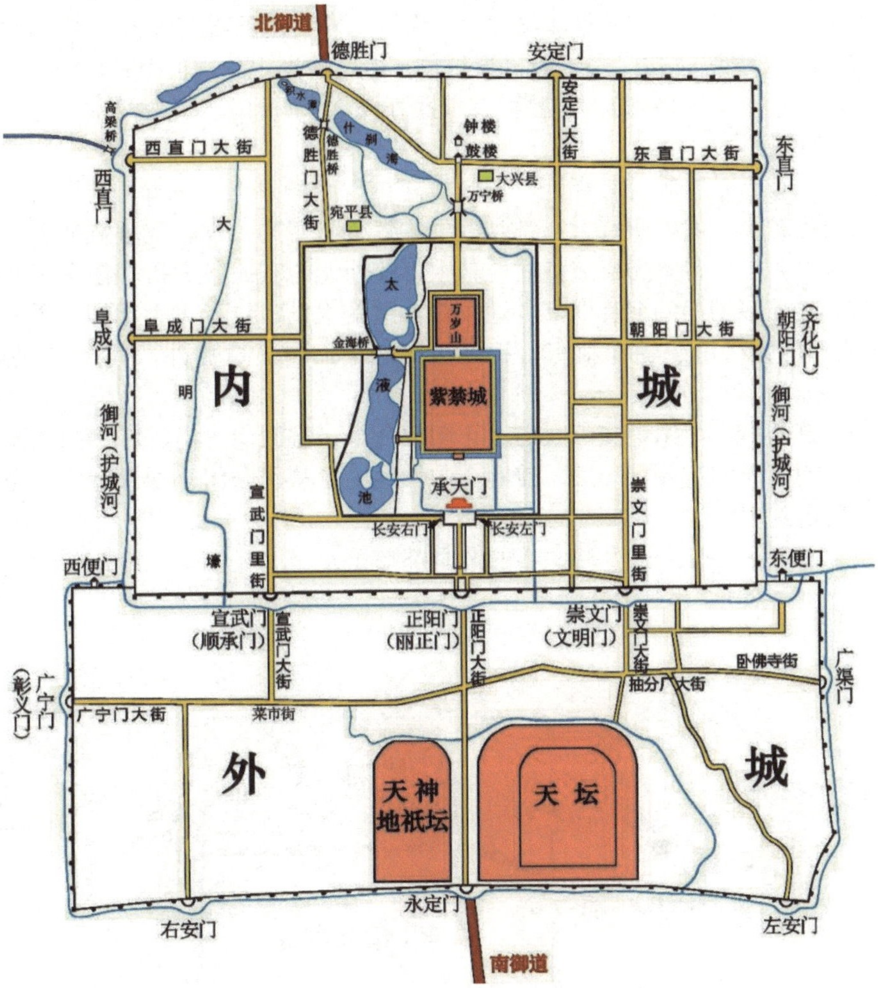

图 2–297　明朝中期以后北京城城门、主要街道示意图（颜吾芟/改绘）

明朝中叶以后，北方的蒙古族多次南下侵扰，其骑兵甚至时常迫近北京城下肆意劫掠，明政府深以为患。同时，经过明前期的发展，城外人口日益增多。于是，为加强京师防备和容纳更多人口，嘉靖三十一年（1552）明政府决定加筑一外城。外城原设计总周长为 120 多里，欲将京城四面包裹起来，但因耗资巨大，国库空虚，力不从心，最终只在京城的南面修建了一个外围长 28 里的新城后，便于嘉靖四十三年（1564）不得不结束工程。从此，新城称为外城，原京城称为内城。外城将原在南郊的天坛、山川坛纳入城内，使得北京城的平面从原来的正方形变成了“凸”字形。

外城建好后，北京城的城门达到 16 座，其中内城 9 座，外城 7 座。

内城正南门称正阳门，俗称前门、前门楼子、大前门，明初沿用元大都之名仍称丽正门，英宗正统四年（1439）大规模改建京城后始称正阳门；崇文门，俗称哈德门、海岱门，明初沿用元大都之名仍称文明门，英宗正统四年（1439）始称崇文门，取崇尚文德寓意，并与正阳门西面的宣武门相对，体现左文右武之古义；宣武门，明初沿用元大都之名仍称顺承门，正统四年改称宣武门，与正阳门东的崇文门相对，门外设有城门守军训练用的护卫校场；德胜门，为征战出兵之门，永乐皇帝 5 次北征蒙古均从此出发；安定门，为得胜而归的收兵之门，但平时城内粪车出城多走此门；东直门，洪武年间沿用元大都之名仍称崇仁门，永乐十七年（1419）改称东直门；西直门，内城九门中第二大城门，仅次于正阳门，是自玉泉山向皇宫送水的水车必经之门，故有“水门”之称；朝阳门，明初沿用元大都之名仍称齐化门，正统四年改称朝阳门，为漕粮进城之门——经大运河运抵北京的南方米粮，在通州装车，通过此门运至门内附近的诸粮仓中储存；阜成门，明初沿用元大都之名仍称平则门，正统四年改称阜成门，京西煤车多由此入城，故又称“煤门”。

外城正南门称永定门，始建于嘉靖三十二年（1553），取“永远安定”寓意；广宁门，又称彰义门，是西通卢沟桥的重要门户；广渠门，又称沙窝门、大通桥门，始建于嘉靖三十二年（1553）；左安门，始建于嘉靖三十二年（1553），明时此门内一片村野景象，街道缺少规划，也少有居所建筑；右安门，又名南西门，始建于嘉靖四十一年（1562），初曾称“宣武外门”；东便门、西便门本应称东偏门、西偏门，建筑相对简单，故称便门。

明北京内城街道的特点是整齐且有规则，形状如同棋盘一样方正，基本上是正南正北、正东正西的笔直街巷，斜街曲巷比较少。城内所有大街都是以中轴线为参照物，与其取垂直或平行的方向，相互之间又纵横交错，形成“井”然有序的街道格局，其中贯穿南北的有 4 条大街。在内城 9 门中，除正阳门外，其余 8 门内均有一条以城门的名称命名并通向中心区的大街，这样大大便利了居民的生活与交通。这 8 条大街除了德胜门大街由于受什刹海、积水潭的影响而略显弯曲外，其余 7 条均是宽阔且平直的大街。

外城也有几条笔直的街道，如崇文门大街、正阳门大街、宣武门大街、广宁门大街等，但都不是很长。南北向和东西向的贯通大街各有一条，前者在中轴线上，从正阳门直抵永定门，是内城中心御道的延长；后者从广渠门通到广宁门。

作为当时北京地区乃至当时全国交通中心的金中都，元大都，明、清北京城位置变迁示意图如图 2–298所示。

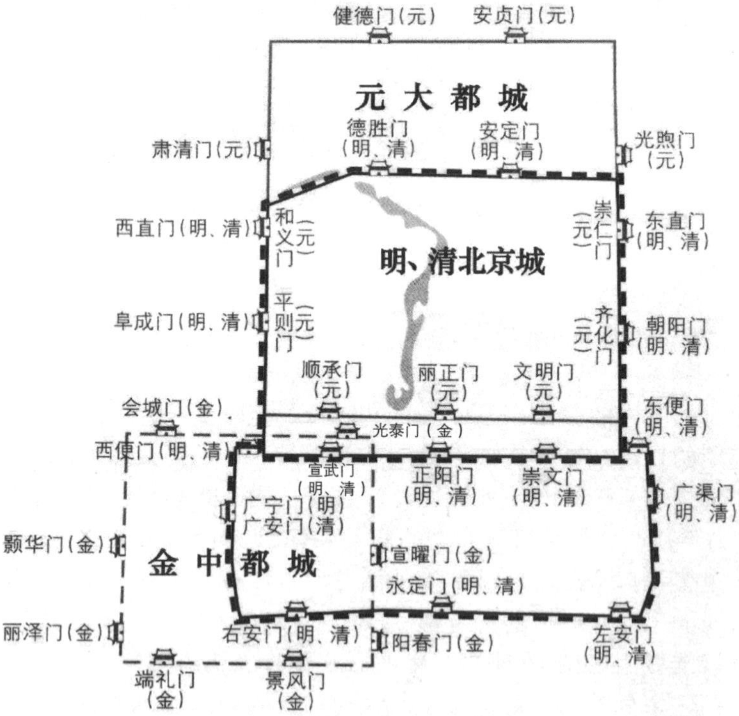

图 2–298　作为当时北京地区乃至当时全国交通中心的金中都，元大都，明、清北京城位置变迁示意图

明北京城内修建的至今仍非常有名的桥梁之一——金海桥之北海一侧今貌如图 2–299 所示。

金海桥，今称北海大桥，位于今北海公园南门西侧北海和中海的连接处，东西走向，桥北为北海，桥南为中海，西与今文津街相接。此桥原本是木桥，明弘治二年（1489）改为 9 孔联拱汉白玉石桥，称金海桥，也称御河桥，其最响亮的名字叫“金鳌玉栋桥”，清朝时沿用这些名称。石桥主体长 117.58 米，含两侧桥堍总长为 156.73 米，桥宽 9.48 米，两旁有玉石栏杆。此桥乃今北京城区内仍在使用的最大一座古代石桥，虽早已不是明时旧貌，但可作为旧桥之参照。

图 2-299　金海桥之北海一侧今貌（田甜/摄）

金海桥之桥面今貌如图 2-300 所示。

图 2-300　金海桥之桥面今貌（田甜/摄）

明北京城内修建的至今仍非常有名的桥梁之一——银锭桥及其附近古老街巷位置示意图如图 2-301 所示。

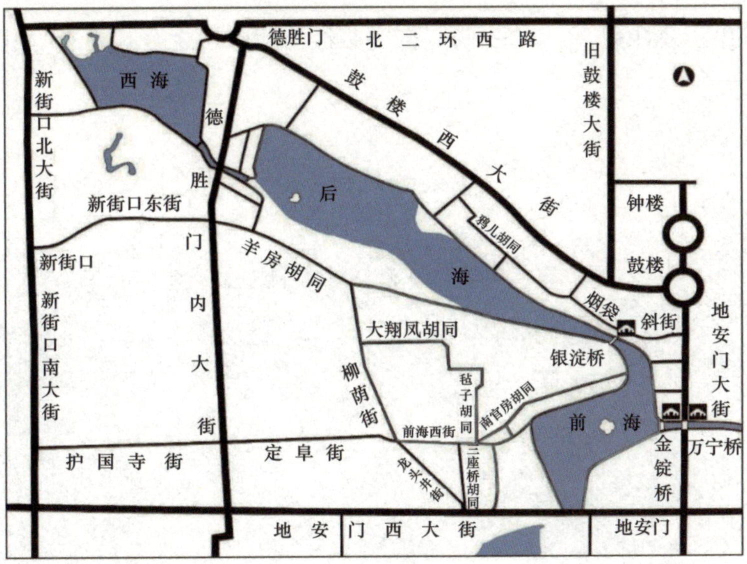

图 2-301　银锭桥及其附近古老街巷位置示意图（颜吾芟/改绘）

银锭桥建于什刹海前海和后海连接的“细脖”处，南北走向，元朝时即建有一木桥。明初，所建木桥像一个倒扣着的银元宝，故得名银锭桥。明正统年间（1436—1449）将木桥改建为单孔石拱桥，由于与周边及远处的景色相互映照，因此成为城中最美的石桥。

银锭桥附近街巷也具有悠久历史。烟袋斜街始建于元朝，是元大都城唯一的斜街，也是北京城最古老的斜街，原称鼓楼斜街，清末改称现名。实际上，鼓楼西大街和烟袋斜街至今基本上保持着600多年前元朝初建的格局和模样。鸦儿胡同也始建于元朝，称沿儿胡同，明朝称广化寺街，清朝叫鸭儿胡同、鸦儿胡同。旧鼓楼大街在元朝称钟楼前街、钟楼前十字街或钟楼街，附近为繁华的市场，明时改称旧鼓楼大街。新街口东街在明时称浣衣局胡同、浆糨房胡同，因负责洗涤宫廷衣物的浣衣局（亦称浆绛房）设于巷内而得名，清时称浆家房胡同，还讹称蒋养房胡同等名。定阜街在明时称定府大街，因开国元勋徐达之孙定国公徐景昌府第在街内而得名，清及民国时有定府楼街、定阜大街等名。

1992年彻底拆除旧桥后在原址上新建的银锭桥如图2-302所示，其显然已无明时面貌，但亦可作为参照。

图2-302　银锭桥（沈岩/摄）

明朝定都北京后，在桥梁建设方面较之前代成就显著，著名的有朝宗桥、永通桥（八里桥）、马驹桥（位于今通州区马驹桥镇，亦称“弘仁桥”，已消失）、安济桥（已拆除）、通运桥和琉璃河桥等。尤其朝宗桥、永通桥（八里桥）、马驹桥，以及始建于金朝的卢沟桥，由于横跨在截断主要交通干道的河流之上，因此被誉为“拱卫京师的四大名桥”。

明朝“拱卫京师的四大名桥”之一——明北御道必经的朝宗桥之今貌（1）如图2-303所示。

图2-303　明北御道必经的朝宗桥之今貌（1）（王巍/摄）

朝宗桥坐落于从北京城通往皇陵的北御道上，横跨沙河店（清改称“沙河镇”）附近的北沙河，建成于正统十三年（1448）。桥为 7 孔联拱实心栏板结构，全长 130 米，宽 13.3 米。明时与卢沟桥、八里桥一起被称为拱卫京城的“京畿三桥”，亦称“拱卫京师三大桥梁”，与“四大名桥”之说并存。桥北有明万历四年（1576）立“朝宗桥”碑一块，现称沙河北大桥。

北御道起自德胜门，前半程与原通居庸关的大道重叠，过沙河店后分开，向北直奔昌平县（后改为昌平州）城，继续北行即到达陵区。

明北御道必经的朝宗桥之今貌（2）如图 2-304 所示。

图 2-304　明北御道必经的朝宗桥之今貌（2）（王超/摄）

明北御道必经的朝宗桥之今貌（3）如图 2-305 所示。

图 2-305　明北御道必经的朝宗桥之今貌（3）（昌平档案馆/供图）

明北御道必经的朝宗桥桥北立于万历四年（1576）的“朝宗桥”石碑如图 2–306 所示。

图 2–306　“朝宗桥”石碑（昌平档案馆/供图）

明朝“拱卫京师的四大名桥”之一的永通桥之今貌（1）如图 2–307 所示。

图 2–307　永通桥之今貌（1）（田甜/摄）

永通桥位于通惠河上，是该运河上建造的唯一一座大型石拱桥。最初这里有一座木桥，但因通惠河坡度较大，河水湍急，常将木桥冲毁，影响交通，于是改建成石桥。明正统十一年（1446）十二月工程竣工，桥长 50 米，宽 16 米，三孔联拱，英宗赐名“永通桥”，又因西距通州县城八里，故俗称“八里桥”或“八里庄桥”。现在经整修过的永通桥早已没有了明时旧貌，但可作为旧桥之参照。

永通桥之今貌（2）如图 2–308 所示。

图 2–308　永通桥之今貌（2）（田甜/摄）

永通桥及通惠河如图 2-309 所示。

图 2-309　永通桥及通惠河（田甜/摄）

始建于明朝的安济桥之旧貌如图 2-310 所示。

图 2-310　安济桥之旧貌（昌平档案馆/供图）

永乐初年，南、北沙河上尚没有石桥，往来主要靠木舟摆渡。永乐皇帝朱棣在天寿山建造皇家陵寝以后，为了方便运送建筑材料，开始在南、北沙河上架设了木制桥梁。但为避免桥梁被水冲毁，便采取秋季架桥和春末拆桥的办法，夏季时人们的往来仍然依靠木船摆渡。到了正统十二年（1447），昌平知县刘思义上奏朝廷请求修建石桥于南、北沙河，获准，第二年由工部右侍郎王永寿督工建造两桥，南曰安济，北曰朝宗，从此京师通往皇祖陵的交通大为便利。

安济桥为 9 孔联拱结构，全长 114.7 米，宽 13.8 米，中间至水面高约 7 米，全部用花岗石建造，但后来年久失修，于现代被拆除。

始建于明朝的通运桥之今貌（1）如图 2-311 所示。

图 2-311　通运桥之今貌（1）（田甜/摄）

通运桥位于通州古城张家湾城南，原为木制，因横跨辽萧太后运粮河上，故俗称“萧太后桥”。此地靠近码头，南来北往的客官、货物源源不断地经过此桥，经年累月，木桥不堪重负，于是明神宗敕建石桥，万历三十三年（1605）十月工程告竣，赐名“通运”。

石桥为南北走向，3 券联拱式，全长 40 米，宽 10 米，石桥两边各有狮雕塑柱 18 根，浮雕宝瓶栏板 19 块，石桥中券宽 9 米。

通运桥之今貌（2）如图 2–312 所示。

图 2–312　通运桥之今貌（2）（田甜/摄）

通运桥之今貌（3）如图 2–313 所示。

图 2–313　通运桥之今貌（3）（田甜/摄）

通运桥桥面之今貌如图 2–314 所示。

图 2–314　通运桥桥面之今貌（田甜/摄）

明北御道上的巩华城及行宫示意图如图 2–315 所示。

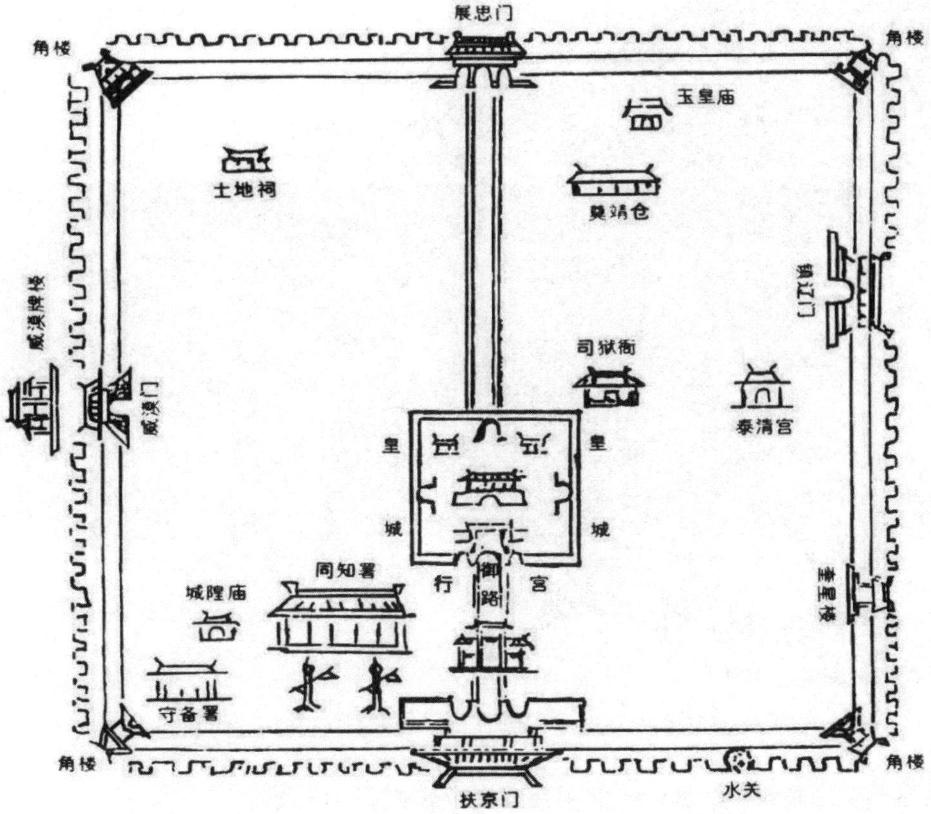

图 2–315　明北御道上的巩华城及行宫示意图（昌平档案馆/供图）

嘉靖十七年（1538），为了便于在赴皇祖陵途中休息，嘉靖帝下令在北御道上建一行宫和巩华城（位于今昌平区沙河镇）。该城前身是永乐年间修建的沙河店行宫，正统年间被洪水冲毁。清朝时此城犹在，民国时荒芜。

明北御道上的巩华城之南门——扶京门之瓮城遗址如图 2–316 所示。

图 2–316　扶京门之瓮城遗址（昌平文物所/供图）

明北御道上的巩华城之西门——威漠门遗址如图 2-317 所示。

图 2-317　威漠门遗址（昌平档案馆/供图）

对今北京地区的交通建设有深远影响的明嘉靖皇帝如图 2-318 所示。

图 2-318　明嘉靖皇帝

明《出警入跸图》中表现万历皇帝赴昌平拜谒皇祖陵后乘船返回的情景，如图 2-319 所示，船顺温榆河、高梁河而行，最后在西直门靠岸，说明当时水路也可通今昌平区。

图 2-319　明《出警入跸图》中表现万历皇帝赴昌平拜谒皇祖陵后乘船返回的情景（该图现藏台北故宫博物院）

明北御道的终点——位于今昌平区十三陵的皇陵石牌坊如图 2-320 所示。

图 2-320　位于今昌平区十三陵的皇陵石牌坊（昌平档案馆/供图）

《大明十三帝陵图》如图 2-321 所示，明迁都北京后除永乐皇帝外其他在任皇帝都曾前往十三陵祭祖。

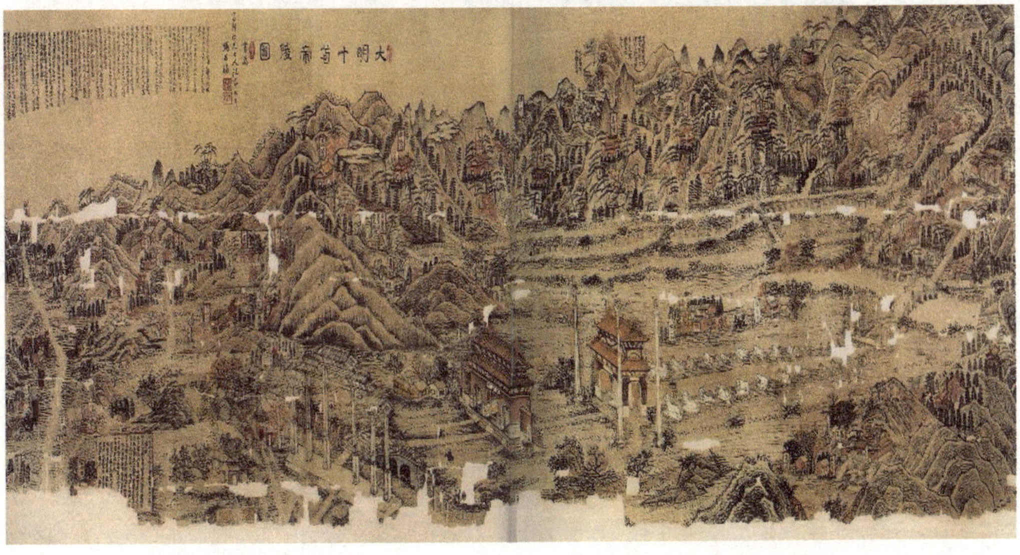

图 2-321　《大明十三帝陵图》（昌平档案馆/供图）

明十三皇陵示意图如图2–322所示，除景泰帝明代宗外，永乐皇帝迁都北京后的明13位皇帝驾崩后灵柩都从京城移此，彼时如同他们生前来祭祖一样，北御道会整修一新。

图2–322　明十三皇陵示意图（昌平档案馆/供图）

今人临摹的明代《大驾卤簿图》（局部）中的22人抬大轿，如图2–323所示，大驾卤簿，即皇帝出驾时扈从仪仗队之车驾次第，出行之目的不同，仪仗亦别。

图2–323　今人临摹的明代《大驾卤簿图》（局部）中的22人抬大轿（采自山东淄博临淄中国古车博物馆）

今人临摹的明代《大驾卤簿图》（局部）中三驾轿车如图 2–324 所示，此大驾卤簿亦可作为明皇帝赴十三陵拜谒祖陵时的仪仗样式和规模。

图 2–324　今人临摹的明代《大驾卤簿图》（局部）中三驾轿车（采自山东淄博临淄中国古车博物馆）

明人所绘《九边总图》如图 2–325 所示，其中可窥见当时北京地区的交通防御总形势。

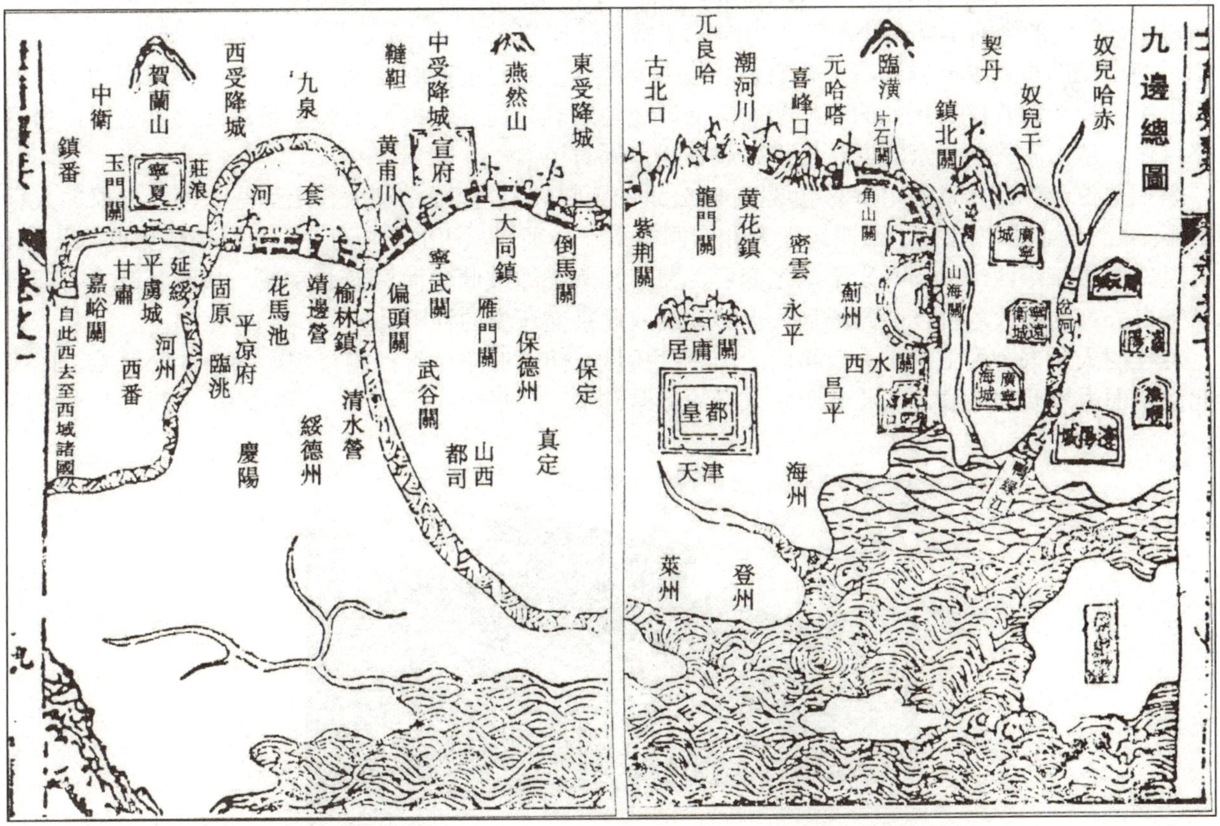

图 2–325　明人所绘《九边总图》（采自明人程春宇所辑《士商类要》插图）

明朝时期京师北京交通防御形势示意图如图 2-326 所示。

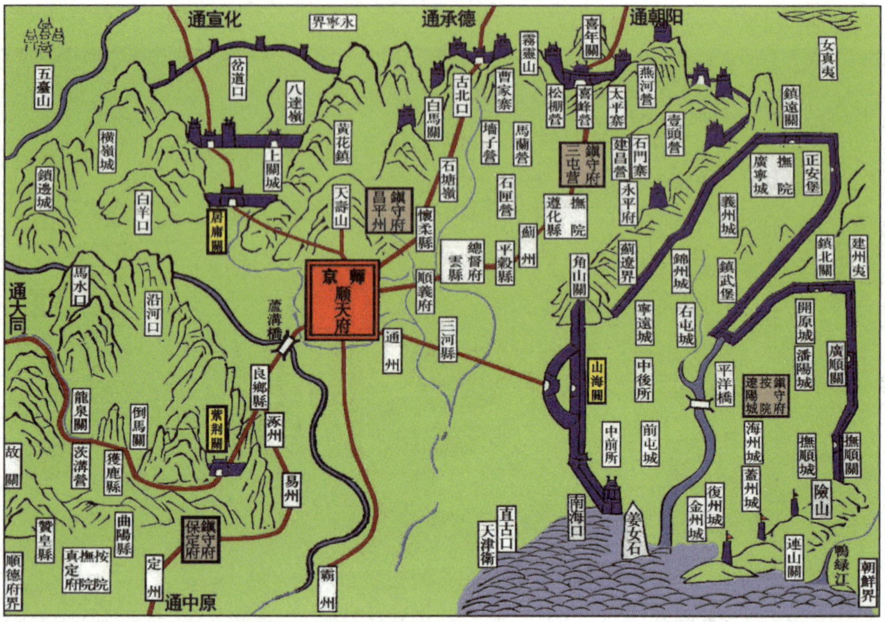

图 2-326　明朝时期京师北京交通防御形势示意图（颜吾芟/改绘）

在通往明京师北京的道路上最重要的关隘有 3 个，除居庸关在今北京域内外，另两个都在今河北省，一个即著名的山海关，另一个是紫荆关。

山海关是从辽东进入河北平原的门户，从山海关到北京一路一马平川，几乎无险可守，而且只有 300 公里左右的路程，骑兵一天一夜即可到达北京城，是北京东部非常重要的屏障，因此必须纳入北京交通史的视野。关外的满清军队在降清的明山海关守将吴三桂的配合下，从这里进入关内，长驱直入北京城，灭亡了李自成的大顺政权以及明王朝的残余势力，建立了自己的政权，又一次诠释了再坚固的关隘城防也保护不了羸弱的政权、无能的政权和腐败的政权之道理，而便利的交通则更是最终为敌所用，自身却无路可遁。从山海关到北京的道路自隋朝起也叫“碣石道”。

紫荆关位于今河北省保定市易县城西 40 公里的紫荆岭上，扼守在穿太行山而进入河北平原的太行八陉之第七陉——蒲阴陉上，出蒲阴陉而奔北京同样是一马平川，几乎无险可守，而且距离更近，只有 100 多公里。明正统十四年（1449）土木之变后，蒙古瓦剌部即破此关而进逼北京城，从而制造了明朝建立以来来自外部的最大危机。因此紫荆关也必须纳入北京交通史的视野。

悬挂明人所书“天下第一关”匾额的山海关关城东门“镇东门”西侧今貌如图 2-327 所示，山海关为北京东面最重要的关隘，从此地到北京城的道路几乎一马平川。

图 2-327　山海关关城东门“镇东门”西侧今貌（颜吾芟/摄）

山海关始建于明洪武十四年（1381），当时由中山王徐达指挥修筑，之后成化、嘉靖、万历、天启、崇祯各朝都有修筑，历时 263 年，几乎贯穿明王朝 276 年统治的全过程。明政府之所以如此重视山海关的修筑，是因为由此通到北京城的交通实在是太便利，距离太近了。当然还与关外的强敌对北京城的威胁太大有关。

山海关关城东门外侧（东侧）的箭楼样式及东西南北四门中唯一保存至今的东门瓮城如图 2–328 所示，明朝历史上只有在末年时满清军队里应外合攻陷过山海关一次，并由此杀进北京城。

图 2–328　山海关关城东门外侧（东侧）的箭楼样式及东西南北四门中唯一保存至今的东门瓮城（颜吾芟/摄）

山海关角山长城如图 2–329 所示，其与山海关一道共同保卫着北京城东面的交通安全。

图 2–329　山海关角山长城（颜吾芟/摄）

角山是长城从东部海中向西北绵延所跨越的第一座山，所以有“万里长城第一山”之称，它阻隔了南北交通，关内外的通行只能从其东面到海的一马平川之地穿过。如今由此向东到海有 20 公里左右距离，都是山海关的防御范围。

始建于明洪武元年（1368）的居庸关之全景图如图 2-330 所示。

图 2-330　始建于明洪武元年（1368）的居庸关之全景图（昌平档案馆/供图）

扼守古老的居庸关大道（京延远古线路、京延古线路、京延古路之“关沟”）的明居庸关及南口、北口地形模型如图 2-331 所示。

图 2-331　明居庸关及南口、北口地形模型（现藏延庆中国长城博物馆）

明朝时，居庸关仍是北京地区最重要的西北门户，而成祖朱棣迁都北京，以及明王朝前期北方蒙古族对之所构成的军事压力，加之距北京城不过五六十公里路程等因素，更使得居庸关庇佑京师的作用尤为突出，因而被称为“天下第一雄关”。但在末期，颓势尽显的明王朝有险也难守，李自成起义军即通过此关进入北京城。

居庸关现存关城始建于明洪武元年（1368），系大将军徐达、副将军常遇春规划而建。清末以后，居庸关关城建筑逐渐荒废，直到 1992 年才进行了重建，虽已不是明时旧貌，但雄风依旧。

古代北京西北地区的重要交通隘口——位于今昌平区的南口关隘之旧景如图 2–332 所示。

图 2–332 位于今昌平区的南口关隘之旧景（英国人约翰·汤姆斯摄于 1881—1882 年间）（昌平档案馆/供图）

扼守古代北京西北地区重要交通路线居庸关大道（关沟）南口的位于今昌平区建于明永乐二年（1404）的明南口城之南门城墙遗址旧貌如图 2–333 所示。

图 2–333 明南口城之南门城墙遗址旧貌（昌平档案馆/供图）

扼守古代北京西北地区重要交通路线居庸关大道（关沟）南口的位于今昌平区的明南口城之南门城墙遗址（南面）如图 2–334 所示。

图 2–334 明南口城之南门城墙遗址（南面）（昌平区文化文物局/供图）

扼守古代北京西北地区重要交通路线居庸关大道（关沟）南口的位于今昌平区的明南口城之南门城墙遗址（北面）如图 2–335 所示。

图 2–335 明南口城之南门城墙遗址（北面）（昌平区文化文物局/供图）

扼守古代北京西北地区重要交通路线居庸关大道（关沟）南口的位于今昌平区已整修一新的明南口城之南门城墙遗址今貌如图 2–336 所示。

图 2–336 明南口城之南门城墙遗址今貌（张和平/摄）

扼守古代北京西北地区重要交通路线居庸关大道（关沟）的明居庸关之重建后的南关城楼瓮城及“迎恩坊”牌坊如图 2–337 所示。

图 2–337 明居庸关之重建后的南关城楼瓮城及“迎恩坊”牌坊（张和平/摄）

扼守古代北京西北地区重要交通路线居庸关大道（关沟）的明居庸关之重建后的南关城楼及瓮城东侧景如图 2–338 所示。

图 2–338　明居庸关之重建后的南关城楼及瓮城东侧景（昌平档案馆/供图）

扼守古代北京西北地区重要交通路线居庸关大道（关沟）的明居庸关之重建后的南关城楼北侧（内侧）及“国计坊”牌坊如图 2–339 所示。

图 2–339　明居庸关之重建后的南关城楼北侧（内侧）及“国计坊”牌坊（张和平/摄）

扼守古代北京西北地区重要交通路线居庸关大道（关沟）的明居庸关之重建后的南关城楼北侧与云台如图 2–340 所示。

图 2–340　明居庸关之重建后的南关城楼北侧与云台（王超/摄）

扼守古代北京西北地区重要交通路线居庸关大道（关沟）的明居庸关之重建后的云台如图 2–341 所示。

图 2–341 明居庸关之重建后的云台（昌平档案馆/供图）

云台，亦称“云台石阁”，建成于元顺帝至正五年（1345），为居庸关内过街塔的基座，原台基上的三座藏式喇嘛塔已于元末明初时被毁，塔下设门以通行车、骑、人等。

过街塔建筑出现于元朝，其建造意图是让佛仙安抚或震慑沿途的孤魂野鬼，庇佑过往者一路平安。

扼守古代北京西北地区重要交通路线居庸关大道（关沟）的明居庸关之云台及门下道路旧貌如图 2–342、图 2–343 所示，从图中或许能依稀感受到明时旧景。

图 2–342 明居庸关之云台及门下道路旧貌（1）（昌平档案馆/供图）

图 2–343　明居庸关之云台及门下道路旧貌（2）（昌平档案馆/供图）

扼守古代北京西北地区重要交通路线居庸关大道（关沟）的明居庸关之城门旧貌如图 2–344 所示。

图 2–344　明居庸关之城门旧貌（成大林摄于 1979 年，昌平档案馆/供图）

古代北京西北地区重要交通路线居庸关大道（关沟）的居庸关段关沟俯瞰及扼守此地的明居庸关长城如图 2–345 所示。

图 2–345　居庸关段关沟俯瞰及扼守此地的明居庸关长城（王超/摄）

扼守古代北京西北地区重要交通路线居庸关大道（关沟）的明居庸关长城之西南扇面旧貌如图 2-346 所示。

图 2-346　明居庸关长城之西南扇面旧貌（英国人约翰·汤姆森摄于 1871 年，昌平档案馆/供图）

扼守古代北京西北地区重要交通路线居庸关大道（关沟）的明居庸关长城之东南扇面旧貌如图 2-347 所示。

图 2-347　明居庸关长城之东南扇面旧貌（摄于 1880 年，摄影者不详，昌平档案馆/供图）

扼守古代北京西北地区重要交通路线居庸关大道（关沟）的明居庸关长城之西北扇面旧貌如图 2-348 所示。

图 2-348　明居庸关长城之西北扇面旧貌（亚当·沃里克摄于 1922 年，昌平档案馆/供图）

扼守古代北京西北地区重要交通路线居庸关大道（关沟）的明居庸关长城之旧貌如图 2-349 所示。

图 2-349　明居庸关长城之旧貌（英国人约翰·汤姆森摄于 1871 年，昌平档案馆/供图）

扼守古代北京西北地区重要交通路线居庸关大道（关沟）的居庸关城及居庸关大道北段之上关、八达岭关城、岔道城模型如图 2-350 所示。

图 2-350　居庸关城及居庸关大道北段之上关、八达岭关城、岔道城模型（现藏延庆博物馆）

明时居庸关防御体系自北向南由岔道城（岔道口城、岔道关城）、居庸外镇（即八达岭关城，又称为北口）、上关城、中关城（即居庸关城）、南口五道防线及各属长城所组成，以居庸关城为指挥中心，将地势险要的关沟及居庸关大道严密地防护起来，堪称古代关防建筑设计的杰作。

扼守古代北京西北地区的重要交通路线居庸关大道（关沟）北段的岔道城之遗址旧貌如图 2-351 所示。

图 2-351　岔道城之遗址旧貌（采自北京延庆博物馆）

扼守古代北京西北地区的重要交通路线居庸关大道(关沟)北段整修一新的岔道城之遗址如图 2-352 所示。

图 2-352　岔道城之遗址（采自北京延庆博物馆）

岔道城位于今延庆区八达岭镇岔道村，东南距八达岭关城 1.5 公里。该城位于西通今河北省张家口市怀来县、宣化区等地与北通延庆区府、永宁镇等地的岔道上，故名，战略地位不言而喻。

扼守古代北京西北地区的重要交通路线居庸关大道(关沟)北段的明八达岭关城及长城如图 2-353 所示。

图 2-353　明八达岭关城及长城（采自北京延庆博物馆）

扼守古代北京西北地区的重要交通路线居庸关大道（关沟）北段的明八达岭长城之今貌如图 2–354 所示。

图 2–354　明八达岭长城之今貌（张和平/摄）

扼守古代北京西北地区的重要交通路线居庸关大道（关沟）北段险谷口的明八达岭长城之水关长城段俯瞰如图 2–355 所示。

图 2–355　明八达岭长城之水关长城段俯瞰（颜吾芟/摄）

扼守古代北京西北地区的重要交通路线居庸关大道（关沟）北段险谷口的明八达岭长城之水关长城段如图 2–356 所示。

图 2–356　明八达岭长城之水关长城段（颜吾芟/摄）

水关长城属八达岭长城的东段，位于今延庆区八达岭镇石佛寺村，由名将戚继光于穆宗隆庆（1567—1572年）初年督建。这段长城建成后，居庸关大道得到了更加完善的保护。

明隆庆（1567—1572年）初年从南方调任北边任总兵官以守卫京师的戚继光（见图2-357）因督造了多条防御北京交通安全的长城而在北京交通史上留名。

扼守古代北京西北地区的重要交通路线居庸关大道（关沟）北段的明上关城之遗址旧貌如图2-358所示。

图2-357　戚继光

图2-358　明上关城之遗址旧貌（昌平档案馆/供图）

上关城位于今昌平区南口镇四桥子村西北，为明朝之前的居庸关，建于关沟最狭窄之处，汉时称居庸关，北齐称纳款关，唐称蓟门关，以后一直称居庸关。明初，徐达等将领认为，此处虽易守难攻，但空间狭小，不利于军队大规模作战，于是在其南八里（明制）山间地势开阔的元代云台所在地，建居庸关新城，从此旧关城称上关城，平时只有30名士兵驻守。

扼守古代北京西北地区的重要交通路线居庸关大道（关沟）的位于今昌平区长峪谷口的明长峪城之北城门遗迹如图2-359所示，明长峪城位于今流村镇长峪城村，建于明正德十五年（1520）。

图2-359　明长峪城之北城门遗迹（昌平区文化文物局/供图）

扼守古代北京西北地区的重要交通路线居庸关大道（关沟）的位于今昌平区长峪谷口的明长峪城之南城门遗迹如图 2–360 所示。

图 2–360　明长峪城之南城门遗迹（昌平区文化文物局/供图）

扼守古代北京北部地区的重要交通路线古北口大道的明古北口长城如图 2–361 所示。

图 2–361　明古北口长城（王超/摄）

古北口长城位于密云区古北口镇东北，扼守着潮河口、河谷及北京正北方的古北口大道（以前的“京密古路”）北口，有着“京北锁钥”之称，是戚继光精心设计和督修的。

扼守今北京地区东北边界的明司马台长城如图 2–362、图 2–363 所示。

图 2–362　明司马台长城（1）（颜吾芟/摄）

图 2-363　明司马台长城（2）（颜吾芟/摄）

司马台长城位于密云区东北部与河北省承德市滦平县交界处，扼守着汤河口及河谷，属古北口长城的一部分，亦为戚继光督修。

矗立于密云区古北口镇的戚继光像如图 2-364 所示，戚继光为明北京城的交通安全作出了巨大贡献。

图 2-364　戚继光像（颜吾芟/摄）

位于今门头沟区的天津关古道及明时一关二城位置示意图如图 2-365 所示。

图 2-365　位于今门头沟区的天津关古道及明时一关二城位置示意图（颜吾芟/绘）

天津关建于元朝，位于今门头沟区西北部的深山中，具体在斋堂镇西北、柏峪村东，雄踞在黄草梁上。该关扼守着南通今斋堂镇的天津关古道南段所在峡谷，以及东通沿河城、西通燕家台村的峡谷之山口，在明时被视为“紧要外口”，属京西内长城上的一座关隘，是西山防御西北来犯之敌的第一道边关，战略地位极其重要。二城，即沿河城与斋堂辅城。

图 2-365 中的今道路，基本上在深山峡谷之中，大多是元明清时期京西古道的旧线路。

明时设置在天津关古道上的爨里口正城所在地——今门头沟区斋堂镇爨底下村俯瞰如图 2-366 所示。

图 2-366　今门头沟区斋堂镇爨底下村俯瞰（王超/摄）

爨底下村位于门头沟区斋堂镇西北的峡谷中，古时自今河北省张家口市怀来县通到今北京市的天津关古道从此经过。在其西北 1 公里处有一险峻山口，远望似灶，被称为“爨头”，爨头下方为一处长 100 多米形似“一线天”的天然隘口。这里峡谷深邃，峭壁参天，辽时就建有关隘，称“南暗口”。辽朝末年，北宋宣和四年（1122），金朝大将粘罕出奇兵，经此奔袭 90 公里直取辽燕京城，成为古代有名的战例。明正德十年（1515），在此设“爨里口”（又称“爨里安口”）关隘，派兵驻守，属天津关管辖；并在今爨底下村的位置建正城，设立兵营，安置家属，以后逐渐发展成村落，由于在“爨头”之下，故称“爨底下”。

位于今门头沟区斋堂镇沿河城村的明“京师咽喉之地”沿河城之西门“永胜门”遗址如图 2-367 所示。

图 2-367　明“京师咽喉之地”沿河城之西门“永胜门”遗址（杨杨/摄）

沿河城建成于明万历六年（1578），位于狮子沟沟口，因“沿河以山为城，以河为池”，河即永定河，故称“沿河城”。此地是几道山口、水口相汇之处，古称“三岔（汊）村”“沿河口”“京师咽喉之地”，早在嘉靖三十二年（1553）即开始驻军守备。该城有东、西两门，东门称“万安门”。从此城向西，经沿河口、龙门口、黄草梁到洪水口，在长达 40 公里的山巅或险隘之处，共建有敌台 15 座（其中 3 座已毁），均建于万历元年至三年（1573—1575），每座敌台的石额上都刻有自“沿字第 1 号”至“沿字第 15 号”的编号。万历二十五年（1597），因沿河城偏居一隅，为便于互相支援，在今东斋堂村一带又建一城，与沿河城互成犄角，因以沿河城为主城，故称“斋堂辅城”，现仅存东门遗迹。

位于河北省保定市易县县城西北紫荆岭上的紫荆关周边地形今貌如图 2-368 所示，由这里通到北京城区几乎一马平川。

图 2-368　紫荆关周边地形今貌（王彦辉/摄）

紫荆关始建于战国时期，秦及西汉时称上谷关，东汉称五阮关，宋、金时期称金坡关，元朝以后称紫荆关，与居庸关、倒马关（位于今河北省保定市唐县西北 60 公里的倒马关乡倒马关村）合称为“内三关”。这里自古便是进出太行山的交通要冲，扼守着“太行八陉”之第七陉“蒲阴陉”，是兵家必争之地。同时，这里也是直通今北京地区的交通要冲，关系着古代北京地区的交通安全，这从其“畿南第一雄关”之誉即可看出。

明朝建立后，对紫荆关进行了大力整修，尤其“土木之变”后更花费大气力进行改筑、扩建、加固等，形成了较为完备的防御系统，保证了京畿西南方向的交通安全。

图 2-368 中河流为拒马河，位于紫荆关北面。拒马河沿蒲阴陉而淌。

位于河北省保定市易县紫荆关镇、扼守着蒲阴陉、保卫着古代北京地区西南交通安全的“畿南第一雄关”明紫荆关之今貌如图 2-369、图 2-370 所示。

图 2-369　明紫荆关之今貌（1）（王彦辉/摄）

图 2-370　明紫荆关之今貌（2）（王彦辉/摄）

明朝时期通惠河改道以更加利于漕运示意图如图 2-371 所示。

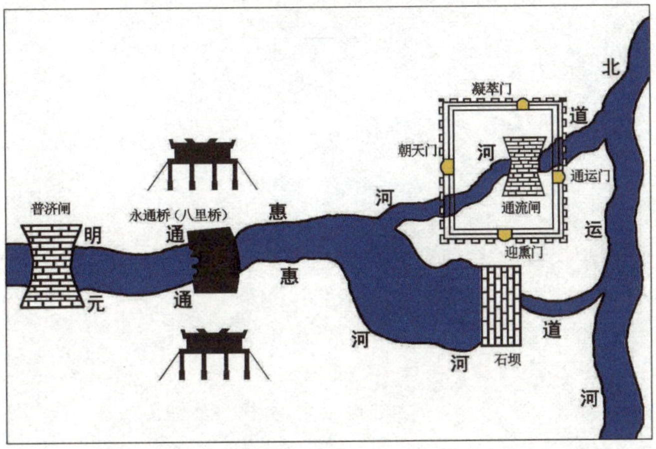

图 2-371　明朝时期通惠河改道以更加利于漕运示意图（颜吾芟/改绘）

元时郭守敬开凿的通惠河，自元末始逐渐荒废，明朝前期通州到京师的粮米只能改为陆运，非常不便，于是嘉靖七年（1528）终于重修通惠河。

明通惠河在通州境内没有再走元朝故道，而是将河口自张家湾北移至通州城的东北，与北运河相接，从而更加便利了米粮入仓。

横跨通惠河的明朝“拱卫京师的四大名桥”之一的永通桥（八里桥）之旧貌如图 2-372 所示。

图 2-372　永通桥（八里桥）之旧貌（采自北京通州区博物馆）

明清时期给京师漕运粮食等物资的通惠河之通州段今貌如图 2-373、图 2-374 所示。

图 2-373　通惠河之通州段今貌（1）（田甜/摄）

图 2-374　通惠河之通州段今貌（2）（田甜/摄）

京杭大运河通州段（北运河）今貌如图 2-375 所示，远处为 2008 年重修的京杭大运河北起点、号称“运河源头第一桥”的北关拦河闸桥。

图 2-375　京杭大运河通州段（北运河）今貌（颜吾芟/摄）

位于今通州区北关拦河闸桥西桥头重建的明清验粮楼如图 2–376 所示，明清两朝户部坐粮厅官员在此验收经大运河运来的漕粮。

图 2–376　明清验粮楼（颜吾芟/摄）

明清验粮楼，亦称“大光楼”，位于通州旧城北门外、大运河（北运河）与通惠河交汇的北关闸处，始建于明嘉靖七年（1528），1900 年被“八国联军”烧毁，2008 年重建。

京杭大运河通州段（北运河）之今貌如图 2–377 、图 2–378 所示，当年各种漕船在此穿梭不息。

图 2–377　京杭大运河通州段（北运河）之今貌（1）（田甜/摄）

图 2–378　京杭大运河通州段（北运河）之今貌（2）（田甜/摄）

（明）宋应星《天工开物》所绘经大运河送米粮来京师的漕舫船如图 2–379 所示。

图 2–379 （明）宋应星《天工开物》所绘经大运河送米粮来京师的漕舫船

洪武元年（1368）闰七月初一，徐达、常遇春等奉命率马步舟师自中滦（今河南省新乡市封丘县西南）渡过黄河，一路北攻，克临清后沿运河北上，不到 1 个月即攻到今北京地区，先下通州。元顺帝闻讯遂于二十八日夜携后妃、太子等从健德门逃出大都城，由居庸关北奔上都，继续元王朝统治，史称北元。八月二日，徐达、常遇春等率军从齐化门进入大都城。随后，徐、常又奉命挥师西向，攻取山西等地。洪武年间（1368—1398），明军 8 次征北元，其中至少 5 次是从今北京地区发动的。永乐时期（1403—1424），成祖朱棣 5 次北征蒙古鞑靼部，都是从居庸关往返。战时这条路应十分宽阔，且“热闹”非凡。如永乐二十年（1422）第三次北征，用役夫 235 000 名有余，运粮 370 000 石，用军运驴 340 000 头，用车 177 000 余辆，行军驻扎营达方圆 20 里。两年后，成祖朱棣病逝于第五次北征的归途中。

明初将领徐达（见图 2–380）因率军从通州进入今北京地区攻占大都城以及其他活动而在北京交通史上留名。

明初将领常遇春（见图 2–381）因随徐达克通州进占大都城以及其他活动而在北京交通史上留名。

明初将领李文忠（见图 2–382）因于洪武三年（1370）率军出居庸关攻取元上都以及其他活动而在北京交通史上留名。

图 2–380 明初将领徐达
（采自北京历代帝王庙）

图 2–381 明初将领常遇春
（采自北京历代帝王庙）

图 2–382 明初将领李文忠
（采自北京历代帝王庙）

明朝时期北京至十三省各边路图如图 2–383 所示。

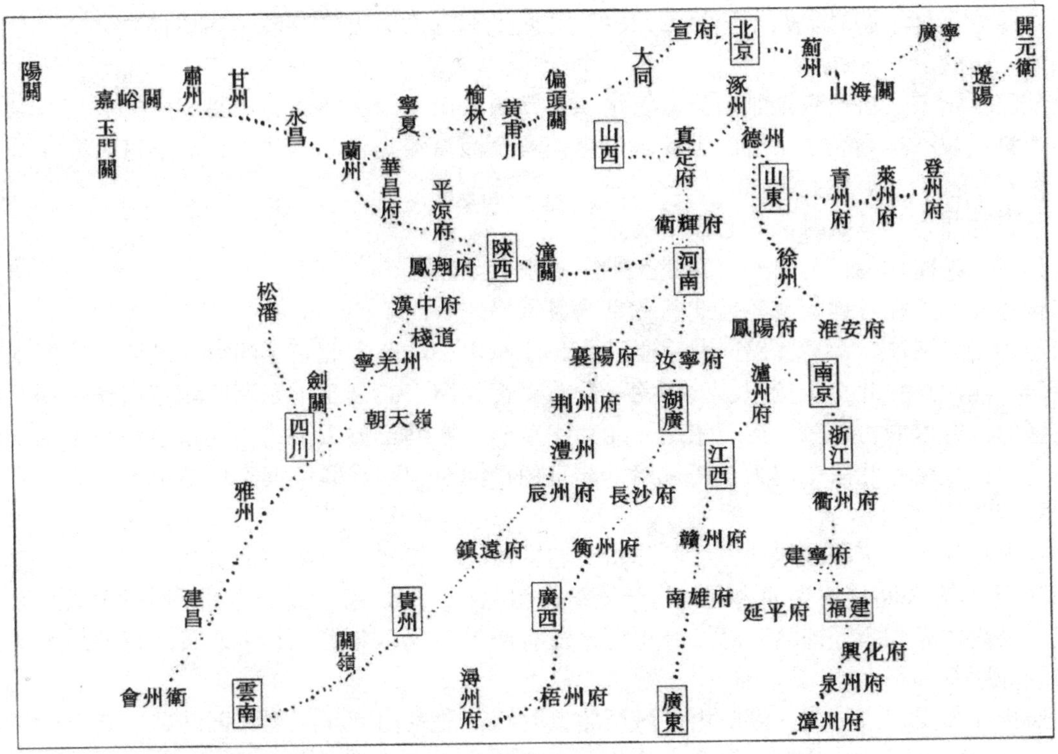

图 2–383　明朝时期北京至十三省各边路图（摘自明人黄汴所辑《一统路程图记》插图）

《一统路程图记》详细记述了明时北京通往全国各地的陆路、水路所经地名、驿站及里程，还有所过河流之名，甚至还有匪情警示，甚是周详，令人称奇。如“北京至南京、浙江、福建驿路”所述如下：北京会同馆。七十里至固节驿。良乡县。六十里涿州涿鹿驿。六十里汾水驿。新城县。六十里归义驿。雄县。七十里鄚城驿。任丘县。八十里河间府瀛海驿。六十五里乐城驿。献县。八十里阜城驿。阜城县。五十五里景州东光驿。六十里德州安德马驿。渡卫河。七十里太平驿。属德州。八十里高唐州鱼丘驿。七十里茌山驿。属茌平县。西七十里至东昌府。南六十里铜城驿。六十里旧县驿。并属东阿县。六十里东平州东源驿。六十里新桥驿。汶上县。一百里兖州府滋阳县昌平驿。六十里邾城驿。五十里界河驿。并属邹县。四十五里滕阳驿。七十里临城驿。并属滕县。七十里利国驿。属徐州。一百里徐州黄河东岸驿。五十五里桃山驿。五十里夹沟驿。并属徐州。六十里宿州睢阳驿。西去汴城。南四十五里大店驿。宿州。四十五里固镇驿。灵壁县。五十五里王庄驿。属凤阳县。六十里凤阳府凤阳县濠梁驿。六十里红心驿。临淮县。六十里池河驿。定远县。四十五里大柳驿。滁州。六十里滁州滁阳驿。六十里东葛城驿。三十五里江淮驿。并属江浦县。渡大江。十五里江东驿。属应天府。三十五里龙江驿。十里南京应天府上元县、江宁县。下水，九十里龙潭驿。一百十里镇江府丹徒县京口驿。九十里云阳驿。丹阳县。五十里吕城驿。今革。六十里常州府武进县毗陵驿。九十里锡山驿。无锡县。九十里苏州府长洲县、吴县姑苏驿。四十五里松陵驿。吴江县。今革。四十里平望驿。属吴江县。西去湖州。南六十里嘉兴府嘉兴县、秀水县西水驿。东百廿里至松江府。南八十里皂林驿。今迁崇德县。一百里北新关。十五里至浙江布政司杭州府仁和县、钱塘县北关门武林驿。三十里江口浙江水驿。一百三十里会江驿。富阳县。百廿里桐江驿。桐庐县。过钓台，一百里严州府建德县富春驿。西去徽州府。西南一百里瀔水驿。兰溪县。东五十里至金华府。西南九十里亭步驿。龙游县。七十里衢州府西安县上杭埠驿。南去浦城县。西八十里广济驿。常山县。路。三十五里草平驿。江、浙界。今革。三十五里怀玉驿。玉山县。九十里广信府上饶县葛阳马驿。八十里鹅湖驿。六十里车盘驿。并属铅山县。四十里至大安驿。三十里崇安县长平水驿。下水，三十里武夷山。四十里兴田驿。并属崇安。五十里建溪驿。建阳县。七十里叶坊驿。属瓯宁县。

五十五里建宁府瓯宁县、建安县城西驿。属瓯宁。四十里太平驿。属建安。四十里大横驿。属南平。四十里延平府南平县剑浦驿。西北去邵武府。东六十里茶洋驿。属南平。九十里黄田驿。五十里水口驿。并属古田。四十五里小箬驿。八十五里白沙驿。并属侯官。六十五里芋源驿。属怀安县。廿里至福建布政司福州府三山驿。

北京陆路至南京，自南京至常山县，皆水。自常山县至水口驿，属古田县。水马并应。崇安至福州府，水路滩洪缓急，详卷七之十五。上杭埠过仙霞岭至浦城县，详卷八之十一。由淮、邳至徐州，详卷二之十二。

自北京至徐州，响马贼时出，必须防御。

以上为《一统路程图记》卷一《北京至十三省水、陆路》一。

该书详述北京通往各地，或各地通往北京的目录标题有：

北京至南京、浙江、福建驿路；北京至江西、广东水、陆路；北京至河南、湖广、广西水、陆路；北京至陕西、四川路；北京至贵州、云南路；北京至山西路；北京至山东路；南京由东平州至北京路；北京至所属府；开原城由山海关至北京路；北京由宣府、大同至偏头关路；北京至兴州中屯卫旧址路；北京至开平卫旧址路；北京至旧大宁都司路；北京由漕河至南京水驿；南京由漕河至北京各闸；北京至陕西、宁夏镇路等。

另外此书还详述了全国其他地方水、陆路交通的情况，其文亦完全如上引文。

《士商类要》有关路程详说的内容与《一统路程图记》一样，也详细记述了明时部分地区陆路、水路交通情况，其内容亦为所经地名、驿站及里程，还有所过河流之名等。其中北京通往各地，或各地通往北京的目录标题有：

徽州府由徐州至北京陆路；湖广由汴城至北京陆路；北京由庐州府至江西陆路；北京由真定府至汴城陆路；北京由陕西至四川陆路；北京由德州至山东陆路；北京由真定府至山西陆路；北京由蓟州至辽东陆路；北京由宣府至大同府陆路；北京由河南府至陕西陆路等。

上述内容可与《一统路程图记》相证和补充。

显示明英宗亲救大同、瓦剌也先进攻北京及明末起义军李自成主力进攻北京的北京地区与周边地区交通线路示意图如图 2-384 所示。

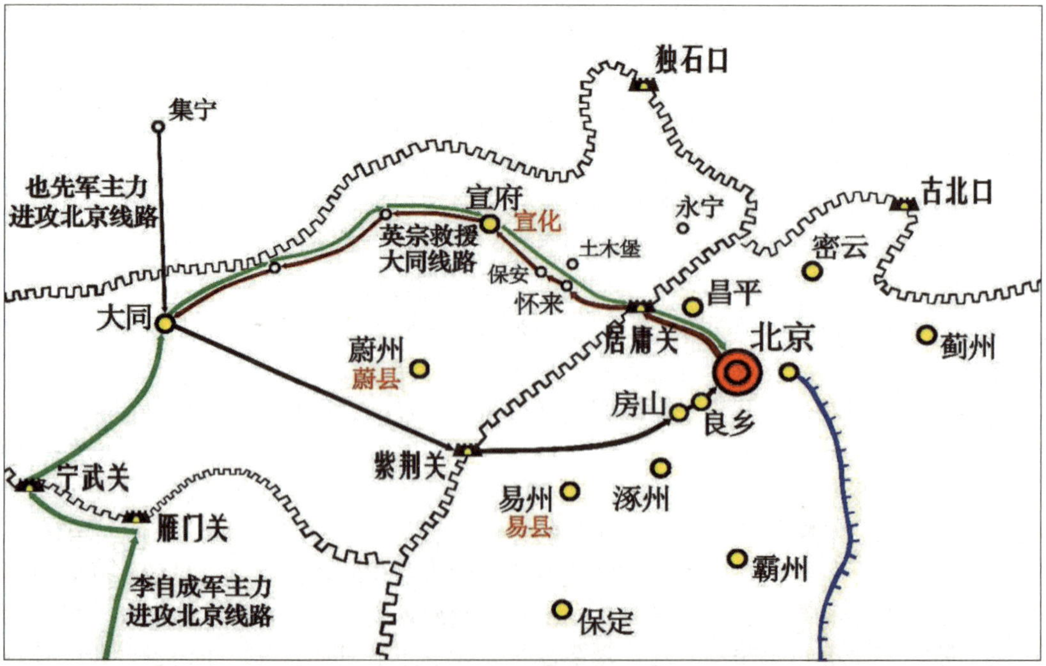

图 2-384　显示明英宗亲救大同、瓦剌也先进攻北京及明末起义军李自成主力进攻北京的北京地区与周边地区交通线路示意图（颜吾芟/绘）

宦官王振（见图 2–385）蛊惑明英宗朱祁镇从北京亲征大同终致全军覆没而在北京交通史上留名。

图 2–385　宦官王振（采自北京石景山宦官博物馆）

明正统十四年（1449）七月初，刚刚崛起的蒙古瓦剌部在首领也先的率领下进犯明边，大同告急。年仅 22 岁刚刚亲政且从未出过北京城的英宗朱祁镇不顾诸大臣反对，在弄权大太监王振的蛊惑与挟制下，于七月十六日匆忙率粮草未齐备的 50 万大军亲征，且将一切军务交王振专断。七月十九日大军出居庸关（今北京城到居庸关为 60 公里左右），八月一日抵大同（今北京市到山西省大同市为 350 公里左右），此时王振才获知前线惨败真相，心生恐惧，遂决定撤军，但又突发奇想，欲使英宗过其家乡蔚州（今河北省张家口市蔚县）“驾幸其第”，光宗耀祖，于是令大军经由紫荆关回京。谁知大军行进了 20 公里后，王振突然想到大军过境恐怕会毁坏自己家的田园庄稼，于是又下令原路返回，从宣府（今张家口宣化区）回京。此举不仅造成早已心生怨言的兵士疲惫不堪，军心越发不稳，尤其是将明军侧背暴露在瓦剌骑兵的攻击之下，凶险异常。十日，明军退至宣府时终于被瓦剌大队骑兵追上，损失骑兵 3 万。十四日，明军再退至土木堡（明怀来城西北，今河北省张家口市怀来县东南。明怀来城今已没入官厅水库），但千余辆车拉载的辎重未能跟上，于是王振不顾诸大臣入怀来城的建议，武断下令在此扎营等候。当夜明军即被瓦剌军队包围，水源被截，明军苦战一夜，勉强顶住了瓦剌军的进攻。十五日，也先佯退，遣使诈和。王振信以为真，派出使者后即下令拔营南移就水（土木堡南十数里即今妫水河与永定河交汇处）。当大军移动到河边时，饥渴难耐的士兵一哄而起，奔向河边，人马失序，阵营大乱。瓦剌军乘机发动攻势，明军仓促应战，终难以抵敌，全军溃败，损兵数十万，英宗被俘，王振被明将樊忠锤杀。

1644 年农民起义军首领李自成经今昌平区攻入北京城后又被迫退出而在北京交通史上留名。李自成雕像如图 2–386 所示。

图 2–386　李自成雕像（颜吾芟/摄）

崇祯十七年（1644）正月初八，李自成自西安（今陕西省西安市）向北京挺进。二月，取太原后起义军兵分两路，李自成亲率主力北上，连克宁武关、大同、宣府、居庸关、昌平等地后，进入京畿腹地，三月十七日围困京师，次日起义军攻入北京城。十九日，李自成自西直门进入北京城，然后从大明门经承天门进入皇宫。

图 2-386 所示雕像原立于海淀区清河镇，后迁至昌平区西关环岛，2024 年，李自成雕像迁移至陕西省商洛市商南县。

明朝时期京师北京通往奴儿干城的道路十分遥远（图略）。奴儿干城为奴儿干都司（全称“奴儿干都指挥使司”）治所所在地，位于今俄罗斯境内黑龙江下游与亨滚河（阿姆贡河）汇合口的右岸入海口附近尼古拉耶夫斯克（中国传统名为“庙街”）的特林地区，东距黑龙江出海口约 200 公里（一说 150 公里）。奴儿干都司管辖范围西起鄂嫩河，东至库页岛，北达外兴安岭，南濒日本海和图们江上游，包括黑龙江流域和乌苏里江流域至库页岛的广大地区，大致包括了今中国吉林省、黑龙江省，以及内蒙古东北部，还有俄罗斯远东部分地区。

山海关（山海卫）以外至奴儿干城沿途位于今中国境内的卫、站（驿站）位置为：宁远卫在今辽宁省葫芦岛市兴城市；广宁中、左屯卫在今辽宁省锦州市；义州卫在今辽宁省锦州市义县；辽东都司（辽东都指挥使司）在今辽宁省辽阳市，辖今辽宁省大部；沈阳中卫在今辽宁省沈阳市；铁岭卫在今辽宁省铁岭市；安乐州在今辽宁省铁岭市开原市；农安站在今吉林省长春市农安县；宾州站，据考为今吉林省长春市农安县靠山屯北松花江和伊通河汇流处的广元店古城；剌鲁卫，治今黑龙江省哈尔滨市宾县西宾西镇一带；伯颜迷站在今黑龙江省哈尔滨市木兰县西白杨木河河口的五站乡，亦是木兰卫所在地；撒力卫，亦作散力卫、萨里卫，据考在今黑龙江省哈尔滨市通河县岔林河屯，一说在哈尔滨市依兰县对岸巴兰河附近；忽儿海卫，治今黑龙江省依兰县，后改称忽鲁爱卫；弗思木卫，治今黑龙江省佳木斯市桦川县东北宛里城；弗提卫，治今黑龙江省佳木斯市富锦市西古城；可木卫，又作可木河卫，治今黑龙江省佳木斯市同江市东北；乞勒尼卫，治今黑龙江省佳木斯市抚远市西。

以下奴儿干都司所辖各卫在今俄罗斯境内：喜申卫，治今俄罗斯境内黑龙江与乌苏里江合流处的哈巴罗夫斯克边疆区（伯力）一带；亦儿古里卫在今俄罗斯伊尔库鲁一带；者帖列山卫在今俄罗斯阿纽依河地区；撒儿忽卫，在今俄罗斯萨尔古湖附近；友帖卫，治今俄罗斯哈巴罗夫斯克边疆区黑龙江下游右岸由忒河（马奇托瓦亚河）口；福山卫，治今俄罗斯哈巴罗夫斯克边疆区黑龙江下游普耳萨西北；卜鲁兀卫，治今俄罗斯哈巴罗夫斯克边疆区黑龙江下游东岸博戈罗茨科；弗朵河卫，又作弗朵秃河卫，辖区约为今俄罗斯境内黑龙江下游弗答哈河流域；满泾卫，亦作穆勤卫，在今俄罗斯境内黑龙江下游阿姆贡河口北岸的莽阿臣噶山附近，东距奴儿干城仅 5 里。

从北京到奴儿干城亦可走水路。永乐九年（1411），正式开设奴儿干都司时，明政府曾派遣太监亦失哈等领官军千余，乘坐巨船 25 艘，护送康旺等官员前往上任。而亦失哈从永乐九年至宣德八年（1411—1433）的 23 年中，曾 10 次前来此地视察。他还于永乐十年（1412），从黑龙江出海口渡海到达苦兀（库页岛）看望岛民。

图 2-387　意大利传教士利玛窦（采自辽宁省博物馆）

鼎盛时期奴儿干都司一共下辖 400 多个卫、所、站等，遍布辖区各地，这些卫、所、站等之间均有水路或陆路交通相连接。

明万历年间意大利传教士利玛窦（见图 2-387）自意大利罗马来中国并到北京活动而在北京交通史上留名。

利玛窦（Matteo Ricci，1552—1610），字西泰。明万历五年（1577），他参加了天主教耶稣会派往印度传教的教团，次年从葡萄牙里斯本出发乘船抵达印度，4 年后被派到中国传教。万历十年（1582）七月，利玛窦在澳门登岸，次年获准入居广东肇庆，万历十七年（1589）移居韶州，后去南昌，万历二十六年（1598）经由南京到达北京，两月后返抵南京。万历二十八年（1600），他再到北京，进呈了自鸣钟、《万国图志》等方物，得到明神宗朱翊钧信任，敕居北京，直到万历三十八年（1610）在北京病殁。他是古代中西交流史上的重要人物，具有世界性的影响，同时也在北京交通史上写下了自己的一页。图 2–387 中利玛窦摊开的地图所绘为中国东部海岸线，其右手所指为其从澳门到达北京的行程路线。

（五）清朝时期的北京交通

1644 年，中国最后一个封建王朝清朝定都北京。清初康雍乾盛世时，农业恢复、工商复兴，北京的交通也随之得到发展，尤其陆路交通方面较之前代更加规范。但道光以后，清朝国力渐衰，北京的交通日益衰落。

顺治元年（1644）四月，在摄政王多尔衮率领下，清兵大败李自成于山海关，之后进兵北京。同年十月初一，7 岁的幼主顺治帝福临在紫禁城举行登基大典，正式将政权从盛京奉天府（今辽宁省沈阳市）迁到北京，称京师顺天府。这样，继元朝、明朝之后，北京继续成为统一的多民族国家的政治中心与交通中心。

清朝北京及近畿地区的行政区划主要分为京师、京县（大兴和宛平）和顺天府，而京县又在顺天府的管辖之下。京师一般指城区，但就其管辖范围而言，也包括了一部分郊区。顺天府除辖有大兴和宛平两县治设在城中的京县外，还包括其他 22 个州县，共划分为 4 个厅。其中，西路厅所属的涿州之大兴、宛平、良乡、房山等县大部分均在今北京域内；东路厅所属的通州在今北京域内；北路厅所属的昌平州，以及顺义、怀柔、密云、平谷等县均在今北京域内。延庆州及其所辖永宁县属宣化府，怀柔区北部则属独石口厅。

清朝前期，为适应社会政治、经济形势的发展，曾将 3 条重要的道路从土路改造为石道，从而使北京地区的道路交通又有了新的发展。这 3 条石路从北京城分别通往圆明园、通州和卢沟桥。其中圆明园因为成为清朝的又一政治中心，历代皇帝往来频繁，因此圆明园御道是当时北京地区质量最好的道路。

清摄政王多尔衮（见图 2–388）率兵自山海关攻入北京城并在北京交通史上留名。

清顺治皇帝（见图 2–389）7 岁时自盛京（今辽宁省沈阳市）来北京举行登基大典并在北京交通史上留名。

图 2–388　清摄政王多尔衮

图 2–389　清顺治皇帝

清朝前期北京城城门、主要街道示意图如图 2-390 所示。

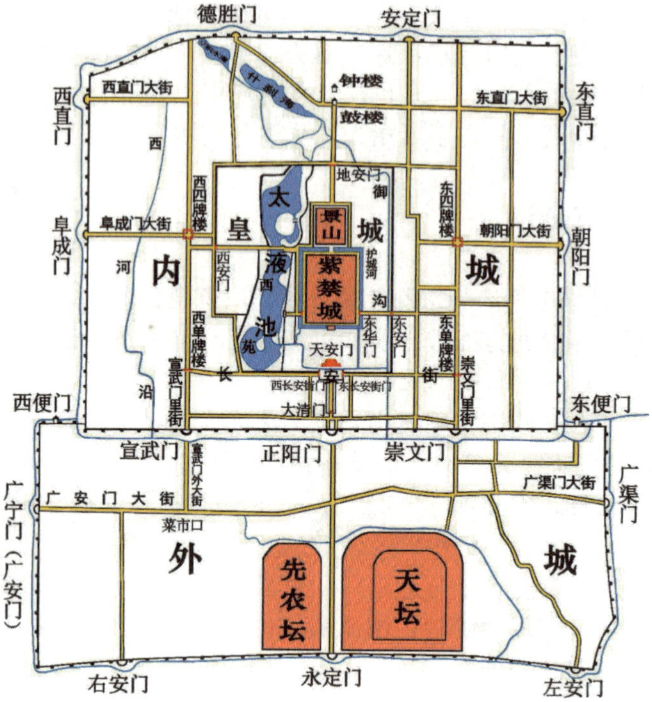

图 2-390　清朝前期北京城城门、主要街道示意图（颜吾芟/改绘）

明清政权交替之际，北京城并没有遭到大的破坏，所以清定都北京后，皇城、内城、外城基本上仍保持着明朝的原貌。城门、城墙也是明朝旧样，仍为 16 座城门，连名称都未改，只是道光时为避道光皇帝旻宁之讳，广宁门改称广安门。各门的主要用途也基本沿用明朝旧习，唯宣武门由于门外设有菜市口刑场，死囚车从此通过，故人称“死门”。

内外城的街道依然保持着棋盘式的格局。乾隆年间，大英帝国派遣一个 100 多人的使团来访，北京城宽阔的街道给他们留下了深刻印象。他们赞叹道：“初进北京大门第一印象是它同欧洲城市相反，这里的街道有一百尺宽。”“一百尺”，应是英国人目测的英尺长度，也即 30 米左右。

早在秦汉时期就已出现依车等分道而行的交通管理制度，但当时主要是以贵贱尊卑封建等级制度为标准的，皇帝、贵族的高车驷马行于中道，黎民百姓只能行于旁道。为了交通便利，清时采取车舆分道制度，其中的贵贱尊卑封建等级色彩已大为减轻。京城重要街道的土路多分为 3 列：在大街中间用土铺垫出厚数寸、宽数尺的土埂，轻车、行人从土埂上走，重车从两旁行走。另外规定道旁开设的摊棚，不得有碍车辙。清朝轻重车分道行驶的制度是北京交通管理制度史上的一个新发展事件。

清时北京城的胡同要比明朝更多一些。据记载，街巷胡同达 2 077 条，直接以胡同命名的有 978 条。

北京城外城正南门——永定门城楼和箭楼示意图如图 2-391 所示。

图 2-391　永定门城楼和箭楼示意图

清人所绘《康熙南巡图》（局部）中的永定门如图 2–392 所示。

图 2–392　清人所绘《康熙南巡图》（局部）中的永定门

北京城内城正南门——正阳门箭楼正面示意图如图 2–393 所示。

图 2–393　正阳门箭楼正面示意图

北京城内城正南门——正阳门城楼正面示意图如图 2–394 所示。

图 2–394　正阳门城楼正面示意图

清人所绘《乾隆南巡图》（局部）中的正阳门如图 2–395 所示。

图 2–395　清人所绘《乾隆南巡图》（局部）中的正阳门

外国人画笔下的清北京城西直门如图 2–396 所示。

图 2–396　外国人画笔下的清北京城西直门（采自李天刚编著《大清帝国城市印象——19 世纪英国铜版画》，绘画者为英国人托马斯·阿罗姆）

清北京城西直门通到西郊皇家园林交通线路示意图如图 2–397 所示。

康熙至乾隆年间，统治者为满足自己享受的需要，大规模地开发了北京西北郊的园林风景区——畅春园、圆明园、万寿山清漪园（颐和园）、玉泉山静明园、香山静宜园，作为皇家离宫，即通常所称的西北郊“三山五园”。特别是号称“万园之园”的圆明园，实为北京皇宫外的另一处皇宫和朝廷，康熙、雍正、乾隆、嘉庆、道光、咸丰等皇帝经常在这里起居和听政。为了交通方便，出西直门通至圆明园的 20 里道路全部修治成石铺御道，两旁栽种柳树，成为当时北京地区质量最好的道路。清末慈禧太后又以颐和园为宫外宫，将京城出西直门经高梁桥、海淀到西郊园林的御道全部以巨石铺砌，道路质量再上一个台阶。

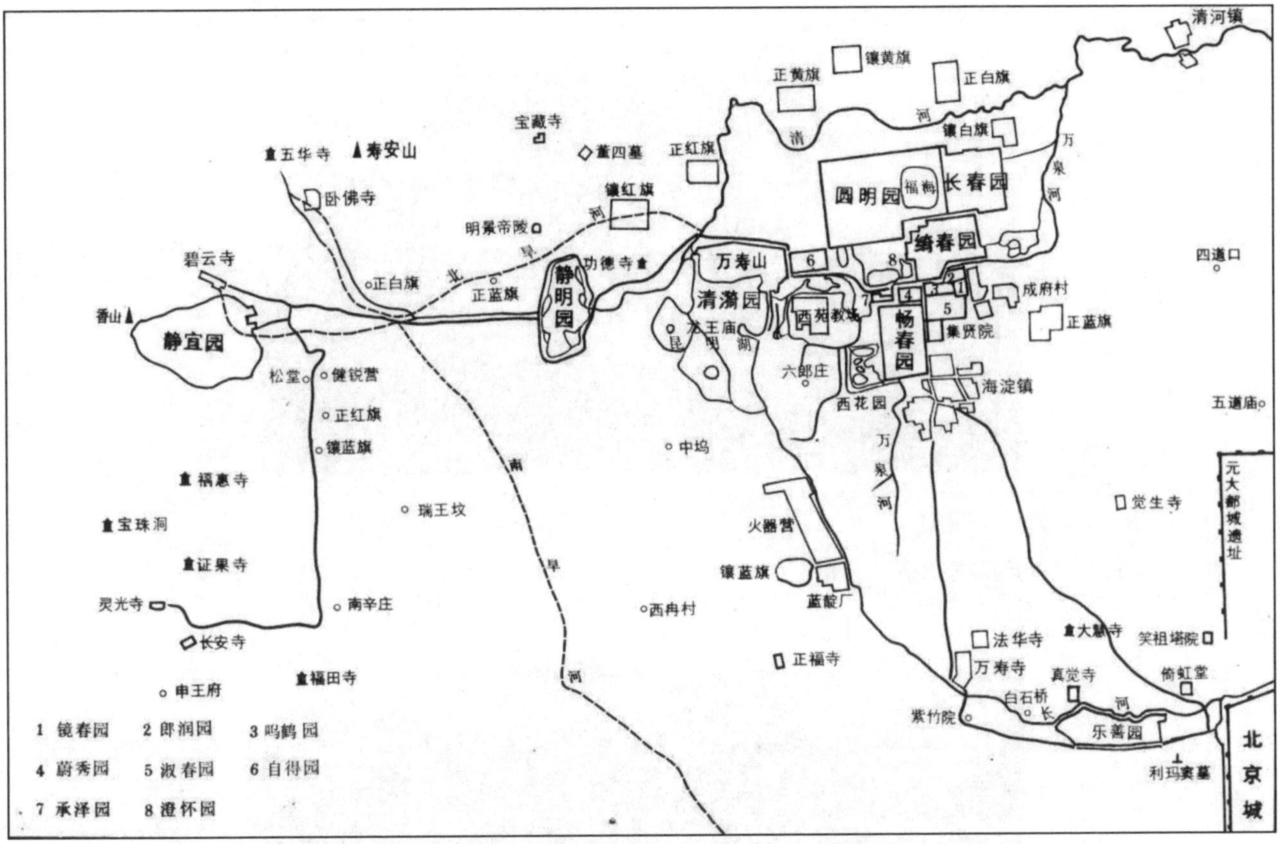

图 2-397　清北京城西直门通到西郊皇家园林交通线路示意图

曾与京城有着最高质量的石铺御道相通的清圆明园之遗迹如图 2-398～图 2-400 所示。

图 2-398　清圆明园之遗迹（1）

图 2-399　清圆明园之遗迹（2）

图 2-400　清圆明园之遗迹（3）

位于今大兴区建于清乾隆时的南海子团河行宫之遗址如图 2-401 所示，顺治、康熙、乾隆等皇帝多次来此行猎，彼时从京城通此的道路一定整治一新。

图 2-401　南海子团河行宫之遗址（颜吾芟/摄）

南海子又称南苑，俗称“海子里”。清时该地作为专供皇室、官员行猎和操兵习武的围场。顺治、康熙、乾隆等皇帝多次来此。

团河行宫是清代皇帝前往南海子行猎时修建的4所行宫中最豪华的一座。乾隆四十五年（1780）适逢乾隆皇帝七十大寿，他于是年九月中旬自东陵拜谒归来，再去西陵祭祖，中途取道团河行宫。这是乾隆皇帝第一次来团河行宫，当时团河行宫已完工3年，即建成于乾隆四十二年（1777）。

位于今大兴区的清南海子今貌如图2-402、图2-403所示，顺治、康熙、乾隆等皇帝多次来此行猎，彼时从京城通此的道路一定会整治一新。

图2-402　清南海子今貌（1）（王巍/摄）

图2-403　清南海子今貌（2）

（清）沈喻《通惠河漕运》（局部）如图2-404所示。

图2-404　（清）沈喻《通惠河漕运》（局部）

从清朝初年到鸦片战争前，清政府的漕粮收入每年约为400万石。漕粮不仅是京城皇室贵族、王公大臣的口粮来源，而且是驻扎在北京一带八旗军队的给养来源，因此漕运的重要性不言而喻。由于清初实行海禁，所以漕粮运输主要是通过河运。但运河时通时阻，不能正常进行运输，而且在运输过程中，弊病很多，尽管清政府曾投入很大气力，并取得超过明朝的成就，但漕运问题一直是清政府十分头痛的大问题。清末铁路兴起后，光绪二十六年（1900）南漕粮开始改用火车由津运京。翌年，光绪下谕停止河运及海运，于是盛行数百年的京杭大运河漕运遂成历史。

外国人画笔下的清时通州运河如图2-405所示。

图2-405　外国人画笔下的清时通州运河（采自李天刚编著《大清帝国城市印象——19世纪英国铜版画》，绘画者为英国人托马斯·阿罗姆）

外国人画笔下的清时通州运河船闸如图2-406、图2-407所示。

图2-406　外国人画笔下的清时通州运河船闸（1）（采自李天刚编著《大清帝国城市印象——19世纪英国铜版画》，绘画者为英国人托马斯·阿罗姆）

图 2-407　外国人画笔下的清时通州运河船闸（2）（采自李天刚编著《大清帝国城市印象——19 世纪英国铜版画》，绘画者为英国人托马斯·阿罗姆）

清代京杭大运河中行驶的漕船如图 2-408 所示。

图 2-408　清代京杭大运河中行驶的漕船（采自郭守敬纪念馆）

（清）佚名《雍正皇帝行乐图册页》中的雍正皇帝如图 2-409 所示，他下令将通州至朝阳门的道路全部进行铺石改造，不仅成为京城近郊 3 条石路之一，而且极大地便利了漕粮从陆路运入北京城。

从通州至朝阳门的 40 里道路是漕粮通过陆路运入京城的重要通道，但车马长期重载运输，使得此路地势日渐低洼，特别是在雨雪之后，车马常常陷入泥中，通行极为不便，于是雍正皇帝决定进行铺石改造。雍正七年（1729）八月工程开始，翌年五月竣工。此路修成石道后，不仅极大地方便了从通州到朝阳门的陆路运输，而且对运河的运输也起到了非常重要的补充作用。后来，乾隆二十二年（1757）又重修此路，不仅将原路的大部分铺石更换掉，而且还延长了七八里。

对北京交通的改善有巨大贡献的清乾隆皇帝如图 2–410 所示，骑马也是满族人经常采取的出行方式。

图 2–409　雍正皇帝

图 2–410　清乾隆皇帝

京西古道主要位于今门头沟区西山，最早由弯曲延伸的永定河河道自然形成，目前能确定的最早在此行走的是旧石器时代早期的“北京人”。

京西古道的修筑始于汉代，一直延续到晚清，有民间自修的，也有官修的。尤其自元朝起，由于京城用煤量大增，为将西山出产的煤顺利运入京城，元明清三朝政府多次对京西古道进行修整，形成西通山西高原，北通蒙古高原，东通北京城的大道，在北京交通史中占有重要的地位。

目前已探知，京西古道有 40 多条，总长近 700 公里，纵横交错，遍布西山，按用途其可分为三类：商旅通行的商道、军事防御的军道和香客上香的香道。京西古道有 3 条主道：北道、中道和南道。

京西古道之北道称“西山大道”，南北朝以前形成，自今三家店村到今洪水口村，长约 80 公里，一说东起今模式口村。

京西古道之中道称“玉河古道”，不晚于唐代末年时形成，自今麻峪村到今王平口，长 27.5 公里。

京西古道之南道称“芦潭古道”，自卢沟桥到潭柘寺，长约 30 公里。其主要支线有：庞潭古道，自今庞村到潭柘寺，长 24.8 公里，不晚于元代形成，一说此道为主道之一的“南道”；新潭古道，自今东辛称村到潭柘寺，长近 20 公里，明代形成；麻潭古道，自今麻峪村到潭柘寺，长 19.7 公里；潭王古道，自潭柘寺到今王平口；天津关古道，自今斋堂镇到今麻黄峪村，长 31.3 公里，汉代形成；芹淤古道，自今芹峪村，经今田庄村，到今淤白村，长 15 公里，金代形成；妙峰古道，自今北安河村，经今庙儿洼、涧沟村，到妙峰山娘娘庙，长约 20 公里，明代形成；沿永定河古道，自今下苇甸村，经今清水涧村，到今安家庄村等。

京西古道的使用一直持续到现代，如西山大道东段直至 1977 年下清公路（下苇甸村—清水涧）建成后才废。

需要说明的是：横亘于门头沟区西北的皇太妃岭道据说是古代奚族人在其皇妃带领下开辟的，亦称“西奚古道”，辽金时曾发挥过特殊的军事作用，明朝时成为内长城三关——居庸关、紫荆关、倒马关之间的联络道，故亦称“古军道”。（图略）

从王平镇韭园村东的山岭上眺望京西古道所在地西山（见图 2–411），此地为京西古道之西山大道（北道）所经之处。

图 2–411　西山（颜吾芟/摄）

王平镇韭园村东面牛角岭上的京西古道之西山大道（北道）遗迹如图 2–412 所示。

王平镇韭园村东面牛角岭上的京西古道之西山大道（北道）上留下的骡马、驴、骆驼蹄印如图 2–413 所示，有的深达 30 多厘米。

图 2–412　西山大道（北道）遗迹（颜吾芟/摄）

图 2–413　骡马、驴、骆驼蹄印（姚宝良/摄）

京西古道之西山大道（北道）上的牛角岭关城遗址（西侧）如图 2-414 所示。

图 2-414　牛角岭关城遗址（西侧）（王超/摄）

京西古道之西山大道（北道）上的牛角岭关城遗址（东侧）如图 2-415、图 2-416 所示。

图 2-415　牛角岭关城遗址（东侧）（1）（王书慧/摄）

图 2-416　牛角岭关城遗址（东侧）（2）（颜吾芟/摄）

京西古道之西山大道（北道）上的大寒岭关城遗址如图 2–417 所示。

图 2–417　大寒岭关城遗址（采自门头沟摄影家协会）

京西古道之西山大道（北道）石佛岭段遗迹如图 2–418 所示，山下是现代下清公路。

图 2–418　京西古道之西山大道（北道）石佛岭段遗迹（王书慧/摄）

京西古道之芦潭古道（南道）遗迹如图 2–419 所示。

京西古道上的古关遗址及道路遗迹如图 2–420 所示。

图 2–419　京西古道之芦潭古道（南道）遗迹（王书慧/摄）

图 2–420　京西古道上的古关遗址及道路遗迹（王书慧/摄）

京西古道上的小石桥如图 2–421 所示。

图 2–421　京西古道上的小石桥（赵明利/摄）

清康熙十二年（1673）昌平州（今昌平区）地图如图 2–422 所示。

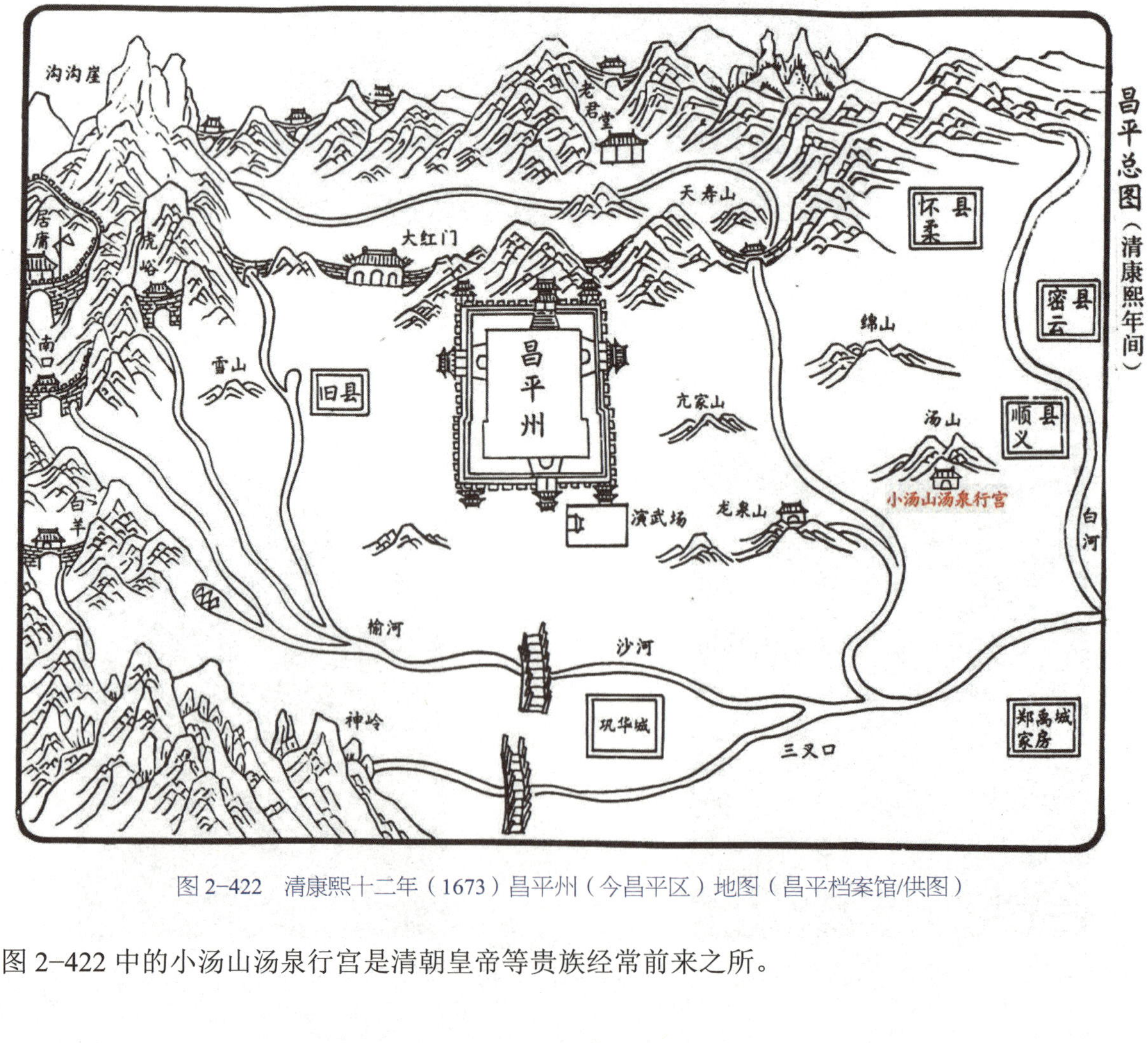

图 2–422　清康熙十二年（1673）昌平州（今昌平区）地图（昌平档案馆/供图）

图 2–422 中的小汤山汤泉行宫是清朝皇帝等贵族经常前来之所。

位于清朝皇帝北巡途中的小汤山汤泉（山）行宫浴室遗址如图 2–423 所示。

图 2–423　小汤山汤泉（山）行宫浴室遗址（昌平档案馆/供图）

清朝小汤山汤泉（山）行宫位于今昌平区小汤山镇。这里的温泉早在辽朝即引起统治者的关注，元朝时有了明确的记载，明朝被划为皇家禁苑，清康熙时建立了行宫，至乾隆时达到鼎盛。

清乾隆年间早期，汤泉（山）行宫主要作为太后的长期休养地。以孝母著称的乾隆皇帝常从圆明园、畅春园出发至此向太后问安，随住；中期以后则成为乾隆皇帝北巡及祭祀陵寝沿途驻跸的行宫，级别比之康熙初建之时更有提升，是乾隆皇帝的专属行宫，他曾数十次来往汤泉（山）行宫。

之后，此处一直是清朝皇帝去承德避暑山庄的驻跸之处。晚清时，慈禧太后多次到此沐浴，称其为京畿之“一盆金汤”。

位于清朝皇帝北巡途中的小汤山汤泉（山）行宫内乾隆御笔“九华分秀”如图 2–424 所示，由于皇帝经常来此，因此由此经过的道路质量上乘。

图 2–424　小汤山汤泉（山）行宫内乾隆御笔“九华分秀”（昌平档案馆/供图）

摄于 20 世纪初的清小汤山汤泉（山）行宫遗迹如图 2–425 所示。

图 2–425　摄于 20 世纪初的清小汤山汤泉（山）行宫遗迹（昌平档案馆/供图）

经常自京城来汤泉（山）行宫长住的清乾隆皇帝之母崇庆皇太后如图 2–426 所示。

图 2–426　经常自京城来汤泉（山）行宫长住的清乾隆皇帝之母崇庆皇太后

位于昌平区兴寿镇半壁店村建于清朝的石平桥——“八王坟桥”（“神桥”）如图 2–427 所示。

图 2–427　“八王坟桥”（“神桥”）（昌平文物局/供图）

清朝延庆州（今延庆区）全境图如图 2-428 所示。

图 2-428　清朝延庆州（今延庆区）全境图（采自北京延庆博物馆）

清朝延庆州（今延庆区）城区图如图 2-429 所示。

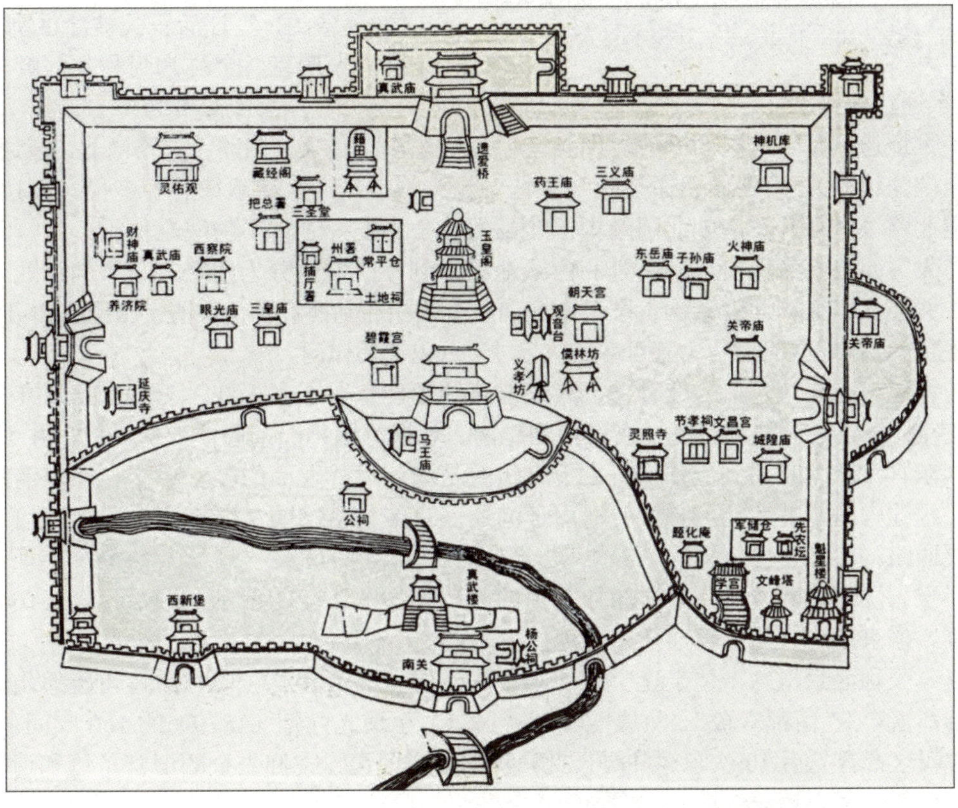

图 2-429　清朝延庆州（今延庆区）城区图（采自北京延庆博物馆）

图 2-430　玉皇阁（李月/摄）

今延庆区永宁古城中心的玉皇阁如图 2-430 所示。

清朝称驿道为官马大道、官马支路，共分为三等：第一等是由京师北京向各方辐射，主要通往各省城的官马大道；第二等、第三等属官马支路，分别是各省城通往地方重要城市的驿道和各地重要城市通往下面各市镇的驿道。它们构成了中国古代最完备的道路交通网络。（图略）

清朝由京师北京辐射各地的官马大道分为北路、西路、南路 3 个系统。清朝政府在北京皇城东华门外设皇华驿，作为全国交通的总枢纽，专门管理这些官马大道。

清朝官马大道北路系统主要通向东北和蒙古地区。通往东北地区的干线，出山海关到盛京（今辽宁省沈阳市）后分为 3 路：一路一直向北，延伸到雅克萨（在今黑龙江省漠河市东、呼玛县西北的黑龙江北岸。本是中国索伦部达斡尔族所筑之城，1650 年为沙俄侵占，1689 年为清军克复毁坏，不久又被沙俄盘踞。1689 年中俄订立《尼布楚条约》，规定此地仍属中国管辖，俄人由此撤退，拆毁其城。1858 年沙俄强迫清朝政府订立不平等的《瑷珲条约》，此地遂为沙俄割占）；一路向东北，通到庙屯（即庙街，在黑龙江入海口左岸，原为中国领土，1858 年《瑷珲条约》签订后正式被沙俄割占，现称尼古拉耶夫斯克，全称为阿穆尔河畔尼古拉耶夫斯克）；一路向东通往朝鲜。

清朝官马大道通往蒙古地区的干线有两条。一条出张家口后分为两路：一路向北，直通到乌兰巴托、恰克图（在今俄蒙边界）；一路向西通今呼和浩特、包头等地。一条经承德至今多伦、海拉尔等地。

官马大道北路系统在开发清朝北疆及捍卫北疆的斗争中发挥过重要的战略作用。

清朝官马大道西路系统主要通向新疆和西藏地区，到今西安后分为两路：一条向西北，经兰州，到青海、新疆，并通往中亚、西亚诸国；一条向西南，经四川通到西藏。在大清帝国创建和巩固的过程中，这个覆盖中国整个西部地区的官马大道西路系统起过十分重要的作用。

清朝官马大道南路系统包括云桂官路、广东官路和福建官路 3 条干线。云桂官路从北京通到今长沙后分为两条支路：一条经今桂林，可一直延伸到越南、老挝等国；一条通往云贵高原，并可延伸到缅甸、印度等国。广东官路从北京通到广州——由于广州曾是清朝对外通商的唯一口岸，所以清政府对这条干线特别重视。福建官路从北京通到福州——由于沟通着京畿与富庶的江浙地区，因而是清政府经济上赖以生存的重要通路。

位于今辽宁省沈阳市（清盛京）沈阳故宫内的大政殿如图 2-431 所示，顺治元年（1644）福临在大政殿登基即位。盛京是清官马大道通往东北地区的干线。

沈阳故宫，又称盛京皇宫，位于辽宁省沈阳市沈河区。顺治元年（1644）清朝迁都北京后，盛京皇宫被称作“陪都宫殿”“留都宫殿”。从康熙十年（1671）至道光九年（1829）的 150 年间，康熙、乾隆、嘉庆、道光四朝皇帝曾先后 10 次东巡驻跸于此，拜谒祖先陵墓，瞻仰先皇的旧宫圣迹和遗物，抒发对祖先开国创业功德的仰慕之情。

图 2-431　大政殿（张和平/摄）

盛京皇宫（今沈阳故宫）正门如图 2-432 所示。

图 2-432　盛京皇宫（今沈阳故宫）正门（张和平/摄）

现代重建的清盛京城西门——怀远门如图 2-433 所示，当年清官马大道之东北干线由怀远门穿过。

图 2-433　现代重建的清盛京城西门——怀远门（王超/摄）

清康熙皇帝（见图 2–434）曾 3 次自京师北京前往盛京东巡且在北京的交通建设上多有作为。位于山东省聊城市老城的光岳楼如图 2–435 所示。

图 2–434　清康熙皇帝

图 2–435　位于山东省聊城市老城的光岳楼

清康熙、乾隆两位皇帝自京师北京赴曲阜（今山东省济宁市曲阜市）祭孔途中多次登临光岳楼（康熙 4 次，乾隆 6 次）。

图 2–436　清固伦淑慧长公主

清朝时由于掌握政权的满族贵族与蒙古族上层结盟，所以改变了明朝与蒙古地区交通不畅的状况，驿道重又恢复起来。当时京师北京与蒙古地区的交通往来十分频繁，共有 5 条驿道。（图略）

第一条是喜峰口道，除在喜峰口、宽城设 2 内地站外，在蒙古设站 16 个。

第二条是古北口道，除设古北口等 6 内地站外，在蒙古设站 10 个。

第三条是独石口道，除独石口设 1 内地站外，在蒙古设站 6 个。

第四条是张家口道，除张家口设 1 内地站外，在今内蒙古设站 9 个。

第五条是杀虎口道，除杀虎口设 1 内地站外，在蒙古设站 11 个。

清固伦淑慧长公主（见图 2–436）远嫁今内蒙古赤峰市一带，后多次往返于赤峰与京师北京之间。

固伦淑慧长公主为清太宗皇太极之第五女，其母为皇太极孝庄文皇后。12 岁时嫁喀尔喀蒙古额驸博尔济吉特氏恩格德里之子索尔哈，索尔哈去世后复嫁给蒙古巴林部辅国公博尔济吉特氏色布腾，故人称巴林公主。顺治十四年（1657）被封为固伦长公主。顺治十六年（1659）又被封为固伦和顺长公主，后改为固伦淑慧长公主。长公主为孝庄文皇后所钟爱。康熙十二年（1673），色布腾去世后，孝庄文皇后有病，康熙皇帝派人把公主接到北京，之后其又多次到北京。康熙三十九年（1700）卒于京师。

清康熙、乾隆两位皇帝自京师北京赴承德避暑曾途经的怀柔行宫之规划图如图 2–437 所示。

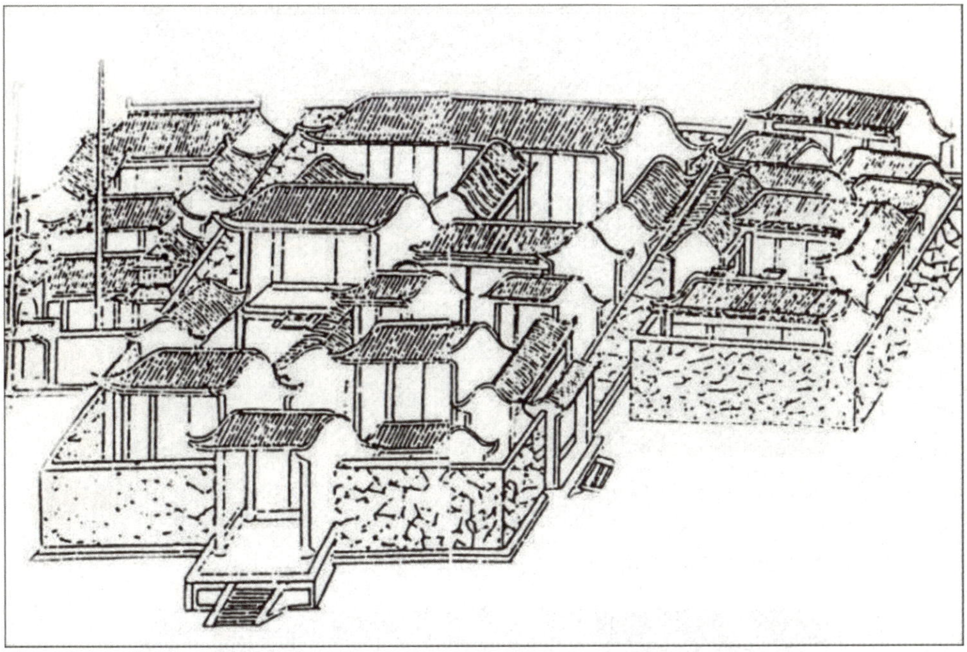

图 2–437　清康熙、乾隆两位皇帝自京师北京赴承德避暑曾途经的怀柔行宫之规划图

康熙四十六年（1707）以前，康熙皇帝由京师北京赴承德的线路是出东直门，经孙河、牛栏山，再由年丰、大小罗山一带进入密云，然后出古北口而去，但这条线路沿途地势低洼，每到雨季，泥泞难行，因此康熙决定改线。改后的线路由西直门外畅春园出发，经南石槽至峰山口到达怀柔县城，再向东经王化、北房、驸马庄、梨园庄而进入密云。此线路的问题是没有行宫，因此最初康熙只能驻跸于怀柔县城南门外临时搭设的龙棚里。康熙四十九年（1710），终于建行宫于县城南门外。此后，康熙皇帝曾两次路过怀柔前往承德。后来乾隆皇帝也曾驻跸于此。

清朝皇帝自京师北京去往承德避暑山庄、木兰围场的必经之路——位于今密云区古北口镇古北口村的古御道之今貌如图 2–438 所示。

图 2–438　位于今密云区古北口镇古北口村的古御道之今貌（王超/摄）

位于今密云区古北口镇古北口村的古御道之古北口营城的北门遗迹如图 2–439 所示。

图 2–439　位于今密云区古北口镇古北口村的古御道之古北口营城的北门遗迹

修复后的古北口营城之北门（古御道由此通过）如图 2–440 所示。

图 2–440　修复后的古北口营城之北门（古御道由此通过）（田甜/摄）

清康熙皇帝前往承德避暑山庄曾经过的“皇李御道”之今貌——位于今密云区东邵渠镇的密三路石峨村段如图 2–441 所示。

图 2–441　位于今密云区东邵渠镇的密三路石峨村段（颜吾芟/摄）

清古北口道通往的目的地之一——位于今河北省承德市的避暑山庄如图 2-442 所示。

图 2-442　位于今河北省承德市的避暑山庄（颜吾芟/摄）

清古北口道通往的目的地之一——位于今河北省承德市的木兰围场之今貌如图 2-443 所示。

图 2-443　位于今河北省承德市的木兰围场之今貌（张和平/摄）

位于清木兰围场内的御道口牌坊如图 2-444 所示。

图 2-444　位于清木兰围场内的御道口牌坊（王超/摄）

清杀虎口道所必经的位于今山西省朔州市右玉县的杀虎口关之今貌如图 2-445 所示。

图 2-445　清杀虎口道所必经的位于今山西省朔州市右玉县的杀虎口关之今貌（颜吾芟/摄）

杀虎口关矗立的清康熙皇帝骑马雕像如图 2-446 所示。

图 2-446　杀虎口关矗立的清康熙皇帝骑马雕像（颜吾芟/摄）

康熙三十五年（1696），康熙皇帝亲征西域准噶尔部噶尔丹反叛时曾从此出军，并以此为后勤大营，凯旋时驻跸于此。

杀虎口关外地形地貌今貌如图 2-447 所示。

图 2-447　杀虎口关外地形地貌今貌（颜吾芟/摄）

位于河北省唐山市遵化市西北 30 公里处的清东陵之康熙景陵前神道如图 2–448 所示。

图 2–448　位于河北省唐山市遵化市西北 30 公里处的清东陵之康熙景陵前神道（颜吾芟/摄）

清东陵距北京城区 125 公里，葬顺治（孝陵）、康熙（景陵）、乾隆（裕陵）、咸丰（定陵）、同治（惠陵）5 帝。此地乃是清朝皇帝必须经常自京城北京前来拜谒之处。

清西陵距北京约 98 公里，葬雍正（泰陵）、嘉庆（昌陵）、道光（慕陵）和光绪（崇陵）4 帝。此地乃是清朝皇帝必须经常自京城北京前来拜谒之处。位于今河北省保定市易县城西 15 公里永宁山下的清西陵之雍正泰陵如图 2–449 所示。

图 2–449　清西陵之雍正泰陵（颜吾芟/摄）

清乾隆皇帝沿大运河下江南乘坐的黄船之模型如图 2–450、图 2–451 所示。

图 2–450　清乾隆皇帝沿大运河下江南乘坐的黄船之模型（之一）

图 2–451　清乾隆皇帝沿大运河下江南乘坐的黄船之模型（之二）

清人所绘《乾隆南巡图》（局部）中的交通情形及交通工具如图 2–452 所示。

图 2–452　清人所绘《乾隆南巡图》（局部）中的交通情形及交通工具

清人所绘《乾隆南巡图》（局部）中的街道交通情形及交通工具如图 2–453 所示。

图 2–453　清人所绘《乾隆南巡图》（局部）中的街道交通情形及交通工具

清人所绘《乾隆南巡图》（局部）中正阳门外街道的交通情形及交通工具如图 2–454、图 2–455 所示。

图 2–454　清人所绘《乾隆南巡图》（局部）中正阳门外街道的交通情形及交通工具（1）

图 2-455　清人所绘《乾隆南巡图》（局部）中正阳门外街道的交通情形及交通工具（2）

清人所绘《妙峰山进香图》（局部）中的马拉轿车如图 2-456 所示。

图 2-456　清人所绘《妙峰山进香图》（局部）中的马拉轿车

外国人画笔下的清官员乘八抬大轿出行如图 2-457 所示。

图 2-457　外国人画笔下的清官员乘八抬大轿出行（采自李天刚编著《大清帝国城市印象——19 世纪英国铜版画》，绘画者为英国人托马斯·阿罗姆）

外国人画笔下的长城及官员出行的四抬轿子如图 2–458 所示。

图 2–458　外国人画笔下的长城及官员出行的四抬轿子（采自李天刚编著《大清帝国城市印象——19 世纪英国铜版画》，绘画者为英国人托马斯·阿罗姆）

上册图索引

第一编　史前北京交通

第二编　古代北京交通